● 本书获 2023 年贵州省出版传媒事业发展专项资金资助

屯堡文丛 ● 专题研究书系（第一辑）

黔中屯堡方言研究（修订版）

龙异腾　吴伟军　宋宣　明生荣 ◎ 著

贵州大学出版社
Guizhou University Press

图书在版编目（ＣＩＰ）数据

黔中屯堡方言研究 / 龙异腾等著 . -- 修订版 . --
贵阳 : 贵州大学出版社，2024.4
　（屯堡文丛 . 专题研究书系 . 第一辑）
　ISBN 978-7-5691-0861-3

　Ⅰ . ①黔… Ⅱ . ①龙… Ⅲ . ①西南官话－方言研究－
安顺 Ⅳ . ① H172.3

中国国家版本馆 CIP 数据核字 (2024) 第 051577 号

QIANZHONG TUNPU FANGYAN YANJIU

黔中屯堡方言研究（修订版）

著　　者：龙异腾　吴伟军　宋　宣　明生荣

出 版 人：闵　军
责任编辑：任苗苗
装帧设计：曹琼德
内文版式：李珍敏

出版发行：贵州大学出版社有限责任公司
　　　　　地址：贵阳市花溪区贵州大学东校区出版大楼
　　　　　邮编：550025　电话：0851-88291180
印　　刷：雅昌文化（集团）有限公司
开　　本：787 毫米×1092 毫米　1/16
印　　张：24.25
字　　数：380 千字
版　　次：2024 年 4 月第 1 版
印　　次：2024 年 4 月第 1 次印刷

书　　号：ISBN 978-7-5691-0861-3
定　　价：122.00 元

《屯堡文丛》总序

毛佩琦

屯堡，自从在明朝初年出现后，就是一个生机盎然的存在，历600余年风雨晴晦而不衰，至今仍然长青！这是人类文化史上的一个奇迹，是中华民族的一件瑰宝。

明朝建立之初，国家还没有完全统一，元朝的梁王还在割据西南，而且多次杀害明朝派来的使者。洪武十四年（1381），明朝廷命颍川侯傅友德为征南将军，永昌侯蓝玉、西平侯沐英为副将军，率30万大军征云南。明军获得全胜，历时3个月，平定云南。洪武十五年（1382），明朝廷设置贵州都指挥使司，征南大军以卫所为编制戍守各地，卫所军士屯种收获以自给。这些卫所军士及家属所居之地就形成了屯堡。这是一次为维护国家统一的军事行动，也是一次大规模的移民。经过从洪武到永乐的数十年的经营，永乐十一年（1413），明朝廷决定设立贵州布政使司，划云南、四川、湖广、广西各一部，组建成一个新的省级行政区。当年散落在西南地区的屯堡，就主要分布在今天的贵州省内。屯堡的建设和贵州布政使司的设立，有效地维护了国家的统一和地方的安定，促进了地方开发和民族融合，也体现了古人高超的政治智慧和管理艺术。

600多年前，来自南直隶的应天府、凤阳府，以及江西、浙江的军士及其家属，扶老携幼，远离故土，到达西南，在贵州地区安下家来，成为屯堡人。屯堡人落地生根，坚韧不拔，胼手胝足，开发贵州，对贵州的发展做出了巨大贡献。他们既是地方的守护者，又是地方的开发者。屯堡人的勇敢担当和巨大的付出，至今仍然令人肃然起敬。他们开拓进取，给贵州带来了先进的生产方式，耕种、养殖、纺织、冶铁，也促进了贵州商业的发展，沈万三传奇性的商业故事就具有典型意义。明朝重视文教，朝廷在边疆军卫和土司地区都大力推广学校建设。由于儒学教育的发展，后来，在全国科举考试的激烈竞争中，贵州的学子曾经先后两次夺得文状元。

贵州地区民族众多，屯堡人与各民族人民交错杂居，却能和睦相处。不同文化保持了各自的特色又互相包容，和谐发展，是中华文化多元一体的具体写照。屯堡人至今仍然保持着故乡的生活习惯和文化传统，语言、服饰、建筑、戏剧，在今天屯堡的村寨里、田野上，在日常生活、节日集会中，随时随地可以见到这些活的历史风景。这些延续数百年的独特风俗，是屯堡人身份的自我认知，是肩负国家使命的一种标志，也表现了他们坚守传统、不忘根本的韧性。屯堡人对遥远的故乡有着割舍不断的深情。以安顺天龙屯堡人而言，他们自明初至今已繁衍20余代，四姓族裔达数万人，他们每年都要面向家乡南京遥祭。2005年6月，安顺地区的一支屯堡人曾经返回江南寻根。当他们在南京祖居地石灰巷与南京的乡亲们深情拥抱时，绵绵600多年的思念，如同长河打开了闸门，浓浓的亲情刹那间奔涌交融，场面令人泪奔。重视祖先传统，重视血脉亲情，在屯堡人数百年的文化传承和坚守中，展现了这种悠久的中华民族的特质，也让我们看到了中华文化源远流长的生命力和凝聚力。

屯堡是贵州地区生动的现实生活，是历史文化的活化石，也是一座丰富的宝库。历史的、文化的、民俗的、语言的、音乐的、美术的，乃至社会学、民族学、国家治理的诸多宝贝，琳琅满目，数不胜数。屯堡中也还有一些未解之谜有待开启。当代人有责任保护和传承这份宝贵的文化遗产，也有义务开发和利用这份宝贵的文化遗产。对屯堡进行深入研究，整理、研究屯堡的历史文化，深刻认识它的精神内涵，挖掘它的当代价值，是保护和传承屯堡文化的基础，也是开展保护和传承工作的前提。

对屯堡的研究，从20世纪20年代就开始了，到20世纪80年代成为一个热点。近二十多年，屯堡引起了社会各界更多的关注，许多学者和学术机构投入到屯堡的研究中，屯堡研究已经成为一个正在兴起的新学科。数十年来，在各个学科领域对屯堡的研究，已经获得了一大批成果，屯堡的历史面貌和文化价值越来越广泛地被认知。当前，在举国弘扬和传承中华优秀传统文化的形势下，有必要对以前的研究做一番梳理和总结，以推动屯堡研究开出新的生面。

2023 年，中共贵州省委宣传部决定实施"四大文化工程"，把编辑出版《屯堡文丛》作为其中一项重要工作。《屯堡文丛》设计规模宏大、体例严整、内容丰富，包括历史文献、专题研究、资料整理、文学艺术和创造性转化创新性发展共 5 个书系。可以说，《屯堡文丛》囊括了有关屯堡历史文化的全部内容。《屯堡文丛》是对屯堡文献的全面的收集和整理，是对以往屯堡研究成果的完整总结，也是为今后屯堡的保护、研究和开发利用打下的坚实基础。对屯堡的历史文献和资料进行收集整理，本身也带有抢救保护的意义，让这些宝贵的文献资料不再丢失，将它们挖掘出来，服务于当代社会和文化建设。对前人的研究进行总结，同时是一项具有前瞻意义的工作。一切研究和实际工作，无不是在前人成果的基础上进行的，利用成果，汲取经验，以开辟新的路径，取得新的成果。《屯堡文丛》秉持全新的出版理念，精心编辑、精心制作，努力为全社会奉献出文化巨制、文化精品。相信，《屯堡文丛》的出版，将会为社会各界提供更多的方便，大大推进屯堡文化的研究、传布和开发利用。无疑，《屯堡文丛》的出版，也将进一步彰显屯堡的价值，助益于传承和弘扬中华优秀传统文化，助益于维护国家统一、促进民族融合的伟大事业。

2024 年 2 月 24 日于小泥湾

《屯堡文丛·专题研究书系》序

钱理群

这一段时间，我这个远离尘世的养老院里的 84 岁老人，竟然因为这套《屯堡文丛》，获得新的生命活力，整天沉浸在对历史的回忆、现实的思考与未来的展望之中……

这里凝聚着"安顺三代人"的心血：从范增如的《安顺屯堡论稿》，到孙兆霞等的《屯堡乡民社会》、朱伟华等的《建构与生成：屯堡文化及地戏形态研究》，再到张定贵的《屯堡地戏与屯堡族群社会：基于仪式视角的研究》，这背后有多少不辞辛劳的田野调查，如痴如醉的思考，探索，争论！以后，又吸引了越来越多的外乡人（曾芸：《二十世纪贵州屯堡农业与农村变迁研究》），外国人（卢百可：《屯堡人：起源、记忆、生存在中国的边疆》）……

这就引发了我的好奇心：屯堡文化为什么有这样的不绝无尽的吸引力？它的魅力究竟在哪里？于是，就注意到屯堡文化研究兴盛的两大时代背景。

首先，尽管屯堡地处中国（更不用说世界）的边远地区，但屯堡文化研究的起始，及每一次重要发展，都有一个国际视野与背景。

最早注意到屯堡及其文化的特殊性的，是日本人类学学者鸟居龙藏。他在 1902 年路过平坝天龙镇，观察到屯堡人是"屯兵移居的明代遗民"，将其称为"凤头苗"，是"汉族地方集团"。

1986 年，安顺地戏在法国、西班牙出演，其产生的轰动效应，引发世界关注，掀起了第一个屯堡文化研究高潮。

其次，到世纪之交，特别是21世纪初，屯堡文化研究再推高潮。我们所说的"安顺三代人"就是在这时聚集于屯堡文化研究，显然与"全球化提出的新问题"有着内在联系。

在这个时期，世界进入了全球化时代。随着2001年加入世界贸易组织，中国也更加融入了全球化的世界。世界经济一体化的浪潮席卷全球，形成了经济一体化背后的文化趋同。相伴而来的反向运动，就引发了国家、民族与地方文化知识重构的冲动——以多元性和多样性为支撑的地方性特征，成了制约全球化单一和趋同法则的平衡点。反应最为强烈的自然是在全球化中处于劣势，在努力追赶的包括中国在内的东方国家。因为长期处于鲁迅所说的"被描写"地位，就更要以独立、平等的地位与身份，参与全球事务。这就必须以"重新认识自己"作为新的起点，进而突破西方世界单方、片面的话语体系，重建中国叙事的国家、地方知识体系。

屯堡文化就在这样的全球化提出的新问题的背景下，引起了安顺几代人的关注与积极参与。也如安顺学者杜应国所说，屯堡文化吸引我们的，就是它的"独特性"与"唯一性"。其主要有四个方面。

1. 民族文化独特性。屯堡人作为贵州早期的汉族移民，自身有着强烈的汉族自我意识和归宿感，但后来的汉族移民却将其视为非汉族，加上它和周围的少数民族之间的复杂关系，都显示了汉族和少数民族的"民族学境界的流动性"。把屯堡文化放在近现代中华民族概念形成的大视野下，就具有典型意义。

2. 文化多元性。屯堡文化作为一种移民文化，在漫长的六百年间，既在周边异质文化挤压下，坚守了原发地文化的某些特质，又吸收了周边异质文化元素，产生了新的变异，形成意义、构成更为复杂的"屯堡文化"。为我们理解和把握贵州文化，观察中国文化的多元性形成过程、特质，提供了一个典型案例。

3. 国家、地方、民间文化特性。屯堡文化是明代"调北征南""调北填南"国家政策的产物。在与周围少数民族杂居的过程中，屯堡人既为地方文化增添了新的色彩，也传播了国家观念与王朝意识，强化了"大一统"的地缘结构秩序。另一面，屯堡文化形成的必要条件却是屯卫变成村落，屯堡人由军事武力集团变为地域生活集团，个人身份也由军人变成农民。这就导致了国家意识淡化，民间社会特征突出，形成了国家与地方、正统与民间的复杂关系。

4. 儒家文化的世俗化。屯堡文化以儒家忠义伦理为核心价值，通过各种祭祀仪式建构了一个儒家伦理的礼俗世界。但在日常生活里，民间信仰又从不同方面突破儒家礼教，形成"儒、释、道、巫混杂"的现象。

可以看出，屯堡文化实际上是一个"大文化"，它把文化的国家性、民族性、地方性、民间性、主流性、边缘性全都融为一体，构建了一个独特的"多元文化"谱系。这就有了"甚至是国际性的研究价值与意义，拥有形成国际性文化研究的内在品质"（参看杜应国《关于尽快构建"安顺屯堡文化研究所"的倡议》）。正是基于屯堡文化对"贵州—中国—世界"的三重价值与意义，贵州大学教授张新民郑重提出："应该像敦煌学、徽学那样，有组织、有步骤地建立地域性专门学科——屯堡学。"而这样的"屯堡学"研究，必然是多学科的人文学综合研究。如本文丛编辑设想里所说，它"涉及社会学、历史学、人类学、民俗学、民族学、语言学、建筑学、艺术学、农学、人文地理学……研究"等十余个领域：多么博大、兼容的研究天地！

屯堡文化研究在"1980—1990—21世纪初"的兴起，还有一个不可忽视的时代背景，即国内由传统社会向现代社会转型，由此提出了"乡村建设、改造与文化重建"的历史任务。屯堡文化就不只是一个历史文化，更是一个活生生的存在现实。我们对屯堡传统文化的关注，仅仅是一个出发点，我们的兴趣，更在于"过去（传统）—现实—未来的关系"，要探讨屯堡传统文化对于乡村建设的意义。这里有一个历史的教训：我在考察中国从"五四"开始的一个世纪的乡村建设的历史时，就痛心地发现，知识分子前仆后继地到农村去，结果都是"雨过地皮湿"，农村落后的面貌并没有根本改变。原因之一就在于其多是一种"外部强势资源的导入"，"村民始终处于被动接受的地位"。由此而提出的是今天的新农村建设，必须以"寻找农村发展的内发资源与动力"作为突破口。屯堡文化又在这一点上，显示了自己的特殊价值与意义。

2000—2004年，我曾经任教过的安顺师范高等专科学校的师生，参加了中国社会科学院支持的"中国百村经济社会调查"项目，到屯堡的一个大村落——九溪村做田野调查，最后写出了《屯堡乡民社会》一书。同时，从2003年开始，又有一批朋友投入屯堡文化与地戏研究，在2008年出版了《建构与生成：屯堡文化及地戏形态研究》一书。两次调查研究，使安顺学者对屯堡文化有了新的发现和认识，主要有两个方面。

首先被关注到的，是屯堡文化独特的"集体文化"性。这显然与其军屯传统有关。研究者发现，即使在今天，屯堡社区依然"存在着一个和传统社会与国家之间具有丰富内容的社会空间"，"这一空间作为第三领域"，"在多元的组织、组织中的精英的活动、社会舆论的控制等因素共同作用下，起着一种沟通一、二空间（国家与社会）的功能"；"这些公共空间是从传统农村的自主空间演变过来的"。这就为今天的重建村民自治建设，提供了传统资源。由此提出了"乡民社会""自组织机制""农村公共空间"等概念，为在今天的乡村建设中如何发挥农民的主体作用，保证其主动参与、独立做主的民主权利，以及相应的制度建设，提供了新的思路。

同时被注意到的，是整个屯堡社区并不是一个保存完好的"异域飞地"，而是村民重建的故土家园。屯堡文化也不是足资见证历史遗迹的单纯的移民文化，而是一种丰富、复杂的，生存性、建构性的族群文化。屯堡文化在形成过程中，有明显的"文化增容"和"文化重组"。这也同样启示我们：今天的乡村建设，不能简单地继承、移植传统文化，更要有新的文化增容与重组。对屯堡的新农村建设而言，就是要在对传统屯堡文化的继承、借鉴与扩容、重组的过程中，寻找一条"适合自己地情的独立自主之路"。针对黔中这一类喀斯特环境特征的农村的建设，是不是可以不采取通行的"乡镇工业和农业产业化"的道路，而是走一条把传统资源与现代经济运作相结合的新路。于是，就有了这样的设想：开辟"在屯堡乡民社会核心家庭经济结构基础上，发展乡村旅游，实行本地传统农村工业、副业、手工业的现代改造"的屯堡式的乡村建设之路。这样的设计或许还需要实践的检验，但在传统的继承与扩容、重构中"走出自己的乡村建设之路"，却具有普遍的意义。

这背后或许还有更深层的意义。当我们这些安顺学者将所研究的屯堡文化成果转化为屯堡（乃至贵州）乡村建设的内发性资源时，也就意味着自己从事的学术研究，以至自身的生命都发生了重要的变化。这就是参与屯堡研究的中国社会科学院王春光研究员所说的，"我们知识分子终于找到了一条全新的道路"："从学术出发，又走出学术"，参与社会实践；更把自我生命与生养自己的脚下的土地、土地上的文化与父老乡亲密切联系起来。

我因此注意到，安顺三代学者提出的一个重大命题："认识脚下的土地。"这也是全球化时代遇到的新问题：人们从农村流向城市，由小城镇流向大都市，从中国流向世界，这都是全球化给人们带来的新机遇；但如果因此在心理与情感上疏离了自己生长的土地，就成了"无根的人"，失去了精神的家园，那就会产生新的生存危机。离去者走上了永远的心灵不归路，即使不离乡土，也会因失去家园感而陷入生命的空虚。这不仅是人自身存在的危机，更是民族精神的危机。在某种程度上，"安顺三代人"的屯堡文化研究，也成了自我拯救。

这就是我总结的屯堡文化研究的真谛：既立足"地方"（安顺，贵州），又联结"全国"与"全球"，最后通向"自我"。

现在，时间到了2023年。贵州相关部门推出了"屯堡文化研究传播转化重大工程工作方案"，推动屯堡文化研究的"再出发"。这又引发了我新的好奇心：这背后有着怎样的动因，又提出了什么新问题？我因此注意到，当今中国与世界正处于"历史的大变动"中。我们所关注的"地方——国家——世界"的关系，"农业文明——工业文明"的关系，"乡村——城市，乡村文化——城市文化"的关系，"人与大自然"的关系……都会发生巨大的变化，需要在更大的视野、更深的层面重新思考。就乡村建设本身而言，也有一个在既有成就基础上，"要有怎样的新发展"的问题。我更因此注意到，有研究者提出了为乡村和乡村建设"找魂"的任务：青山绿水不仅是风景，更是一种"文化"，我们要寻找的就是青山绿水背后的"人"，以及"人的精神与文化"。这就要求更自觉地把地方文化研究资源融入乡村建设之中。在我看来，今天的屯堡文化研究的一个日显迫切的任务，就是如何把学术研究成果转化为旅游资源、教育资源、文化资源；这些方面都有极大的发展空间。

　　2023 年，我回安顺参加了《安顺文库》的相关活动，有机会和"90 后""00 后"的更年轻的一代进行交流。我向他们郑重建议：在面临精神的困惑，需要进行"价值重建，理想重建，生活重建"时，不要忘记就在你们身边的乡土文化，特别是屯堡文化资源。要从"土地里生长出来"的历史与文化里，寻找"变"中的"不变"。这样，你们也就在大变动的不确定的时代，获得了能够让自己安身立命的生命的确定性与永恒性。我也因此向安顺的"第四代"发出召唤：你们绝不是旁观者、被动的受教育者，更要投身于屯堡文化研究，在屯堡文化"再出发"中发挥自己这一代人的独特作用：这也是屯堡文化研究不断获得新的活力的关键所在。

2023 年 12 月 5 日

序

20世纪50年代，我国开展了汉语方言的普查工作，不几年的时间，国内汉语方言区的情况就基本弄清楚了。在此基础上，我们发现了各个大方言区中还存在复杂的情况，其中一些方言岛的情况引起了人们的关注。以四川而论，境内主要是西南官话，属于西南官话区，但是四川境内还分布有一些其他方言。如分布很广的客家方言、湘方言也存在，这已经引起了学者的注意。即将出版的《四川方言志》就把四川境内的客家方言和湘方言作为专门章节进行论述。

80年代，黄典诚教授曾经告诉我，四川境内应该有闽方言的方言岛，清朝初年有一支福建部队驻扎在成都满城外，后来这支部队在灌县驻扎。今天成都西玉龙街还有两条巷子叫小福建营巷和大福建营巷。这说明典诚教授的话是有根据的。我曾经让我的朋友在川西一些县进行调查，已经找不到闽方言的痕迹了，看来它已经消失得无影无踪了。

与四川省相邻的贵州省，虽然也属西南官话区，但是也有一些方言岛存在。如黔东南境内的酸汤话，就是一种老湘语。而近年引人瞩目的安顺地区^①的屯堡方言，很有特色，受到了重视。

出贵阳沿滇黔国道向西，经过安顺市到镇宁布依族苗族自治县（简称镇宁县），会看到一些与农家村寨不一样的村落，它们垒石为墙，石板为瓦，或几十户，或成百上千户连在一起，有的村口有门楼和寨墙，甚至还有高耸的碉楼，这就是所谓的

---

① 2000年6月，国务院批准：撤销安顺地区和县级安顺市，设立地级安顺市。安顺市设立西秀区，以原县级安顺市的行政区域为西秀区的行政区域。书中地名均按书稿初次出版时间（2011）写作，只对个别地名变化加注解释，后同。

屯堡寨。走进寨子，会发现这里的中老年妇女的服饰有些特别，不同于周边的汉族，也和常见的少数民族有别，以青、蓝色为主，大襟、大袖、长袍，系丝头腰带，后面吊着长长的丝绦；袖口、衣襟镶有美丽的花边；长发挽髻，套上马尾编织的发网，插上玉石或银质发簪；腕戴手镯，耳垂耳环，头戴方巾，额扎布带，身系彩带黑色围腰，脚穿尖头平底绣花布鞋。乍看起来还以为是少数民族，这里的人会告诉你，他们是屯堡人，是纯粹的汉人。

屯堡人讲的话和贵阳、安顺一带的话差不多，但是仔细一听，还是有一些区别，如辅音有舌尖前、舌尖后擦音和塞擦音，没有撮口呼。这使屯堡方言和周边的汉语又有不同。

屯堡人的社会有相对的封闭性，严格通婚圈就是一例。屯堡人实行族群内通婚，不与少数民族和非屯堡人通婚。这种情况现在也没有多大改变。

龙君异腾率课题组研究屯堡方言多年，颇有心得体会，近年撰成《黔中屯堡方言研究》，详尽地描写了这个特色明显、有历史文化价值的方言，从历时和共时两个方面深入地分析了这个方言，填补了相关调查研究的空白，非常有意义。

这部书细致地描写了这个方言的语音特点。不仅是因素的多寡，而且注意到音素发音的细微差别，如注意到屯堡方言没有舌尖边音和舌尖鼻音的区别，它们合二为一，但是作者又注意到屯堡方言这个音的发音"既不完全相同于l-，也不完全同于n-，即既不是一个纯粹的边音，也不是一个纯粹的鼻音，而是一个有鼻化成分的边音"。又如屯堡方言的a在an、ian、uan三个复韵母中，它的发音开口度稍小一些。这些描写都是非常细密的。

作者用了较多的篇幅来描写屯堡方言的词汇，讨论了这个方言词汇的封闭性特征，列了丰富的词汇表。收集了如此众多的屯堡方言的词，这还是第一次。作者注意到屯堡方言中特有的"展言子"现象，并且把它和四川话的"展言子"作了比较，也颇有新意。在语法方面，屯堡方言和西南官话差不多，作者也注意到了它去声重叠有不变调现象，这和成都话不同。作者还描写了屯堡方言里面生动的形容词性词的表现形式，被动句和存在句的句法特点，都具有开创性。

　　屯堡方言形成于明代初期政府向云南用兵，屯垦移民，大批的南下将领士兵带着自己的家眷在这一带定居。就其来源看，他们多数是南方人，在和当地世居人群的融合过程中，一方面保存了自己的方音，同时也或多或少受到当地方言的影响，形成了今天的状况。作者根据这一历史事实，对屯堡方言作了历时的考察。作者以屯堡方言为纲，与代表了元代官话基础方言语音的《中原音韵》和杂糅了明初至明朝中叶云南官话方言口语语音的本悟本《韵略易通》，代表了明代前期官话读书音系统的《洪武正韵》和兰茂本的《韵略易通》，代表了明代后期官话读书音系统的《西儒耳目资》，以及代表了清代前期官话读书音系统的《五方元音》和《音韵阐微》来进行比较，从异同中来探索屯堡方言的历史演变，很有学术价值。如对舌尖前后擦音和塞擦音的考察，既注意到它们在古代的分布情况，也注意到它们在近代结构上的结合，论证方法令人信服。又如讨论现代汉语的撮口呼，作者根据近代汉语的发展，结合屯堡周围方言的情况，认为屯堡方言从一开始就没有撮口呼，论述很有创见。

　　总之，这是一本写得非常成功的著作。读了使人耳目一新，余味无穷。振铎谨序。时年八十有三。

赵振铎

2011 年 11 月 15 日

目　　录

引　言

　　由贵州省会贵阳沿滇黔国道西行前往举世闻名的黄果树大瀑布，二十多公里后过了清镇，即驶入安顺市的行政辖区。进入安顺市辖区，经平坝县①、安顺市，到镇宁县沿途有很多明显与一般农家村寨不一样的村落，这些村落以石头为墙，石板为瓦，或几十户，或成百上千户，有的村寨要冲有碉楼高耸，村口有门楼和寨墙，残破而仍然不失其风采。步入村寨，狭街深巷处处玄机暗布，箭垛枪眼依稀可识，隐隐透出冷兵器时代的军事气息，这就是闻名遐迩的屯堡村寨。

　　首先吸引游人目光的，自然是这里妇女的穿着。屯堡地区妇女特别是中老年妇女的服装明显与当地汉人不同，也与常见的少数民族有别。她们的服饰，以青、蓝色为主，样式为大襟、大袖、长袍，系丝头腰带，后吊长长丝绦，袖口、衣襟处镶嵌有美丽的花边。妇女长发挽髻，套上马尾编织的发网，插上银质和玉石发簪，腕戴银手镯，耳吊银质玉石耳坠，脚穿尖头平底绣花布鞋，额扎白布带（老年人多为黑色），头戴方头巾，身系彩带黑色围腰。由于装束特别，初见者往往认为这些人是少数民族，但这里的人会告诉你，他们是屯堡人，是纯粹的汉人。

　　屯堡村寨，是在六百多年前明王朝军队的屯戍之地形成的村寨。所谓屯堡人，即世居于此的明朝屯戍军人的后裔。在素称黔之腹的安顺，明代有平坝、普定、安庄三卫，其范围以安顺为中心，东起平坝县城，南与紫云县交界，西抵镇宁县城，北达普定县城，屯堡人口约三十万，而典型的屯堡村寨，则集中于安顺市西秀区与平坝县相接一带。

---

① 2014年12月，国务院批准：撤销平坝县，设立安顺市平坝区，以原平坝县的行政区域为平坝区的行政区域。

屯堡人是明王朝"调北征南"和"调北填南"的江南移民后裔组成的特殊群体。在"客居"黔中的六百余年间，他们以占领者的心理优势自觉地、顽强地固守自己的故土文化，绝不与寓居之地合流，在长期封闭的屯堡中代代厮守，形成了既迥异于寄居地域，又不再能还原于父母之邦的独特的文化现象。他们有自己的服饰，有自己独特的风俗习惯，还有被称为"戏剧活化石"的地戏，他们操着自己的"堡子腔"。这样的文化，蕴藏着无穷尽的秘密，也散发着无穷尽的魅力。于是，对这种文化的研究，成为一门多学科、全方位的"安顺屯堡学"，吸引着众多专家学者参与其间。目前，屯堡研究成果众多且方兴未艾，日渐趋于深入和系统。在方方面面的屯堡文化研究中，屯堡方言的研究却显得有点滞后，到目前为止，只有各种级别的地方志中有些零星的资料性记载，尚缺乏全面系统的描写性和说明性研究成果，因此，我们希望能在屯堡方言的深入研究方面抛砖引玉。

第一章 屯堡方言的形成

第一节 黔中屯堡的地理位置

贵州省地处我国地势第二阶梯的云贵高原，辖贵阳市、遵义市、安顺市、六盘水市、毕节市、铜仁市、黔南布依族苗族自治州、黔东南苗族侗族自治州和黔西南布依族苗族自治州9个地级行政区。全省平均海拔高度1100米，以山地为主，是所谓"八山一水一分田"的结构形式。贵州的地势总体上西高东低，其向北形成的斜面属长江流域，向南形成的斜面属珠江流域。贵州的喀斯特地貌发育得非常充分且分布广泛，全省88个县级行政区域中只有3个没有喀斯特地貌分布，有"喀斯特王国"之称。贵州"地无三尺平"之说固然夸张，但平地稀少并狭窄却是事实，全省万亩以上的所谓"坝子"仅有19个，是全国唯一没有平原支撑的省份。自然形成的山地将贵州全省划分为自然环境有一定差异的各自相对独立的单元：黔北山地区、黔东山地丘陵区、黔南山原山地区、黔西高原山地区，而黔中则小有不同，属丘原盆地区。贵州建省比较晚，历史上曾分属于四川、云南和湖广，因而在文化形态上有"近川似川，近湘似湘"的意味，黔北地区（遵义）[①]地接四川、重庆，人文历史有较为清晰的巴蜀烙印；黔东地区（铜仁、黔东南）紧靠湖南，人文历史多受湘文化影响；黔南地区（黔南、黔东南）地处红水河、南北盘江上游，人文历史与广西文化有割舍不断的情谊；黔西（毕节、六盘水）与云南接壤，人文历史滇文化影子

---

① 此处的"遵义"只是大概的提示，与地级行政区域不完全吻合，后同。

依稀可见。在相对独立的地理条件和历史归属因素影响下，除了有与周边省份同为一源的文化现象外，各地区也有自己的带有明显地方特色的文化现象，形成了丰富多彩的"民族文化千岛"：黔北地区的播州土司文化、沙滩文化，黔东地区的梵净山宗教文化、土家族苗族侗族等民族文化，黔南地区的布依族水族文化，黔西地区的水西土司文化、彝族回族等民族文化等。而黔中地区作为一个相对独立的自然单元，由于地处腹地，受外来影响相对较少，可以看作贵州文化的典型地区，这里既有纯贵州味的神秘古老的夜郎文化，又孕育了闻名遐迩的黔中屯堡文化。

黔中屯堡位于贵州省安顺市。在贵州省 9 个地级行政区划中，除省会所在的贵阳市外，安顺市与其他 7 个明显不同。其他 7 个地级行政区（市、自治州）中，都有部分区域与外省（市、自治区）接壤，而安顺市四面全是贵州的其他地市或自治州所属区域，不与外省接壤。这种状况是其历史地域的延续。自贵州建省以来，安顺就一直是"内陆"。清代贵州学政翁同书云："黔之属凡十二府，一直隶州，三直隶厅，东西率介楚、滇，南北率介粤、蜀，独安顺四境皆介黔壤，在黔实为腹地。"[①] 正因为其"四境皆介黔壤"，因而有"黔中"之称。

安顺是贵州西线旅游的中心，是全国六大黄金旅游热线之一，是世界喀斯特风光旅游优选地区，有着极为丰富的高品位旅游资源：拥有 2 个国家五星级风景名胜区——黄果树风景名胜区和龙宫风景区，2 个国家四星级风景名胜区——镇宁夜郎洞风景区和红枫湖风景区（南湖部分，其他部分属贵阳市清镇市），2 个国家三星级风景名胜区——紫云格凸河穿洞风景区和九龙山国家森林公园，4 个国家级文物保护单位——普定穿洞、安顺文庙、平坝天台山和西秀区云山屯古建筑群。另外，还有多处省级风景名胜区，其旅游资源数量之多、密度之大、品位之高，在全国甚至在世界上均少见。早在 20 世纪 80 年代，安顺就被列为全国甲类旅游开放城市，2007 年又获得中国优秀旅游城市殊荣。

安顺是喀斯特地貌发育最成熟、最典型、最集中的地带，江河峡谷纵横交错，

---

① 常恩总纂，邹汉勋、吴寅邦总修《安顺府志·序》，安顺市地方志编纂委员会点校，贵州人民出版社，2007，第 2 页。引用时，标点有改动。

峰丛石林、森林湖泊、暗河泉水星罗棋布，然而，从可耕土地面积角度而言，与贵州其他地级行政区相比，安顺却算得上自然条件优越。它地处长江流域与珠江流域的分水岭，"山虽多而非险阻，故疾疠不生；水虽浅而不停滞，故卑湿无患。夏无溽暑，冬无严寒，气候温和"[①]，"境土坦夷，物产富庶"[②]。境内特别是市区西秀区一线河流纵横交错，雨量充沛，水源和日照充足，全年无霜期有 300 多天，气候温和，非常适宜各种农作物的生长。在以山地为主的贵州，安顺属于丘陵盆地地区，地势相对平缓，少有贵州其他地区的高山深谷，可耕地面积相对丰富，有众多成片的良田和肥沃的土地，在可耕作土地资源非常有限的贵州有相对较好的发展农业生产的条件。

大大小小的黔中屯堡村寨，分布在安顺市境内。这些屯堡村寨以西秀区（市政府所在的市区及其行政辖区）为中心，平坝县主要分布在与西秀区相邻的南部，普定县主要分布在与西秀区接壤的西南部，镇宁县主要分布在靠近西秀区的西北部，紫云县主要分布在与西秀区交界的北部；关岭县不与西秀区接壤，其境内的屯堡村寨也最为稀少，仅分布在靠近镇宁县的北部；靠近西秀区和平坝县的黔南州的长顺县西北部有少量屯堡村寨。今天的屯堡人，呈现出散点分布、居住集中的状态，主要集中在一"区"、一"线"：今市区东南方向的旧州、黄腊、东屯、周官屯一带，习惯上称"田坝区"，沿古驿道和今天的交通要道分布的七眼桥、大西桥、头铺、三铺、马官等地称"交通线"，其他村寨则算散点。田坝区和交通沿线加上散点，屯堡村寨数量三百有余，但以西秀区及平坝县最为密集，典型的屯堡大寨都集中于安顺市西秀区和平坝县滇黔国道沿线，有名的云峰八寨、天龙、九溪等，都在西秀区和平坝县境内。

再从屯堡人的典型文化品类——地戏的分布区域来看，其地戏分布密集的区域也是以西秀区为中心沿滇黔公路一线辐射，因而可以认为，西秀区的乡村区域以及平坝

---

① 《续修安顺府志·安顺志》卷十二《风土志》，收入《中国地方志集成·贵州府县志辑·第42册》，巴蜀书社，2006，第445页。本书所引《续修安顺府志·安顺志》均系此版本，后文只列卷名。

② 沈庠删正，赵瓒编集《贵州图经新志》，张祥光点校，贵州人民出版社，2015，第258页。

县与西秀区相邻的区域为屯堡社区的核心区域。我们选取安顺市大西桥镇的九溪村作为屯堡方言的代表点。

大西桥镇位于西秀区东南，镇治所距市区 23 公里，是安顺市西秀区以屯堡人为主体的乡镇。据大西桥镇历年年报工作统计显示，屯堡人占全镇总人口的比例虽有波动，但都在 90% 以上。[①]

九溪村距大西桥镇治所约 3 公里，地处屯堡社区"田坝区"和"交通线"之间，方圆 10 公里内有雷屯、鲍屯、吉昌屯、中所、肖家庄、夏官屯、二官屯、狗场屯、天龙镇等规模较大的屯堡村寨，村建寨于明洪武初年，先由朱家等十大姓建大堡，继之由顾姓等建小堡，宋姓等建后街。九溪村是典型的屯堡建筑中的城堡式村寨：村中一条主街，还有若干小巷道与主街相通，把千余人家连成一片，各家院墙相接形成护墙，寨墙上有 6 个石门洞供人畜出入，如关上门洞，则俨然一座小城池。登高而望，白茫茫一片石头世界。九溪在清初曾有 2000 余户，是贵州排得上号的大寨，[②] 后经战乱和自然灾害，人口锐减，新中国成立初期只有 853 户、3579 人，2000 年全国第五次人口普查有 1002 户、3972 人，2003 年农业人口有 4096 人。2004 年大西桥镇年报工作统计表明，九溪村是大西桥镇唯一一个人口超过 4000 人的村寨。[③] 九溪在屯堡村寨中人口最多，而屯堡人传统上有比较严格的只与屯堡人通婚的民间"制度"，寨大人多的九溪由于与外村屯堡人通婚而形成的亲戚网络相对较大，因而成为屯堡社区的社会交往中心。在屯堡文化上，九溪也有相当强的代表性。九溪村的大堡、小堡和后街各有一堂地戏。一个村寨有三堂地戏，在所有跳地戏的村寨中实属罕见，其中小堡的地戏班子曾应邀到韩国演出。九溪村地戏领班顾之炎上过中央电视台谈地戏，还进过北京师范大学的课堂讲地戏，最近又被授予"国家级非物质文化传承人"称号。由于屯堡人口数量众多和屯堡文化发达，九溪一直被称为

---

① 参见《安顺市西秀区大西桥镇志》编委会编《安顺市西秀区大西桥镇志》，贵州人民出版社，2006，第 40—48 页。

② 参见安顺市文化局编《图像人类学视野中的贵州安顺屯堡》，贵州人民出版社，2002，第 54 页。

③ 参见《安顺市西秀区大西桥镇志》编委会编《安顺市西秀区大西桥镇志》，贵州人民出版社，2006，第 40—48 页。

"屯堡第一村寨"。

应该指出的是，作为社会现象的方言，与历史、地理、人文等各种因素有着千丝万缕的联系，屯堡方言的历时层面和共时层面的考察须置放于一定的历史和社会的因素中进行，因而我们讨论屯堡方言的形成和现状，应该要联系屯堡社区的历史乃至整个贵州的历史。

第二节　黔中地区的历史沿革

贵州地处高原，山多是其主要地理特点。明代大思想家王守仁（阳明先生）在见识了贵州"跬步皆山"后有感云："天下之山，萃于云贵；连亘万里，际天无极。"[①]由于山高阻险，及历史上所谓的"蛮夷之地"，从历代王朝统治角度说，贵州开发较晚。在明代以前的文献中，对黔中地区很少有明确的记载，我们只能从零星而不甚清晰的材料中对早期贵州的情况作一大致的了解，从而粗略地推知黔中地区的历史沿革梗概。

早期文献中记载的古国与贵州相对应者，有"牂柯"和"夜郎"。

《管子·小匡》："桓公曰：'余乘车之会三，兵车之会六，九合诸侯，一匡天下，北至于孤竹、山戎、秽貉，拘秦夏；西至流沙、西虞；南至吴、越、巴、牂柯、𠴱、不庾、雕题、黑齿。荆夷之国，莫违寡人之命，而中国卑我，昔三代之受命者，其异于此乎？'"据此记载，先秦时期牂柯已作为南方少数民族国家存在并与中原有了某种程度的联系，但仅明确其方向是中原之"南"，并不能确定是指今贵州一带；而夜郎，司马迁的《史记·西南夷列传》有记载："西南夷君长以什数，夜郎最大。"[②]

---

① 王阳明：《王阳明全集（新编本）》，吴光、钱明、董平、姚延福编校，浙江古籍出版社，2010，第939页。

② 司马迁：《史记》卷一百一十六《西南夷列传》，中华书局，2014，第3627页。本书所引《史记》均系此版本，后文只列卷名。

这里，司马迁是指明了大致位置的，"此皆巴蜀西南外蛮夷也"，贵州正是在四川、重庆的西南方向。咸丰年间的安顺知府常恩认为贵州有山名夜山和郎山，因而当地民族政权以山为国名。①而且，由于夜郎王不知天高地厚而说的一句"汉孰与我大"留下"夜郎自大"的千古笑资，一般都认为夜郎即在今贵州境内。《管子》和《史记》并不是同一时代的文献，《管子》所记"牂柯"具体位置也不明确，所以不能据此认定牂柯和夜郎是同一国度。由于晋常璩《华阳国志》记载的"牂柯"并不是国名，引起了一些学者的怀疑。《华阳国志·南中志》云："周之季世，楚顷襄王遣将军庄蹻溯沅水，出且兰，以伐夜郎，椓牂柯系舡于且兰。既克夜郎，而秦夺楚黔中地，无路得归，遂留王之，号为庄王。以且兰有椓舡牂柯处，乃改其名为牂柯。分侯支党，传数百年。"据此，是庄蹻改"且兰"之名而以"牂柯"名之，异于管子之说，常恩对此也引《贵阳志》进行过辨析："《贵阳志》云：牂柯之为国名，见于《管子》，不因庄蹻而起，故近人多疑常氏此言之谬，其实不谬也。盖牂柯者，本系船之两种杙。牂似羊头，柯如斧柄，故《异物志》曰：'牂柯，系船杙也。'又南盘江水中有两山似牂柯，因名为牂柯江。故《水经注》曰：'牂柯，亦江中两山名也。'左思《吴都赋》云：'吐浪。'又曰：'汉武帝伐南越，发夜郎精兵下牂柯江，同会番禺，即其江矣。'国处江上，因以为国名，则《管子·小匡篇》所称是矣。自管子之后，至于庄蹻之前，其国盖改名且兰，故《史记》《汉书》《华阳国志》皆云庄蹻出且兰以伐夜郎也。至庄蹻王滇，以故且兰国境内有己系船椓舡牂柯处，欲旌其伐，复改为牂柯，故《水经注》曰：'楚将庄蹻名且兰为牂柯也。'"②根据这些记载和考辨，特别是其中提到的牂柯江可直通番禺的说法，与现贵州境内的南盘江属珠江水系相吻合，今贵州境内先秦时期有夜郎、牂柯两国，其中牂柯又曾名且兰是可信的。回过头来我们也可以说，今贵州在先秦时期分属夜郎、牂柯两国。

秦时朝廷与夜郎、牂柯有联系，《史记·西南夷列传》云："秦时常頞略通五尺

---

① 参见咸丰《安顺府志》卷三《地理志二》，收入《中国地方志集成·贵州府县志辑·第41册》，巴蜀书社，2006，第33—34页。本书所引咸丰《安顺府志》均系此版本，后文只列卷名。

② 咸丰《安顺府志》卷三《地理志二》。

道，诸此国颇置吏焉。"历史长河中的秦朝如过客，匆匆入世又匆匆离世，《史记》对秦时的贵州只有这么语焉不详的数语，凭此仅知道，秦时朝廷为西南诸酋长国中的一部分修了五尺宽的道路，派了朝廷任命的官员。常恩对此有所发挥："秦开五尺道，置吏南中，有且兰、夜郎二县。因国而置县，不废其君长也，其时牂柯盖复改名且兰矣。"① 不知常氏所据，不过从后来汉代开发贵州的记载看，汉初夜郎侯和且兰君还是存在的。

汉初贵州仍是夜郎王和且兰君的领地，天下初定时朝廷还没来得及顾及这些荒蛮小国，直到汉武帝时夜郎国才引起了朝廷的注意。朝廷在夜郎国"置吏"主要是为了对付南越国，其过程颇具偶然性。《史记·西南夷列传》载：

> 建元六年，大行王恢击东越，东越杀王郢以报。恢因兵威使番阳令唐蒙风指晓南越。南越食蒙蜀枸酱，蒙问所从来，曰："道西北牂柯，牂柯江广数里，出番禺城下。"蒙归至长安，问蜀贾人，贾人曰："独蜀出枸酱，多持窃出市夜郎。夜郎者，临牂柯江，江广百余步，足以行船。南越以财物役属夜郎，西至同师，然亦不能臣使也。"蒙乃上书说上曰："南越王黄屋左纛，地东西万余里，名为外臣，实一州主也。今以长沙、豫章往，水道多绝，难行。窃闻夜郎所有精兵，可得十余万，浮船牂柯江，出其不意，此制越一奇也。诚以汉之强，巴、蜀之饶，通夜郎道，为置吏，易甚。"上许之。乃拜蒙为郎中将，将千人，食重万余人，从巴、蜀、筰关入，遂见夜郎侯多同。蒙厚赐，喻以威德，约为置吏，使其子为令。夜郎旁小邑皆贪汉缯帛，以为汉道险，终不能有也，乃且听蒙约。还报，乃以为犍为郡。

唐蒙在出使南越时偶然发现夜郎有牂柯这条水道可直通南越，汉朝廷为了更方便对南越进行军事控制，才在夜郎这化外之地设立了犍为郡。其后夜郎兵还真在对

---

① 咸丰《安顺府志》卷三《地理志二》。

付南越中起到了不小的作用，不过从总体上看，朝廷对贵州实行的还只是松散式管理，在派官设郡的同时，夜郎、且兰这些"国"依然存在，夜郎王后来还得到朝廷的正式册封，这固然与当朝郡国并治的体制有关，但也存在贵州地处边远、交通不便、朝廷获利过少等因素。当时的夜郎、且兰等为犍为郡所辖，朝廷的官员、士兵还是要靠巴蜀四郡供给，当地山民又经常叛乱，后来汉武帝派公孙弘来考察一番后听从公孙弘的建议："专力事匈奴。上罢西夷，独置南夷、夜郎两县一都尉，稍令犍为自葆就。"① 据《汉书·地理志》记载，西汉时期，犍为郡辖十二县，其中并没有南夷、夜郎二县，倒是牂柯郡所辖十七县中有故且兰、夜郎、平夷等县名。犍为郡始建于武帝建元六年（前135），牂柯郡始建于武帝元鼎六年（前111），前后相隔33年，② 其间行政归属可能有所变动。整个西汉，今贵州境曾先后属犍为郡和牂柯郡或分属犍为、牂柯二郡。

其后历东汉、蜀汉、两晋、宋、齐、梁、陈一直到隋，虽然州郡制度和各地归属时有变革，但贵州所隶郡名则相对稳定，除了牂柯郡就是夜郎郡，或二郡并举，黔中一带郡级所隶大致清楚，但县一级行政归属却不甚明了。汉代以降，牂柯、夜郎有时也用作县名，除此，郡下与黔中有关的县名有且兰、谈指、并渠、谈乐、广谈等。当然，各朝对贵州都是实行松散式管理，除朝廷置郡设县以外，贵州境内还存在一些大大小小的土著首领，名称不一。这些土著首领时而不服教化，占地为王，时而也率部内附，归顺朝廷，例如梁陈之际爨氏据宁州竟然遥属于周，夜郎郡为乌蛮卢鹿部所据，而牂柯谢氏则为陈守，后谢氏驱逐爨氏收复夜郎之地等。③ 黔中所隶时有变换。

唐代天下一统，海内宾服，但中央王朝对贵州一类的荒蛮之地，采取的仍是各朝奉行一贯的"羁縻"政策。唐代行政区划中，有正式的"羁縻州郡"之称："开元

---

① 《史记》卷一百一十六《西南夷列传》。

② 参见班固：《汉书》卷二十八上《地理志》，中华书局，2013，第1599、1602页。本书所引《汉书》均系此版本，后文只列卷名。

③ 参见咸丰《安顺府志》卷三《地理志二》。

二十八年，户部计账，凡郡府三百二十有八，县千五百七十有三。羁縻州郡，不在此数。"① 是时，有黔州都督府，后改称黔中郡，后又多次在二名中更换，督九州，其中有播州（今遵义），时黔州府或黔中郡并非今之贵州省，但今贵州省境为黔中郡所辖则基本可知。此时西南少数民族地区有大小羁縻州 51 个，今贵州省境除播州外分属各羁縻州，《安顺府志》认为黔中一带唐时属剡州，剡州辖武侯、望江、降昆、剡川、始安、应江、来南七县，唐玄宗天宝年间所置的蛮州也有部分州境在黔中。② 应该指出的是，此时的黔中虽有州县之名，实际上所谓羁縻州仍为少数民族首领所管辖，这一点《新唐书》说得很清楚："唐兴，初未暇于四夷，自太宗平突厥，西北诸蕃及蛮夷稍稍内属，即其部落列置州县。其大者为都督府，以其首领为都督、刺史，皆得世袭。"史书记载的有些州在今贵州境也依稀可见，如"庄州，贞观三年以南谢蛮首领谢强地置"，"充州，武德三年以牂柯蛮别部置"，等等。③

唐中叶后，乌蛮罗氏强盛，唐文宗时归附朝廷，武宗时封罗殿王。到宋代，黔中一带属罗殿国。北宋时尚有州名，以罗殿境置和武州，亦为羁縻州。

元代，行省成了常设的地方行政机构，今天的省大致承此制。元朝的省统领路、府、州、县，距离省治远的地方，另设宣慰司统之，作为行省的派出机构。贵州元时虽未建省，但黔中地区行政归属文献记载得还算比较清楚。《元史·地理志》云："普定路，本普里部，归附后改普定府。大德七年，改为路。"④ 元时罗氏普里、普东两部归附元朝，元以其地置普定府，其后改为普定路，又曾改名罗甸安抚司。其时，与普定路相邻有普安路，同为"其酋内附"，以其地建。当时的普定路下辖永宁、镇宁、安顺和习安四州，今安顺市区域当时大部分属普定路，小部分属普安路。只是

① 刘昫等：《旧唐书》卷三十八《地理志一》，中华书局，1975，第 1393 页。本书所引《旧唐书》均系此版本，后文只列卷名。
② 参见咸丰《安顺府志》卷三《地理志二》。
③ 欧阳修、宋祁：《新唐书》卷四十三下《地理志七下》，中华书局，1975，第 1119、1143 页。本书所引《新唐书》均系此版本，后文只列卷名。
④ 宋濂等：《元史》卷六十一《地理志四》，中华书局，1976，第 1470 页。本书所引《元史》均系此版本，后文只列卷名。

当时贵州尚未建省，普安路归属曾在云南、四川、湖广间变动。

到了明代，朝廷对黔中一带的统治发生了实质性变化。明初，慑于明朝军队平定四川之威，元普定路归附明朝。《明史·贵州土司传》："及洪武五年，贵州宣慰霭翠与宋蒙古歹及普定府女总管适尔等先后来归，皆予以原官世袭。"① 明朝廷以原其原辖地改置普定土府，仍为松散式管理，但是到洪武十四年，继任知府安锁追随云南元梁王反叛，朝廷以大军平叛，傅友德率军攻下普定，普定府即废。同年（1381）十二月，安陆侯吴复奉旨择新址修筑普定城（即今之安顺城），次年正月于尚未竣工之新城置普定卫，属四川都司，其后安顺成为明朝政府控制贵州的政治军事重镇。同年，重置普定府，领安顺等四州，隶四川布政使司，但不过三年，普定卫指挥顾成"奏罢普定府，析其地为三州、六长官司"②，以州、司附于卫，普定府从此退出历史舞台，安顺州的地位慢慢得到提升。《明史·地理志》："安顺军民府（元安顺州，属普定路）洪武十五年三月，属普定府。十八年，直隶云南布政司。二十五年八月，属四川普定卫。正统三年八月，直隶贵州布政司。成化中，徙州治普定卫城。万历三十年九月，升安顺军民府。（普定卫旧在州西北，洪武十五年正月置，属四川都司。三月，升军民指挥使司。正统三年，改属贵州都司。成化中，州自卫东南来同治。西北有旧坡山，两峰相对，中有石关。东有岩孔山。北有欢喜岭，又有思腊河，接水西界。西南有北盘江，自云南沾益流入。东南有九溪河。又东有元普定路，属云南行省，洪武十五年三月为府，属云南布政司，寻并军民府，改属四川布政司，十八年七月废）领三州，长官司六。"③ 安顺州治原在今旧州，属普定府管辖，普定撤府后直隶云南布政司，后又曾隶普定卫，于正统三年（1438）直隶贵州布政司，普定卫也于同年改属贵州都司。成化年间（1465—1487），安顺府治由今旧州迁至今安顺城，与普定卫同城而治。万历三十年（1602），安顺升为军民府，取代了原来普定

---

① 张廷玉等：《明史》卷三百十六《贵州土司传》，中华书局，2013，第8167页。本书所引《明史》均系此版本，后文只列卷名。
② 《明史》卷四十六《地理志七》。
③ 《明史》卷四十六《地理志七》。

府的地位。特别应该指出的是，永乐十一年（1413）贵州建省，[①] 黔中地区有了固定的归属，关系理顺后再也不在云南、四川甚至湖广之间游荡。[②]

　　有明一代，黔中地区由于其重要的军事战略地位，行政上始终与军队有不解之缘，或以军队编制"卫"作地方行政区域名称，部队长官同时也是地方行政长官，或在行政区域前冠以"军民"，地方行政长官同时管理军务。在朝廷官员管理地方行政军务的同时，还有为数不少的类似民族自治的土司。从清代初期开始，这种状况慢慢有所改变。清顺治十七年（1660）设总揽云贵军政大权的云贵总督，总督驻地一在云南曲靖，一在贵州安顺；康熙元年（1662）罢去云贵总督，划云南、贵州二省归平西王吴三桂管辖，改设贵州总督衙门于安顺；康熙五年（1666）撤贵州总督，设云贵总督，移驻贵阳；康熙六年（1667）贵州提督自贵阳移驻安顺。《清史稿》云："安顺府：顺治初，沿明制，为军民府。康熙二十六年，裁'军民'字……领厅二，州二，县三。"[③] 雍正开始进行"改土归流"，规范行政区划，安顺府就成了纯粹的国家中层地方行政机构了。有清一代，安顺府管辖范围与今之安顺市基本相当，所出入者：郎岱（今六枝特区）现隶六盘水市，清镇现隶贵阳市。

　　民国至今，安顺本身在县与市之间反复斟酌。1914 年，安顺府更名为安顺县；1958 年，设置安顺市，市、县分治，年底撤县并市；1963 年，恢复安顺县名；1966 年，市、县第二次同城分置；1990 年，合并县、市称安顺市。但安顺作为地区级行政区域的首府则一直稳定，或名安顺行署，或名安顺地区，只是其间管辖范围几经变更。2000 年 6 月设地级安顺市，原县级安顺市改为西秀区。新的安顺市辖 1 区、5 县，有 3 个派出机构：西秀区，普定、平坝、镇宁、关岭、紫云等县，安顺经济技术开发、黎阳高新技术工业园区、黄果树风景名胜管理区。

---

① 《明史》卷六《成祖本纪二》："十一年……始设贵州布政司。"

② 元代的普定府（路）曾隶湖广，《元史》卷十七《世祖本纪十四》："二十九年……丙申，云南行中书省言：'罗甸归附后，改普定府，隶云南三十余年，今创罗甸宣慰安抚司隶湖南省不便，乞罢之，仍以其地隶云南省。'制曰：'可。'"

③ 赵尔巽等：《清史稿》卷七十五《地理志二十二》，中华书局，1977，第 2354 页。本书所引《清史稿》均系此版本，后文只列卷名。

第三节　屯堡的形成

黔中屯堡的形成，源于明朝初年征讨云南的战事。

元末乱世中，淮西布衣朱元璋在多年战乱中脱颖而出，平定各路英雄，推翻元朝统治，于 1368 年在应天（今江苏南京）即皇帝位，国号大明，建元洪武，从此中国社会进入历时 276 年的朱明王朝。在元末诸路豪杰中，朱元璋奉行的是"缓称王"之策，即建国称帝，表示天下已基本平定。洪武元年（1368），明军攻克元朝都城大都（今北京），元顺帝撤出大都，退守开平（今内蒙古正蓝旗闪电河北岸），史称北元。元朝廷虽然退出中原，但犹有政府机构和相当的军事实力，仍然是大明王朝的主要威胁。洪武年间，明廷多次派兵征讨，平定辽东和甘青一带，迫使北元节节后退至漠北旧都和林（今蒙古国境内哈拉和林）。即使是北元分裂以后，蒙古诸部仍然对明朝北部边境构成威胁。成祖朱棣即位，北患依然是明朝防务之首，朱棣曾几次御驾亲征，还将首都迁到北京。终明一代，针对蒙古诸部的北部边防始终是朝廷的头等大事，明廷也始终不能彻底解除北患，英宗时，明朝由盛转衰。

在将元朝驱逐出中原，最后赶至漠北并荡平国内之元朝残部的同时，朱元璋不断发兵遣使，对西南地区的川、藏、滇威德兼施，欲使西南地区尽快纳入王朝版图。明朝对西藏的接管堪称兵不血刃，"招谕吐蕃诸酋长，宣慰何锁南普等皆纳印请降"[1]。四川夏主明升年幼，权臣当政，或附或背，反复无常，[2] 朱元璋派傅友德、汤和率军两路夹攻而取之。[3] 而对于远在西南边陲云南的元梁王把匝剌瓦尔密，则一直无心以武力相加。

梁王对元朝非常忠诚，"顺帝北去，大都不守，中国无元尺寸地，而王守云南自

① 《明史》卷一百二十六《邓愈传》。

② 《明史》卷一百二十三《明玉珍传》。

③ 《明史》卷二《太祖本纪二》、卷一百二十九《傅友德传》。

若；岁遣使自塞外达元帝行在，执臣节如故"①。作为元朝宗室的梁王在明王朝已控制天下的情况下，自恃云南险远，仍奉元正朔，与远在漠北的元朝残部保持着君臣关系。即便如此，在明朝军队平定四川以后，朱元璋仍对梁王保持了足够的耐心，"明师平四川，天下大定。太祖以云南险僻，不便用兵"②，多次派遣使者招抚梁王，希望不战而屈人之兵。"明年③正月，北平守将以所得王遣往漠北使者苏成来献，太祖乃命待制王祎赍诏偕成往招谕。王待神以礼。会元嗣君遣使脱脱来征饷，脱脱疑王有他意，因胁以危语。王遂杀神而以礼敛之。逾三年，太祖复遣湖广参政吴云偕大军所获云南使臣铁知院等往。知院以已奉使被执，诱云改制书给王。云不从，被杀。"④招抚无果，使者丧命，朱元璋在确认梁王"终不可谕降"的情况下忍无可忍，经过长期准备，于洪武十四年（1381）决定武力征伐，"乃命傅友德为征南将军，蓝玉、沐英为副，帅师征之"⑤。正是对元梁王的大军征讨，促成了贵州有史以来的第一次大规模开发，也导致了黔中屯堡这一奇特文化现象的产生。

黔中地区是这次兵伐云南的必经之地。朱元璋对此次军事行动非常重视，亲自拟定本次用兵方略："云南僻在遐荒，行师之际，当知其山川形势以规进取。朕尝览舆图，咨询于众，得其扼塞。取之之计，当自永宁先遣骁将别率一军以向乌撒，大军继自辰、沅以入普定，分据要害，乃进兵曲靖。曲靖，云南之喉襟，彼必并力于此以拒我师，审察形势，出奇制胜正在于此。既下曲靖，三将军以一人提劲兵趋乌撒，应永宁之师。大军直捣云南，彼此牵制，彼疲于奔命，破之必矣！云南既克，宜分兵径趋大理，先声已振，势将瓦解。其余部落，可遣人招谕，不必苦烦兵也。"⑥

① 《明史》卷一百二十四《把匝剌瓦尔密传》。
② 《明史》卷一百二十四《把匝剌瓦尔密传》。
③ 指洪武五年（1372）。
④ 《明史》卷一百二十四《把匝剌瓦尔密传》。
⑤ 《明史》卷一百二十四《把匝剌瓦尔密传》。
⑥ "中央研究院"历史语言研究所编《明实录·太祖高皇帝实录》卷一百三十九，北平图书馆红格抄本微卷影印本，第2185页。本书所引《明实录·太祖高皇帝实录》均系此版本，后文只列卷名。

其后本次征南军事行动的进程，完全与朱元璋的事先部署相吻合。朱元璋以其经多年战火磨砺的军事统帅的雄才大略，一眼就看出了黔中战略地位之重要。

此前，即明廷平定四川的时候，迫于明廷军威，盘踞黔中的元普定土知府迄尔归顺明朝，此时却跟随梁王反明，成了明军征讨的对象。洪武十四年（1381）九月，傅友德率军至湖广，遣都督胡海洋等帅师五万由永宁（今四川叙永县）趋乌撒（今贵州威宁彝族回族苗族自治县，简称威宁县），① 自率主力自辰、沅入黔。"十一月至贵州，令顾成为先锋，攻普定，克之，擒其酋安锁……友德进兵云南，留成列栅以守。"② 傅友德命顾成、吴复驻守普定，自率大军趋曲靖，克昆明，下大理，梁王自缢，各路少数民族归附，云南全境平。③ 平滇之战历时不过半年，是大明王朝最为成功的战例之一。

本次平滇之战，主战场在云南，然而黔中地区战略地位的重要性在此战中得到了显现。平滇之战始于普定，明军占领普定以后即选址阿达卜筑起今天的安顺城，筑城尚未竣工就于新城中设立了普定卫，黔中地区成为此次征南的前沿根据地和军需供给通道。大军深入云南之后，这块前沿根据地实际上还没有完全巩固，明军在黔中留有为数不少的军队收服各路"蛮人"。《安顺府志》载："帝以阿咱未下，命吴复以安陆侯充总兵官，费聚副之，郭英从。时阿咱扼关索岭，云南饷道不通，上敕复等曰：'若通关索岭，慎勿与蛮人战于岭上，当分哨直捣其巢穴，以掩袭之，使彼各救其家，不暇纠合以抗我师。其旁土寨即未能下，合兵攻之，无不克也。'于是复等攻关索岭，令顾成、郭英分捣阿咱、椅子诸寨。蛮攻吉纳堡，复击破之，进击阿咱，围鹿角、当硬诸寨，追破募役诸蛮贼，遂开箐道直达广西、泗城境。还兵击西堡寨，破之，拔其阿驴等寨，升普定为军民知府。"④ 黔中地区作为征南的前沿根据地和后勤保障通道发挥了重要作用。曾做过贵州巡抚和云南巡抚的清代将领爱必达

① 《明史》卷三百十一《四川土司传一》。
② 咸丰《安顺府志》卷二十三《纪事志三》。
③ 参见谷应泰：《明史纪事本末》卷十二《太祖平滇》，中华书局，1977，第 165—168 页。
④ 咸丰《安顺府志》卷二十二《纪事志二》。

说:"(安顺府)山川扼塞,民夷辐辏,襟带楚粤,控制滇蜀,明洪武中命傅友德等征云南,自辰沅入普定,分据要害,乃进兵曲靖,平滇之功实始于安顺也。"[1]不唯爱必达,还有一些有识之士曾对黔中的战略地位有过评论。明末清初思想家顾炎武云:"(贵州)绥服要区,坤维重镇……关雄虎豹,路绕羊肠。天府金城,可守可战。固滇楚之锁钥,亦蜀粤之藩屏。"[2]曾做过贵州巡抚的清人田雯在《黔书·创建》中说:"(有黔)则粤蜀之臂可把,而滇楚之吭得扼矣。"徐嘉焱更是在《黔书·序》将贵州的战略地位提高到全局层面:"黔治则有与之俱治者,黔乱则有与之俱乱者。"[3]作为饱经战火洗礼的老牌军事家朱元璋自然深知黔中为"黔之腹、滇之喉",深知黔中与云南乃至与全国的战略关系。

元代对云南的统治并不十分成功。在接管云南之后,虽然朝廷在云南派驻有藩王镇守,但大理的段氏土酋并不完全归附,元代后期大理处于割据状态,朱元璋不能不从中吸取教训。平定云南的捷报传至京师,朱元璋要考虑得更多的是如何巩固胜利成果,当即传旨:"比得报,知云南已克,然区画(划)布置尚烦计虑。前已置贵州都指挥使司,然其地去云南尚远。今云南既克,必置都司于云南以率统诸军,既有土有民,又必置布政司及府、州、县以治之。"[4]遵皇帝意旨,明王朝雷厉风行,战争风烟尚未尽息即于洪武十五年(1382)二月置云南都指挥使司,一个月后又置云南布政司,又一个月后"更定云南所属府五十二,州六十三,县五十四"[5]。不仅很快建立了军事指挥机构和行政管理机构,云南的行政区划也以最快的速度得以确定。

云南既定,朱元璋深知,"至如霭翠辈不尽服之,虽有云南,亦难守也"[6],而

---

① 《黔南识略·黔南职方纪略》,杜文铎等点校,贵州人民出版社,1992,第53页。
② 顾炎武:《天下郡国利病书·六》,黄坤等校点,上海古籍出版社,2022,第3716页。
③ 《黔书·续黔书·黔记·黔语》,罗书勤、贾肇华、翁仲康、杨汉辉点校,贵州人民出版社,2002,第3、9页。
④ 《明实录·太祖高皇帝实录》卷一百四十一。
⑤ 郝正治:《汉族移民入滇史话:南京柳树湾高石坎》,云南大学出版社,1988,第67页。
⑥ 《明史》卷三百十六《贵州土司传》。霭翠:贵州宣慰使。霭翠辈:贵州各路土司。

"诸蛮夷易变生乱，朕恐大军一回彼复跳梁啸聚，岂不重劳我将士乎"①，要真正拥有云南，必须要取得贵州的长治久安；要使得贵州长治久安，则不能对当地的少数民族过分信任，必须要靠强大的军事力量来维持。维持贵州局面需要多少军队，朱元璋也自有主张："霭翠之地，必以十万之众乃可定也。"②至于用哪些军队来执行这一公务，自然是一客不烦二主，就从征南部队中选调，"今且还军，分驻要地，一以休息士卒，一以控制蛮夷"③。朱元璋的一纸敕令，三十万征南部队中的至少十万将士留在了贵州大地，这些人中的一部分成了贵州黔中屯堡人的"入黔始祖"。

征南之时，明朝地方驻军的基本单位是卫，卫下是所。所又分千户所和百户所两级。早在洪武七年（1374），朱元璋更定卫所之制："每卫设前、后、中、左、右五千户所，大率以五千六百人为一卫，一千一百二十人为一千户所，一百一十二人为一百户所，每百户设总旗二人，小旗十人。"④卫所设置有其原则："天下既定，度要害地，系一郡者设所，连郡者设卫。"⑤但由于贵州在政治军事上战略地位的重要性，在贵州境内卫所的设置则对设置原则有所突破。

当时的贵州尚未建省。洪武初年，在今贵州省境内设置了两卫一所，即洪武四年（1371）设置的贵州卫（治今贵阳市）、永宁卫（治今四川叙永），两卫各领五千户所，隶四川都司，⑥另有建于洪武三年（1370）的靖州卫（隶湖广都司）所辖的天柱千户所。征南期间，由于大部队聚集，明廷于洪武十五年（1382）在贵州设置了省一级的军事指挥机构——贵州都司（治今贵阳市），隶朝廷五军都督府。与此相适应，在贵州境内增设了普定卫（治今安顺市）、普安卫（治今盘县⑦老县城）、尾洒卫

---

① 《明实录·太祖高皇帝实录》卷一百九十五。
② 《明实录·太祖高皇帝实录》卷一百四十七。
③ 《明实录·太祖高皇帝实录》卷一百九十五。
④ 《明史》卷七十六《职官志五》。
⑤ 《明史》卷九十《兵志二》。
⑥ 贵州都司建立后，永宁卫属贵州都司。参见《明史》卷九十《兵志二》。
⑦ 2017年4月，国务院批准：撤销盘县，设立县级盘州市，以原盘县的行政区域为盘州市的行政区域。盘州市由贵州省直管，六盘水市代管。

（治今晴隆县境）、乌撒卫（治今威宁县城）、黄平卫（治今黄平旧州）、水西卫（治所不明）。不久，黄平卫降为千户所，平越千户所升为平越卫（治今福泉县城）。征南以后，朱元璋从控制西南大局着眼，认为真正拥有云南的关键在于控制贵州，出于对贵州的担心，将征南将士大部留在云贵驻防并将重点放在贵州，在贵州境内设置了24卫132千户所及2个直隶千户所，而同期周边省份如四川仅17卫23所，云南2卫28所，广西10卫22所。在地狭民稀的贵州，卫所数量之多，其密集程度实为西南各省之冠。①

贵州境内24卫中，隶贵州都司者18卫，另6卫隶湖广都司。卫所设置的时间相对集中，起于洪武三年（1370），止于洪武三十年（1397），全部沿交通要道设置。在东、西、南、北四条驿道的枢纽地贵阳设有贵州卫和贵州前卫；贵阳往西的滇黔驿道上依次有威清、平坝、普定、安庄、安南（原名尾洒）六卫，史称"上六卫"；贵阳往东的通往湖广的驿道沿线有龙里、新添、平越、清平、兴隆、都匀六卫，史称"下六卫"，除都匀卫驻守黔桂驿道外，另外五卫都沿湘黔驿道驻防；再往东的偏桥、镇远、清浪、平溪、五开、铜鼓六卫时隶湖广都司，史称"边六卫"，铜鼓、五开两卫处于今湘黔边境，另外四卫沿沅黔驿道排列；贵阳往西北的川黔驿道沿线则有乌撒、毕节、赤水、永宁四卫，史称"西四卫"。②贵州的卫所设置与众不同，与贵州极具军事战略意义的地理位置有密切关系。明末清初的历史地理学家顾祖禹对贵州地势和卫所设置有一个总结性评述："尝考贵州之地，虽偏隅逼窄，然驿道所经，自平溪、清浪而西，回环达于西北，几千六百余里。贵阳犹人之有胸腹也。东西诸府卫，犹人之两臂然。守偏桥、铜鼓以当沅、靖之冲，则沅、靖未敢争也。据普安、乌撒以临滇、粤之郊，则滇、粤不能难也。扼平越、永宁以拒川蜀之师，则川蜀未敢争也。所谓以守则固矣。命一军出沾益，以压云南之口，而以一军东指辰、

① 参见朱伟华等：《建构与生成：屯堡文化及地戏形态研究》，广西师范大学出版社，2008，第24—25页。

② 参见朱伟华等：《建构与生成：屯堡文化及地戏形态研究》，广西师范大学出版社，2008，第24—25页。

沅，声言下湖南而卷甲以趋湖北，武陵、澧阳不知其所守。膺击荆南，垂头襄阳，而天下之腰膂已为吾所制矣！一军北出思、黔，下重庆，敌疑我之有意成都，而不疑我之飙驰葭萌也。问途沔北，顾盼长安，而天下之嚜吭，且为我所扼矣！所谓以攻则强矣。如是，而曰贵州蕞尔之地也，其然乎哉！"① 贵州境内驻扎了如此众多的军队，重点自然是钳制"蔼翠辈"并确保通往云南的驿道畅通，因而滇黔一线是重中之重，地处"滇之喉"的黔中地区布兵犹多，安顺一府境内竟有普定、平坝、安庄三卫，大大突破了"连郡者设卫"的基本原则。

这么多的部队要在贵州长期驻防，军需物资供给是个大问题，而朱元璋是解决这类问题的里手行家。早在汉代，朝廷就有军队屯田制度，而朱元璋在逐鹿中原还没登上皇帝宝座之时即有过屯田实践。朱元璋称吴国公时，军帐下有"营田使"等官，小明王龙凤四年（1358）命诸将在镇守之地分军屯田，龙凤九年（1363）又"申明将士屯田之令"，从此分军屯田以给军饷成为朱元璋军政的重要组成部分。明朝立国之初，面对前朝留下的残破摊子，为维持国家机器的正常运转，特别是庞大的军费开支能得到保障，朱明王朝沿用了战时的军屯制度，参照汉唐旧制，在全国范围内大规模屯田。② 在北部边关，将北元赶到漠北之后，明朝军队驻守边防即采用"立法分屯，布列要害，远近相应，遇敌则战，寇去则耕"③ 的方式，驻守贵州的部队自然也就采取了这种堪称成功的模式，于是贵州各卫驻地出现了规模大小不等的"军耕农场"。黔中一带驻军密集，自然比别的地方军屯规模要大。

明代的军士从军有点"世袭"的意味，"自卫指挥使以下其官多世袭，其军士亦父子相继，为一代定制"④。三种兵源莫能例外，"其取兵，有从征，有归附，有谪发。从征者，诸将所部兵，既定其地，因以留戍。归附，则胜国及僭伪降卒。谪发，以

---

① 顾祖禹：《读史方舆纪要·贵州方舆纪要序》，团结出版社，2022，第4781—4782页。引用时，标点有改动。
② 参见王毓铨：《明代的军屯》，中华书局，1965，第21—23页。
③ 《明史》卷一百三十七《宋讷传》。
④ 《明史》卷七十六《职官志五》。

罪迁隶为兵者。其军皆世籍"①。《明史》对这种"世袭"制度的严格程度有记载："宣德四年，上虞人李志道充楚雄卫军，死，有孙宗皋宜继，时已中乡试，尚书张本言于帝，得免。如此者绝少。户有军籍，必仕至兵部尚书始得除。"② 军籍在册者称"军户"，军户每户出一丁，称"正军"或"旗军"。屯军数量虽以人计，但军士的人只指"正军"，实际的计量单位是户，所以卫下有"千户所"和"百户所"的编制，这牵涉家属和所谓"余丁"。

明法，驻守卫所的军士的家属一般都随军。《明史》云："军士应起解者，皆金妻。"③《大明会典》云："有妻在籍者……着令原籍亲属送去完聚。"④ 黔中各卫所的军士带家属的具体情况正史没有明确记载，但地方志为我们提供了一些线索，《安顺府志》载："郡民皆客籍，惟寄籍有先后。其可考据者，屯军堡子，皆奉洪武敕调北征南，当时之官，如汪可、黄寿、陈彬、郑琪作四正，领十二操屯军；安插之类，散处屯堡各乡，家口随之至黔，妇人以银索绾发，髻分三绺，长簪大环，皆凤阳汉装也，故多江南大族，至今科名尤众。"⑤ 从当地妇女至今犹着"凤阳汉装"来看，"家口随之至黔"的记载是可信的。我们也可以从正史对其他地方驻军家属随军的记载中得到这种制度施行的一般情况。明军平定云南后，也与贵州一样随征将士有一部分在云南驻守下来，朱皇帝在洪武二十八年为这些驻军家属随军问题专门下旨："在京军士戍守云南，其家属俱遣诣戍所"⑥；明宪宗成化年间，在平定播州境内少数民族叛乱后播州驻军调防，宣慰使杨辉上奏章："播州向设操守土兵一千五百人，今拔守怀远、靖南、禾漂、龙场各二百人，宣化百人，安宁六百人，其家属宜徙之同居，

① 《明史》卷九十《兵志二》。
② 《明史》卷九十二《兵志四》。
③ 《明史》卷九十二《兵志四》。
④ 申时行等修，赵用贤等纂《大明会典》卷一百五十五《军政二》，载《续修四库全书》编纂委员会编《续修四库全书》，上海古籍出版社，2006。
⑤ 咸丰《安顺府志》卷十五《地理志十四》。
⑥ 《明实录·太祖高皇帝实录》卷一百八十四。

为固守计。"①皇帝依例准奏。由这些史料可以看出，明代的兵制不仅规定士兵军籍固定，父死子继，世代承袭，而且还要求携带家属驻守，"使其来即可以为侣，而至即可以为家，有亲属相依之势，有生理相安之心，庶几久长利便，不致随到随逃矣"②。这是明朝廷为解决长期以来令人头痛的逃兵问题而采取的措施，其目的是使军士安心屯守于驻地。与全国各地驻军一样，当时留守黔中的卫所官员和旗军是以家庭的形式世代居住于卫所的。

明代实行垛集兵制，这个制度在永乐时曾加以修改。"成祖即位，遣给事等官分阅天下军，重定垛集军更代法。初，三丁已上，垛正军一，别有贴户，正军死，贴户丁补。至是，令正军、贴户更代。"③所谓垛集，三户为一单位，一户为正户，另两户为贴户，正户出一丁应役，贴户在经济上帮贴正户。每一垛集单位除一正军外，还应出一丁做军中编外人员，称"军余"或"余丁"，这样，每一军户连同余工和家属，大致应是四人。除此之外，将校还带有一定数量的随营子弟，称"舍人"。据嘉靖时谢东山等撰《贵州通志·卷五》记载，黔中三卫由于其地理位置的重要性，其兵员实际人数大于规定编制，普定卫旗军 8864 名，安庄卫旗军 5779 名，平坝卫旗军 5890 名，与黔中相邻的普安卫除自身五所外还增设有乐民、安南、新兴、新城等 5 个外守御千户所，这 4 个卫旗军超过 4 万人，连同军余、家属和舍人应不少于16 万人。

贵州山高路险，军需供应是个大问题，战时后勤供给不畅，朱元璋命令部队："若无粮用时，且将城寨不守，尽数出去，会做一处，将那有粮蛮人都打了取粮用。"④但这只是战时应急的临时措施，如今部队长期留守，要养兵而不闲民，自然是沿用已卓有成效的屯田之法，于是，驻守黔中的军人成了佃农。当然，并非全部驻

---

① 《明史》卷三百十二《四川土司传二》。

② 《会议王禄军粮及内府收纳疏》，载陈子龙、徐孚远、宋征璧等选辑《明经世文编》卷一〇三，中华书局，1962。

③ 《明史》卷九十二《兵志四》。

④ 《云南机务钞黄》，载方国瑜主编《云南史料丛刊·第四卷》，云南大学出版社，1998。

军都去屯田，"边地，三分守城，七分屯种；内地，二分守城，八分屯种"①。黔中非边地，但有其军事上的重要地位，且有"霭翠辈"之类重点防范对象，即使以边地之例，也有70%的军士屯种，只是这七三之分是固定还是轮换，史书语焉不详。总之，军士加上随军的舍人和余丁，从事农业生产的人为数不少。

军屯的土地来源，一开始，"贵州田无顷亩尺籍，悉征之土官"②，但军士屯田是有定额的，"每军受田五十亩，为一分"③，从土官征来的土地显然不够，更多的土地只能来自荒地开垦，这就使得从事屯种的军士脱离兵营，到有荒地可开垦的地方建屯立寨。从事农业生产的军士安家落户的地点，有一定的偶然性，据西秀区二官寨萧家《萧氏家谱》记载，萧家的入黔始祖萧授洪武十五年（1382）随颍川侯傅友德征南入黔，驻安顺军民府十二长官司，将带兵屯田，就往何处一事问计于夫人胡氏，胡氏答曰"听天由命"，具体的"计"是做甜酒一锅，背上从驻地往自己老家江西方向徒步行走，闻酒香处即是屯田处。萧授依计东行，到一山崖处闻酒发香，遂将此地命名为"萧家湾"而定居屯田，后来翻过山岗见其北的陇格枝（今二官寨）地势更为平坦开阔且水源充足土地肥沃，又移居到陇格枝，萧授的长子萧杰为与其父屯田之处形成犄角之势能相互照应，带兵于其西四十余里的小盆地（今齐家庄）垦荒。④

黔中一带由于其重要的战略位置而驻有重兵，安顺市周边具有适合农耕的优越的地理条件。黔中地区，"山虽多而非险阻，故疾疬不生；水虽浅而不停滞，故卑湿无患。夏无溽暑，冬无严寒，气候温和"⑤。正是由于安顺周边地势开阔，日照充足，水源不乏，气候温和，非常适合各类农作物生长，是屯种的好地方，因而屯田军士自然愿意选择这一带安营扎寨。

由这些脱离军营的屯田军士修建的村寨，既具有一般农村村寨的性质，也不能

---

① 《明史》卷七十七《食货志一》。
② 《明史》卷七十七《食货志一》。
③ 《明史》卷七十七《食货志一》。
④ 参见《萧氏家谱》，载吴羽等选编《安顺屯堡史料类编》，未刊，第176—184页。
⑤ 《续修安顺府志·安顺志》卷十二《风土志》。

脱离军营的特质，既要考虑屯田，还得兼顾驻守，除适合长期居住外，还要适合部队演练和实战攻守，从此，黔中大地出现了为数不少的大小规模不等的带有军营风格的村寨，征南留守的军士和他们的家属成了这些村寨的首批住户，他们的后裔是如今屯堡居民的主要构成成分。

元代末年，由于饥荒和战事，田园荒芜，满目疮痍，老百姓大量流离失所，明朝初定天下，民生问题是头等大事。为了解决民生问题，明初采取了"移民就宽乡"的政策，由政府出面组织老百姓迁徙。《明史》云："屯田之制，曰军屯，曰民屯……其制，移民就宽乡，或召募或罪徙者为民屯，皆领之有司。"①贵州的民屯，正史没有明确记载，但当时贵州民稀，闲置的土地较多，当为"宽乡"，贵州多移民应该没有什么疑问。贵州民间有"调北填南"的说法，即明代除调北征南的军队入黔外还有大量移民迁入，明代的实录方志等文献也能够窥见当时移民就宽乡的蛛丝马迹。《明实录》曰："其贵竹长官司所辖皆流寓子孙，与夷民不同。"②《思南府志》曰："至今居民皆流寓者，而陕西、江西为多。"③《黔记》言贵州宜慰司"本司隶籍人民，多来自中州"④。黔中屯堡人的家谱中有一些其入黔始祖因当年"调北填南"而来贵州的记载（参见下节）。贵州按察使司下设有屯田副使，按军屯领之卫所，民屯领之有司的管理体制，屯田副使应为办理民屯事务的官员。嘉靖《贵州通志·土田》明确记载：贵州布政使司官民屯田通共四十二万八千六百五十九亩，另有旱地五万一千三百五十六亩。⑤明代的田土制度将田土分为两个大类，"明土田之制，凡二等：曰官田，曰民田。初，官田皆宋、元时入官田地，厥后有还

---

① 《明史》卷七十七《食货志一》。
② "中央研究院"历史语言研究所编《明实录·穆宗庄皇帝实录》卷二十一，北平图书馆红格抄本微卷影印本，第568页。本书所引《明实录·穆宗庄皇帝实录》均系此版本，后文只列卷名。
③ 嘉靖《思南府志》，中国人民政治协商会议贵州务川自治县委员会文史资料研究委员会整理出版，1990，第8页。
④ 郭子章：《黔记》卷七《舆图志四》，赵平略点校，西南交通大学出版社，2016，第175页。
⑤ 嘉靖《贵州通志》卷三《土田》，赵平略、吴家宽、徐万洁点校，西南交通大学出版社，2018，第159页。

官田，没官田，断入官田，学田，皇庄，牧马草场，城壖苜蓿地，牲地，园陵坟地，公占隙地，诸王、公主、勋戚、大臣、内监、寺观赐乞庄田，百官职田，边臣养廉田，军、民、商屯田，通谓之官田。其余为民田"①。这个数字应该仅指官田而不包括民田，因为土司属下之民田向无丈量，而且如包括民田显然远远不止这个数。"四十二万八千六百五十九亩"既为官田，而明代官田虽然品类繁多，但通观其品类构成，贵州境内除军、民、商屯田以外其他品类并不多，而这个数字并不包括军队屯田，因为仅军屯就远超此数，嘉靖《贵州通志·土田》记载贵州各卫所中田九十三万八千五百七十五亩，②因此可以认为这"四十二万八千六百五十九亩"中民屯之田为数不少。正是因为有众多民屯的存在，才设立有办理民屯事务的官员——屯田副使。只是，这些民屯地处何方记载并不明确，我们只是可以想见，由于黔中田土、气候等适合农耕的自然条件比贵州其他地区优越，又有大部队驻防，可以使这些外来户少受欺侮，黔中一带民屯数量比贵州别的地方多且相对集中。

明代还有一种屯田称商屯。"明初，募盐商于各边开中，谓之商屯。"③商屯之始，源于各地驻军粮食转运之苦。自有汉以降，各朝政府都实行食盐专卖制度，而到了明朝，食盐专卖引申出解决驻军粮食转运困难的手段。"有明盐法，莫善于开中。洪武三年，山西行省言：'大同粮储，自陵县运至太和岭，路远费烦。请令商人于大同仓入米一石，在太原仓入米一石三斗，给淮盐一小引。商人鬻毕，即以原给引目赴所在官司缴之。如此则转运费省而动储足。'帝从之。召商输粮而与之盐，谓之开中。其后各行省边境，多召商中盐以为军储。盐法边计，相辅而行。"④明初，为解决边境驻军军粮不足的问题，朝廷用自己手中掌握的食盐许可证换取商人手中的粮食，

---

① 《明史》卷七十七《食货志一》。
② 卫所屯田数量文献记录略有出入。《明实录·英宗睿皇帝实录》卷八十载："先是，尚书王骥奏……贵州等二十卫所屯田池塘共九十五万七千六百余亩，所收子（籽）粒足给军实。"参见"中央研究院"历史语言研究所编《明实录·英宗睿皇帝实录》卷八十，北平图书馆红格抄本微卷影印本，第1594页。本书所引《明实录·英宗睿皇帝实录》均系此版本，后文只列卷名。
③ 《明史》卷七十七《食货志一》。
④ 《明史》卷八十《食货志四》。

规定商人将粮食送至规定的卫所，按路途之远近及粮食之多寡获得一定数量的食盐专卖许可证，称为"盐引"，"凡大引四百斤，小引二百斤"①。商人凭盐引到指定盐场领取食盐运到指定地点贩卖，这种做法称为"开中"。这种办法首先在山西施行，接着推广到各行省边境。具有发达经济头脑的盐商们为了减少成本，雇人在边地屯田，生产的粮食就地交纳以换取盐引，这就形成所谓商屯。明初开中之法在补足卫所驻军粮食上发挥了很大作用，正如刘应秋《盐政考》所言："商人自募民耕种塞下，得粟以输边，有偿盐之利，无运粟之苦，便一；流亡之民因商召募，得力作而食其利，便二；兵卒就地受粟，无私籴之扰，无侵渔之弊，便三；不烦转运，如坐得刍粮，以佐军兴，又国家所称为大便者。"②商屯的整体规模也很大，"商屯出粮，与军中相表里"③。

贵州商屯的具体情况史无确载，但明朝初年贵州境内驻军众多，军屯自产之粮肯定不足支取，所以才有朱元璋下令部队抢粮之事，毕竟抢粮只是应急之举，而贵州山高路险，舟车不通，千里迢迢从外运粮成本太高，开中在当时既为解决此类问题的良策，贵州的卫所自然也与全国各边地卫所一样靠开中解决驻军粮食，因而史籍中不乏贵州开中的记载：早在征南战事还没有结束的洪武十五年（1382）二月，"上以大军征南兵食不继，命户部令商人往云南中纳盐粮以给之，于是户部奏定商人纳米给盐之例……普安纳米六斗者给淮、浙盐二百斤，米二石五斗者给川盐二百斤；普定纳米五斗者给淮盐二百斤，米四斗者给浙盐二百斤，川盐如普安之例；乌撒纳米二斗者给淮、浙盐二百斤，川盐亦如普安之例"④，并定下贵州卫所开中盐引发放标准。洪武二十二年（1389）四月，"贵州都指挥使司奏赤水、层台二卫军饷不给，请令四川运粮往济之，户部尚书杨靖奏曰：'如此供应，益见劳民，莫若令富民输粟而以淮、浙之盐偿之，候各卫屯种收成，下年必可足用。'从之"⑤，朱元璋听从了杨靖

① 《明史》卷八十《食货志四》。
② 《盐政考》，载陈子龙、徐孚远、宋征璧等选辑《明经世文编》卷四三一，中华书局，1962。
③ 《明史》卷八十《食货志四》。
④ 《明实录·太祖高皇帝实录》卷一百四十二。
⑤ 《明实录·太祖高皇帝实录》卷一百九十六。

的建议并付诸实施。永乐十一年（1413）四月，"贵州都司言所属卫所粮储不敷，宜如洪武中例开中粮盐，然先定川盐并云南黑盐井每引输米一石五斗，安宁井（每）引二石，今本地米价翔贵，宜减轻募商中纳为便。从之，命比初例各减五斗"①，这是贵州都司根据市场米价请求调整原执行的开中输米标准得到的批复。这些记载完全可以证明明初贵州各卫与全国名边地卫所一样都有开中之事，虽然开中并不等同于商屯，但根据一般情况，开中的地方就有可能有商屯存在。《续修安顺府志》引清人方孝标《滇行纪程》云："安顺府城围九里，环市宫室壮丽宏敞。人家以白石为墙壁，石片为瓦。估人云集，远胜贵阳，昔尝议立省会于此，以秤土轻重，不及贵阳，故舍此从彼。今移提督驻此，以镇盘江。附郭有普定卫，明初设军民指挥使司，以襟带三州，其权甚重，故今黔民但言普定而不知安顺，威之所慑久矣。"② 安顺之所以由荒蛮之地变得如此繁华，商人的参与是必不可少的。由于有开中事宜而盐商频繁出入黔中，这些商人以其固有的经济头脑在做食盐生意的同时发现边地有驻守军人形成的庞大的军事消费区，一些人遂兼营或转营边镇商业，在黔中定居下来。明宣德以后，开中盐法被逐渐破坏，一般商人于盐引无利可图以后，转营其他商品，促成了安顺"估人云集，远胜贵阳"的繁华都市景象。当然，这些商人主要定居于城镇，其后裔基本上不是今天的屯堡人，但由以上记载可以认为贵州当时也存在由开中盐政而产生的商屯，商屯产粮不是为了自己食用，而是为了纳于边以换取盐引经销食盐，其建屯功能决定其位置得靠近卫所，卫所密集的黔中地区也就自然是商屯选址的理想处所。值得一提的是，"明初，各边开中商人，招民垦种，筑台堡处相保聚"③。明初的商屯，屯民们居住的村寨也带有屯堡色彩。

综上所述，明朝初年，由于征南战事和其后的驻军、"移民就宽乡"以及开中盐政的实施，军屯、民屯、商屯遍布黔中，屯民们屯垦的居住地形成了今天的屯堡村

---

① "中央研究院"历史语言研究所编《明实录·太宗文皇帝实录》卷一百三十九，北平图书馆红格抄本微卷影印本，第1676页。本书所引《明实录·太宗文皇帝实录》均系此版本，后文只列卷名。

② 民国《续修安顺府志》卷十二《风土志》。

③ 《明史》卷八十《食货志四》。

寨，这些人中的一部分或大部分，就是今天屯堡人的入黔始祖。

征南将士留守贵州的部队及其家属无疑是黔中屯堡人的主体。在人员数量上，民屯和商屯都无法与之比肩：心理素质上，他们是"骑着高头大马"来的征服者，有高人一头的心理优势；在"王事"的作用上，他们担负着维系一方安稳的国家重任。由于以军士为主体，黔中的村寨地名含有比较丰富的军屯文化色彩，不少村寨以"屯""堡""哨"等字眼命名，且多冠以领头官兵的姓氏，有的还加上官衔，如"汪官屯""张指挥屯""丁旗堡""杨家关哨"等。征南部队驻扎贵州以后，除了驻防和屯田，还有修筑驿道的重任。朱元璋很重视驿道修筑，在他的督促下，贵州地方土司积极参与，修筑了滇黔、川黔、湘黔、黔桂四条驿道，而黔中地区是这四条驿道的枢纽，因而除了"屯"与"堡"以外，黔中的地名还有以"铺"名者，但总体上"屯"和"堡"占压倒优势。"屯"和"堡"在实际功能上有一定差别，名"屯"者重在屯种，名"堡"者重在戍守。二者的分布也有一定讲究，名"堡"者环绕名"屯"者分布，起到将屯堡村寨与少数民族村寨及后汉移民村寨分隔开的作用。①

驿道四通八达的便利交通以及众多移民汇聚黔中而带来无限商机，使得安顺"估人云集，远胜贵阳"，甚至还"尝议立省会于此"。黔中一带肥沃的田土和温和的气候为屯民的农耕提供了适宜的自然条件，安顺商业的繁华为屯民的生存便利提供了优越的外部环境，而屯堡布局的相对封闭性以及强大的军事力量为屯民生活的安稳提供了有力的保障，这一系列堪称优越的生存生活条件使得这些移民们能够愿意在黔中大地安居乐业，代代相传。

六百多年的悠悠时光，人间世道沧海桑田，屯民们历代的生息繁衍也并非风平浪静，其间，屯政衰微、屯军逃亡、战火兵灾造成了人口的骤减和流动，改朝换代带来了"军转民"的心理落差。今天我们看到的屯堡村寨，虽然还能从中看到其有别于贵州本土的建筑风格，也能够领会其中透出的强烈的军事色彩，但可以肯定地说，这些屯堡村寨的建筑物已不是明初的原始风貌，屯堡村寨必然轮换着经历了多

① 参见朱伟华等：《建构与生成：屯堡文化及地戏形态研究》，广西师范大学出版社，2008，第42—45页。

次的局部改建重修，既不乏浓厚的岁月风霜，也自然地带有时代精神，而万变不离其宗的是整体的封闭性。王正贤对此有精到的分析："这种具有地方色彩的区域性建筑群体，与'征南''填南'汉人及其遗裔的心理素质及凝聚力有着密切的联系。从单家独体建筑到巷道连体建筑，从巷道连体建筑到村落共同建筑，从村落共同建筑到社区整体建筑，都无不体现其封闭性、防御性、联络性。"[①] 集体移民的人口数量优势、别具一格的带有军事色彩的独特建筑、相对封闭的生活环境、有别于地方他族的心理素质及凝聚力，形成了绵延至今屯堡村寨，也造就了绚丽多彩的屯堡文化。

第四节 屯堡方言的形成

贵州是一个山的世界，夸张的"地无三尺平"描绘了贵州山势连绵的地貌特征。由于山川阻隔，贵州一直被主流文化称为"化外之地"，是开发较晚的地区，但贵州本身的人类活动并不晚，贵州省考古研究所进行的一系列考古调查在清水江流域发现多处旧石器、新石器时代的遗存，坡脚遗址发掘又有新的发现，证明在石器时代贵州境内的大山中就有人类活动。[②] 汉代以后，贵州被纳入中央王朝的统治范围，但这种统治是松散型的。而由于贵州地处偏远，具有独特的生态环境，有很强的封闭性，其地理位置和地势地貌决定了其不易受到外来侵扰，属于典型的"天高皇帝远"区域，因而贵州又是古代人民由于各种原因而流徙迁移的大好去处，贵州严格意义上说是一个移民省。贵州是一个少数民族聚居的省份，以苗族、侗族和布依族人口最多，水族、彝族、土家族、仡佬族人数也不少。这些众多的民族大部分由外迁入，他们按各自的生活习性择地而居，既相对集中，又互相穿插，形成了"大杂居，小

---

① 王正贤：《安顺屯堡建筑之我见：屯堡文化调查研究之一》，载贵州省民族事务委员会、贵州省民族研究所编《贵州"六山六水"民族调查资料选编·仡佬族、屯堡人卷》，贵州民族出版社，2008，第294—295页。

② 参见王小梅：《数千文物见证清水江7000年文明史：黔东首次考古发掘获重要突破》，《贵州日报》2009年11月2日。

聚居”的格局。岁月悠悠，年代久远，如今已不能确认到底谁是贵州的真正世居民族，但贵州的早期居民并非汉族则是不争的事实。[1]

秦汉时期，中原汉族涉足贵州，贵州地区出土的汉墓文物证明了贵州与周边甚至与中原地区有了频繁联系，贵州开始有了汉族移民进入，[2] 其后各朝各代都因各种原因向贵州移民，但明代以前各朝移民都规模有限，而且，这些移民迫于生存环境会很快"夷化"。当年庄蹻开滇，"欲归报，会秦击夺楚巴、黔中郡，道塞不通，因还，以其众王滇，蛮服，从其俗以长之"[3]。庄蹻及其部下作为占领者仍不免在服饰风俗方面与当地少数民族融为一体，零星的汉族移民被"夷化"的速度和程度可想而知。直到明初汉民大规模涌入贵州之前，贵州都是真正的少数民族地区，境内民族众多，谱系复杂，各族首领"历代以来，自相君长"[4]。汉代以后，虽然沿秦制在贵州境内设郡置县，但历朝历代对贵州的统治基本上采取统一的方式，"其道在于羁縻"[5]，政府任命当地少数民族首领为地方行政长官，允许世袭，境内政治、经济、文化都可任其便宜行事，一般不予干涉。元代虽然在朝廷与少数民族各地的关系上有所强化，建立了官分土流、蛮夷参治的土司制度，但并没有改变少数民族首领统治地方的状态，各地土酋当道，全境土司林立。"尝考洪武初，西南夷来归者，即用原官授之。其土官衔号曰宣慰司，曰宣抚司，曰招讨司，曰安抚司，曰长官司。"[6] 这时贵州境内各地各种名号的土司三百余人，是西南地区土司最为密集之地。"土司之官九级，自从三品至七品，皆无岁禄。其子弟、族属、妻女、若婿及甥之袭替，胥从其俗。"[7] 土司有朝官品秩但无朝廷俸禄，其世袭规则朝廷不予干涉，备案即可。明朝

[1] 参见朱伟华等：《建构与生成：屯堡文化及地戏形态研究》，广西师范大学出版社，2008，第17—18页。
[2] 参见赵小帆：《试论贵州汉墓的几个问题》，《贵州民族研究》1998年第4期。
[3] 《史记》卷一百一十六《西南夷列传》。
[4] 《明史》卷三百十《土司传》。
[5] 《明史》卷三百十《土司传》。
[6] 《明史》卷三百十《土司传》。
[7] 《明史》卷七十二《职官志一》。

代元以后，继承了元朝的土司制度，但又有所发展。"迨有明踵元故事，大为恢拓，分别司郡州县，额以赋役，听我驱调，而法始备矣。"① 明朝对承袭下来的元朝土司制度的改造，明初即有动作，将原有三百多处土司调整为贵州宣慰司、播州宣慰司、思州宣慰司和思南宣慰思四大土司，又集中设立 9 个安抚司和 94 个长官司，实行土流并置，军政分管，逐渐将土司地区不同程度地纳入统一的地方行政管理体系之中。② 大小土司盘踞本地多年，权势世代相传，一个个俨然土皇帝，肆虐乡里欺压民众自不必说，有的甚至不听朝廷节制。"永乐十一年，思南、思州相仇杀，始命（顾）成以兵五万执之，送京师。乃分其地为八府四州，设贵州布政使司，领十八卫，而以长官司七十五分隶焉，属户部；置贵州指挥使，领十八卫，而以长官司七隶焉，属兵部……府以下参用土官，其土官之朝贡符信属礼部，承袭属吏部，领土兵者属兵部。其后府并为六，州并为四，长官司或分或合，厘革不一。"③ 思州宣慰使田琛与思南宣慰使田宗鼎为争夺土地相互攻杀，朝廷在屡禁不止的情况下派顾成领兵镇压才使事态得以平息，这是土司不把朝廷放在眼中的典型事例。朱棣借此机会在贵州建省，结束了贵州原分隶四川、云南和湖广的局面，使朝廷地方机构对土司的管理更为直接，监视更为严密。贵州建省开了"改土归流"之先河，但这有一个漫长的过程，整个"改土归流"终明一代都没能最后完成。黔中大地初布大小军屯、民屯、商屯的时候，土司的权势还很大，当地土司及其他少数民族臣民是这些外来屯民潜在的敌对力量和心理防范对象。然而，这一次的移民与此前的移民有天壤之别，最为明显的是，这次是规模巨大的集团性移民，定居后有帝国强大的军事力量作为保障，使得移民们能够经历漫长的历史洗礼而不为当地世居人群同化。征服者高高在上的心理使得他们不愿意与当地世居人群产生过多的社会交往，而在相对封闭的居住环境中，"同在异乡为异客"的心理使得黔中屯民们充满了内部凝聚力。这些具有帝国军人和村寨农民双重身份的屯堡先民凭着人口数量的优势和强大的内部凝聚力

---

① 《明史》卷三百十《土司传》。

② 参见张显清、林金树：《明代政治史》，广西师范大学出版社，2003，第 912—914 页。

③ 《明史》卷三百十六《贵州土司传》。

固守着他们原有的生活习性和故土风俗，形成了独特的屯堡文化，即使是后来屯政坏损，军士地位一落千丈，[1]甚至改朝换代自身身份的改变，这世代相传而不失本色的屯堡文化经过六百多年的岁月洗礼，逐渐成了黔中地区的主流文化，屯堡文化中自然也包括他们所说的方言，即所谓"堡子腔"。

方言的形成自然离不开人，所以我们有必要考察一下屯堡人入黔始祖的地域构成以及屯堡地区的人口流变情况。

如前所述，屯堡人的入黔始祖主体是明初征南并留驻黔中的将士，军队的构成成分本身比较复杂，加上朱元璋在夺取天下的过程中和明廷建立后对北元的作战中也屡有收降，因而明朝的军队士兵来源极其驳杂。《明史》对征南部队将领有明确记载，但军士究竟用的哪一支部队则无从考证。以前的研究说法不一，有以"高祖自凤阳起兵"为说，联系今天屯堡社区信仰汪公的风俗明代安徽最热烈以及屯堡社区的"凤阳装"认为当时的军士多安徽籍之说者，[2]也有征南将士是前元尉纳哈出的部属之说者。[3]但"高祖自凤阳起兵"与史实不符，纳哈出部属一说亦难以令人信服。而由"就宽乡"来黔中构筑民屯的移民和商人召集来种粮以换取盐引的屯民，这些屯堡先民究竟来自何方，史书亦无明确记载。

道光《安顺府志》对"屯军堡子"的籍贯只有"故多江南大户"这样一句简单的交代。考虑到当时的具体情况，明朝的军队构成人员虽然来源复杂，但也有其相对的集中性，这种说法还是为我们画定了一个大范围。经历了六百多年的沧桑岁月，从方言形成角度去考察屯堡先人来黔是因为"征南"还是"填南"意义已经不大，我们关注的是其所从来和来黔的时间。应该说，考察籍贯和迁徙时间最靠得住的材料还是当事人的家谱，屯堡人的家谱可以印证《安顺府志》的说法并不离谱。长期镇守贵州的征南名将明镇远侯顾成于《明史》有传，称"其先湘潭人，祖父业操舟，

① 《明史》卷九十《兵志二》："至于末季，卫所军士，虽一诸生可役使之。"
② 参见安顺市文化局编《图像人类学视野中的贵州安顺屯堡》，贵州人民出版社，2002，第9、66页。
③ 参见陈训明：《三论安顺屯堡人主体的由来问题》，《贵州民族研究》2008年第1期。

往来江、淮间，遂家江都"①，与《顾氏家谱》载"祖籍江南扬州府江都县"吻合。以抬汪公闻名的汪氏，《汪氏宗谱》载其入黔始祖汪灿"原籍江南徽州府休宁县梅林街"。屯堡社区几个大姓据家谱记载亦来自江南。《金氏族谱》云："始祖子中，公自明洪武年间由南京徽州府嘉定县石灰巷迁至贵州安顺府，住本城塔山街。"《鲍氏家乐》卷七云："始迁祖福宝，原籍南京直隶省徽州府歙县新安街卫塘越村袖乡太和舍人氏。"《雷氏族谱》云："始祖公讳龙，原籍陕西凤翔府人，后调江西省属建昌府。"②《续修安顺府志·安顺志》有洪武年间来安顺的所谓"老姓"记载，记其所从来多冠以"江南"，其下有应天府、江宁府、太平府、凤阳府、徽州等，有的还明确记载其为"填南"而来："褚姓，原籍江南江宁府。明洪武六年，始迁祖褚良相因调北填南迁入安顺"；"杨姓，原籍江南。明洪武时，始迁祖杨彦清宦游湘省，后因调北填南复迁安顺城内"。如今屯堡人大都称其祖是南京人，其家谱也由于各种原因大都是清代或民国时期重修的，但一般情况下老百姓谈及祖籍是不会仅为标榜"来自天子脚下"而信口开河，总是代代相传，有一定的根据。只是，屯堡人中所谓若干"大姓"，并不能确认其入黔之时就是大姓还是入黔以后人丁兴旺而发展为大姓，屯堡人数量众多，有文献记载的全部搜集起来仍然是"简单枚举"，严格说来并不能代表屯堡人之主体。我们这里要强调的是简单枚举法中的"例外情况很少"，因而将屯堡人主体来源定位于"江南"这个大范围是可行的。朱伟华认为屯堡人主体来自南京，而此南京是一个历史概念，即永乐年间的南京（又称南直隶）辖区，"辖有应天、凤阳、庐州、淮安、扬州、苏州、松江、常州、镇江、安庆、徽州、宁国、池州、太平等14府，广德、和、滁、徐4直隶州，13（案当为17）属州，88（案当为97）县……包括今日江苏、安徽、上海两省一市的庞大行政区"③。明代的南京辖区四界清楚，"北至丰、沛（与山东、河南界），西至英山（与河南、湖广界），南至婺源（与

① 《明史》卷一百四十四《顾成传》。

② 以上所引家谱为课题组村寨调查中村民所示之刻印本或抄写本，均未正式出版。

③ 参见朱伟华等：《建构与生成：屯堡文化及地戏形态研究》，广西师范大学出版社，2008，第46页。

浙江、江西界）"①。这区域虽够广大，但家谱和方志所载往往超出这个范围而达江西，如上举《雷氏族谱》明载其祖来自江西建昌府，《续修安顺府志·安顺志》所载"老姓"亦有来自江西者，因而我们认为用"江南"虽稍显模糊但更为准确。洪武年间入黔的屯堡人先祖主体来自今江苏、安徽、江西和上海四省（市），可称相对集中，但屯堡人自称来自湖南湖北者亦不在少数，足可证明民间"调两湖填贵州"之说不是空穴来风。

这次靠政府强力组织的集团移民，使得这些来自江南的屯堡先民在黔中地区定居下来。他们的到来改变了当地"夷多汉少"的人口结构，使这一地区的汉人数量历史上首次占了绝对优势，他们的居住环境相对封闭，当地的少数民族要么被他们赶走，要么被堡区隔离在外，"骑着高头大马"来的心理优势使他们不屑与当地已为数不多的与他们"杂居"的世居民族往来，而同在异乡为异客的"大老乡"客居情结带来的凝聚力使他们相互认同、相互照应，屯堡区域俨然一片"世外桃源"，也俨然一个"独立王国"。更为难得的是，从明初至天启年间安邦彦之乱以前他们获得了长期的相对"安定团结"的生活环境，这两百多年的安稳局面使屯堡人可以从容地构筑和完善自己的文化园地，其中包含形成自己的屯堡方言。

明朝军队大举进入贵州，客观上加速了贵州的发展，但是入黔官兵的一些不当行为也激化了民族矛盾，引发了少数民族的反抗，甚至产生了"动乱"。明军入黔之初最为常见的是抢夺田土。明军驻守屯垦，往往讲究田土的相对集中，也希望田土质量上乘以获得较为理想的产出。即便是即时开垦荒地，开垦范围以内原有的田土自然是"卧榻之侧不容他人酣睡"，原有的良田好土只要屯种方便更是要强行拿来。王毓全先生一针见血地指出："只永宁一卫，在洪武四年忽然就有了屯田五万三千二百九十亩。若非夺自当地居民和土司，那么大数目的屯地就找不到来源。"②军官个人的不良行为品类则更多，有致动作大到惊动皇帝者。英宗正统六年（1441）十月户部员外郎高佑奏："贵州、云南二都司并各卫所军职官员不思保障军

① 《明史》卷四十《地理志一》，括号内文字是原注。
② 王毓铨：《明代的军屯》，中华书局，1965，第92页。

民，科敛土官土民财物，以致逼迫非为。"① 正统八年（1443）二月兵部尚书王骥奏："贵州地方，诸种蛮夷所居各卫所官军欺其愚蠢，占种田地，侵占妻女，遂至不能聊生，往往聚啸为盗，如安庄卫所镇抚卢聪及普定卫镇抚何鉴等肆为暴横，有卢裹虎、何净街之号。"② 官军之胡作非为当然激起少数民族人民的反抗，因而贵州一直民变不断。清代学者蓝鼎元曰："自建省以来，终明之世，'蛮夷''土贼'叛者三十有三，中间围省城，陷府、州、县、卫者十有四，杀巡抚、藩、臬、道、府、州、县、总兵、参将、指挥、都司、守备等官，先后百有余员……或一年半年即平，大者三五年或十数年。"③ 刘学洙先生对贵州发生战乱的时间有精确的统计："明代 276 年中，贵州发生大小战事的年份，共有 145 年，占有明一代一半以上的时间。"至于小规模局部战事，"朱元璋在位 31 年，贵州就有 20 年有这类战事；明成祖朱棣在位 22 年，9 年有这类战事；嘉靖在位 45 年，有 25 年有这类战事；万历在位 47 年，有 23 年有这类战事……"④ 但这只是就全省而言，黔中片因为卫所密集、兵力强大，土司势力相对弱小且基本上忠于朝廷，肇事较少，因而黔中一带相对平静，虽然也发生过战乱，以至于也曾有过火烧屯堡之类的事发生，但时间上集中于洪武年间，范围有限，持续时间都不长，没有造成足以影响人口稳定的动乱。黔中地区有两百来年时间段的相对稳定期。

洪武初年来到黔中一带的移民虽然来源地相对集中，但地域广袤，从方言角度看仍然堪称庞杂，如果各操方言，会有一定的交际困难。我国从先秦开始，即存在类似普通话的"雅言"，到明代，亦有通行的"中原雅音"作为朝廷所使用的规范语音。明代吕坤《交泰韵》有言："万历中，余侍玉墀，见对仗奏读，天语传宣，皆中原雅音。"⑤ 由利玛窦撰写，金尼阁补充的《利玛窦中国札记》更具体地记录了明代

① 《明实录·英宗睿皇帝实录》卷八十四。

② 《明实录·英宗睿皇帝实录》卷一百一。

③ 蓝鼎元：《贵州全省总论》，载《道光贵阳府志校注》余编卷三，贵阳市方志编纂委员会办公室校注，贵州人民出版社，2005，第 1649 页。

④ 刘学洙：《贵州开发史话》，贵州人民出版社，2001，第 55 页。

⑤ 转引自李新魁：《汉语音韵学》，北京出版社，1986，第 70 页。

共同语"官话"的情况，书中说，当时的中国各省口语大不相同，即各有方言乡音，"还有一种整个帝国通用的口语，被称为官话，是民用和法庭用的官方语言。这种国语的产生可能是由于这一事实，即所有的行政长官都不是他们所管辖的那个省份的人，为了使他们不必学会那个省份的方言，就使用了这种通用的语言来处理政府的事务。官话现在在受过教育的阶级当中很流行，并且在外省人和他们所要访问的那个省份的居民之间使用。懂得这种通用的语言，我们耶稣会的会友就的确没有必要再去学他们工作的所在的那个省份的方言了。各省的方言在上流社会是不说的，虽然有教养的人在他的本乡可能说方言以示亲热，或者在外省也因乡土观念而说乡音，这种官方的国语用得很普遍，就连妇孺也都听得懂"①。虽然在"官话"究竟以哪里的语音为标准音的问题上学界尚有争议，但当时存在官方国语则是事实。屯堡先民从整体上说不是上流社会中人，但自许来自天子脚下，同时也为了交际的方便，官话的影响对来自江南的移民是可以想见的，正是在官话的基础上形成了早期的屯堡方言。明代商业的发达加速了安顺、贵阳的城镇化进程，当时的贵阳、安顺都有大量商人活动，"江广楚蜀贸易客民，毂击肩摩，籴贱贩贵，相因垄集，置产成家者今日皆成土著"②。这些新移民的到来不仅加快了安顺和贵阳的都市化进程，还由于这些人经济上的强势对黔中地区的方言产生了不小的影响。屯堡社区虽然有自己空间上的相对封闭性，受周边村寨的影响较小，但最后定型的屯堡方言听觉上却是西南官话的内部品种；而从其没有撮口呼等特征看，与贵阳、安顺有很大的相似性，城市影响的作用显而易见，但其分平舌和翘舌等特征与周边汉语口音不同，也与贵州大部分方言有显著区别，表现出自己的独特性。我们可以说，屯堡方言是以明代官话为基础，带有一定江南因素在一定的地理空间和人文环境中形成的综合体。

　　洪武初年的集体移民在黔中安家以后，漫长的历史岁月中经历了屯政毁损造成的世道艰辛，改土归流的体制改变，朝代更迭形成的身份更换，其中种种变故，最需一提的是明代天启年间安邦彦之乱和清代咸同年间苗民造反而导致的人口变化

① 转引自叶宝奎：《明清官话音系》，厦门大学出版社，2001，第5页。
② 《黔南识略·黔南职方纪略》，杜文铎等点校，贵州人民出版社，1992，第276页。

因素。

天启元年（1621）九月，四川永宁宣慰使奢崇明竖起了反明大旗，"杀巡府（抚）徐可求，据重庆，分兵陷合江、纳溪、泸州"①，并围成都，造成了很大声势。次年二月，与奢崇明有亲戚关系的贵州水西土司起兵响应四川的造反行动。当时水西宣慰使安位年幼，其叔水西土同知安邦彦是这次兵事的实际领导者，战事肇始，即"陷毕节、安顺、平坝、沾益、龙里，遂围贵阳"②，又"别遣王伦等下瓮安，袭偏桥，以断援兵"③。贵州各地响应者甚众，战事持续了8年之久，直到崇祯二年（1629）六月奢崇明、安邦彦被斩杀于红土川才基本平息，战火波及贵州大部分地区，黔中一带遭受重大破坏，人口骤减。"贵阳城中军民无虑数万人，及解围之日，存者仅二百余人而已。"④这与天启三年（1623）二月云南道御史王尊德所言基本吻合："逆贼安邦彦攻围省城，尽掘坟墓，其西三卫龙里卫并上六卫各府州除威清、平坝三卫，余官民俱杀尽……先是，城外并乡间入城男妇将四十万，至十一月末俱死尽矣，逃出者万分之一，存者乡宦四五家，家各不过七八人，合两院各官与士民之存者不过二百余人。"⑤巡按贵州监察御史侯恂于天启三年五月奏曰："逆酋狂逞肆毒于黔者至矣……爰自会城被围，安顺一带尽遭蹂躏。"⑥天启四年（1624）二月又奏曰："而省会、安顺等处户口流亡，沟塍半是无主。"⑦地方志和民间家谱对安邦彦之乱造成的人口流动和消亡的情况记载更为具体。《续修安顺府志·安顺志》载："天启间安邦彦作乱，荼毒全境，安顺各氏族因此或远徙他方，或损失过半，或惨遭屠杀而不绝如缕。如梅氏一族，自洪武时领军辟黔，家于安顺，传至天启年间，科甲

---

① 《明史》卷二十二《熹宗本纪》。

② 《明史》卷二十二《熹宗本纪》。

③ 《明史》卷二百四十九《李标传》。

④ "中央研究院"历史语言研究所编《明实录·熹宗哲皇帝实录》卷二十九，北平图书馆红格抄本微卷影印本，第1442页。本书所引《明实录·熹宗哲皇帝实录》均系此版本，后文只列卷名。

⑤ 《明实录·熹宗哲皇帝实录》卷三十一。

⑥ 《明实录·熹宗哲皇帝实录》卷三十四。

⑦ 《明实录·熹宗哲皇帝实录》卷三十九。

累世，人丁数百，称为望族。安乱后合族仅存八人，其屠杀之惨可以概见。又如伍、汪、娄、薛四姓，安乱前科名皆极兴盛；卫、许、洪、蒋、支等五姓，安乱前中试者各得三人，然自是以迄咸丰前竟不见一人，其影响可以想见。至如张、霍、葛、谭等姓，相传殉安邦彦攻城之乱者亦皆极多。"① 《汪氏族谱》亦载："安位之乱，汪氏损员惨重，族人因战乱而四方转徙，八方散居，族势日衰。"② 这场兵灾打破了黔中地区延续了两百多年的相对平静，使得屯堡区域人口流动频频，数量骤减。

而这还不是黔中地区人口动荡的结束。其后 14 年，清兵铁骑踏入关内清朝代明统治天下。有清一代，贵州境内的战事比明代有过之而无不及，"在清代 268 年历史中，贵州发生大小战争的年份，更达 227 年，占清代年份的 85%，几乎是年年征战不息"③。清朝初年，贵州境内波及全省且持续时间较长的大型战事有两起：顺治四年（1647）清廷大军征剿南明永历小朝廷，历时 12 年；康熙十二年（1673）吴三桂举旗反清，贵州全境都沦为吴三桂占领区，战事历时 8 年。其他规模不大或持续时间不长的战事不绝如缕，就黔中而言，没有造成大的影响。在咸丰之前，黔中人民在清初大规模战事以后也算得到了两百年左右没有大动乱的休养生息机会。"安乱平定后，各有功者与旧氏族之幸存者合作，于遍地血腥与颓垣断瓦中重立门第，徐图恢复，生聚教训二百余年。新来氏族生息既繁，旧有各氏族元气亦渐恢复，熙熙攘攘，鸡犬相闻。"④ 长时期的相对安定使黔中人口元气逐渐恢复，但好景不长，黔中人民"意以为可无事矣，然不久又有咸同之变"⑤。屯堡人口又遭受了一次堪与奢安之乱相提并论的大劫难。

咸丰五年（1855），著名的咸同农民大起义爆发，风暴席卷全省，持续了近二十年，清政府调动了好几个省的兵力并组织地主团练武装，直到同治九年（1870）才把起义镇压下去。这次战乱，清廷的贵州驻军被起义军消灭殆尽，贵州人民也死伤

① 《续修安顺府志·安顺志》卷三《氏族志》。
② 《汪氏宗谱》，载吴羽等选编《安顺屯堡史料类编》，未刊，第 157 页。
③ 刘学洙：《贵州开发史话》，贵州人民出版社，2001，第 55 页。
④ 《续修安顺府志·安顺志》卷四《氏族志》。
⑤ 《续修安顺府志·安顺志》卷四《氏族志》。

极多，黔中地区遭受重创，"安顺在咸丰时变乱迭生，兵连祸接，终咸丰之世，几无宁日"①。这次战乱使黔中屯堡区域的人口再次遭受了沉重打击，"于是，安顺新旧氏族，远徙他方者又不知几何，惨遭屠杀者又不知几何，至若物质上的损失则更不待言。由是，向之称为望族或巨族者多呈调零之象，向之由血腥瓦砾中建立之门第复变为血腥与瓦砾，殊堪浩叹！如钟士村徐姓一族，道咸间颇称兴盛，丁口亦颇发达，当时连钟士村、戴家庄两处，合计达百余户之多；迨苗变后转家者仅有秀才五六人，壮丁六七人而已。昔之房屋、祠宇、谱牒、书籍等概被焚毁无存。最可叹者，乾隆解元余上泗之后，迄今仅存二三家，而明嘉靖解元熊旃之裔竟至于不可考"②。《九溪村志》对九溪这个屯堡第一村寨在咸同之变中人口流失情况有所描述："开阔九溪的'十大姓'中，洪、童、吕三姓氏族，至今已无一户……其中朱姓族于洪武初年先于九溪安居，人户繁衍近二百多户，人口一千余，是大始中极盛的旺族，至于同治初年，全村遭受严重战乱，朱姓一族损失尤为惨重人丁大伤。《续修安顺府志》载：'同治二年二月十四日……九溪村朱姓合族守铬爬坉，坉破时数十户死亡殆尽。'"③咸同之变造成的人口伤害，与奢安之乱一样严重。战争造成的人口流失需时间进行弥补。

战争既造成人口的死亡，也促使人口的流动。活着的人们躲避战乱，远徙他乡而永不返回固为一法，但更多的是临时流亡，特别是以土地为生的农民，战争平息之后还是要寻找赖以谋生的一亩三分地。黔中地区成为明初入黔的江南人的战争中及其稍后的流动目的地，因为这一带自然条件相对较好，更重要的是这一带江南移民比别的地区更为集中，他们与此地先居者本来就有千丝万缕的联系，在这里更容易获得心理的安定和先居者的认可，因而与之相邻的普安卫辖区屯堡文化远不能与黔中地区比肩，也使得黔中人口虽遭重创但屯堡人口并没有严重减少。

明代是移民比较频繁的朝代，与贵州有密切关系的除洪武年间"征南"和"填南"外，万历年间平定杨应龙之乱后四川有成批移民入黔，明末张献忠的部将孙可

---

① 《续修安顺府志·安顺志》卷十六《礼俗志》。
② 《续修安顺府志·安顺志》卷四《氏族志》。
③ 宋修文：《九溪村志》，未刊。

望、李定国率部队进入贵州，[①] 南明小朝廷进入贵州，各地抗清和避清者随之入黔。但前者主要居住地是遵义地区，后者流动性很大，我们只能想见可能其中有的人定居黔中。清政府也向黔中移民，历次的移民形成了所谓"后来氏族"，但安顺府治附近"新垦之田地有限，滋生之丁口渐增，纵有弃产之家，不待外来客民存心觊觎，已为同类中之捷足者先登。此安顺府属虽系五方杂如，四达冲途，而客民之羼足无由，实基于此"[②]。与贵州其他府州相比，后来的移民于黔中定居者数量较少，[③] 远不能与明初的集团性移民相提并论。先前的屯堡居民这时已形成了自己的生活方式和文化氛围，后来的移民并无国家的强力支持，来源地分散，移入的时间不一，难以形成可以压得住"地头蛇"的"强龙"，总体上在已成气候的屯堡人面前只能是入乡随俗，因而明初移民的后裔始终是黔中屯堡区域的主流居民，屯堡文化始终是黔中地区的主流文化，后来移民一般都会与原来的屯堡人融为一体。

六百年时光荏苒，屯堡人的居住环境发生了变化，屯堡的人口构成也不是一成不变。翁家烈先生对屯堡的环境和人口的变数作过分析，他认为，为应对明朝中后期屯政损毁屯军逃亡使得部分屯田荒芜的局面，嘉靖时期官府招民耕种屯堡荒田，民户逐渐移居屯堡，打破了屯堡区域军户与民户的界限，出现了军户、民户甚至少数民族同寨的交错布局，而朝代的更迭使屯军失去政治依托变成普通民户以后，这种现象有所加剧，有的屯堡村寨已经没有了屯堡人，其住户已是后入之民户及少数民族人户，如安顺城北之大小张官屯、蔡官屯、张家堡，城西的幽上堡、连石堡等都是民户和少数民族杂居；而许多非屯堡村寨却住着众多的屯堡人，如安顺的新房、农肖土、新院、三脚坡阿绵寨等。[④] 但部分屯堡村寨人户构成的改变和屯堡区域的部分压缩只能对已经形成的屯堡文化造成有限的影响而并不能使之发生根本性的改变。

---

① 《明史》卷二百九十五《张耀传》载："张献忠死，其部将孙可望、李定国等率众奔贵州。"

② 《黔南识略·黔南职方纪略》，杜文铎等点校，贵州人民出版社，1992，第282页。

③ 参见曹树基：《中国移民史·第6卷：清 民国时期》，福建人民出版社，1997，第157—162页。

④ 翁家烈：《屯堡人调研报告：宁谷镇"堡子"调查》，载贵州省民族事务委员会、贵州省民族研究所编《贵州"六山六水"民族调查资料选编·仡佬族、屯堡人卷》，贵州民族出版社，2008，第215—216页。

屯堡人集中的大型村寨在世事的变迁中以不变应万变，保持了相对的封闭性，发挥了自己主流文化的导向作用。

最能体现屯堡村寨相对封闭性的是屯堡人的通婚圈。屯堡人为世事所迫偶尔也会有与当地少数民族通婚之事。屯堡名门汪氏"自大明洪武十四年汪灿公入黔……后因安位之乱，黔腹汪氏受战事之累，于人口，于经济，于文化等方面遭到严重损失，族势一时落于低谷，婚姻不究门第。因此于明末清初，有灿公第十四代方卓公入赘于安顺当地苗族彭氏为婿……若干代后才还宗于汪氏"①。但这只是个别现象，所谓"还宗于汪氏"也只是认祖归宗，并没有举家迁入市堡村寨。黔中屯堡人自定居黔中就有严格的通婚圈，实现族群内通婚，不与少数民族和非屯堡人通婚，是其婚姻制度的核心。以屯堡代表九溪村为例，其现有家庭的婚姻联姻范围，90% 以上集中在安顺市西秀区与平坝县的屯堡社区内，其中，又有 40% 以上是村内通婚，仅有三户人家与苗族联姻。②总体上屯堡人的通婚圈具有屯堡群指向，上面提到的九溪村有三户人家与苗族通婚，都是近期的事，这三户是现在九溪村的"少数民族"，据询问得知，其中两户是民国时期地主从杨武的少数民族村寨买来的家庭帮工，1949 年后在九溪定居，另一户是 20 世纪 80 年代因九溪的夫家太穷而在屯堡村寨对象难寻，无奈之下托人到平坝的苗族村寨找苗族女子成亲。除此三户，附近即使是非屯堡的汉族村寨也没有女子嫁入九溪。长期以来，屯堡人在通婚圈上保持着他们对屯堡文化的执着和眷恋，表现出对已经形成的文化特征的强烈认同感，对屯堡文化的传承具有正向的稳定作用，其中自然也包括对屯堡方言传承的稳定作用。为数甚寡的少数民族人口融入屯堡族群对屯堡方言不能产生可以显现的影响。

除黔中地区以外，贵州各地不管是军事形式还是其他形式迁入贵州的外来人，无一例外地丧失了他们的"独特性"而慢慢与当地世居人群无异，唯有黔中地区形成了与当地人明显不同的屯堡族群，这一族群传承了独特的屯堡文化，形成了自己的方言。不少学者探究了其中原因，孙兆霞等根据各学者的意见进行了总结：第一，

① 参见《萧氏宗谱》，载吴羽等选编《安顺屯堡史料类编》，未刊，第 158 页。
② 参见孙兆霞等：《屯堡乡民社会》，社会科学文献出版社，2005，第 148—150 页。

黔中地区屯堡密集，形成整体呼应，周边少数民族人口规模相应少于黔东南等地，屯堡人族群生存的人口规模强大，抵御少数民族的能力强；第二，军屯制度是一种集体生存的军事、经济制度，军屯制度控制强硬，因而私地扩张条件受限；第三，黔中地区农耕条件较好，有较大的坝子，良好的水源，生存条件较好，屯田军士逃跑现象也比较少；第四，共同的族群社会结构如通婚圈，文化构成中如礼俗、交往，认同有共同的基础，从而有利于屯堡社区的巩固与保持。[①] 集团性移民形成的人口优势奠定了屯堡文化形成的坚实基础，相对封闭的生活环境是屯堡文化得以传承至今的必要条件。

---

① 参见孙兆霞等：《屯堡乡民社会》，社会科学文献出版社，2005，第 53 页。

第二章　屯堡方言的语音系统

本章以位于屯堡社区中心地带，有史至今一直是最大的屯堡村寨的九溪村为主要调查点，并辅助调查了其他较大的几个屯堡村寨，由此归纳了屯堡方言的声、韵、调系统，分析其音韵特点兼涉其音变现象、合音现象和异读现象，最后列出同音字汇。

九溪，俗称九溪坝，位于安顺市西秀区东南往旧州方向 27 公里处。其建寨时期在洪武初年，也即征南战争打响的 1381 年，朱元璋同族弟兄朱元正率十大姓（朱、姚、胡、余、冯、陈、梁、洪、童、吕）建立大堡，属于"征南"先遣部队及家属的驻扎。继之，征南先锋顾成及其同族弟兄于 1387 年征南战争再次爆发时在此建立小堡。后来，屯军移民纷至，村寨逐渐扩大。填南移民宋姓等建立后街。这样随着村寨的不断发展，三寨就连成了一片并且共有一个大坝。到了清初三寨已有 60 余姓，2000 余户，人口近万，逐渐形成了一个整体。为有一个统一的称呼，经三寨共议，以"九条溪流归一河"取名九溪坝。九溪在清代的康乾至咸丰年间发展最为鼎盛。当时曾有"九溪是座城，只少安平三户人"之说。后来尽管九溪村曾在清代后期和民国时期遭到多次战乱摧残，但是它作为历史上乃至今日仍是最大的屯堡村寨的地位一直不可动摇。作为"屯堡第一村"，它保留了较为完整也较为纯正的屯堡文化，被安顺一带的屯堡人认为是最地道的屯堡村寨。

屯堡方言从系属上说是西南官话，因此，具有西南官话的诸多语音特征，主要表现为：古全浊声母今读清音，塞音和塞擦音古平声——今读阴平或阳平——送气，古仄声——今读一般为上声或去声，但其中的古入声字今读阴平或阳平——不送气；辅音鼻韵尾只有 -n 和 -ŋ 两个，古深摄和咸摄的 -m 并入了 -n；全浊上声归去声，声调类别较少。但它也有许多语音特征需要强调一下，我们分声母、韵母、声调和声韵配合几个方面来阐述并将其与普通话和《广韵》音系进行对比分析。

第一节　声母系统及其特点

一、声母系统

屯堡方言有辅音声母二十二个，加上零声母共二十三个。现按发音部位和发音方法列出，所列例字的读音均是常用或最口语化的读音（见表2.1）。

表2.1　屯堡方言的二十三个声母

p 巴爸保半北	p' 坡皮暴聘瀑	m 妈媒买面麦	f 飞扶粉放复		
t 多碟陡凳爹	t' 掏图胆泰贴				l 他罗冷烂裂
k 哥寡告贯国	k' 夸葵捆况客	ŋ 窝熬矮硬握	x 灰胡好杏喝		
tɕ 加狡紧降脚	tɕ' 妻晴且俏确		ɕ 消邪朽姓席		
tʂ 租转主状族	tʂ' 初池铲串屈		ʂ 时拴爽素俗	ʐ 如乳阮入日
ts 簪嘴子藏眨	ts' 猜词惨岑绰	s 沙常闪赛说		z 饶扰惹然弱
ø 蛙牙五应药					

说明：

（1）屯堡方言不分n、l，即泥母和来母合流，这一点与贵州川黔方言的语音特征一致，但屯堡方言泥来合流后读法与贵州川黔方言有一点差异。贵州川黔方言的代表点贵阳话的特点是古泥母字和来母字一般在洪音前读l，在细音前读n，l和n为同一音位的变体；而屯堡方言则是古泥母字和来母字的声母无论韵母洪细读法一致，但具体发音既不完全相同于l，也不完全同于n，即不是一个纯粹的边音，也不是一个纯粹的鼻音，而是一个有鼻化成分的边音，为了方便记录，这里记为l。

（2）屯堡方言较之安顺方言（城区）和贵阳方言多了 tʂ、tʂʻ、ʂ、ʐ 四个声母，这是屯堡方言区别于周边汉语方言语音方面的重要特征之一。老派屯堡方言 tʂ、tʂʻ、ʂ、ʐ 的发音部位较之普通话还要靠后些，但由于受到周边方言（主要是安顺城区方言）的影响新派屯堡方言 tʂ、tʂʻ、ʂ、ʐ 的发音部位已逐步靠前，tʂ、tʂʻ、ʂ、ʐ 声母所辖字也逐渐减少，取而代之的是同安顺方言相同的 ts、tsʻ、s、z。目前，有些字如"直植尺斥誓逝"等的声母处于两读状态，读 tʂ、tʂʻ、ʂ 或 ts、tsʻ、s 均可。

（3）老派屯堡方言，声母 k、kʻ、ŋ、x 与 əu 韵母相拼时，发音部位靠前，实际读音为舌面中音 c、cʻ、ɲ、ç，而由此韵母 əu 前也增加了一个介音 i，实际读音为 iəu，但是由于 kəu、kʻəu、ŋəu、xəu 在屯堡方言中分别与 ciau、cʻiəu、ɲiəu、çəu 是自由变读，且后者都仅存在于老派语音中，因此，c、cʻ、ɲ、ç 实际上应算作 k、kʻ、ŋ、x 的音位变体，不记作声母。

（4）声母 ŋ 与零声母基本呈互补分布。声母 ŋ 只拼开口呼韵母，而零声母则除了出现在卷舌元音韵母前外，只出现在齐齿呼；合口呼韵母前，只有少量几个字，如作为疑问句发问词的"啊"（音 a²¹ 或 a³⁵），作为语气词、叹词的"噢"（音 əu³⁵）以及"阿姨""阿拉伯"等词中的"阿"（音 a³³）等例外。另外在 oŋ 韵母前，声母 ŋ 与零声母是自由变读，老派多读为 ŋ，新派多读零声母。

（5）f、x 分别清晰。古非敷奉三母和晓匣两母之洪音，贵州境内的官话方言有的读 f 还是读 x 与其来源并不对应，大都混而为一或自由变读，例如黔东南方言"红"与"缝"同音（声母读 x），"飞"与"灰"同音（声母读 f）；有的晓匣两母在合口呼单元音韵母 u 前与非奉三母相混，统读为 f，其余不混，例如川黔方言代表点贵阳以及与屯堡相邻的安顺就属于此情况。屯堡方言 f、x 来源界限清晰，即古非敷奉三母读唇齿擦音、晓匣两母读舌根擦音。贵阳话、安顺话相混的屯堡方言不混，例如贵阳话和安顺话都"虎"与"斧"同音，"户"与"富"同音，声母都读为唇齿擦音，而屯堡方言中"虎" [xu]⁴² ≠ "斧" [fu]⁴²，"户" [xu]³⁵ ≠ "富" [fu]³⁵。

二、声母特点

（1）古泥、来母字合流，即不分 n、l，这与西南官话的大部分地区吻合，但屯堡方言的具体读法有些特别，已述如前。

（2）精组和见晓组按今屯堡方言韵母开头的口形产生的分化如下：

普通话中，精组字的今读按韵母洪细二分，在今洪音前念 ts、ts'、s，在今细音前念 tɕ、tɕ'、ɕ。屯堡方言没有撮口呼，只有三呼，而精组字在屯堡方言中的读音按呼三分：在今开口呼韵母前念 ts、ts'、s，在今齐齿呼韵母前念 tɕ、tɕ'、ɕ，在今合口呼韵母前念 tʂ、tʂ'、ʂ。

普通话中，除疑母字念零声母外，见晓组字亦按今音洪细二分，在今洪音前念 k、k'、x，在今细音前念 tɕ、tɕ'、ɕ。屯堡方言与普通话相似而小有不同。屯堡方言中，在今开口呼韵母前，见溪群三母和晓匣两母念 k、k'、x，疑母念 ŋ，开口二等字今念洪音的比普通话多；见溪群三母和晓匣两母在今合口呼韵母前大部分字仍念 k、k'、x，但臻摄合口三等入声术韵和物韵字、通摄合口三等入声屋韵和烛韵字念 tʂ、tʂ'、ʂ；在今齐齿呼韵母前，一般念 tɕ、tɕ'、ɕ。疑母字在合口呼和齐齿呼中都念零声母，但在个别字齐齿呼前念 l，晓母也有个别字念零声母。下面举例列出这两组字在屯堡方言和普通话中的读音对照（见表 2.2 和表 2.3）。

表 2.2　古精组字在屯堡方言和普通话中的读音对照

例字	屯堡方言	普通话
左（精）	tso^{42}	tsuo^{214}
资（清）	tsɿ^{33}	tsɿ^{55}
灾（清）	tsai^{33}	tsai^{55}
租（清）	tʂu^{33}	tsu^{55}
钻（清）	tʂuan^{33}	tsuan^{55}
尺（清）	tʂu^{33}	tsu^{35}

续表

例字	屯堡方言	普通话
姐（清）	tɕi⁴²	tɕie²¹⁴
酒（清）	tɕiəu⁴²	tɕiəu²¹⁴
津（清）	tɕin³³	tɕin⁵⁵
此（清）	tsʻɿ⁴²	tsʻɿ²¹⁴
草（清）	tsʻau⁴²	tsʻau²¹⁴
聪（清）	tsʻoŋ³⁵	tsʻoŋ⁵⁵
粗（清）	tʂʻu³³	tsʻu⁵⁵
醋（清）	tʂʻu³⁵	tsʻu⁵¹
窜（清）	tʂʻuan³⁵	tsʻuan⁵¹
且（清）	tɕʻi⁴²	tɕʻie²¹⁴
取（清）	tɕʻi⁴²	tɕʻy²¹⁴
清（清）	tɕʻin³³	tɕʻiŋ⁵⁵
瓷（从）	tsʻɿ²¹	tsʻɿ³⁵
曹（从）	tsʻau²¹	tsʻau³⁵
暂（从）	tsan³⁵	tsan⁵¹
族（从）	tʂʻu²¹	tsu⁵⁵
齐（从）	tɕʻi²¹	tɕʻi³⁵
截（从）	tɕi²¹	tɕie³⁵
全（从）	tɕian²¹	tɕyan³⁵
四（心）	sɿ³⁵	sɿ⁵¹
粹（心）	tsʻei³⁵	tsʻuei⁵¹
送（心）	soŋ³⁵	soŋ⁵¹
苏（心）	ʂu³³	su⁵⁵
酸（心）	ʂuan³³	suan⁵⁵
宿（心）	ʂu³³	su⁵¹

续表

例字	屯堡方言	普通话
些（心）	ςi^{33}	$\varsigma i\varepsilon^{55}$
需（心）	ςi^{33}	ςy^{55}
雪（心）	ςi^{21}	$\varsigma y\varepsilon^{214}$
词（邪）	$ts'\textsubring{l}^{21}$	$ts'\textsubring{l}^{35}$
随（邪）	sei^{21}	$suei^{55}$
松（邪）	$so\eta^{33}$	$so\eta^{55}$
续（邪）	$\textctz u^{21}$	ςy^{51}
俗（邪）	$\textctz u^{21}$	su^{35}
谢（邪）	ςi^{35}	$\varsigma i\varepsilon^{51}$
详（邪）	$t\varsigma'ia\eta^{21}$	$\varsigma ia\eta^{35}$
旋（邪）	ςian^{21}	ςyan^{51}

表2.3　古见字、晓匣字在屯堡方言和普通话中的读音对照

例字	屯堡方言	普通话
歌（见）	ko^{33}	$k\gamma^{55}$
概（见）	$k'ai^{35}$	kai^{51}
介（见）	kai^{35}	$t\varsigma ie^{51}$
姑（见）	ku^{33}	ku^{55}
关（见）	$kuan^{33}$	$kuan^{55}$
菊（见）	$t\textctz u^{33}$	$t\varsigma y^{35}$
家（见）	$t\varsigma ia^{33}$	$t\varsigma ia^{55}$
举（见）	$t\varsigma i^{42}$	$t\varsigma y^{214}$
脚（见）	$t\varsigma io^{33}$	$t\varsigma iau^{214}$
可（溪）	$k'o^{42}$	$k'\gamma^{214}$

续表

例字	屯堡方言	普通话
去（溪）	k'i³⁵	tɕ'y⁵¹
敲（溪）	k'au³³	tɕ'iau⁵⁵
坤（溪）	k'uəu³³	k'uəu⁵⁵
哭（溪）	k'u³³	k'u⁵⁵
曲（溪）	tʂ'u³³	tɕ'y⁵⁵
跨（溪）	tɕ'ia²¹	k'ua⁵¹
溪（溪）	tɕ'i³³	ɕi⁵⁵
劝（溪）	tɕ'ian³⁵	tɕ'yan⁵¹
葵（群）	k'uei²¹	k'uei³⁵
逵（群）	k'uei²¹	k'uei³⁵
共（群）	koŋ³⁵	koŋ⁵¹
狂（群）	k'uaŋ²¹	k'uaŋ³⁵
跪（群）	kuei³⁵	kuei⁵¹
茄（群）	tɕ'i²¹	tɕ'iɛ³⁵
牵（群）	tɕ'ian³³	tɕ'ian⁵⁵
倦（群）	tɕian³⁵	tɕyan⁵¹
我（疑）	ŋo⁴²	uo²¹⁴
偶（疑）	ŋəu⁴²	əu²¹⁴
岩（疑）	ŋai²¹	ian³⁵
吴（疑）	u²¹	u³⁵
危（疑）	uei³³	uei³⁵
阮（疑）	ʐuan⁴²	ʐuan²¹⁴
愿（疑）	ian³⁵	yan⁵¹
虐（疑）	io³³	nyɛ⁵¹
严（疑）	lian²¹	ian³⁵

续表

例字	屯堡方言	普通话
火（晓）	xo^{42}	xuo^{214}
黑（晓）	xei^{33}	xei^{55}
哄（晓）	$xoŋ^{42}$	$xoŋ^{214}$
呼（晓）	xu^{33}	xu^{55}
欢（晓）	$xuai^{33}$	$xuan^{55}$
畜（晓）	$ʂu^{33}$	$ɕy^{51}$
靴（晓）	$ɕi^{33}$	$ɕyɛ^{55}$
许（晓）	$ɕi^{42}$	$ɕy^{214}$
胸（晓）	$ɕioŋ^{33}$	$ɕioŋ^{55}$
鞋（匣）	xai^{21}	$ɕiɛ^{35}$
杏（匣）	$xən^{35}$	$ɕiŋ^{51}$
街（匣）	kai^{33}	$tɕiɛ^{33}$
华（匣）	xua^{21}	xua^{35}
胡（匣）	xu^{21}	xu^{35}
完（匣）	uan^{21}	uan^{35}
闲（匣）	$ɕian^{21}$	$ɕian^{35}$
学（匣）	$ɕio^{21}$	$ɕyɛ^{35}$
恰（匣）	$tɕ'ia^{33}$	$tɕ'ia^{51}$

（3）古知组、庄组、章组和日母字按今屯堡方言韵母开头的口形分化如下：

知组字在今开口呼韵母前大部分念 ts、ts'，止摄开口三等支韵、脂韵和之韵字，臻摄开口三等入声质韵部分字，梗摄开口三等入声昔韵字，在屯堡方言中新派和老派的读法有所不同，新派仍读为 ts、ts'，而老派读 tʂ、tʂ'；在今合口呼韵母前，除澄母个别字念 ʂ 外，其余读为 tʂ、tʂ'。

庄组字在今开口呼韵母前绝大部分念 ts、ts'、s，但止摄开口三等支韵、脂韵和之韵字庄母、初母念 ts、ts' 和 s（初母个别字），崇母、生母除个别字念 s 外，一般念 ʂ；在今合口呼韵母前念 tʂ、tʂ'、ʂ。

章组字在今屯堡方言开口呼韵母前大部分念 ts、ts'、s，与知组相似，蟹摄开口三等去声祭韵字、止摄开口三等支韵、脂韵和之韵字、深摄开口三等入声缉韵字、臻摄开口三等入声质韵字、曾摄开三等入声职韵字，梗摄开口三等入声昔韵字在屯堡方言中新派和老派读法有所不同：新派把章、昌二母字仍念为舌尖前音 ts、ts'，船母、书母、禅母字一般念舌尖后音 ʂ；老派则一律念为舌尖后音 tʂ、tʂ'、ʂ。在今合口呼韵母前无论新派还是老派一律念 tʂ、tʂ'、ʂ。

日母字在今屯堡方言开口呼韵母前，大部分念舌尖前浊擦音 z，如：惹 zei^{42}、绕 zau^{35}、染 zan^{42} 等；在臻摄开口三等入声质韵前，也即"日"字前念为舌尖后浊擦音 ʐ；在止摄开口呼字前是零声母，如：儿 ɚ^{21}、耳 ɚ^{42} 等；在合口呼韵母前念 ʐ，如：肉 ʐu^{33}、润 ʐuən^{35} 等。下面列出知、庄、章三组字在屯堡方言与普通话中的读音对照（见表 2.4 至表 2.6）。

表 2.4　古知组字在屯堡方言和普通话中的读音对照

例字	屯堡方言	普通话
肘（知）	tsəu^{42}	tʂəu^{214}
站（知）	tsan^{35}	tʂau^{51}
知（知）	tʂʅ^{33}、tsʅ^{33}新	tʂʅ^{55}
植（知）	tʂʅ^{33}、tsʅ^{33}新	tʂʅ^{35}
猪（知）	tʂu^{33}	tʂu^{55}
竹（知）	tʂu^{33}	tʂu^{55}
柱（知）	tʂu^{35}	tʂu^{51}
抽（彻）	ts'əu^{33}	tʂ'əu^{55}
转~动（知）	tʂuan^{35}	tʂuan^{51}
超（彻）	ts'au^{33}	tʂ'au^{55}
耻（彻）	tʂ'ʅ^{42}、ts'ʅ^{42}新	tʂ'ʅ^{214}

续表

例字	屯堡方言	普通话
畅（彻）	tsʻaŋ³⁵	tʂʻaŋ⁵¹
楚（彻）	tʂʻu⁴²	tʂʻu²¹⁴
椿（彻）	tʂʻuən³³	tʂʻuən⁵⁵
畜～牲（彻）	tʂʻu³³	tʂʻu⁵¹
潮（澄）	tsʻau²¹	tʂʻau³⁵
泽（澄）	tsʻei²¹	tsɣ³⁵
治（澄）	tʂʅ³⁵	tʂʅ³⁵
迟（澄）	tʂʻʅ²¹、tsʻʅ²¹新	tʂʻʅ³⁵
除（澄）	tʂʻu²¹	tʂʻu³⁵
传～达（澄）	tʂʻuan²¹	tʂʻuan³⁵
箸（澄）	tʂu³⁵	tʂu⁵¹
轴（澄）	tʂu²¹	tʂəu³⁵

表 2.5　古庄组字在屯堡方言和普通话中的读音对照

例字	屯堡方言	普通话
诈（庄）	tsa³⁵	tʂa⁵¹
债（庄）	tsai³⁵	tʂai⁵¹
盏（庄）	tsan⁴²	tʂan²¹⁴
侧（庄）	tsei³³	tsʻɣ⁵¹
阻（庄）	tʂu⁴²	tsu²¹⁴
抓（庄）	tʂua³³	tʂua⁵⁵
装（庄）	tʂuaŋ³³	tʂuaŋ⁵⁵
壮（庄）	tʂuaŋ³⁵	tʂuaŋ⁵¹
抄（初）	tsʻau³³	tʂʻua⁵⁵

续表

例字	屯堡方言	普通话
愁（初）	tsʻəu²¹	tʂʻəu³⁵
察（初）	tsʻa²¹	tʂʻa³⁵
厕（初）	tsʻei²¹	tsʻɤ⁵¹
初（初）	tʂʻu³³	tʂʻu⁵⁵
铲（初）	tʂʻuan⁴²	tʂʻan²¹⁴
闯（初）	tʂʻuaŋ⁴²	tʂʻuaŋ²¹⁴
窗（初）	tʂʻuaŋ³³	tʂʻuaŋ⁵⁵
查调~（崇）	tsʻa²¹	tʂʻa³⁵
柿（崇）	ʂʅ³⁵	ʂʅ⁵¹
事（崇）	ʂʅ³⁵	ʂʅ⁵¹
镯（崇）	tso²¹	tʂuo³⁵
锄（崇）	tʂʻu²¹	tʂʻu³⁵
床（崇）	tʂʻuaŋ²¹	tʂʻuaŋ³⁵
助（崇）	tʂu³⁵	tʂu⁵¹
状（崇）	tʂuaŋ³⁵	tʂuaŋ³¹
沙（生）	sa³³	ʂa⁵⁵
师（生）	ʂʅ³³	ʂʅ⁵⁵
使（生）	ʂʅ⁴²	ʂʅ²¹⁴
色（生）	sei³³	sɤ⁵¹
梳（生）	ʂu³³	ʂu⁵⁵
数（生）	ʂu⁴²	ʂu²¹⁴
删（生）	ʂuan³³	ʂan⁵⁵
爽（生）	ʂuaŋ⁴²	ʂuaŋ²¹⁴

表 2.6 古章组字在屯堡方言和普通话中的读音对照

例字	屯堡方言	普通话
遮（章）	$tsei^{33}$	$ts\gamma^{55}$
枝（章）	$ts\dotlessi^{33}$、$ts\dotlessi^{33}_{新}$	$ts\dotlessi^{55}$
志（章）	$ts\dotlessi^{35}$、$ts\dotlessi^{35}_{新}$	$ts\dotlessi^{51}$
真（章）	$ts\u0259n^{33}$	$t\textrm{ṣ}\u0259n^{55}$
煮（章）	$t\textrm{ṣ}u^{42}$	$t\textrm{ṣ}u^{214}$
赘（章）	$t\textrm{ṣ}uei^{35}$	$t\textrm{ṣ}uei^{51}$
锥（章）	$t\textrm{ṣ}uei^{33}$	$t\textrm{ṣ}uei^{55}$
准（章）	$t\textrm{ṣ}u\u0259n^{42}$	$t\textrm{ṣ}u\u0259n^{214}$
车（昌）	$ts'ei^{33}$	$t\textrm{ṣ}'\gamma^{55}$
充（昌）	$ts'o\eta^{33}$	$t\textrm{ṣ}'o\eta^{55}$
齿（昌）	$t\textrm{ṣ}'\dotlessi^{33}$	$t\textrm{ṣ}'\dotlessi^{214}$
尺（昌）	$t\textrm{ṣ}'\dotlessi^{33}$	$t\textrm{ṣ}'\dotlessi^{214}$
处（昌）	$t\textrm{ṣ}'u^{42}$	$t\textrm{ṣ}'u^{214}$
穿（昌）	$t\textrm{ṣ}'uan^{33}$	$t\textrm{ṣ}'uan^{55}$
春（昌）	$t\textrm{ṣ}'u\u0259n^{33}$	$t\textrm{ṣ}'u\u0259n^{55}$
枢（昌）	$\textrm{ṣ}u^{33}$	$\textrm{ṣ}u^{55}$
神（船）	$s\u0259n^{21}$	$\textrm{ṣ}\u0259n^{35}$
乘（船）	$ts'\u0259n^{21}$	$ts'\u0259n^{35}$
示（船）	$\textrm{ṣ}\dotlessi^{35}$	$\textrm{ṣ}\dotlessi^{51}$
食（船）	$\textrm{ṣ}\dotlessi^{21}$	$\textrm{ṣ}\dotlessi^{35}$
唇（船）	$\textrm{ṣ}u\u0259n^{21}$	$t\textrm{ṣ}'u\u0259n^{35}$
顺（船）	$\textrm{ṣ}u\u0259n^{35}$	$\textrm{ṣ}u\u0259n^{51}$
述（船）	$\textrm{ṣ}u^{21}$	$\textrm{ṣ}u^{51}$
船（船）	$t\textrm{ṣ}'uan^{21}$	$t\textrm{ṣ}'uan^{35}$
赊（书）	sei^{33}	$\textrm{ṣ}\gamma^{55}$

续表

例字	屯堡方言	普通话
湿（书）	ʂɿ^{33}	ʂɿ^{55}
式（书）	ʂɿ^{35}	ʂɿ^{51}
扇（书）	san^{35}	ʂan^{51}
书（书）	ʂu^{33}	ʂu^{55}
舒（书）	ʂu^{33}	ʂu^{55}
署（书）	ʂu^{42}	ʂu^{214}
输（书）	ʂu^{33}	ʂu^{55}
常（禅）	saŋ^{21}	tʂʻaŋ^{35}
是（禅）	ʂɿ^{35}	ʂɿ^{51}
睡（禅）	ʂuei^{35}	ʂuei^{51}
晨（禅）	sən^{21}	tʂʻən^{21}
蝉（禅）	tsʻan^{21}	tʂʻan^{35}
市（禅）	ʂɿ^{35}	ʂɿ^{51}
薯（禅）	ʂu^{21}	ʂu^{35}
熟（禅）	ʂu^{21}	ʂu^{21}
纯（禅）	ʂuən^{21}	tʂʻuən^{35}

（4）影组字在屯堡方言中按韵母开头的口形分化如下：

影母字与疑母字相同，在今屯堡方言开口呼前念 ŋ，在今齐齿呼和合口呼前绝大多数为零声母；云母字今读零声母；[1] 以母字绝大部分也是零声母，只有曾摄开口三等蒸韵去声的"孕"字白读为"zuən^{35}"。这表明，在屯堡方言中，声母 ŋ 和零声母基本呈互补分布。

通过以上的分析，我们发现，屯堡方言声母系统与普通话声母系统相比较，少一个舌尖鼻音声母 n，多出舌尖前擦音 z 和舌根鼻音 ŋ 两个声母。普通话泥来有别，

---

① 《广韵》东韵"雄"小韵依《韵镜》处理为匣母字。

而屯堡方言泥来两母混并，大致说，普通话里读 n 和 l 的字，在屯堡方言中声母没有区别，统统念为一个带鼻音色彩的边音 l。多出的两个声母，其一普通话古日母字除止摄开口三等外基本上念舌尖后浊擦音 ʐ，而屯堡方言中古日母字止摄开口三等念零声母与普通话相同，其他日母字则大致以其今韵母不同分成了两个声母，除在今合口呼韵母前和"日"字（臻摄开口三等入声质韵）中念舌尖后音 ʐ 外，其余的均念为 z。舌根鼻音 ŋ 在普通话中只能作韵尾，而在屯堡方言中可作声母，今读开口呼韵母的疑母字、影母字一般都有一个舌根鼻音声母 ŋ，而这些字在普通话中均为零声母字。

官话方言区分 ts 和 tʂ 两组声母的地区，绝大多数古精、知、庄、章四组声母和日母字的归类与普通话不同，屯堡方言也不例外，大致说，屯堡方言中，tʂ、tʂʻ、ʂ、ʐ 与开口呼相拼者仅限于舌尖元音韵母 ʅ，而与合口呼韵母相拼的，又只能是 tʂ、tʂʻ、ʂ、ʐ 而不可能是 ts、tsʻ、s、z，也即是说，合口呼韵母的字，不论其来自精组、知组、庄组、章组还是日母，其声母均为舌尖后音 tʂ、tʂʻ、ʂ、ʐ。ts、tsʻ、s、z 和 tʂ、tʂʻ、ʂ、ʐ 两组声母在舌尖元音韵母前的分化大致与普通话一致，尤其是老派。新派屯堡方言，tʂʅ 和 tʂʻʅ 这样的声韵配合被 tsʅ、tsʻʅ 取代，即在舌尖元音韵母前，tʂ 和 ts、tʂʻ 和 tsʻ 的对立已经不明显，尤其是 tʂ 和 ts 的对立，已经渐趋消逝，但 ʂ 和 s 的对立仍然存在，例如：

老派	新派
之 tʂʅ^{33} ≠ 资 tsʅ^{33}	之 tʂʅ^{33} = 资 tsʅ^{33}
止 tʂʅ^{42} ≠ 子 tsʅ^{42}	止 tʂʅ^{42} = 子 tsʅ^{42}
智 tʂʅ^{35} ≠ 自 tsʅ^{35}	智 tʂʅ^{35} = 自 tsʅ^{35}
池 tʂʻʅ^{21} ≠ 雌 tsʻʅ^{21}	池 tsʻʅ^{21} = 雌 tsʻʅ^{21}
耻 tʂʻʅ^{42} ≠ 此 tsʻʅ^{42}	耻 tsʅ^{42} = 此 tsʅ^{42}
是 ʂʅ^{35} ≠ 四 sʅ^{35}	是 ʂʅ^{35} ≠ 四 sʅ^{35}
使 ʂʅ^{42} ≠ 死 sʅ^{42}	使 ʂʅ^{42} ≠ 死 sʅ^{42}

　　也就是说，屯堡方言中，ts、ts'、s、z 和 tʂ、tʂ'、ʂ、ʐ 两套声母呈互补分布。就开口呼中舌尖元音韵母而论，ts、ts'、s、z 只与舌尖前元音韵母 ɿ 相拼，而 tʂ、tʂ'、ʂ、ʐ 则只与舌尖后元音韵母 ʅ 相拼。撇开舌尖元音韵母不论，ts、ts'、s、z 只与开口呼韵母相拼，而 tʂ、tʂ'、ʂ、ʐ 只与合口呼韵母相拼。

　　下面我们以表格形式说明屯堡方言声母从中古至今的演变情况，表 2.7 中所列屯堡方言的读音一般是最常见的。老派读音在该声母后面用小字标注了"老"，个别和少数的读音均在该声母后用小字标出了"个别"和"少"。

表 2.7　屯堡方言与《广韵》声母比较表

古今声母的比较／清浊及演变条件 声母的系组及演变条件			全清	次清	全浊 平	全浊 仄	次浊	全清	全浊 平	全浊 仄
帮系	帮组		帮 P	滂 P'	并 P'	P	明 m			
帮系	非组		非 f	敷 f	奉 f		微 ø			
端系	端、泥组（娘并入）		端 t t'l 个别	透 t' tl 个别	定 t'	t t' 个别	泥 l ø 个别 来 l			
端系	精组	今开口呼	ts	ts' ts 少	ts' ts 个别	ts	s ts ts' 少	s ts' 之韵	s
端系	精组	今合口呼	精 tʂ	清 tʂ'	从 tʂ'	tʂ	心 ʂ	邪 tʂ'	tʂ
端系	精组	今齐齿呼	tɕ tɕ' 少	tɕ' tɕ ɕ 少	tɕ'	tɕ	ɕ tɕ 个别	ɕ tɕ' 尤阳韵	ɕ
知系	知组 今开口呼	大部分字	ts	ts'	ts'	ts				
知系	知组 今开口呼	止开三支脂之韵	tʂ 老	tʂ' 老	tʂ' 老	tʂ 老				
知系	知组 今开口呼	臻开三入声质韵	知 ts 新	彻 ts' 新	澄 ts' 新	ts 新				
知系	知组 今开口呼	梗开三入声昔韵	知 ts 新	彻 ts' 新	澄 ts' 新	ts 新				
知系	知组	今合口乎	tʂ tʂ' 少	tʂ'	tʂ'	tʂ ʂ 少				

续表

声母的系组及演变条件		古今声母的比较	清浊及演变条件	全清	次清	全浊 平	全浊 仄	次浊	全清	全浊 平	全浊 仄
知系	庄组	今开口	绝大部分字	ts （庄 ts）	ts' （初 ts'）	ts' （崇 ts'）	ts ／ ʂ		s （生 ʂ）		
			止开三支脂之韵	s 个别		s 个别			s 个别		
			今合口乎	tʂ	tʂ'	tʂ'	tʂ		ʂ		
	章组	今开口呼	大部分字	ts	ts'	s	s		s	s ts'①	s
			祭韵、止开三支脂之韵、深臻曾梗摄开三入声	章 ts（tʂ 老／新）	昌 ts'（tʂ 老／新）	船（s）	ts' 个别（ʂ）；ts' 蒸韵		书 ʂ	禅 ʂ	ʂ
			今合口乎	tʂ	tʂ'（ʂ 少）	ʂ 谭韵（tʂ 仙韵）	ʂ		ʂ	tʂ 支韵（ʂ）	ʂ
	日母	开口	大部分字					z			
			质韵、止摄字					日 zʐ，ø②			
			今合口乎					zʐ			
见系	见晓组	今开口呼		k（k' ts 少）	k'	k'	k	ŋ	k	x；k 蟹开二上去	
		今合口	大部分字	见 k	溪 k'	群 k'	k	疑 ø	晓 x（k'）	匣 x	
			臻合三入声术物 通合三入声屋烛	tʂ	tʂ'		tʂ	zʐ	ʂ		
			今齐齿呼	tɕ	tɕ'	tɕ'	tɕ	ø l	ç	ç	
	影组	影、云	今开口呼	影 ŋ				云 ø			
			其他	ø x l				ç 个别			
		以						以 ø zʐ			

---

① 禅母今开口呼有部分字念 ts'，条件是中古的尤、蒸、清、真这四个韵，这与普通话不一致。

② 日母今开口呼在屯堡方言中如果韵母来源于中国古臻摄开口入声质韵则声母为"zʐ"，如果韵母来源于中古止摄则为零声母。

第二节 韵母系统及其特点

一、韵母系统

屯堡方言有韵母二十九个，见表 2.8，所列例字的读音也均是最常用或最口语化的读音。

表 2.8 屯堡方言韵母

ɿ 资词诗	i 皮徐爹	u 初如骨
ʅ 知吃时		
ɚ 儿耳二		
a 妈辣岔	ia 黏哑掐	ua 夸娃刷
o 玻左落	io 掠虐鹊	
ai 摆才岩		uai 乖外率
ei 百腿脆		uei 回水国
au 包咬造	iau 标鸟笑	
əu 谋吼臭	iəu 丢右九	
an 班砍善	ian 园显面	uan 端栏串
ən 奔狠认	in 瓶领运	uən 昆准闰
aŋ 方党唱	iaŋ 良想样	uaŋ 光爽望
oŋ 崩拢送	ioŋ 龚雄勇	

说明：

（1）屯堡方言与贵州川黔方言的黔中片一致，没有撮口呼韵母。

（2）屯堡方言比安顺城区方言和贵阳方言多一个舌尖后高元音 ʅ，比安顺城区方言少 iu、iɛ 两个韵母，比贵阳方言少 iu、ɛ、uɛ、iɛ 四个韵母。

（3）屯堡方言与普通话一样，"a"作为韵母和参与构成韵母随着出现条件不同实际读音有前、中、后之别，另外，屯堡方言中 an、ian、uan 三个韵母韵腹"a"的实际发音开口度要稍小些，音值接近"ε"，这也是屯堡方言不同于周边而言的语音特色之一。为了方便，我们统一记录为"a"。

（4）an、ian、uan、ən、in、uən 等前鼻韵母的韵尾 n 发音较之安顺城区方言，贵阳方言显得含混，在有的屯堡妇女口语中，有逐渐脱落成为鼻化元音的倾向。

（5）韵母 oŋ 和 ioŋ 的主要元音应是"o"，而不是"u"，无论从实际音值还是从整个系统的整齐性来看，ioŋ 都应属于齐齿呼，而不属于撮口呼。

（6）只构成零声母音节的卷舌元音 ɚ 卷舌度比较轻微，接近于"ə"。

二、韵母特点

屯堡方言共有二十九个韵母，比普通话少 ɣ、ε、əŋ、iɛ、iŋ、uo、uəŋ、y、yɛ、yɛn、yn 十一个韵母，多出一个 io 韵母，具体情况分析如下：

（1）普通话的 ɣ 韵母字在屯堡方言中以声母来源不同而分别归入 o 韵母和 ei 韵母。大致上说，普通话的 ɣ 韵母字中，声母来源于端系和见系的大都归入屯堡方言的 o 韵母，而声母来源于知组、庄组、章组、日母的则一般归入屯堡方言的 ei 韵母。具体来说，见系字中，果摄开口一等歌韵[①]、合口一等戈韵、咸摄入声开口一等合韵和盍韵、山摄入声开口一等曷韵、宕摄入声开口一等铎韵的字在屯堡方言中均念 o，只有曾摄入声开口一等德韵、梗摄入声开口二等陌韵和麦韵的字在今屯堡方言中念 ei；端系字在屯堡方言中则一般都念 o；知组、庄组、章组、日母的字不管来源于哪一个韵都念 ei，举例见表 2.9。

---

① 举平声以赅上去，后同。

表 2.9 屯堡方言与普通话韵母比较表（1）

例字	中古音	屯堡方言	普通话
哥	果开一平歌见	ko^{33}	$k\gamma^{55}$
饿	果开一去箇见	ηo^{35}	γ^{51}
颗	果合一上果溪	ko^{33}	$k'\gamma^{55}$
讹	果合一平戈疑	ηo^{21}	γ^{35}
鸽	咸开一入合见	ko^{21}	$k\gamma^{55}$
喝	咸开一入合晓	xo^{33}	$x\gamma^{55}$
磕	咸开一入盍溪	$k'o^{33}$	$k'\gamma^{55}$
割	山开一入曷溪	ko^{33}	$k\gamma^{55}$
各	宕开一入铎见	ko^{33}	$k\gamma^{51}$
恶	宕开一入铎影	ηo^{33}	γ^{51}
刻	曾开一入德溪	$k'ei^{33}$	$k'\gamma^{51}$
克	曾开一入德溪	$k'ei^{33}$	$k'\gamma^{51}$
客	梗开二入陌溪	$k'ei^{33}$	$k'\gamma^{51}$
革	梗开二入麦见	kei^{33}	$k\gamma^{21}$
核	梗开二入麦匣	xei^{33}	$x\gamma^{21}$
车	假开三平麻昌	$ts'ei^{33}$	$ts'\gamma^{55}$
射	假开三去祃船	sei^{35}	$s\gamma^{51}$
惹	假开三上马日	zei^{42}	$z\gamma^{214}$
摄	咸开三入叶书	sei^{33}	$s\gamma^{51}$
涉	咸开三入叶禅	sei^{33}	$s\gamma^{51}$
涩	深开三入缉生	sei^{33}	$s\gamma^{51}$
哲	山开三入薛知	$tsei^{21}$	$ts\gamma^{21}$
舌	山开三入薛船	sei^{21}	$s\gamma^{35}$
设	山开三入薛书	sei^{21}	$s\gamma^{51}$
热	山开三入薛日	zei^{33}	$z\gamma^{51}$

续表

例字	中古音	屯堡方言	普通话
瑟	臻开三入栉生	sei³³	sɣ⁵¹
泽	梗开二入陌澄	ts'ei²¹	tsɣ³⁵
策	梗开二入麦初	ts'ei³³	ts'ɣ⁵¹

（2）普通话的 iɛ 韵母字在屯堡方言中大多数读 i 韵母，少部分字念 ai 韵母。具体来说，果摄开口三等戈韵见系字，假摄开口三等麻韵精组、见系字，咸摄入声开口三等叶韵端组、精组、知组、章组和见系字，业韵见系字，开口四等帖韵端组、见系字，山摄入声开口三等薛韵帮系、泥组、精组和见系字，合口三等薛韵泥组字，开口三等月韵见系字，开口四等屑韵字，在普通话中念 iɛ 韵母，而在屯堡方言中则念 i 韵母；蟹摄开口二等皆韵、佳韵的见系部分字，在普通话中念 iɛ 韵母，而在屯堡方言中念 ai 韵母，这与声母部分提到的屯堡方言见系开口二等字今读洪音者比普通话多有关，随着韵母的洪细不同，声母与普通话也构成 k、k'、x 与 tɕ、tɕ'、ɕ 的差别，举例见表2.10。

表2.10　屯堡方言与普通话韵母比较表（2）

例字	中古音	屯堡方言	普通话
茄~子	果开三平戈群	tɕ'i³³	tɕ'iɛ³⁵
姐	假开三上马精	tɕi⁴²	tɕiɛ²¹⁴
谢	假开三去杩邪	ɕi³⁵	ɕiɛ⁵¹
野	假开三上马以	i⁴²	iɛ²¹⁴
聂姓	咸开三入叶泥	li³³	niɛ⁵¹
妾	咸开三入叶清	tɕ'i³³	tɕ'iɛ⁵¹
页	咸开三入叶以	i³³	iɛ⁵¹
劫	咸开三入业见	tɕi³³	tɕ'iɛ⁵¹
业	咸开三入业疑	i³³	iɛ⁵¹

续表

例字	中古音	屯堡方言	普通话
蝶	咸开四入帖定	ti^{21}	' tie^{35}
协	咸开四入帖匣	$çi^{21}$	$çie^{51}$
列	山开三入薛来	li^{33}	lie^{51}
孽	山开三入薛疑	li^{33}	nie^{51}
灭	山开三入薛明	mi^{33}	mie^{51}
歇	山开三入月晓	$çi^{33}$	$çie^{55}$
劣	山合三入薛来	li^{33}	lie^{51}
撇	山开四入屑滂	$p'i^{33}$	$p'ie^{214}$
铁	山开四入屑透	$t'i^{33}$	$t'ie^{214}$
捏	山开四入屑泥	li^{33}	nie^{55}
节	山开四入屑精	$tçi^{33}$	$tçie^{35}$
截	山开四入屑从	$tçi^{33}$	$tçie^{35}$
结	山开四入屑见	$tçi^{33}$	$tçie^{35}$
噎	山开四入屑影	i^{33}	ie^{55}
介	蟹开二去怪见	kai^{35}	$tçie^{51}$
械	蟹开二去怪匣	kai^{35}	$tçie^{51}$
街	蟹开二平佳见	kai^{33}	$tçie^{55}$
解	蟹开二上蟹见	kai^{42}	$tçie^{214}$
蟹	蟹开二上蟹匣	xai^{21}	$çie^{51}$

（3）普通话 uo 韵母的字在屯堡方言中大部分念单韵母 o，有少数字念 uei 韵母，极个别字念 ua 韵母。具体情况为：普通话 uo 韵母的字中，在屯堡方言中韵母为 o 的有果摄开口一等歌韵端系字、见系个别字，合口一等戈韵端系、见系字，遇摄合口三等鱼韵庄组部分字，山摄入声合口一等末韵精组字、见系部分字，合口三等薛韵章组字，宕摄入声开口一等铎韵端系字，合口一等铎韵见系绝大部分字，开口三等

药韵知组、章组和日母字，江摄入声开口二等觉韵知组、庄组字和见系个别字，梗摄入声合口二等陌韵见系字，通摄入声合口三等屋韵庄组字，合口一等沃韵见系字；韵母为 uei 的有曾摄入声合口一等德韵见系字、宕摄入声合口一等铎韵见组个别字、山摄入声合口一等末韵见组部分字。另外，山摄入声合口一等末韵见组有个别字在屯堡方言中念 ua 韵母，举例见表 2.11。

表 2.11　屯堡方言与普通话韵母比较表（3）

例字	中古音	屯堡方言	普通话
多	果开一平歌端	to^{33}	tuo^{55}
左	果开一上驾精	tso^{42}	$tsuo^{214}$
妥	果合一上果透	$t'o^{42}$	$t'uo^{214}$
脶	果合一平戈来	lo^{21}	luo^{35}
锁	果合一上果心	so^{42}	suo^{214}
锅	果合一平戈见	ko^{33}	kuo^{55}
卧	果合一去过疑	ηo^{35}	uo^{51}
所	遇合三上语生	so^{42}	suo^{214}
撮	山合一入末清	$ts'o^{33}$	$ts'uo^{55}$
活	山合一入末匣	xo^{21}	xuo^{35}
拙	山合三入薛章	tso^{33}	$tʂuo^{35}$
说	山合三入薛书	so^{33}	$ʂuo^{55}$
诺	宕开一入铎泥	lo^{33}	nuo^{51}
郭	岩合一入铎见	ko^{33}	kuo^{55}
霍	宕合一入铎晓	xo^{21}	xuo^{55}
着穿~	宕开三入药知	tso^{33}	$tʂuo^{35}$
绰	岩开三入药昌	$ts'o^{33}$	$tʂuo^{51}$
弱	宕开三入药日	zo^{33}	$ʐuo^{55}$
桌	江开二入觉知	tso^{33}	$tʂuo^{55}$

续表

例字	中古音	屯堡方言	普通话
镯	江开二入觉崇	tso²¹	tʂuo³⁵
握	江开二入觉影	ŋo³³	uo⁵¹
缩	通合三入屋生	so³³	suo⁵⁵
沃	通合一入沃影	ŋo³	uo⁵¹
国	曾合一入德见	kuei³³	kuo³⁵
或	曾合一入德匣	xuei²¹	xuo⁵¹
扩	宕合一入铎溪	k'uei³³	k'uo⁵¹
阔	山合一入末溪	k'uei²¹	k'uo⁵¹
获	梗合二入麦匣	xuei²¹	xuo⁵¹
括	山合一入末见	kua²¹	k'uo⁵¹

（4）屯堡方言没有撮口呼韵母，普通话中的撮口呼韵母，y 作主要元音或作韵头，屯堡方言中一般都读为 i，但也有不读 i 的，具体情况视整个韵母而有所不同。

普通话的单韵母 y，来自古阴声韵的，在屯堡方言中念 i；来自古入声韵的，在屯堡方言中少数念 i，多数念 u 或 iəu，其中念 iəu 者一般是今零声母音节。具体情况如下：

遇摄合口三等鱼韵、虞韵的泥组、精组、见系字（除个别字外），止摄开口三等脂韵泥组部分字，臻摄入声术韵泥组字，通摄入声烛韵见系个别字念 i；臻摄入声合口三等术韵精组部分字、见系字，合口三等物韵见系字，通摄入声合口一等屋韵泥组，入声烛韵泥组部分字念 u；曾摄入声合口三等职韵见系字，通摄入声合口三等屋韵见系字，烛韵见系字念 u 或 iəu，举例见表 2.12。

表 2.12　屯堡方言与普通话韵母比较表（4）

例字	中古音	屯堡方言	普通话
女	遇合三上语泥	li^{42}	ny^{214}
徐	遇合三平鱼邪	ςi^{21}	ςy^{35}
居	遇合三平鱼见	$t\varsigma i^{33}$	$t\varsigma y^{55}$
锯	遇合三去御见	$t\varsigma i^{35}$	$t\varsigma y^{51}$
虚	遇合三平鱼晓	ςi^{33}	ςy^{55}
余	遇合三平鱼以	i^{21}	y^{35}
誉	遇合三去御以	i^{35}	y^{51}
需	遇合三平虞心	ςi^{33}	ςy^{55}
区	遇合三平虞溪	$t\varsigma\text{'}i^{33}$	$t\varsigma\text{'}y^{55}$
遇	遇合三去遇疑	i^{35}	y^{51}
愉	遇合三平虞以	i^{21}	y^{35}
履	止开三上旨来	li^{42}	ly^{214}
律	臻合三入术来	li^{51}	ly^{51}
玉	通合三入烛疑	i^{35}	y^{51}
焌	臻合三入术精	$t\text{ş}\text{'}u^{33}$	$t\varsigma\text{'}y^{55}$
恤	臻合三入术心	$\text{ş}u^{33}$	ςy^{51}
屈	臻合三入物溪	$t\text{ş}\text{'}u^{33}$	$t\varsigma\text{'}y^{55}$
绿	通合三入烛来	lu^{33}	ly^{51}
域	曾合三入职云	$i\partial u^{21}$	y^{51}
菊	通合三入屋见	$t\text{ş}u^{33}$	$t\varsigma y^{35}$
畜~牧	通合三入屋晓	$\text{ş}u^{21}$	ςy^{51}
育	通合三入屋以	$i\partial u^{21}$	y^{51}
局	通合三入烛群	$t\text{ş}u^{21}$	$t\varsigma y^{35}$
浴	通合三入烛以	$i\partial u^{21}$	y^{51}

普通话的 yɛ 韵母字，在屯堡方言中大部分念 i，少部分来自古入声韵的字念 io。具体情况是果摄合口三等戈韵见系字，山摄入声合口三等薛韵精组字、见系字，月韵见系字，合口四等屑韵见系字，宕摄入声合口三等药韵见系字念 i；宕摄入声开口三等药韵泥组字和精组、见系的部分字，江摄入声开口二等觉韵见系部分字念 io，举例见表 2.13。

表2.13 屯堡方言与普通话韵母比较表（5）

例字	中古音	屯堡方言	普通话
瘸	果合三戈平疑	tɕ'i³³	tɕ'yɛ³⁵
靴	果合三戈平晓	ɕi³³	ɕyɛ⁵⁵
雪	山合三入薛心	ɕi³³	ɕyɛ²¹⁴
悦	山合三入薛以	i²¹	yɛ⁵¹
月	山合三入月疑	i³³	yɛ⁵¹
越	山合三入月云	i³³	yɛ⁵¹
缺	山合三入屑溪	tɕ'i³³	tɕ'yɛ⁵⁵
血	山合三入屑晓	ɕi³³	ɕyɛ⁵¹
略	宕开三入药来	io³³	lyɛ⁵¹
鹊	宕开三入药清	tɕ'io³³	tɕ'yɛ⁵¹
却	宕开三入药溪	tɕ'io³³	tɕ'yɛ⁵¹
约	宕开三入药影	io³³	yɛ⁵⁵
觉感~	江开二入觉见	tɕio³³	tɕyɛ³⁵
学	江开二入觉匣	ɕio²¹	ɕyɛ³⁵

普通话中韵母为 yan 的字在屯堡方言中基本上韵母为 ian，即山摄合口三等仙韵精组字和见系字、元韵见系字、合口四等先韵见系字在屯堡方言中韵母念 ian，举例见表 2.14。

表2.14　屯堡方言与普通话韵母比较表（6）

例字	中古音	屯堡方言	普通话
全	山合三平仙从	tɕ'ian^{21}	tɕ'yan^{35}
旋	山合三去线邪	ɕian^{21}	ɕyan^{35}
圈	山合三上弥群	tɕ'ian^{33}	tɕ'yan^{55}
圆	山合三平仙云	ian^{21}	yan^{35}
劝	山合三去愿溪	tɕ'ian^{35}	tɕ'yan^{51}
冤	山合三平元影	ian^{33}	yan^{55}
远	山合三上阮云	ian^{42}	yan^{214}
犬	山合四上铣溪	tɕ'ian^{42}	tɕ'yan^{214}
悬	山合四平先匣	ɕian^{21}	ɕyan^{35}

普通话的 yn 韵母在屯堡方言中基本上念 in，即臻摄合口三等谆韵的精组个别字、见系字，文韵见系字在屯堡方言中念 in，举例见表2.15。

表2.15　屯堡方言与普通话韵母比较表（7）

例字	中古音	屯堡方言	普通话
均	臻合三平谆见	tɕin^{33}	tɕyn^{55}
允	臻合三上准以	in^{42}	yn^{214}
君	臻合三平文见	tɕin^{33}	tɕyn^{55}
群	臻合三平文群	tɕ'in^{21}	tɕ'yn^{35}
训	臻合三去问晓	ɕin^{35}	ɕyn^{51}
云	臻合三平文云	in^{21}	yn^{35}
殉	臻合三去稕邪	ɕin^{35}	ɕyn^{51}

（5）屯堡方言带舌根鼻音韵尾的韵母只有 aŋ、iaŋ、uaŋ、oŋ、ioŋ 五个，这五个韵母中，前三个普通话也有，屯堡方言基本上与普通话对应；后两个如果按拼音方

案的记法虽然也可以说屯堡方言与普通话对应，但屯堡方言中的这两个韵母不能与普通话一样分别看作合口呼和撮口呼，这一点我们在本节最后再讨论。屯堡方言没有普通话的 əŋ、iŋ 和 uəŋ。普通话这三个韵母的字在屯堡方言中表现不一样，须分别表述。

普通话的 əŋ 韵母字在屯堡方言中根据声母不同有所分化，大致上唇音声母字一般读 oŋ，少数读 ən；非唇音声母字读 ən，具体为曾摄开口一等登韵端系字、见系字，开口三等蒸韵知组字、章组字和日母字，梗摄开口二等庚韵泥组字、知组字、庄组字和见系部分字，耕韵知组字、庄组字和见系部分字，开口三等清韵知组字、章组字在屯堡方言中念 ən；曾摄开口一等登韵帮组字，耕韵帮组字，通摄合口一等东韵和合口三等东韵的帮系字，合口三等钟韵的帮系字在屯堡方言中念 oŋ；只有梗摄开口二等庚韵帮组字今读韵母不一，有的读 ən，有的读 oŋ，举例见表 2.16。

表 2.16 屯堡方言与普通话韵母比较表（8）

例字	中古音	屯堡方言	普通话
等	曾开一上等端	tən^{42}	təŋ^{214}
能	曾开一平登泥	lən^{21}	nəŋ^{35}
增	曾开一平登精	tsən^{33}	tsəŋ^{55}
赠	曾开一去嶝从	tsən^{35}	tsəŋ^{51}
肯	曾开一上等溪	k'ən^{42}	k'ən^{214}
恒	曾开一平登匣	xən^{21}	xəŋ^{35}
瞪	曾开三支证澄	tən^{35}	təŋ^{51}
称 ～呼	曾开三平蒸昌	ts'ən^{33}	tʂ'ən^{55}
仍	曾开三平蒸日	zən^{21}	zən^{35}
冷	梗开二上梗来	lən^{21}	ləŋ^{35}
澄	梗开二平庚澄	ts'ən^{21}	tʂ'əŋ^{35}
生	梗开二平庚生	sən^{33}	ʂəŋ^{55}
梗	梗开二上梗见	kən^{42}	kəŋ^{214}

续表

例字	中古音	屯堡方言	普通话
更	梗开二去映见	$kən^{35}$	$kən^{51}$
橙	梗开二平耕澄	$ts'ən^{21}$	$tʂ'əŋ^{35}$
争	梗开二平耕庄	$tsən^{33}$	$tʂən^{55}$
耿	梗开二上耿见	$kən^{42}$	$kən^{214}$
逞	梗开二上静彻	$ts'ən^{42}$	$tʂ'əŋ^{214}$
声	梗开三平清书	$sən^{33}$	$ʂəŋ^{55}$
彭	梗开二平庚并	$p'ən^{21}$	$p'əŋ^{35}$
猛	梗开二上梗明	$moŋ^{42}$	$məŋ^{214}$
迸	梗开二去诤帮	$poŋ^{35}$	$pəŋ^{35}$
朋	曾开一平登并	$p'oŋ^{21}$	$p'əŋ^{35}$
蒙	通合一平东明	$moŋ^{21}$	$məŋ^{35}$
凤	通合三去送奉	$foŋ^{35}$	$fəŋ^{51}$
奉	通合三上肿奉	$foŋ^{35}$	$fəŋ^{51}$

普通话的 iŋ 韵母字，在屯堡方言中除个别开口二等字韵母念成洪音 ən（例如，"樱"念"$ŋən^{33}$"，"硬"念"$ŋən^{35}$"）外，基本上念 in 韵母，即曾摄开口三等蒸韵帮系字、泥组字和见系字，梗摄开口二等庚韵见系部分字，开口三等帮系字、见系字，耕韵见系部分字，清韵帮系字、泥组字、精组字和见系字，开口四等青韵字，合口四等青韵见系字在屯堡方言中韵母念 in，举例见表 2.17。

表 2.17　屯堡方言与普通话韵母比较表（9）

例字	中古音	屯堡方言	普通话
冰	曾开三平蒸帮	$piŋ^{33}$	$piŋ^{55}$
陵	曾开三平蒸来	$liŋ^{21}$	$liŋ^{35}$
兴_{高~}	曾开三去证晓	$çiŋ^{35}$	$çiŋ^{51}$

续表

例字	中古音	屯堡方言	普通话
行~为	梗开二平庚匣	çin²¹	çin³⁵
病	梗开三去映並	pin³⁵	piŋ⁵¹
警	梗开三上梗见	tçin⁴²	tçiŋ²¹⁴
幸	梗开三上耿匣	çin³⁵	çiŋ⁵¹
名	梗开三平清明	min²¹	miŋ³⁵
令	梗开三去劲来	lin³⁵	liŋ⁵¹
清	梗开三上静清	tç'in³³	tç'iŋ⁵⁵
性	梗开三去劲心	çin³⁵	çiŋ³⁵
轻	梗开三平清溪	tç'in³³	tç'iŋ⁵⁵
赢	梗开三平清以	in²¹	iŋ³⁵
瓶	梗开四平青並	p'in²¹	p'iŋ³⁵
订	梗开四去经端	tin³⁵	tiŋ⁵¹
醒	梗开四上迥心	çin⁴²	çiŋ²¹⁴
经	梗开四平青见	tçin³³	tçiŋ⁵⁵
形	梗开四平青匣	çin²¹	çiŋ³⁵
萤	梗合四平青匣	in²¹	iŋ³⁵

普通话韵母为 uəŋ 的字一般为零声母字，常用字不多。这为数不多的字在屯堡方言中韵母念 oŋ，为舌根鼻音声母字，即通摄合口一等东韵见系的几个字在普通话中 uəŋ，而在屯堡方言中韵母念 oŋ，举例见表 2.18。

表 2.18　屯堡方言与普通话韵母比较表（10）

例字	中古音	屯堡方言	普通话
翁	通合一平东影	ŋoŋ³³	uəŋ⁵⁵
瓮	通合一去送影	ŋoŋ³³	uəŋ⁵¹

（6）中古蟹摄、止摄、臻摄合口的字，屯堡方言与普通话的开合分化有所不同。普通话中，止摄合口字依中古声母不同而分化为开合两呼，具体为帮系字、泥组字为开口呼，知系字、见系字、端组字、精组字为合口呼。臻摄情况大致相同，但有个别泥组字今读合口。而在屯堡方言中，帮系和端系声母的字今为开口呼，知系和见系声母的字今为合口呼，即二者的不同在于，蟹摄、止摄合口的端组声母字、精组声母字和臻摄合口的端组声母字、精组声母字和个别泥组声母字，在今普通话中为合口呼，在屯堡方言中为开口呼，举例见表2.19。

表2.19　屯堡方言与普通话韵母比较表（11）

例字	中古音	屯堡方言	普通话
堆	蟹合一平灰端	tei^{33}	tuei^{55}
罪	蟹合一上贿从	tsei^{35}	tsuei^{51}
岁	蟹合三去祭心	sei^{35}	suei^{51}
嘴	止合三上纸精	tsei^{42}	tsuei^{214}
翠	止合三去至清	ts'ei^{35}	ts'uei^{51}
屯	臻合三平魂定	t'ən^{21}	t'uən^{35}
论	臻合三去恩来	lən^{35}	luən^{35}
村	臻合三平魂清	ts'ən^{33}	ts'uən^{33}
损	臻合三上混心	sən^{42}	suən^{214}
轮	臻合三平淳来	lən^{21}	luən^{35}
遵	臻合三平淳精	ts'ən^{33}	tsuən^{33}

另外，咸摄和山摄的部分见系开口二等字，普通话和屯堡方言洪细不同，受其影响，声母也有所不同，举例见表2.20。

表 2.20 屯堡方言与普通话韵母比较表（12）

例字	中古音	屯堡方言	普通话
咸	咸开二平咸匣	xan²¹	ɕian³⁵
陷	咸开二去陷匣	xan³⁵	ɕian⁵¹
衔	咸开二平衔匣	xan²¹	ɕian³⁵

这里还要讨论一下屯堡方言中的 oŋ、ioŋ 两个韵母。应该说明的是，屯堡方言中这两个韵母所属的字与普通话中拼音方案写作这个样子的字（如普通话中的"中"和"胸"等字）基本对应，音质也基本上相同，但普通话中，前者记为 uŋ，算合口呼；后者记为 yŋ，算撮口呼，这样的记音与屯堡方言的情况不符。根据前面所述，屯堡方言中，舌尖前音 ts 只与开口呼相拼，与合口呼相拼的是舌尖后音 tʂ，因为"中"的声母为舌尖前音 ts，因而其韵母不是合口呼，因此，我们认为屯堡方言"中"字的韵母主要元音为 o，整个韵母应为开口呼 oŋ 而不是合口呼 uŋ。屯堡方言没有撮口呼韵母，因此，屯堡方言中"胸"的韵头是 i，主要元音是 o，整个韵母是 ioŋ 而不是 yŋ，属齐齿呼而不属撮口呼。

下面，我们列出《广韵》韵母与屯堡方言韵母的比较表（见表 2.21 至表 2.28），说明屯堡方言各个韵母的中古来源。本表须进行如下说明：

（1）为使表格简明，本表举平声以谐上去。

（2）本表所谓《广韵》韵母只标其音韵地位，不注拟音。

（3）本表以韵摄为纲，摄下注明开合和等第，不再列韵目，一个韵摄中，有时同开合同等的不止一个韵，如止摄四个韵系都属三等，蟹摄开口一等有咍、泰两韵系，合口一等有灰、泰两韵系等，则止摄开口三等指支、脂、之、微四个韵系的开口，蟹摄开口一等指咍韵系和泰韵的开口。

（4）如果演变明显不同或某种读音只属于其中一个韵系，则在注释中予以说明。

（5）与一般规律不符的少数字一般在注释中指出。

表2.21　屯堡方言与《广韵》韵母比较表（1）

类别			果摄	假摄	遇摄	郊摄
开口	一等	帮组				au②
		端系	o　a①			
		见系	o			
	二等	帮组		a		au
		泥组				
		知庄组				au　ua
		见系		ia③		iau　au
	三等	帮组				iau
		泥组				
		精组		i		
		庄组				au
		知章组		ei④		
		日母				
		见系	i	i		iau
	四等	帮组				iau
		端系				
		见系				

① "a"仅限于除了"我"以外的几个代词："他、它、那、哪"和"大"字。代词"他、它"老派白读"ei"韵母，音 lei^{33}，来母个别字白念"au"韵母，如"萝卜"中的"萝"念 lau^{21}。

② 帮母平声"襃"韵屯堡方言白读韵母为"əu"，音 pəu^{33}。

③ 见系个别字白读为"ei"韵母，如"吓一跳"中音为 xei^{33}。

④ 知组个别字韵母为"i"，如"爹"音 ti^{33}。

续表

类别			果摄	假摄	遇摄	郊摄
合口	一等	帮组	o		u　o	
		端系			u　əu①	
		见系			u	
	二等	知庄组		a　ua		
		见系		a		
	三等	帮系			u	
		泥组			i②	
		精组			u　o	
		庄组			u	
		知章组				
		日母				
		见系			i	
	四等	见系				

---

① 端母平声副词"都"白读念"əu"韵母，音 təu^{33}；精母去声"做"白读也念"əu"韵母，音 tsəu^{35}；清母去声"措、错"二字的韵母为"o"，念 ts'o^{35}。

② 鱼韵来母平声字念"u"韵母，如"庐山"的"庐"音 lu^{21}；来母上声个别字、心母去声字白读为"ei"韵母，如"吕"音 lei^{42}，"絮"音 sei^{35}。虞韵来母去声"屡"白读韵母为"ei"，音 lei^{42}，邪母去声"续"韵母为"u"，音 ʂu^{21}。

表 2.22　屯堡方言与《广韵》韵母比较表（2）

类别			流摄	止摄	蟹摄
开口	一等	帮组	ə u　u①		ei
		端系	əu		ai
		见系			
	二等	帮组			ai②
		泥组			
		知庄组			
		见系			
	三等	帮组	ə u　u　au　iəu　iau	ei　i	i
		泥组	iəu	i	
		精组	iəu	ɿ	
		庄组	əu③	ɿ　ʅ	ɿ　ʅ
		知章组	əu③	ɿ　ʅ	
		日母		ɚ	
		见系	iəu	i	i
	四等	帮组			i④
		端系			
		见系			

———————

① 滂母上声"剖"白读韵母为"o"，音 po³⁵；明母上声"牡"字屯堡方言白读韵母为"au"，音 mau⁴²。

② 佳韵帮系和庄组个别字韵母为"a"，如"罢"音 pa³⁵，"洒"音 sa⁴²；见系个别字文读韵母不同，如"涯"音 ai²¹，"懈"音 ɕi³⁵。皆韵见母去声"尬"韵母为"a"，音 ka³⁵；见母平声"皆"文读音 tɕi³³而白读音 kai³³；匣母平声"谐"文读音 ɕi²¹而白读音 xai²¹。

③ 来母去声"廖"韵母为"iau"，音 liau³⁵。

④ 帮组个别字白读韵母为"ei"，如"批"音 p'ei³³。

续表

类别			流摄	止摄	蟹摄
合口	一等	帮组			ei
		端系			ei
		见系			uei　uai
	二等	知庄组			uei
		见系			uai　ua
	三等	帮组		ei　uei①	ei
		泥组		ei	ei
		精组			ei
		庄组		uai	
		知章组		uei②	uei
		日母			
		见系			
	四等	见系			uei③

表 2.23　屯堡方言与《广韵》韵母比较表（3）

类别			咸摄舒声	山摄舒声	深摄舒声	臻摄舒声
开口	一等	帮组	an	an④		ən
		端系				
		见系				

---

① 帮系字韵母为"uei"者仅限微韵微母字，如"尾"音 uei^{42}，"未"音 uei^{35}。
② 见系个别字韵母为"i"，如"季、悸"音 tɕi^{35}；"遗"音 i^{21}。
③ 个别字韵母为"i"，如"携"音 ɕi^{21}。
④ 心母个别字白读韵母为"uan"，如"珊"音 ʂuan^{33}。

续表

类别			咸摄舒声	山摄舒声	深摄舒声	臻摄舒声
开口	二等	帮组		an		
		泥组		an		
		知庄组	an	an　uan①		ən
		见系	an　ian	an　ian		
	三等	帮组	ian	ian	in	in
		泥组				
		精组				
		庄组				
		知章组	an	an	ən	ən
		日母				
		见系	ian	ian	in②	in
	四等	帮组	ian	ian		
		端系				
		见系				
合口	一等	帮组		an		ən
		端系		uan③		
		见系				uən
	二等	知庄组		uan④		
		见系				

① 韵母为"uan"的只是删韵生母字白读，如"删"音 ʂuan³³，"疝"音 ʂuan³⁵。

② 见母平声"今"字白读韵母为"ən"，音 tsən³³。

③ 晓母平声"欢"字白读韵母为"uai"，音 xuai³³。

④ 见系个别字白读韵母念"a"，例如副词"还～有"音 a³⁵。

续表

类别			咸摄_{舒声}	山摄_{舒声}	深摄_{舒声}	臻摄_{舒声}
合口	三等	帮系		an　uan①		ən　uən②
		泥组		ian		ən
		精组				ən　in
		庄组				
		知章组		uan		uən③
		日母				
		见系		ian④		in
	四等	见系		ian		

表 2.24　屯堡方言与《广韵》韵母比较表（4）

类别			宕摄_{舒声}	江摄_{舒声}
开口	一等	帮组	aŋ⑤	
		端系		
		见系		
	二等	帮组		aŋ
		泥组		
		知庄组		uaŋ⑥
		见系		iaŋ⑦

---

① 韵母为 "uan" 的只是元韵微母字，如 "挽、晚" 音 uan⁴²，"万" 音 uan³⁵。

② "uən" 作韵母只有文韵微母字如 "文、闻、吻、问" 等。

③ 船母上声 "盾" 的韵母为 "ən"，音 tən³⁵。

④ 元韵上声个别字韵母为 "uan"，如 "阮" 音 ʐuan⁴²。

⑤ 并母平声个别字白读韵母为 "an"，如 "螃" 音 pʻan²¹。

⑥ 知母平声 "桩" 字的韵母为 "oŋ"，音 tsʻoŋ³³。

⑦ 见系少数几个字韵母为 "aŋ"，如 "项、巷" 音 xaŋ³⁵。

续表

类别			宕摄_{舒声}	江摄_{舒声}
开口	三等	帮组	iaŋ	
		泥组		
		精组		
		庄组	uaŋ	
		知章组	aŋ	
		日母		
		见系	iaŋ	
	四等	帮组		
		端系		
		见系		
合口	一等	帮组		
		端系		
		见系	uaŋ	
	二等	知庄组		
		见系		
	三等	帮组	aŋ uaŋ^①	
		泥组		
		精组		
		庄组		
		知章组		
		日母		
		见系	uaŋ	
	四等	见系		

---

① 阳韵微母字绝大多数韵母为"uaŋ"，如"亡"音 uaŋ^{21}，"妄"音 uaŋ^{35}，但有个别字韵母为"aŋ"，如"芒"音 maŋ^{21}。

表 2.25 屯堡方言与《广韵》韵母比较表（5）

类别			曾摄舒声	梗摄舒声	通摄舒声
开口	一等	帮组	oŋ		oŋ
		端系	ən		
		见系			
	二等	帮组		ən oŋ①	
		泥组		ən	
		知庄组			
		见系		ən in②	
	三等	帮系	in	in	
		泥组			
		精组			
		庄组			
		知章组	ən	ən	
		日母			
		见系	in③	in	
	四等	帮组		in	
		端系			
		见系			

---

① 庚韵明母上声去声字韵母为"oŋ"，如"猛"音 moŋ⁴²，但平声字韵母为"aŋ"，如"盲"音 maŋ²¹。

② 庚韵只有匣母个别字韵母为"in"，如"行～为"音 ɕin²¹；"杏"的文读韵母为"in"，音 ɕin³⁵，白读韵母为"ən"，音 xən³⁵。耕韵韵母为"in"者稍多，除匣母的少数如"茎"音 tɕin³³，"幸"音 ɕin³⁵ 等外，还有影母的"甖～罂"音 in³³。

③ 以母去声"孕"字白读韵母"uən"，音 ʐuən³⁵。

续表

类别			曾摄舒声	梗摄舒声	通摄舒声
合口	一等	帮组			
		端系			
		见系	oŋ		
	二等	知庄组			
		见系		uən uaŋ oŋ	
	三等	帮系			oŋ
		泥组			
		精组			
		庄组			
		知章组			
		日母			
		见系		ioŋ in①	oŋ ioŋ
	四等	见系		ioŋ in	

表 2.26　屯堡方言与《广韵》韵母比较表（6）

类别			咸摄入声	山摄入声	深摄入声	臻摄入声
开口	一等	帮组				
		端系	a	a		
		见系	o	o		

① 韵母为"ioŋ"者只出现于庚韵见系少数字如"永、泳、咏"等之文读音，音 ioŋ⁴²，白读音则韵母为"in"，音 in⁴²。

续表

类别			咸摄入声	山摄入声	深摄入声	臻摄入声
开口	二等	帮组		a		
		泥组				
		知庄组	a①	a		ei
		见系	ia	ia		
	三等	帮系				
		泥组	i	i		i
		精组			i	
		庄组			ei	
		知章组	ei	ei	ʅ ʅ	ʅ ʅ
		日母			u	
		见系	i	i	i	i
	四等	帮组				
		端系	i	i		
		见系				
合口	一等	帮组				u o ei②
		端系		o③		u
		见系				
	二等	知庄组		ua		
		见系				

---

① 韵母为"a"者没有狎韵字，这与狎韵没有知庄组声母有关，下面的三等业韵只有见系声母，
因而今读亦比较单一，情况与此相同。下面与此相同者不另加说明。

② 没韵唇音虽然只有三个声母有字，但韵母各不相同，帮母韵母为"u"，如"不"音pu³⁵；并
母韵母为"o"，如"勃"音po²¹；明母韵母为"ei"，如"没"音mei³³。

③ 见组个别字读法与末韵其他字区别较大，如见母"括"韵母为"ua"，音kua²¹；溪母"阔"
韵母为"uei"，音kʻuei²¹。

续表

类别			咸摄入声	山摄入声	深摄入声	臻摄入声
合口	三等	帮系		a　ua①		u
		泥组		i		i
		精组				u
		庄组				uai
		知章组		o		u
		日母				
		见系		i		u
	四等	见系		i		

表 2.27　屯堡方言与《广韵》韵母比较表（7）

类别			宕摄入声	江摄入声
开口	一等	帮组	o②	
		端系		
		见系		
	二等	帮组		o　u　au③
		泥组		
		知庄组		o
		见系		io　　o④

① 韵母为"ua"者是月韵微母字，如"袜"，音 ua³³。

② 帮组个别字的韵母为"ei"，如"泊"音 pei³³，个别字韵母为"u"，如"幕"音 mu³⁵。

③ 帮母字韵母为"o"，如"剥、驳"音 po³³；滂母字韵母为"u"，如"朴"音 p'u³³；并母字韵母为"au"，如"雹"音 pau³⁵。

④ 《方言调查字表》以"角"为"饺子"字，贵州话二字声、韵、调都不同，读音差别较大，屯堡方言亦然，我们认为"饺子"字不出自觉韵，《集韵》居效切声虽近，但声调不符。

续表

类别			宕摄_{入声}	江摄_{入声}
开口	三等	帮系	io①	
		泥组		
		精组		
		庄组	o	
		知章组		
		日母		
		见系	io②	
	四等	帮组		
		端系		
		见系		
合口	一等	帮组		
		端系		
		见系	o uei③	
	二等	知庄组		
		见系		

① 心母字"削"为多音字，两读韵母不同，在"剥削"一词中韵母为"io"，音 ɕio²¹，但在短语"削苹果"中韵母为"iəu"，音 ɕiəu³³。

② 以母个别字韵母为"iau"，如"跃"，音 iau³⁵，但"跃"在贵州话中基本都读去声，与入归阳平规律不符，所以我们认为贵州话"跃"之读音不来自入声而可能有别的读音来源。

③ 韵母为"uei"只有溪母字，如"扩"音 kʻuei²¹。

续表

类别			宕摄入声	江摄入声
合口	三等	帮系	u	
		泥组		
		精组		
		庄组		
		知章组		
		日母		
		见系	i	
	四等	见系		

表 2.28　屯堡方言与《广韵》韵母比较表（8）

类别			曾摄入声	梗摄入声	通摄入声
开口	一等	帮组	ei		
		端系			
		见系			
	二等	帮组		ei①	
		泥组			
		知庄组		ei	
		见系			
	三等	帮系			
		泥组	i	i	
		精组			
		庄组	ei		
		知章组	ɿ ʅ	ɿ ʅ	
		日母			
		见系	i	i	

① 陌韵个别字韵母文读为"o"，如"帛"音 po²¹，"陌"音 mo³³，但白读音韵母都是"mei"。麦韵个别字韵母为"i"，如"擘用手~开"音 pʻi⁴²。

续表

			曾摄入声	梗摄入声	通摄入声
开口	四等	帮组			
		端系		i	
		见系			
合口	一等	帮组			u①
		端系			
		见系	uei		
	二等	知庄组			
		见系		o uei ua②	
	三等	帮系			u③
		泥组			
		精组			
		庄组			o
		知章组			u
		日母			
		见系	iəu	iəu	u iəu④
	四等	见系			

①　沃韵影母字韵母为"o",如"沃"音 ŋo³³。

②　陌韵字韵母为"o",麦韵字韵母为"uei"或"ua"。

③　烛韵个别精组字韵母为"o",如"促"音 ts'o³³。

④　烛韵疑母字"玉"韵母为"i",音 i³⁵。韵母为"iəu"的一般是今读零声母的字,如屋韵影母字"郁"音 iəu³³,以母字"育"音 iəu³³;烛韵疑母字"狱"音 iəu²¹,以母字"欲、浴"音 iəu³³。

第三节　声调系统及其特点

一、声调系统

屯堡方言的声调共四个，分列如下，所列例字的读音也均是最常用或最为口语化的。其中，黑体字为古入声字。

阴平	33	妈查波帮**答辣**
阳平	21	模华**曲弹鸽熟**
上声	42	母海水冷讲闯
去声	35	布败背贵笨浪

屯堡方言有阴平、阳平、上声、去声四个声调，与周边汉语方言相比，声调数目相同，但是调值有显著差异。安顺城区方言与贵阳方言阴平调的调值是高平调55，而屯堡方言阴平调调值则为中平调33，这与黔东南方言、黔南方言的阴平调调值相同；屯堡方言阳平和上声调调值分别为21和42，这与安顺城区方言和贵阳方言相一致；去声调为中升调，调值是35，不同于安顺城区方言的低升调13和贵阳方言的降升调213，反与黔东南方言去声调值相吻合。

屯堡方言在入声字的归并上也表现出不同于一般西南官话的特点。西南官话的一般特点是古入声字今读阳平，而屯堡方言的入声字分派情况则有所不同，基本情况是古清声母入声字和次浊声母入声字基本派入阴平，而古全浊声母入声字今天绝大多数读阳平。全浊声母入声字有个别字读阴平，可能是调值同化作用的影响。当然，由于处于周边方言的包围中，在双言交际因素的作用下，屯堡方言有的清声母和次浊声母入声字今天也可读阳平。

二、声调的特点

屯堡方言声调是四个，阴平是中平调33，阳平是低降调21，上声是中降调42，去声是中升调 35。

调类的归并与普通话的差异主要体现在古入声字上，其他的调类古今演变规律与普通话一致，即中古清声母平声字今读阴平，浊声母平声字今读阳平，清声母和次浊声母上声字今仍读上声，全浊声母上声字今读去声。中古入声字在普通话中演变规律是：古全浊入声一般归阳平，也有一部分归去声；古次浊入声字归去声；古清声母入声字分别归入阴平、阳平、上声、去声，无明显的规律可循。屯堡方言中，中古全浊声母入声字一般也归阳平，但也有少部分归阴平；古次浊声母入声字除个别字归阳平外，其余归阴平；清声母入声字也归阴平（见表 2.29）。

入声的有无及归属的不同，是划分汉语方言的重要标准之一。20 世纪 80 年代，由中国社会科学院组织编写的《中国语言地图集》，根据前人的研究成果和新近的调查，把官话区主要依据入声字在方言中调类的归属情况分为八区（见表 2.30）。

表 2.29　《广韵》调类与屯堡方言调类关系对应

古调类	古声母	屯堡岛方言声调	阴平 33	阳平 21	上声 42	去声 35
平声	清声母		高初飞安			
平声	浊声母	次浊		人难麻云		
平声	浊声母	全浊		穷床平扶		
上声	清声母				古碗好手	
上声	浊声母	次浊			五老买有	
上声	浊声母	全浊				近坐社父
去声	清声母					盖唱世放
去声	浊声母	次浊				岸漏怒用
去声	浊声母	全浊				共助树谢
入声	清声母		搭接尺隔			
入声	浊声母	次浊	药月六肉			
入声	浊声母	全浊		杂盒族毒		

表 2.30　官话方言分区

类别	北京官话	东北官话	胶辽官话	冀鲁官话	中原官话	兰银官话	西南官话	江淮官话
古清音	阴阳上去	阴阳上去	上声	阳平	阴平	去声	阳平	入声
古次浊	去声							
古全浊	阳平							

　　屯堡方言的中古入声字归属既与一般的西南官话不同，也与周边的贵阳方言和安顺城区方言不同，而恰恰与中原官话相吻合，这也是我们把屯堡归之为方言岛的一个重要原因。但是，我们不能由此把屯堡方言归于中原官话，因为声调并不是方言归属的唯一依据。实际上，屯堡方言还是应该归为西南官话，因为从整个西南官话来说，古入声字今读阳平只是一般情况，并不完全排除例外。由于语音发展不平衡及移民迁徙时间先后的影响，古入声字的归派情况也有差异。四川、云南、贵州三省绝大多数方言古入声字的确今读阳平，但是也有不少县市古入声字今天读入声（即自成调类），有的县市古入声字今读去声，还有的县市古入声字今读阴平，而我们并不能据此就把这些县市的方言归入西南官话外的其他方言，因为抛去语音、词汇、语法上的其他特征与一般西南官话的相似性不说，就声调本身来说，这些方言声调的调值与西南官话的代表点调值是相似的。黄雪贞在讨论了西南官话的六个代表点及其声调调值后得出结论：总的来说，古入声字归入阴平、上声、去声或者自成一调的，只要其阴平、阳平、上声、去声的调值与西南官话代表点声调的调值相近的，也可以算作西南官话。[①] 屯堡方言四声调值符合这一要求，且从屯堡方言的平面整体情况来看，它与西南官话在语音、词汇、语法方面有许多一致性，从其形成发展的历史来说，又与西南官话有着千丝万缕的联系，因此，我们认为将其归入西南官话是合理的，这与称其为岛方言并不矛盾。称其为岛方言，是因为它与周边的方言存在许多差异；说它属西南官话，那是从方言的系属上说的。

────────────

① 参见黄雪贞：《西南官话的分区（稿）》，《方言》1986 年第 4 期。

第四节 声韵配合关系

我们先列出屯堡方言的声韵配合简表（见表2.31），以此来说明其声韵配合的特点。

表 2.31 屯堡方言声韵配合简表 [①]

能否拼合\韵母\声母		开口呼			齐齿呼		合口呼	
		ɿ	ʅ	其他	i	i-	u	u-
双唇音	p、p'、m			+	+	+	+	
唇齿音	f			+			+	
舌尖中音	t、t'、l			+	+	+	+	+
舌尖前音	ts、ts'、s、z	+		+				
舌尖后音	tʂ、tʂ'、ʂ、ʐ		+				+	+
舌面音	tɕ、tɕ'、ɕ				+	+		
舌根音	k、k'、x			+			+	+
	ŋ			+				
零声母	ø			+ 少数	+	+	+	+

上面的声韵配合简表显示，从韵母角度看，屯堡方言声韵配合有如下几个特点：

（1）开口呼韵母：不与舌面音 tɕ、tɕ'、ɕ 相拼；除了舌尖后元音 ʅ 外，其余韵母不能与舌尖后元音 tʂ、tʂ'、ʂ、ʐ 相拼；零声母字的数量不多，仅限于一些叹词和"ɚ"音节。

（2）齐齿呼韵母：不与唇音 f，舌尖前音 ts、ts'、s、z，舌尖后音 tʂ、tʂ'、ʂ、ʐ

---

① "+"表示全部或局部声韵能相拼，空白表示不能相拼。

和舌根音 k、k'、x 相拼（个别拟声词除外），可以与其他各组声母相拼。

（3）合口呼韵母：不与舌尖前音 ts、ts'、s、z，舌面音 tɕ、tɕ'、ɕ 和舌根浊鼻音 ŋ 相拼，可以与其他各组声母相拼。

（4）零声母音节以齐齿呼和合口呼为主，开口呼极少。

从声母角度看，屯堡方言声韵配合有如下特点：

（1）双唇音 p、p'、m 和舌尖中音 t、t'、l 拼合自由度最大，能与三呼相拼，但都不与舌尖前元音 ɿ 及舌尖后元音 ʅ 相拼；前者可与合口呼相拼，但仅限于单元音韵母。

（2）唇齿音 f 不与齐齿呼韵母相拼，也不与开口呼中的舌尖前元音 ɿ 及舌尖后元音 ʅ 相拼，与合口呼相拼限于单韵母 u。

（3）舌尖前音 ts、ts'、s、z 和舌尖后音 tʂ、tʂ'、ʂ、ʐ 都不与齐呼相拼，与其他二呼相拼呈互补分布状态，ts、ts'、s、z 与开口呼的舌尖前元音以及其他开口呼韵母相拼，tʂ、tʂ'、ʂ、ʐ 与开呼的舌尖后元音以及合口呼韵母相拼。

（4）舌面音 tɕ、tɕ'、ɕ 和舌根音 k、k'、x 都不与开口呼中的舌尖前元音 ɿ 及舌尖后元音 ʅ 相拼，在与其他韵母相拼时亦互补，tɕ、tɕ'、ɕ 仅与齐齿呼相拼，k、k'、x 只与开口呼和合口呼相拼，但有个别例外，如"去"老派口语中有时读成 k'i³⁵。

（5）舌根音 ŋ 的拼合自由度最小，只与开口呼中除舌尖前元音 ɿ 及舌尖后元音 ʅ 以外的韵母相拼，与零声母 ø 基本互补分布。

下面列出屯堡方言的声、韵、调配合总表（见表 2.32 至表 2.45），声韵调配合的每一音节用其最常用的汉字表示。有的音节没有合适的汉字，则用"□"表示，它代表的意义，我们用注释形式补充说明，并在"□"后标出国际音标。个别情况的拼合在音节代表字下画"＿"表示。总表所列各韵又分为三个类别，从左到右分别为开口呼、齐齿呼、合口呼，若空缺，则用"—"表示。

表 2.32 至表 2.45 不收仅表语气和感叹的音节。

表 2.32 屯堡方言声韵调配合总表（1）

韵 调 声	৷				—				—			
	阴平 33	阳平 21	上声 42	去声 35	阴平 33	阳平 21	上声 42	去声 35	阴平 33	阳平 21	上声 42	去声 35
p												
p'												
m												
f												
t												
t'												
l												
k												
k'												
ŋ												
x												
tɕ												
tɕ'												
ɕ												
tʂ												
tʂ'												
ʂ												
ʐ												
ts	资	糍老	子	自								
ts'	疵	慈	此	次								
s	思		死	四								
z												
ø												

表2.33　屯堡方言声韵调配合总表（2）

韵 调 声	ʅ				—				—			
	阴平 33	阳平 21	上声 42	去声 35	阴平 33	阳平 21	上声 42	去声 35	阴平 33	阳平 21	上声 42	去声 35
p												
p'												
m												
f												
t												
t'												
l												
k												
k'												
ŋ												
x												
tɕ												
tɕ'												
ɕ												
tʂ	知	直	纸	志								
tʂ'	吃	迟	耻	翅								
ʂ	湿	食	始	是								
ʐ	日①											
ts												
ts'												
s												
z												
ø												

---

① 老派在语流中声母"ʐ"有时会丢失，这时"日"实际读音变为一个零声母音节。

表 2.34 屯堡方言声韵调配合总表（3）

韵 调 声	ɚ				—				—			
	阴平 33	阳平 21	上声 42	去声 35	阴平 33	阳平 21	上声 42	去声 35	阴平 33	阳平 21	上声 42	去声 35
p												
p'												
m												
f												
t												
t'												
l												
k												
k'												
ŋ												
x												
tɕ												
tɕ'												
ɕ												
tʂ												
tʂ'												
ʂ												
ʐ												
ts												
ts'												
s												
z												
ø	儿	耳	二									

表 2.35　屯堡方言声韵调配合总表（4）

声＼韵调	—				i				u			
	阴平 33	阳平 21	上声 42	去声 35	阴平 33	阳平 21	上声 42	去声 35	阴平 33	阳平 21	上声 42	去声 35
p					□①	鼻	比	闭	不		补	步
p'					劈	皮	彼老	屁	朴	葡	堡	铺
m					眯	迷	米	谜	木	模~子	母	墓
f									夫	扶	斧	富
t					爹	敌	底	弟	督	独	赌	杜
t'					剔	蹄	体	替	秃	图	土	兔
l					栗	力	理	利	六	炉	鲁	路
k									骨		古	故
k'								去	哭		苦	库
ŋ												
x					嘻				呼	壶	虎	户
tɕ					鸡	级	矩	计				
tɕ'					七	骑	娶	气				
ɕ					希	徐	洗	细				
tʂ									朱	局	主	住
tʂ'									出	锄	处~理	醋
ʂ									酥	叔	数	树
ʐ									肉	如	乳	
ts												
ts'												
s												
z												
ø					一	鱼	以	芋	屋	无	午	雾

① □pi³³，（詈语）女阴，又音 p'i³³。

表 2.36 屯堡方言声韵调配合总表（5）

声＼韵调	a 阴平 33	a 阳平 21	a 上声 42	a 去声 35	ia 阴平 33	ia 阳平 21	ia 上声 42	ia 去声 35	ua 阴平 33	ua 阳平 21	ua 上声 42	ua 去声 35
p	八	拔	把	霸			瘪	□①				
p'	琶	爬		怕			□②					
m	妈	麻	马	骂								
f	法	罚										
t	答	打~~	打	大								
t'	踏		□③									
l	辣	拿	哪	那	黏	□	□	□④				
k	嘎	□⑤	尬尴~						瓜	括	寡	挂
k'	旮		卡	胯					夸		挎	跨
ŋ				压								
x	哈	撒	傻	下					花	猾		话
tç					夹		假	架				
tç'					掐	跨						
ç					瞎	霞		夏				
tʂ									抓	□	□⑥	
tʂ'												
ʂ									刷		耍	
ʐ										□⑦		
ts	咂	炸油~	□⑧	榨								
ts'	插	茶	衩	岔								
s	杀	啥	洒	厦								
z												
ø					鸭	牙	哑	压	挖	娃	瓦	

① □ pia^{35}，走路一瘸一拐的状态。
② □ p'ia^{42}，叠音词缀，淡～～：（味道等）极淡。
③ □ t'a^{42}，掉下，落下。
④ □ lia^{21}，痞气十足；□ lia^{42}，（衣领等）变形；□ lia^{35}，人家的合音。
⑤ □ ka^{21}，～～：（儿语）肉。
⑥ □ tʂua^{21}，踢，～球，～他一脚；□ tʂua^{42}，手脚不灵活。
⑦ □ ʐua^{21}，糟蹋，作践。
⑧ □ tsa^{42}，～包：旧时宴席结束时从席上包回家的食品等。

表 2.37 屯堡方言声韵调配合总表（6）

韵 调 声	o				io				—			
	阴平 33	阳平 21	上声 42	去声 35	阴平 33	阳平 21	上声 42	去声 35	阴平 33	阳平 21	上声 42	去声 35
p	玻	驳	簸	薄~荷								
p'	坡	婆		破								
m	摸	魔	抹	磨石~								
f		佛										
t	多		朵	剁								
t'	拖	驼	妥									
l	落	螺	裸	糯	掠							
k	各	膈	裹	个								
k'	瞌		可	课								
ŋ	窝	鹅	我	饿								
x	喝	河	火	货								
tɕ					爵	嚼						
tɕ'					鹊							
ɕ												
tʂ												
tʂ'												
ʂ												
ʐ												
ts	桌	着	左	坐								
ts'	搓	□①		错								
s	说	芍	所									
z	弱											
ø					虐	略						

---

① □ ts'o²¹，到处走动。

表 2.38 屯堡方言声韵调配合总表（7）

声＼韵调	ai				—				uai			
	阴平 33	阳平 21	上声 42	去声 35	阴平 33	阳平 21	上声 42	去声 35	阴平 33	阳平 21	上声 42	去声 35
p	跛		摆	败								
p'		排	□①	派								
m		埋	买	卖								
f												
t	呆		歹	带								
t'	胎	抬		泰								
l	奶	来	奶②	耐								
k	街		解	盖					乖	拐	拐③	怪
k'	开		凯	概							块	快
ŋ	挨④	岩	矮	爱								
x	□⑤	鞋	海	害					欢	怀		坏
tɕ												
tɕ'												
ɕ												
tʂ									□	□⑥	跩	
tʂ'									揣			□⑦
ʂ									衰		甩	帅
ʐ												
ts	斋		宰	在								
ts'	猜	才	彩	菜								
s	筛			晒								
z												
ø									歪		崴	外

---

① □p'ai⁴²，张开双臂或双臂平伸的距离。

② 奶lai³³，～～，指祖母；奶lai⁴²，乳，吃～，牛～。

③ 拐kuai²¹，走路一瘸一拐的状态；拐kuai⁴²，～骗。

④ 挨ŋai³³，～得近；挨ŋai²¹，～打。

⑤ □xai³³，巨大。

⑥ □tʂuai³³，～瞌睡；□tʂuai²¹，～脚笨手，形容手脚不灵活。

⑦ □tʂ'uai³⁵，撒泼。

表 2.39　屯堡方言声韵调配合总表（8）

韵\调\声	ei 阴平 33	ei 阳平 21	ei 上声 42	ei 去声 35	— 阴平 33	— 阳平 21	— 上声 42	— 去声 35	uei 阴平 33	uei 阳平 21	uei 上声 42	uei 去声 35
p	百	白		背								
p'	拍	赔		佩								
m	麦	煤	美	妹								
f												
t	德		疐	对								
t'	推	特新	腿	退								
l	肋	雷	吕	泪								
k	给		嘝	□①					国		鬼	贵
k'	客	咳新		去新					亏	葵	傀	愧
ŋ	□②	额										
x	黑	吓	□③						灰	回	毁	会
tɕ												
tɕ'												
ɕ												
tʂ									锥			赘
tʂ'										锤新		
ʂ									虽	谁	水	税
ʐ											蕊新	瑞新
ts	窄	贼	嘴	蔗								
ts'	车	锤	扯	脆								
s	奢	蛇	舍	社								
z	热	热新	惹									
ø									煨	围	伟	卫

---

① □kei³⁵，占别人便宜，尤指经济上。

② □ŋei³³，约束，监督他人做某事。

③ □xei⁴²，~实：使劲。

表2.40　屯堡方言声韵调配合总表（9）

声＼韵调	au 阴平 33	au 阳平 21	au 上声 42	au 去声 35	iau 阴平 33	iau 阳平 21	iau 上声 42	iau 去声 35	— 阴平 33	— 阳平 21	— 上声 42	— 去声 35
p	包		保	抱	标		表	□①				
p'	抛	袍	跑	泡	飘	瓢	瞟	票				
m	猫	毛	卯	冒	瞄	苗	秒	庙				
f												
t	刀		岛	到	刁			掉				
t'	涛	淘	讨	套	挑	条		跳				
l	捞	膀	老	闹		聊	鸟	料				
k	高	□②	搞	告								
k'	敲		考	靠								
ŋ	凹	熬	咬	傲								
x	薅	豪	好	号								
tç					交	嚼	绞	叫				
tç'					跷	荞	巧	翘				
ç					消	淆	晓	笑				
tʂ												
tʂ'												
ʂ												
ʐ												
ts	招	着新	找	照								
ts'	抄	潮	炒	造								
s	烧	□③	嫂	潲								
z												
ø					腰	摇	舀	要				

① □ kau²¹，饥渴状。

② □ sau²¹，说话办事傻乎乎的样子。

③ □ piau³⁵，滑动。

表 2.41　屯堡方言声韵调配合总表（10）

声＼韵调	au				iau				—			
	阴平 33	阳平 21	上声 42	去声 35	阴平 33	阳平 21	上声 42	去声 35	阴平 33	阳平 21	上声 42	去声 35
p					谬							
pʻ												
m		谋	某	贸								
f												
t	兜		陡	豆	丢							
tʻ	偷	头	抖	透								
l	搂	楼	篓	陋	溜	牛	柳	□①				
k	钩		狗	够								
kʻ	抠		口	扣								
ŋ	欧		呕	怄								
x	□②	猴	吼	后								
tɕ					纠		九	旧				
tɕʻ					秋	求		去③				
ɕ					休	□④	朽	秀				
tʂ												
tʂʻ												
ʂ												
ʐ												
ts	周		肘	咒								
tsʻ	抽	愁	丑	臭								
s	收		守	售								
z		揉										
ø					优	由	友	又				

---

① □ liəu³⁵，动，骚动不安状。

② □ xəu³³，~包，旧指哮喘病患者。

③ 去 tɕʻiəu³⁵，~年。

④ □ ɕiəu²¹，瞄，观察并打主意伺机获取。

表 2.42　屯堡方言声韵调配合总表（11）

声＼韵调	an				ian				uan			
	阴平33	阳平21	上声42	去声35	阴平33	阳平21	上声42	去声35	阴平33	阳平21	上声42	去声35
p	班		板	半	边		贬	变				
p'	潘	盘		判	编	便①	片②	骗				
m		瞒	满	慢		棉	免	面				
f	翻	烦	反	饭								
t	单		胆	但	滇		点	电	端		短	段
t'	摊	谈	坦	叹	天	田	舔			团		
l		男	揽	烂	拈	年	脸	念		拦	暖	乱
k	肝		赶	赣					关		管	罐
k'	刊		坎	看					宽		款	
ŋ	安	□③		晏④								
x	憨	含	喊	汗					欢	还	缓	换
tɕ					兼		剪	见				
tɕ'					千	全	浅	欠				
ɕ					宣	悬	显	献				
tʂ									砖		转	赚
tʂ'									穿	船	铲	窜
ʂ									酸			算
ʐ											软	
ts	沾		展	站								
ts'	掺	蝉	产	灿								
s	山	□⑤	伞	善								
z		然	染									
ø					烟	延	眼	燕	弯	完	晚	万

---

① 便 p'ian²¹，～宜。

② 片 p'ian⁴²，条形片状的木、竹等，木～、竹～。

③ □ ŋan²¹，严实，门关～起。

④ 晏 ŋan³⁵，晚，今天他来～噢。

⑤ □ san²¹，不稳貌。

表2.43 屯堡方言声韵调配合总表（12）

声＼韵调	ən				in				uən			
	阴平33	阳平21	上声42	去声35	阴平33	阳平21	上声42	去声35	阴平33	阳平21	上声42	去声35
p	奔		本	笨	兵		饼	病				
p'	□①	彭			拼	平	品	聘				
m	们	门		闷		名	敏	命				
f	分	坟	粉	奋								
t	登		等	邓	叮		顶	定				
t'	吞	誊		□②	听	亭	挺					
l	□③	能	冷	论	拎	宁	领	另				
k	跟		哽	更							滚	棍
k'	坑		肯						昆	馄	捆	困
ŋ	恩			硬								
x	哼	衡	很	杏					婚	浑		混
tɕ					军		井	近				
tɕ'					轻	群	请	庆				
ɕ					新	寻	醒	姓				
tʂ											准	
tʂ'									春		蠢	
ʂ										纯		顺
ʐ												闰
ts	今老		枕	正								
ts'	村	成	逞	寸								
s	声	晨	沈	胜								
z		人	忍	认								
ø					鹰	云	永	晕	温	蚊	稳	问

---

① □p'ən³³，倚靠，~倒老嘞吃。

② □p'ən³⁵，隔开，跳过，打隔~（指言语不连贯）。

③ □lən³³，用手把（纸、钱、线）等分开。

表2.44 屯堡方言声韵调配合总表（13）

声\调\韵	aŋ				iaŋ				uaŋ			
	阴平 33	阳平 21	上声 42	去声 35	阴平 33	阳平 21	上声 42	去声 35	阴平 33	阳平 21	上声 42	去声 35
p	帮		绑	棒								
p'		旁	膀	胖								
m	尨	忙	莽									
f	方	房	仿	放								
t	当	□①	党	挡								
t'	汤	糖	淌	烫								
l	□②	狼	朗	浪	梁	凉	两	亮				
k	钢	扛老	□③	杠					光		广	逛
k'	康	扛新	□④	抗					诓	狂		矿
ŋ	肮	昂	□⑤									
x	夯	杭		巷					荒	黄	慌	晃
tɕ					江		颈	酱				
tɕ'					枪	详	抢	呛				
ɕ					乡	降	想	向				
tʂ									装		□⑥	状
tʂ'									疮	床	闯	创
ʂ									双		爽	
ʐ												
ts	张		涨	葬								
ts'	昌	长	敞	唱								
s	伤	唱	赏	上								
z		瓤	嚷	让								
ø					秧	阳	养	样	汪	王	枉	望

———————————

① □ taŋ²¹，脑筋少根弦。

② □ laŋ³³，细小不结实，也形容人瘦弱。

③ □ kaŋ⁴²，一小段时间，等一～。

④ □ k'aŋ⁴²，罩，罩子。

⑤ □ ŋaŋ⁴²，根据某种尺度推测，估计。

⑥ □ tʂuaŋ⁴²，形容人不能干，甚至自己的生活都不能料理。

表 2.45　屯堡方言声韵调配合总表（14）

声\韵\调	oŋ 阴平 33	oŋ 阳平 21	oŋ 上声 42	oŋ 去声 35	ioŋ 阴平 33	ioŋ 阳平 21	ioŋ 上声 42	ioŋ 去声 35	— 阴平 33	— 阳平 21	— 上声 42	— 去声 35
p	崩		迸	蹦								
p'	□①	朋	捧	碰								
m	蒙	盟	猛	梦								
f	风	冯	讽	奉								
t	冬	□②	董	动								
t'	通	同	统	痛								
l	聋	农	拢	弄								
k	公		拱	贡								
k'	空		孔	控								
ŋ												
x	烘	红	哄	□③								
tɕ					龚							
tɕ'						穷						
ɕ					胸	雄						
tʂ												
tʂ'												
ʂ												
ʐ												
ts	中		总	种								
ts'	春	虫	宠	冲								
s	松	□④	耸	送								
z		戎	冗									
ø	翁			蕹	雍	容	勇	用				

① □ p'oŋ³³，（灰尘、小虫等）四处飞扬，也形容人的头发四处散开。
② □ toŋ²¹，用言语教唆。
③ □ xoŋ³⁵，红火。
④ □ soŋ²¹，（体态、衣着等）臃肿。

第五节　音变现象

音变现象包括历时音变和共时音变两种。历时音变主要体现在新老语音差异上。屯堡方言处在周边汉语方言的重重包围中，其在来源上又与周边的安顺方言和贵阳方言有着不可分割的联系。贵阳方言和安顺城区方言由于城市化原因成为黔中地区的主流方言，而屯堡社区紧靠安顺城区并离贵阳不远，受主流方言影响在所难免，特别是近年来，屯堡年轻一代的方音受安顺城区方言和普通话的影响较大，因而屯堡方言语音的新老差异现象在有些语音因素上反应明显。共时音变主要是指语流音变。应该说，屯堡方言乃至其周边的安顺方言和贵阳方言的语流音变并不丰富，除了合音情况外，声母、韵母变化的情况很少，变调情况包括虚词的变调情况也不多见。

一、新老语音差异

1. 声母的差异

屯堡方言新老语音在声母上的差异与声韵配合有关，也与声韵来源有关，集中表现在 ts 组和 tʂ 组声母的分歧以及舌根音声母 ŋ 的分歧上，现分述如下：

（1）ts 组和 tʂ 组声母

屯堡方言老派的 ts 组和 tʂ 组声母对立是十分明显的，从音质上说，tʂ 组声母的发音部位比普通话舌尖后音发音部位还要靠后一些；新派屯堡方言的 ts 组和 tʂ 组声母的对立已经呈现了部分消失的趋势，从音质上说，tʂ 组声母尤其是塞擦音 tʂ 和 tʂ' 的发音部位已经靠前，即使在 tʂ、tʂ'、ʂ、ʐ 和 ts、ts'、s、z 对立的情况下，tʂ 组声母的发音部位也比普通话的舌尖后音靠前，介于舌尖前音和舌尖后音之间。但是，应该说，屯堡方言声母新派的语音变化是有选择性的，与舌尖元音相拼和与合口呼相拼具体情况不同。

屯堡方言与舌尖元音韵母相拼的舌尖前音主要来源于中古的精组，舌尖后音主要来源于中古的知系，这与北京话是基本一致的，只有几个例外字与北京语音不同。[1] 但是，近年来，由于受到安顺方言的影响，屯堡方言舌尖前音与舌尖后音的对立出现了新老的分化，而且这种分化与声母的发音方法有关。屯堡方言老派语音依然保持了与北京语音相一致的 ts 组和 tʂ 组的对立，而且 tʂ、tʂ'、ʂ、ʐ 的发音部位十分靠后，带有浓厚的卷舌的色彩；屯堡方言新派语音则 tʂ、tʂ'、ʂ、ʐ 的发音部位靠前，浓厚的卷舌色彩已经渐趋消失，并且两组声母是否对立以声母发音方法不同而有不同的表现。现将新老不同对比列表如下，并同时列出安顺城区读音以资比较（见表 2.46 至表 2.52）。[2]

表 2.46　屯堡方言新老语音对照举例表（1）

声母发音方法	屯堡老派	屯堡新派	安顺城区
不送气塞擦音	枝 tʂ ≠ 资 ts	枝 ts = 资 ts	枝 ts = 资 ts
	止 tʂ ≠ 子 ts	止 ts = 子 ts	止 ts = 子 ts
	治 tʂ ≠ 自 ts	治 ts = 自 ts	治 ts = 自 ts
送气塞擦音	吃 tʂ' ≠ 差ₜₛ_ ts'	吃 tʂ' ≠ 差 ts'	吃 ts' = 差 ts'[3]
	迟 tʂ' ≠ 词 ts'	迟 tʂ' ≠ 词 ts'	迟 ts' = 词 ts'
	持 tʂ' ≠ 词 ts'	持 ts' = 词 ts'	持 ts' = 词 ts'
	耻 tʂ' ≠ 此 ts'	耻 ts' = 此 ts'	耻 ts' = 此 ts'
擦音	湿 ʂ ≠ 私 s	湿 ʂ ≠ 私 s	湿 s = 私 s
	使 ʂ ≠ 死 s	使 ʂ ≠ 死 s	使 s = 死 s
	是 ʂ ≠ 四 s	是 ʂ ≠ 四 s	是 s = 四 s
	柿 ʂ ≠ 四 s	柿 ʂ ≠ 四 s	柿 s = 四 s

---

[1]　例如师、事、士、市、志、痣等字，北京话读舌尖后音，但屯堡方言里读舌尖前音。

[2]　安顺城区方言为比较老派的读音，后同。

[3]　这两个字安顺城区方言声调不一样，前者为阳平，后者为阴平，这里只讨论其声母。下面的"湿"和"私"情况一样。

从表 2.46 对比中可以看到，新派语音中，不送气的塞擦音 tʂ 和 ts 的对立已经基本消失，送气塞擦音 tʂʻ 和 tsʻ 的对立正在消失，擦音 ʂ 和 s 的对立则仍然存在。而对于"日"字，年轻一代的屯堡人有的念成舌尖后音 ʐ，有的念成舌尖前音 z。

前面我们曾经说过，屯堡方言除舌尖元音韵母外，与合口呼相拼的是 tʂ 组声母，不论其来源于中古的精组、知组、照组和日母，而 ts 组声母只与开口呼相拼。这一声韵拼合的特点顽强地保留着，新派的屯堡方言与合口呼相拼的依然是 tʂ、tʂʻ、ʂ、ʐ 而不是 ts、tsʻ、s、z，只不过，和与舌尖元音韵母相拼时一样，新派 tʂ、tʂʻ、ʂ、ʐ 的卷舌色彩没有老派的浓重，但与合口呼韵母相拼时，新派 tʂ、tʂʻ、ʂ、ʐ 的卷舌程度因其拼合的韵母不同而有一定的区别，一般来说，tʂ、tʂʻ、ʂ、ʐ 与单韵母 u 相拼的卷舌程度要比与复韵母 ua、uai、uei、uan、uən、uaŋ 相拼的卷舌程度高，我们从中可以看出屯堡方言中 tʂ、tʂʻ、ʂ、ʐ 与合呼韵母尤其是 u 韵相拼的稳固程度。

臻摄合口三等入声术韵和物韵字、通摄合口三等入声屋韵和烛韵字如果其声母来源是见、晓组，屯堡方言依例韵母为 u，声母当念 tʂ、tʂʻ、ʂ。老派与规律相符，而新派则由于受到普通话和安顺城区方言的影响，声母念成了 tɕ、tɕʻ、ɕ，声母变化的同时韵母也发生了变化，现列表举例如下并列出普通话与安顺方言读音以资比较（见表 2.47）。

表 2.47　屯堡方言新老语音对照举例表（2）

类别	臻合三入声术韵物韵			通合三入声屋韵、烛韵			
	桔	屈	菊	鞠	畜~牧	曲	局
屯堡老派	tʂu	tʂʻu	tʂu	tʂu	ʂu	tʂʻu	tʂu
屯堡新派	tɕiu	tɕʻi	tɕiu	tɕi	ʂu	tɕ'i	tɕiu
安顺城区	tɕiu	tɕʻiu	tɕiu	tɕiu	ɕiu	tɕʻiu	tɕiu
普通话	tɕy	tɕʻy	tɕy	tɕy	ɕy	tɕʻy	ɕy

从表 2.47 可以看出，只有"畜~牧"字屯堡方言新派与老派读音一致，其余都发

生了变化，这也可以从另一方面说明，擦音 ʂ 与 u 韵的拼合在屯堡方言中十分稳固。

（2）舌根鼻音声母 ŋ

影母和疑母的字普通话一般念零声母，而在屯堡方言中，这两个声母的开口一等字和部分开口二等字依例声母当读舌根浊鼻音 ŋ，韵母为开口呼。屯堡老派语音还顽强地坚守着这一规律，而新派语音受普通话的影响，一般都读成了念零声母，舌根鼻音声母 ŋ 有消失的趋势，现将新老语音差别列表举例如下并列出普通话读音以资比较（见表 2.48）。

表 2.48　屯堡方言新老语音对照举例表（3）

类别	爱	奥	安	恶呑~	我	傲	岸
屯堡老派	ŋai	ŋau	ŋan	ŋo	ŋo	ŋau	ŋan
屯堡新派	ai	au	an	o	ŋo	au	an
普通话	ai	au	an	y	uo	au	an

从表 2.48 可以看出，除了使用频率较高的代词"我"外，屯堡方言的新派都读成了零声母，表现出舌根鼻音声母 ŋ 逐渐消失的趋势。

2. 韵母的差异

与声母差异一样，屯堡方言新派与老派的差异也与声母和韵母的中古来源以及声韵配合关系有关，并集中表现于新派与老派在一些韵母上开合口不同，以及老派一些韵母在新派语音中发生了变化而产生了原来没有的韵母上。

（1）开口与合口

中古蟹止两摄合口的端组、精组字，臻摄的端组、泥、来两母和精组字在屯堡方言老派语音中为开口呼，但新派受安顺方言和普通话的影响，蟹止两摄的端组、精组字大致已经变为合口呼，而臻摄的端组、泥、来两母和精组字也已经出现变为合口呼的现象，只是还不普遍，我们列表举例说明如下，同时列出安顺城区方言和普通话读音以资比较（见表 2.49）。

表 2.49　屯堡方言新老语音对照举例表（4）

类别	蟹摄合口				止摄合口		
	端组		精组		精组		
	堆	对	罪	脆	嘴	翠	随
屯堡老派	tei	tei	tsei	tsʻei	tsei	tsʻei	sei
屯堡新派	tuei	tuei	tʂuei	tʂʻuei	tʂuei	tʂʻuei	ʂuei
安顺城区	tuei	tuei	tsuei	tsʻuei	tsuei	tsʻuei	suei
普通话	tuei	tuei	tsuei	tsʻuei	tsuei	tsʻuei	suei

由表 2.49 可以看出，蟹止两摄端精两组的合口字，安顺城区方言和普通话与语音演变一般规律一致，都念合口呼，但屯堡老派语音却念成开口呼。而屯堡新派语音已变得与安顺城区方言和普通话完全相同，都念成了合口呼。臻摄的合口字情况各有不同，如表 2.50 所示。

表 2.50　屯堡方言新老语音对照举例表（5）

类别	臻摄合口						
	端组		泥、来母		精组		
	盾	顿	轮	论	村	孙	遵
屯堡老派	tən	tən	lən	lən	tsʻən	sən	tuən
屯堡新派	tuən	tən	lən	lən	tsʻən 或 tʂʻuən	sən 或 ʂuən	tuən 或 tʂuən
安顺城区	tən	tən	lən	lən	tsʻən	sən	tuən
普通话	tuən	tuən	luən	luən	tsʻuən	suən	tsuən

从表 2.50 可见，屯堡方言新派语音臻摄的端组、泥、来母和精组字变为合口呼的现象并不普遍，精组字大都在开合两可之间，也可以看出安顺城区方言并无变化，念合口呼是受普通话影响。值得一提的是，在新派屯堡方言韵母变为合口呼时，如

果声母是舌尖音，要相应地从舌尖前音变为舌尖后音，表现了舌尖后音即 tʂ 组声母与合口呼组合的稳固性。

（2）由 i 向 iɛ 的变化

果摄开口三等戈韵见系字，假摄开口三等麻韵精组、见系字，咸摄入声开口三等叶韵端组、精组、知、章组和见系字，业韵见系字，开口四等帖韵端组、见系字，山摄入声开口三等薛韵帮系、泥组、精组和见系字，合口三等薛韵泥组字，开口三等月韵见系字，开口四等屑韵字在普通话和安顺城区方言里韵母都念 iɛ；果摄合口三等戈韵见系字，山摄入声合口三等薛韵精组字、见系字，月韵见系字，合口四等屑韵见系字，宕摄入声合口三等药韵见系字在普通话里韵母念 yɛ，安顺城区方言没有撮口呼，因而韵母念 iɛ。这些字屯堡方言老派韵母都念 i，而新派由于受安顺城区方言影响，韵母都变成了 iɛ。以上情况，举例见表 2.51。

表 2.51　屯堡方言新老语音对照举例表（6）

类别	爹	列	尊	姐	切	协	叶
屯堡老派	ti	li	li	tɕi	tɕʻi	ɕi	i
屯堡新派	tiɛ	liɛ	liɛ	tɕiɛ	tɕʻiɛ	ɕiɛ	iɛ
安顺城区	tiɛ	liɛ	liɛ	tɕiɛ	tɕʻiɛ	ɕiɛ	iɛ
普通话	tiɛ	liɛ	niɛ	tɕiɛ	tɕʻiɛ	ɕiɛ	iɛ

类别	决	绝	瘸	缺	血	雪	月
屯堡老派	tɕi	tɕi	tɕʻi	tɕʻi	ɕi	ɕi	i
屯堡新派	tɕiɛ	tɕiɛ	tɕʻiɛ	tɕʻiɛ	ɕiɛ	ɕiɛ	iɛ
安顺城区	tɕiɛ	tɕiɛ	tɕʻiɛ	tɕʻiɛ	ɕiɛ	ɕiɛ	iɛ
普通话	tɕyɛ	tɕyɛ	tɕʻyɛ	tɕʻyɛ	ɕyɛ	ɕyɛ	yɛ

屯堡方言老派语音中本没有 iɛ 这个韵母，语音的变化使新派语音实际上是增加了一个韵母。

（3）u 与 i、iu 的分歧

臻摄合口三等入声术韵和物韵字、通摄合口三等入声屋韵和烛韵的字，如果其声母来源是见、晓组，老派屯堡方言韵母是 u。新派由于受安顺城区方言的影响，韵母要么读为 i，要么读为 iu，举例见表 2.47。屯堡老派语音本没有 iu 这个韵母，与老派语音比较，新派语音又多出一个韵母。

3. 声调的差异

屯堡方言声调的新老差异主要体现在古入声字的今读上。屯堡方言古入声字因古声母的清浊而声调不同，古清声母和次浊声母入声字在市堡方言中念阴平，调值为 33；古全浊声母入声字在屯堡方言中念阳平，调值为 21。近年来，由于受到安顺城区方言的影响，新派的屯堡方言有部分古轻声母和次浊声母入声字也念阳平了，调值为 21。以上情况，举例见表 2.52。

表 2.52　屯堡方言新老语音对照举例表（7）

类别	清声母入声字				次浊声母入声字			
	桌	节	铁	客	木	日	叶	历
屯堡老派	阴平 33							
屯堡新派	阳平 21							
安顺城区	阳平 21							

应该指出，屯堡方言新派古清声母和次浊声母今读阳平没有普遍性，在读阳平这部分字中，还有一些尚处于阴平阳平两可之间。

二、语音流变现象

1. 合音现象

屯堡方言的词在语流当中不改变音节数的声母和韵母的同化、异化、弱化、脱落的变化很少，比较常见的是由于声韵弱化乃至脱落而引起的音节合并现象（即合音现象），由两个或者更多的音节合并为一个音节，而且还会出现几个合音词连用的情况。詹伯慧等人曾经指出，严格意义的合音是合音之后不能恢复二者的原读，或者是合音与不合音意义和用法有所不同的情况。[①] 我们这里的合音指的是严格意义上的合音。应该说，普通话里也有合音情况，例如"甭"是"不"和"用"的合音，但是，普通话的合音没有屯堡方言那样多，运用也没有屯堡方言那么广泛。

屯堡方言的合音现象主要体现在否定词和代词上。

在屯堡方言的口语中，经常出现 piəu^{33} 和 pai^{35} 这两个音节，实际上两者都是否定词。前者是"没有 [pei^{33}iəu^{42}]"的合音，后者从意义和用法上分析应该是"不要"（其中，"要"是能愿动词，"不要"大致相当于普通话的否定词"别"）的合音。pai^{35} 这个音节合音前的后一个音节在今天的屯堡方言中已经无法找到了，但安顺城区方言中有一个与之意义和用法相当的音节 piau^{55}，城区方言的这个音节可以清楚地看出是"不要 [pu^{55}iau^{55}]"的合音。既然严格意义的合音是合音后不能恢复其原读，那么在方言中找不到合音前的音节是有可能的。比照安顺城区方言，我们大致可确定 pai^{35} 是"不要"的合音。

合音词 piəu^{33} 在屯堡方言中，可以用作动词也可以用作副词。用法基本与普通话的否定动词和否定副词"没有"一致。例如：

①他 piəu^{33} 时间回家来呦。（他没有时间回家。）

②昨天我们家 piəu^{33} 电。（昨天我们家没有电。）

③他走了还 piəu^{33} 得两天呦。（他走了还没有两天呢。）

④他 piəu^{33} 坐几分钟就回去噢。（他没有坐几分钟就回去了。）

⑤我 piəu^{33} 煮饭。（我没有煮饭。）

⑥天气还 piəu^{33} 冷呦。（天气还没有冷。）

⑦问：你去读书 piəu^{33} 嘛？（你去读书没有？或你有没有去读书？）

答：piəu^{33}。（没有。）

① 参见詹伯慧、李如龙、黄家教：《汉语方言及方言调查》，湖北教育出版社，2001，第 182 页。

上面的例子中 ①~④ 是动词，⑤~⑦ 是副词。动词"没有"是"有"的否定式：① 是对领有、具有的否定，② 是对存在的否定，③ 表示数量的不足，④ 表示不及。副词是否定动作或状态已经发生。

pai³⁵ 是一个否定副词，一般用于表示劝阻和禁止。例如：

① 你 pai³⁵ 太选嘴噢哩。（你别太挑食了。）
② 他来找你，你 pai³⁵ 送他个灰猫猫叻。（他来找你，你别给人家难堪。）

有时，也可以表示对自己不愿看到的某种情况的揣测，表示这种意思时句子常带语气词"么 [mei³³]"。例如：

pai³⁵·明天下雨么，地头的活路做不完噢哩。（明天别是要下雨吧，那地里的活儿就干不完了。）

屯堡方言的代词合音现象则更为普遍，基本上涵盖人称代词、指示代词和疑问代词。

人称代词的合音主要是 li³⁵。它合音前的两个音节也是在今天的屯堡方言中已经无法恢复了的，但它的用法大致与安顺城区方言的 lia¹³（"人家 [zən²¹tɕia⁵⁵]"的合音）相当。我们先看几个例子：

①li³⁵ 结 i³⁵ 嘞哩婚，不关你哩事。（人家结人家的婚，不关你的事。）
② 她在绣花哩，li³⁵ 哪点有时间陪你玩。（她在绣花呢，人家哪有时间陪你玩。）
③li³⁵ 老协会都是主持公道嘞。（人家老协会都是主持公道的。）
④ 你慢点嘛，li³⁵ 都跟不倒噢叻。（你慢一点，人家都跟不上了。）

从上面的例子中，我们看到"li^{35}"大致相当于普通话的"人家"。①、②、③例都是指称说话人和听话人以外的人，②例是所指称的人已经见于上文，③例li^{35}与后面的名词性成分构成同位语，这样语气更为生动。④例是指称说话人自己。

人称代词的另一个合音形式是ŋoŋ^{35}，它是"各人[ko^{33}zən^{21}]"的合音举例如下：

① 你pai^{35}在这插嘴，ŋoŋ^{35}站过去。（你别在这儿插嘴，自己站到一边去。）

② 你ŋoŋ^{35}好好想下，你今天做对piəu^{33}。（你自己好好想一下，你今天做对没有。）

③ 上完课，他们ŋoŋ^{35}回家。（上完课后，他们各自回家。）

④ŋoŋ^{35}管ŋoŋ^{35}，少管li^{35}哩闲事。（自己管自己，少管别人的闲事。）

⑤ 你们ŋoŋ^{35}要有ŋoŋ^{35}嘞态度，pai^{35}着li^{35}牵起鼻子走。（你们自己要有自己的态度，别被人家牵着鼻子走。）

从上面这些例子中我们看到，ŋoŋ^{35}大致相当于普通话的"自己"和"各自"。① 里ŋoŋ^{35}所指称的对象上文已经出现；② 和 ③ 里ŋoŋ^{35}与所指称的对象构成同位语，共同充当句中某个成分；④ 中ŋoŋ^{35}单用，构成了"ŋoŋ^{35}+ 动 / 介 +ŋoŋ^{35}"的格式；⑤ 的后一个ŋoŋ^{35}为定语，修饰名词"态度"。

指示代词的合音常见的是两个：tʂo^{35}和tʂei^{35}，前者是"这个[tʂɻ^{33}ko^{35}]"的合音，后者是"这点[tʂɻ^{33}tei^{42}]"的合音。在新派屯堡方言中，tʂo^{35}、tʂei^{35}已经逐渐变为tso^{35}和tsei^{35}，与安顺城区方言趋于一致。

tʂo^{35}在屯堡方言中，一般用于指示比较近的人或者事物，有时也可以代替名词，指称事物、情况、原因等，还可以与"那个"对举，表示众多的事物，不确指某人或者某个事物。例如：

① 他最喜欢吃tʂo^{35}菜。（他最喜欢吃这个菜。）

② 他tʂo^{35}人脾气就是有点古。（他这个人脾气就是有点倔。）

③ 我家 tʂo³⁵ 电视没有你家的效果好。（我家这个电视没有你家的效果好。）

④tʂo³⁵，还要问下他才能决定嘞。（这个，还得问问他才能决定。）

⑤ 穿红衣服哩 tʂo³⁵ 是老大，写字嘞那个是老二。（穿红衣服的这个是老大，写字的那个是老二。）

⑥ 你们 tʂo³⁵ 插一言，那个讲一语嘞，不晓得要听哪个嘞。（你们这个说一句，那个说一句，不知要听谁的。）

上面的例子，①~③ 是指示比较近的人或者事物；④ 是代替名词，指称某种情况；⑤ 和 ⑥ 是与"那个"对举，⑤ 例中 tʂo³⁵ 表示近指，"那个"表示远指，⑥ 例中的 tʂo³⁵ 也是与"那个"对举，但是不确指某人或者某事。

tʂei³⁵ 可以实指表示较近的处所，也可以虚指。有时也可以与"那点"对举。举例如下：

①tʂei³⁵ 好冷噢，你搬条板凳坐到火边去。（这里好冷啊，你搬条凳子坐到火边去。）

②tʂei³⁵ 嘞庄稼长得好好噢。（这儿的庄稼长得真好。）

③ 去安顺齐 tʂei³⁵ 走。（去安顺从这儿走。）

④ 我 tʂei³⁵ 有上册，你那点有下册，不是就正好？（我这儿有上册，你那儿有下册，不是就正好吗？）

⑤ 你先走到，我 tʂei³⁵ 来。（你先去吧，我这就来。）

例 ①~③ 是实指较近的地点或处所；例 ④ 和 ⑤ 是虚指，例 ④ 中 tʂei³⁵ 与"那点"对举，使非处所词成为处所词，例 ⑤ 中的 tʂei³⁵ 在口语中用于动词前，不确指某个地点。

疑问代词的合音形式最常见的是 lan⁴²，它是"哪样 [la⁴²iaŋ³⁵]"的合音，后一音节的韵尾受元音影响而前移，用法大致相当于普通话的"什么"，举例如下：

①刚才来哩那个是你 lan⁴² 人？（刚才来的那个是你什么人？）

②lan⁴² 为叫缘分？（什么是缘分？）

③你今天上街买噢些 lan⁴²?（你今天上街买了些什么？）

④家头有 lan⁴² 好吃嘞嘛？（家里有什么好吃的？）

⑤还有 lan⁴² 没有？赶快讲，我要走噢叻。（还有什么没有，赶快说，我要走了。）

⑥他有 lan⁴² 不好在嘞？倒是你日子难过噢。（他有什么不舒服的？倒是你日子难过呢。）

⑦你晓得个 lan⁴²?！（用于呵斥：你知道什么？）

上面所举的例子，例①~⑤是表示疑问，①~③例提问事物或者人的身份、职务等，④、⑤例提问不能肯定的事物，⑥、⑦例用反问的形式表示否定。

与普通话的"什么"一样，lan⁴² 也可以并不表示疑问，还可以单用表示惊讶，例如：

①你听，外头好像有 lan⁴² 声音嘞。（你听，外面好像有什么声音。）

②高低点，有 lan⁴² 么吃 lan⁴² 喽，pai³⁵ 挑三拣四嘞。（随便些，有什么吃什么吧，别挑剔了。）

③你来我 tʂei³⁵，就 pai³⁵ 讲 lan⁴² 客气。（你来我这儿，就别讲什么客气。）

④感冒噢，lan⁴² 都不想吃。（感冒了，什么都不想吃。）

⑤他一回家，我 lan⁴² 都不用管噢。（他一回家，我什么都不用管了。）

⑥lan⁴²? 都快过年噢。（什么？都快过年了。）

上面例①~③表示不能肯定的事物，并不表示疑问；例④和例⑤表示在所说的范围内毫无例外；例⑥lan⁴² 独用，表示惊讶。

屯堡方言中，疑问代词还有一个合音形式 laŋ³⁵，它是 "□□ [lan²¹ŋo³⁵]"① 的合音，意为 "怎么，怎样"，举例如下：

①laŋ³⁵ 你□ ŋo³⁵ 傲噢！（你怎么这样傲气！）

②饭 laŋ³⁵ 还不熟？（饭怎么还不熟？）

③是 laŋ³⁵ 哩一回事，你讲清楚嘛！（是怎么的一回事，你说清楚。）

④laŋ³⁵? 你不是回家喽嘛?laŋ³⁵ 又跑回来噢喽？（怎么？你不是回家了吗？怎么又跑回来了？）

从例子中，我们看到 laŋ³⁵ 大致相当于普通话的 "怎么"。例 ① 表示质问；例 ② 和 ③ 询问原因或状况；例 ④ 中的第一个 laŋ³⁵ 独立成句，表示惊讶，第二个 laŋ³⁵ 用于询问原因。

从以上的分析中我们看到，合音现象虽然在很大程度上必须遵循该方言的音节结构规律，但是有时也并非是绝对的。屯堡方言中，tʂ 组声母不能与除了舌尖后音以外的开口呼相拼，但是在合音中，却出现了 tʂo³⁵ 和 tʂei³⁵ 这样的音节结构。另外，屯堡方言的合音现象运用十分普遍，在口语中，还有合音连用的现象。

2. 变调现象

屯堡方言乃至其周边的安顺城区方言和贵阳方言变调现象都不丰富。大致说，无论是两个词组成的两字组还是三个词组成的三字组，一般都不变调，仅有少数名词内部可以产生变调现象。也就是说，构成名词的内部语素有时有变调的情况，这是屯堡方言和周边方言的共同点，但是屯堡方言变调的情况与周边方言尤其是贵阳方言还是有一定差别的。

屯堡方言产生变调的名词主要是叠音名词，另外还有一些老名词。

---

① □ lan²¹，怎么；□ ŋo³⁵，这样。

（1）叠音名词的变调

屯堡方言名词内部的变调最常见的是叠音的名词，表示亲属称谓的叠音名词变调比例较大。变调规则与词的本调有关，一般规则是本调为阴平的不变调；本调为阳平的后一音节的实际调值变为阴平；本调是上声的和去声的，两字的声调实际调值前一音节变为阳平，后一音节读成去声。本调为上声和去声的叠音词变调较多，因而我们从这一类谈起。

如果叠音名词的本调为上声42，两个音节都变调，实际调值由上声加上声"42+42"变为阳平加去声"21+35"，例如：

姐姐 tɕi tɕi   嫂嫂 sau sau

婶婶 sən sən   篓篓 lən lən

□□ tɕi tɕi，一种鸟   □□ ki ki，印痕

板板 pan pan，板子   米米 mi mi，坚果类食物的仁或者是
                              颗粒状食物

眼眼 ian ian，小洞，小窟窿   □□ pa pa，屎，多用于儿语

□□ ka ka，一般指肉食品，戏谑时也可以指人身上的肉

叠音名词的本调为去声35的，前一音节变为阳平，后一音节不变，即由去声加去声"35+35"变为阳平加去声"21+35"，例如：

太太 tʻai tʻai，奶奶   弟弟 ti ti

妹妹 mei mei   舅舅 tɕiəu tɕiəu

大大 ta ta，专称同胞姐姐   敞敞 tsʻaŋ tsʻaŋ，漏斗

棒棒 paŋ paŋ，棍子   洞洞 toŋ toŋ

套套 tʻau tʻau，套子   销销 ɕiau ɕiau，门闩

蛋蛋 tan tan   凳凳 tən tən

线线 ɕian ɕian　　　　　　　罐罐 kuan kuan，罐子

空空 kʻoŋ kʻoŋ，空白处　　　□□ fu fu，米汤或指米汤状食物

饭饭 fan fan，多用于儿语　　路路 lu lu，多用于儿语

□□ pʻan pʻan，鞋扣　　　　辫辫 pan pan

□□ kʻei kʻei，刻度，界限　　肚肚 tu tu，儿语，指小孩的肚皮

　　　　　　　　　　　　　　或者包肚子的布

辫辫 pian pian　　　　　　　片片 pʻian pʻian，片状物

病病 pin pin，儿语，疾病　　票票 pʻiau pʻiau，儿语，① 票据；

　　　　　　　　　　　　　　② 钞票

尿尿 liau liau，儿语，小便　□□ tsəu tsəu，（瓶子、器皿等的）

　　　　　　　　　　　　　　塞子

面面 mian mian，① 面粉或粉末状的食物；② 儿语，指面条

细细 ɕi ɕi，① 绳子，尤指拴着东西的细绳子；② 妇女服饰腰带下的丝线

　　另外，在屯堡方言里，人名，尤其是小孩的叠音的小名，如果是上声和去声，一般也按照这个规则变调，实际调值变为"21+35"，例如，如果小孩名为"莉莉 li li"，那么，声调由"35+35"变为"21+35"。有的名词，虽然不是叠音的，但是两个音节是同音的，如果声调是上声和去声，也可以变调为"21+35"。例如：秘 mi$^{35 \to 21}$ 密 mi^{35}。个别本调为去声的叠音形容词，尤其在儿语中，也可以变调为"21+35"。例如："慢 man 慢 man"，可以念本调"35+35"，也可以变为"21+35"。有的叠音名词，虽然本调是阳平，但是受到这一变调模式的影响，尤其是在儿语中或者亲属爱称中也可以变为"21+35"。例如：

鼻鼻 pi^{21} pi$^{21 \to 35}$，鼻涕　　　　盒盒 xo^{21} xo$^{21 \to 35}$

叔叔 ʂu^{21} ʂu$^{21 \to 35}$　　　　　　苗苗 miu^{21} miau$^{21 \to 35}$

屯堡方言的这一变调模式影响到贵阳方言和安顺城区方言，使得贵阳方言和安顺城区方言在某些"去声＋去声"的亲属爱称或者儿语词中，其前字也会变为阳平，成为"21+35"声调形式。例如"弟弟""舅舅""太太""凳凳"等，但是这种变调形式的词为数不多，远没有屯堡方言普遍。

屯堡方言本调为阴平的叠音名词较多，这些名词一般不发生变调，例如：

索索 so so　　　　　　壳壳 kʻo kʻo

格格 ke ke，格子　　　脚脚 tɕio tɕio，（食物、商品等的）残渣

刷刷 ʂua ʂua，刷子　　缺缺 tɕʻi tɕʻi，缺口，尤指器皿上的

□□ tʂu tʂu，瓶塞　　　爷爷 i i，父亲

这些由叠音形式构成名词单音时多为古入声字，在安顺方言、贵阳方言中本调为阳平，因而，后一个音节往往变调为阴平，读为"21+33"。受这一变调形式的影响，屯堡方言有些本调为阳平的叠音名词，后一个音节变调为阴平，调值由"21+21"变为"21+33"。举例如下：

塘塘 tʻan tʻan，水塘　　　毛毛 mau mau，细而密的毛

芽芽 ia ia，嫩芽　　　　　盘盘 pʻan pʻan，盘子

坛坛 tʻan tʻan　　　　　　瓶瓶 pʻin pʻin

藤藤 tʻən tʻən，树藤　　　爷爷 i i，祖父

只是这类变调形式没有贵阳方言普遍，例如"头头"（领导）、"人人"（书画上的小人）等本调为阳平的叠音名词在贵阳方言中发生了变调的，在屯堡方言中仍然念为本调。

（2）部分老名词的变调

屯堡方言中一些双音节的老名词，不管前后两个音节的本调是什么，后字在口语中常念为33调，即后一音节本调不是阴平的要变为阴平，例如：

衣裳 i saŋ　　　　　　　　　　锄头 tʂʻu tʻəu

格螺 kʻe lo，陀螺　　　　　　　筛箩 sai lo，筛子的一种

高粱 kau liaŋ　　　　　　　　　□麻 xo ma，一种植物，带刺

枇杷 pʻi pʻa　　　　　　　　　　荸荠 pʻu tɕi

以上名词后字除最后一个词中"荠"是去声外，其余都是阳平，这些名词变调后后字的实际调值为阴平 33。又如：

蛤蟆 xa ma，青蛙、牛蛙　　　　麻雀 ma tɕʻio

堂屋 tʻau u　　　　　　　　　　牙齿 ia tʂʅ

蚂蚱 ma tsa　　　　　　　　　　扬尘 iaŋ tsʻən，天花板上悬垂的污垢

以上名词前字为阳平，后字除"齿"为上声外，其余都是阳平，[①] 其变调后的实际调值为阳平加阴平"21+33"。前字为上声的，也遵循这一变调模式，例如"早晨 [tsau sən]"，后字为阳平，变调后的实际调值为上声加阴平"42+33"。

只是老名词的变调远没有贵阳方言普遍，例如下面这些名词在贵阳方言中后一个音节变读为阴平 33，而屯堡方言并没有变调，仍读本调。例如：

裁缝　　篾条　　榔头　　姑爷　　额头　　蟗虫

贵阳方言中表示方位的词尾"头"，无论前字的声调调值是多少，也无论"头"是实指还是虚指，一律把"头"念为阴平调 55，而在安顺方言和屯堡方言中，却没有这种变调形式，"头"表方位时，在词中依然读本调。

---

① "雀""屋"两字老派本念阴平，受安顺城区方言影响，新派可读成阳平。

第六节　屯堡方言同音字汇

　　同音字汇根据屯堡方言的代表点方言——九溪话编制。本节以韵母为纲，各韵母下按照声韵配合关系排列其与各个声母相拼所得出的音节。声母、韵母、声调的次序排列以前面的声韵调配合总表为顺序。

　　用①、②、③、④分别表示阴平、阳平、上声、去声。各音节中标黑的字均是古入声字。

　　写不出本字或本字不太明确的音节用方框"□"表示。写不出字者一般有释义或组词举例，其他字明显方言特有者或有必要者亦释义或举出用例。释义和举例均在该字后用小字标出，例子里用"~"代替该字。

　　方言中一字多音的现象在字的右下角用"1"表示口语中最常用的读音，"2"表示较常用的读音，依此类推。

　　字下有"＿"的表示方言中的白读音，有"＿"的表示文读音。

　　新老派的不同读音，若新派读音常见，即在老派读音后用小字加"老"表示，若老派读音常见，即在新派读音后用小字加"新"表示。

　　异读情况属于又音、误读等的根据情况在字后用小字说明。单纯属于多义引起的异读，或者不能在相同的语言环境之中自由变读的文白异读（有的文读音只出现在书面语词或新词中，白读音只出现在口语词中）就加注释表明该音出现的语言环境，不再用数字表示其在口语中出现的频率。

ɿ

tsɿ　①姿资兹滋孳訾 ~到：为了做某事，宁愿承受某种后果 齜 ~牙裂齿 髭短~（指胡须）淄咨知 2（新）之 1 芝 1 脂 1 指 1手~头 撕 1 只 1量词 支 2（新）枝 2（新）肢 2（新）痴 1 只 1~身 汁 2（新）执 2（新）织 2（新）职 3（新）直 3（新）植 3（新）值 3（新）殖 3（新）掷 1~夺子：反驳别人的语言或行为，指出其自相矛盾之处（通常不友好）□ 2（老）~脚动手：对别人动手动脚不礼貌，有时特指男性对女性的不尊重 侄 1　②糍 2（老）~粑 汁执织职直植值

殖掷侄 ③子仔籽紫姊淬梓止址₃趾指纸只₁副词,~有耻 ④字牸自恣眦志₁痣₁智₁至₁致₁治₁制₁置₁稚₁雉₁痔₁滞峙翅₁~膀窒₁挚₁

ts'ʅ ①差参~疵口₁~脚动手痴₃吃赤尺₂(新) ②词祠辞慈~凉:怜悯磁糍₁~粑瓷雌池₂(新)弛₂(新)驰₂(新)持₂(新)秩赤斥叱 ③此耻₂(新)侈₂(新)齿₂(新)址₁

④次赐伺刺翅₃~膀侍₁

ʂʅ ①私思司斯施₂(新)撕₂嘶丝蛳₂(新)师₁诗₁厕₂(新)茅~施 ③死

④四肆似巳辰~祀祭~寺饲嗣豉事₁势示₁士₁视₁市₂(新)柿誓逝侍₃式₁

ʅ

tʂʅ ①知₁之₂(老)芝₂(老)支₂(老)枝₂(老)肢₂(老)脂₂(老)指₂(老)手~头栀₂(老)痴₂(老)只₂(老)量词只₂(老)~身质织职汁掷 ②直植值殖 ③止₂(老)趾₂(老)纸₂(老)旨指~引只₂(老)副词,~有 ④志₂(老)痣₂(老)智₂(老)至₂(老)致₂(老)治₂(老)制₂(老)置₂(老)稚₂(老)雉₂(老)痔₂(老)翅₂(老)~膀窒₂(老)挚₂(老)

tʂ'ʅ ①痴蚩笞吃₁赤尺斥叱炽 ②迟持池₁弛₁驰₁ ③耻₁侈₁齿₁痴(老)址₂(老) ④翅₄(老)~膀侍₂(老)

ʂʅ ①尸师₂(老)蛳狮施诗₂(老)匙钥~厕₁茅~失湿十拾₁室₁石₁实₁适₁释₁

②时矢拾₂识食蚀室₂石₂实₂适₂释₂ ③史使驶始屎矢 ④是市₁柿世氏誓

逝势示₂(老)士₂(老)仕视₂(老)事₂(老)饰试式₂(老)

ʐʅ ①日

ɚ

ø ①□嬉~:对事对人态度不严肃、不认真 ②儿而 ③耳饵洱尔迩 ④二贰

i

pi ①□₁女阴逼壁璧必毕碧滗~米汤憋鳖□~倒做:被迫做 ②鼻别笔滗~米汤

③比彼₂瘪₂ ④庇毙萆~麻闭陛币敝弊蔽箅~子:屯堡妇女梳头的工具,与梳子不同备必避

p'i 　①□₂（新）女阴 批₂（新）砒劈~柴霹匹撇 　②皮疲坏啤枇~杷琵~琶痹麻茇~蓝

③痞丕彼₁ 　④屁□不好

mi 　①眯咪咩□~：乳房，乳汁 蜜密幂汨灭蔑篾乜 　②迷谜₂秘泌靡眉₁楣₁

□₁~倒：自以为 蜜密幂汨 　③米□瓣、折 　④谜₁猫猫~：一种昆虫；死亡的詈说□打~子

ti 　①低堤₂爹跌滴嫡笛的~确、目~ 　②碟牒喋谍敌叠迭 　③底诋抵

④地弟第递帝缔谛隶₁涕

t'i 　①梯锑堤₁铁剔踢惕贴粘~帖妥~帖~子、字特₂（老） 　②提题蹄啼悌嚏

③体 　④替剃涕₃（新）屉剔挑~（新）

li 　①哩语气词犁狸立粒笠栗力历沥逆捏涅聂镊蹑孽镍列冽烈裂咧~嘴猎劣律率

②离璃梨犁藜黎尼泥呢~子倪霓疑₁孽 　③李里理鲤礼你拟履旅缕女 　④利俐

痢莉例吏荔厉励丽□₁别人，人家□~开、~脱：解脱、推脱义₂（老）议₂（老）隶₂腻虑₂滤₁

ki 　①□₁~哩咕噜 　②□~：印痕（第二个音节变为去声）

k'i 　①□₂~哩咕噜（又音） 　②□~界限（第二个音节变为去声） 　④去₁

ŋi 　①□挤压 　②□应答声 　④□应答声₂（老）别人，人家

xi 　①嘻嘿₂（又音）

tɕi 　①基箕几茶~、~乎讥肌饥机叽鸡奇~数稽居驹拘车~马炮激击唧积缉通~圾急

脊绩迹节接揭疥杰 　②籍~故及级极汲吉棘集籍亟疾嫉结洁秸节捷婕截 　③己

几~个挤纪年~姐矩举 　④季技妓忌记纪世~计寄既冀继系~鞋带髻祭际剂济借巨拒炬

距句具惧俱剧锯聚

tɕ'i 　①期欺妻萋凄溪栖区岖驱躯蛆趋去₃（新）七柒漆膝戚切~开切~密窃怯妾缺

②其棋旗奇骑崎祁齐脐□从，~今天起岐歧茄~子渠瘸~腿妾 　③起杞岂启祈且取娶

④气汽弃器企契泣砌去₂（新）趣

ɕi 　①希稀奚嘻僖嬉西牺硒熙犀些虚嘘墟须需戌需靴兮吸膝悉蟋息熄析淅晰昔

惜夕锡媳习歇蝎楔泄屑亵煦恤薛雪血 　②携偕斜邪□踏~：贬低习席袭檄协胁挟穴

③洗喜徙写 　④系联~戏细隙械懈卸泻谢序叙婿女~绪酗

i 　①衣依伊医迂~回淤椰噎爷父亲一壹揖乙益逸译驿抑液掖腋叶页业月阅越粤抑

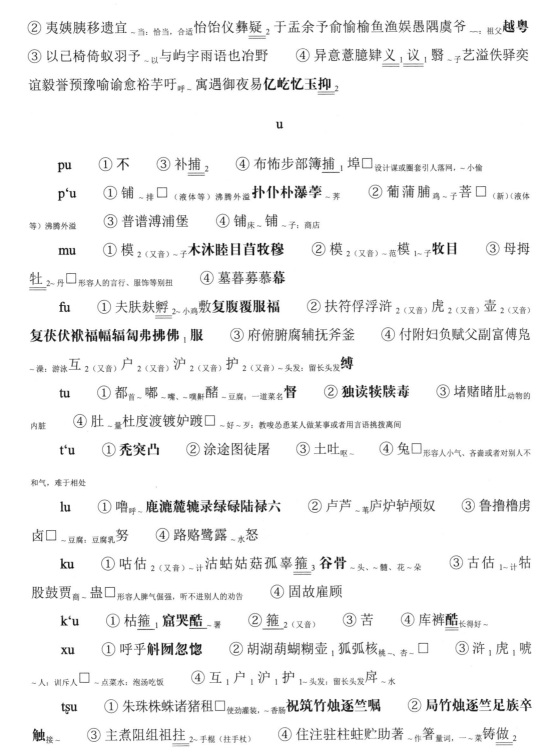

② 夷姨胰移遗宜~当：恰当，合适 怡饴仪彝疑₂ 于盂余予俞愉榆鱼渔娱愚隅虞爷~：祖父 **越 粤**

③ 以已椅倚蚁羽予~以 与屿宇雨语也冶野　④ 异意薏臆肄义₁议₁翳~子艺溢佚驿奕

谊毅誉预豫喻谕愈裕芋吁呼~ 寓遇御夜易 **亿屹忆玉抑₂**

u

pu　　①不　　③补捕₂　　④布怖步部簿捕₁埠□设计谋或圈套引人落网，~小偷

p'u　　①铺~排□（液体等）沸腾外溢 **扑仆朴瀑莩**~荠　　②葡蒲脯鸡~子菩□（新）（液体

等）沸腾外溢　　③普谱溥浦堡　　④铺床~铺~子：商店

mu　　①模₂（又音）~子 **木沐睦目苜牧穆**　　②模₂（又音）~范模₁~子 **牧目**　　③母拇

牡₂~丹□形容人的言行、服饰等别扭　　④墓暮募慕幕

fu　　①夫肤麸孵₂~小鸡 **敷复腹覆服福**　　②扶符俘浮洴₂（又音）虎₂（又音）壶₂（又音）

复获伏袱福幅辐匐弗拂佛₁服　　③府俯腑腐辅抚斧釜　　④付附妇负赋父副富傅凫

~澡：游泳 互₂（又音）户₂（又音）沪₂（又音）护₂（又音）~头发：留长头发 **缚**

tu　　①都首~嘟~嘴、~噗鲜 醅~豆腐：一道菜名 **督**　　② **独读犊牍毒**　　③堵赌睹肚动物的

内脏　　④肚~量 杜度渡镀妒蹲□~好~歹：教唆怂恿某人做某事或者用言语挑拨离间

t'u　　① **秃突凸**　　②涂途图徒屠　　③土吐呕~　　④兔□形容人小气、吝啬或者对别人不

和气，难于相处

lu　　①噜呼~ **鹿漉麓辘录绿碌陆禄六**　　②卢芦~菁庐炉轳颅奴　　③鲁撸橹虏

卤□~豆腐：豆腐乳 努　　④路赂鹭露~水怒

ku　　①咕估₂（又音）~计 沽蛄姑菇孤辜 **箍₃谷骨**~头、~髓、花、~朵　　③古估₁~计 牯

股鼓贾商~ 蛊□形容人脾气倔强，听不进别人的劝告　　④固故雇顾

k'u　　①枯箍₁ **窟哭酷**~署　　②箍₂（又音）　　③苦　　④库裤酷长得好~

xu　　①呼乎斛囫忽惚　　②胡湖葫蝴糊壶₁狐弧核桃~、杏~□　　③浒₁虎₁唬

~人：训斥人 □~点菜水：泡汤吃饭　　④互₁户₁沪₁护₁~头发：留长头发 戽~水

tʂu　　①朱珠株蛛诸猪租□使劲灌装，~香肠 **祝筑竹烛逐竺嘱**　　② **局竹烛逐竺足族卒**

触接~　　③主煮阻组祖拄₂~手棍（拄手杖）　　④住注驻柱蛀贮助著~作箸量词，一~菜 铸做₂

tʂ'u　①初粗**出畜**~牲**绌**木~：形容人不聪明、不灵活**怵**　②除厨橱锄刍徂殂　③处~理楚础杵储楮拄1~手棍（拄手杖）　④处醋□打~坛：避邪的风俗

ʂu　①梳蔬疏抒舒输枢殊书苏酥麻~：全身酸软难受**叔**小~子：丈夫的弟弟**淑属续术述束肃速粟凤宿**　②薯红~：番薯赎熟孰塾属续术述束俗　③暑署曙鼠数动词黍　④树竖漱恕数名词戍素嗦鸡~子诉塑~像

zu　①□塞，~点东西（贿赂）**人肉辱褥**　②如茹儒　③乳汝蠕孺

u　①乌呜钨坞诬污屋**勿物**　②吾梧吴蜈无芜　③五伍捂午侮武舞　④悟晤误毋戊恶可~务雾

a

pa　①巴芭笆疤粑扒八捌　②**拔跋**　③把~守、一~□2（又）黑~　④爸把刀~罢霸坝耙~地

p'a　①琶趴杷□松软、烂熟　②爬耙钉~　③□软~、□1黑~　④怕帕

ma　①妈蟆**抹**　②麻　③马码蚂　④骂

fa　①发~财、~理**法砝码罚**2（又音）**伐**2（又音）**筏**2（又音）**乏**2（又音）　②罚1伐1筏1阀1

ta　①答搭瘩达　②□粘~、酸~打十二个　③打　④大

t'a　①他3她3它3**塌蹋榻遢沓踏塔**　③□掉下、落下**遢**遢~：不爱整洁，不讲究

la　①拉啦他2（新）她2（新）它2（新）**垃邋腊蜡辣呐纳钠捺**　②拿　③喇哪~里　④那2（新）

ka　①嘎　②□~：肉（儿语），第二个音节变为去声　③尬尴~

k'a　①咖~啡指在做某事的过程中通过一些不正当的手段获取利益**旮**~角角□塞或者被塞住　②□2（又音）塞或者被塞住　③卡　④胯1

ŋa　①阿2（老）~姐　④压1□1发问词，引出后面的疑问或反问

xa　①□~声~气：形容嗓音嘶哑□~拉：有油的东西变质、有异味□用手（爪）翻动物体，~麻将　③傻1~包　④下1

tsa 　①渣喳~声卖气：声音尖利□2(又音)张开扎~针轧札匝咂砸杂2(又音)铡眨 　②□用水煮炸油~闸杂1扎挣~ 　③鲊~包：过去在酒席中包着带回的食品□小米~：菜名□邋：邋遢 　④乍诈蚱炸~弹榨□怎么□称：物体密度大，因而很重楂山~栅

ts'a 　①叉杈差~错嚓□踩擦1插 　②茶搽茬查擦2(又音) 　③衩□张开 　④岔诧汉碴找~子：找借口刁难别人

sa 　①沙纱莎砂裟痧鲨杉□打磨物体使其光滑□1饭~了：饭被弄在桌上或地上杀刹~车霎卅 　②啥□2(又音)饭~了：饭被弄在桌上或地上 　③撒~秧、~手洒傻2 　④□米饭等粮食粗糙不糯，不好吃厦大~

a 　①阿~姐 　④那1□2(又音)发问词，引出后面的疑问或反问

ia

pia 　③瘪1

p'ia 　①□蔫~ 　③瘪2(又音)~口~嘴□蔫，枯萎□叠音后缀，淡~

lia 　①粘黏□~壳壳：爱撒娇、娇气的小孩 　②□~二、~垮三：形容人的痞子气很重 　③□衣着等不笔挺 　④□(新)2：人家的合音

tçia 　①加枷珈笳痂袈嘉家稼庄~佳夹荚甲钾胛 　②颊胛 　③假真~、~期贾 　④嫁架驾价□不放~：小觑

tç'ia 　①跨1掐恰~宜、~当：合适洽 　②跨2(又音)恰洽 　③□~时间：算时间

çia 　①□形容坚果类物食不饱满，也形容女性身材不丰满虾瞎辖狭峡匣 　②霞□云雾笼罩的天气。(谚)早~不出门，晚~晒死人暇瑕遐淆1 　④下~楼

ia 　①呀丫鸦桠~权押鸭压 　②牙芽蚜崖2山~涯衙 　③哑雅讶 　④亚压2(新)

ua

kua 　①瓜呱刮 　②括~号、包~ 　③寡剐 　④挂卦褂

k'ua 　①夸 　③垮 　④挎跨3胯2

xua 　①花哗滑2(又音)猾2(又音)划刀~ 　②华①中~、~山；②姓铧骅桦划~船滑1猾1 　④话化划计~画

tʂua　　① 抓□踢，~足球　　② 啄₁　　③ 爪₁~子□手指不灵活

ʂua　　① 刷₂　　② 刷₁　　③ 耍

ua　　① 蛙哇洼挖袜　　② 娃　　③ 瓦

o

po　　① 玻菠波播拨剥钵饽薄~荷　　② 勃渤脖驳帛博搏膊薄~弱　　③ 簸~米、~箕跛₂瘸

p'o　　① 坡颇泼　　② 婆　　③ 叵　　④ 破剖开肠~肚

mo　　① 摩么摸莫漠寞末沫茉　　② 磨~刀蘑魔摹摩模₁~范馍膜　　③ 抹~杀、涂~　　④ 磨石~

fo　　② 佛₂（新）

to　　① 多哆咄掇夺铎　　③ 朵躲　　④ 剁跺垛舵驮~子惰堕

t'o　　① 拖托脱　　② 驼坨鸵陀佗沱砣跎驮~运拓　　③ 妥庹椭□（衣服等）长出一截，~到地下噢　　④ 唾

lo　　① 罗~嗦□₂（又）末尾，~巴挪乐₁~意洛烙络骆落□轮到，~我打扫　　② 罗₂~卜（新）锣箩萝逻漯骡螺~蛳朒圆形手指纹乐₂~意（新）□腾出、空出：~时间酪　　③ 裸□~连：形容说话办事犹豫不果断　　④ 摞把东西~起诺懦糯

ko　　① 锅哥歌戈郭各阁搁胲~胳割鸽₁葛姓角　　② 鸽₂（新）　　③ 果裹　　④ 过个

k'o　　① 科蝌苛柯窠棵颗磕瞌壳渴　　② 渴₂（新）　　③ 可　　④ 课搁把事情~倒骒~马

ŋo　　① 窝莴蜗涡厨阿~胶倭龌喔握幄斡恶~人噩遏鄂鳄谔腭沃₁□藏①湿的或胜的东西乱七八糟堆成一堆；②一种制作食品的方法，~豆豉　　② 讹俄蛾鹅峨娥　　③ 我　　④ 卧饿沃₂（新）

xo　　① 豁~□小刺状的东西伤害皮肤使其出现麻木、红肿等症状，毛虫~人喝霍₂（老）霍₂（老）~香鹤₂（老）喝~倒彩　　② 禾和~平河何荷合活盒涸　　③ 火伙　　④ 祸货贺壑霍₁霍₁~香鹤₁吓₂恐~

tso　　① 桌捉拙苗卓擢作~坊　　② 佐~料着₁被：~打啄₂（老）浊灼倬镯着衣~琢昨

③ 左□_{交换}　　④ 坐座做₃

ts'o　　① 搓磋矬_矮挫₁□_{1到处动，～来～去}**戳绰辍啜龊撮**　　② □_{(新)到处走动，～来～去}

④ 挫_{2(新)} 锉措错

so　　① 唆梭娑蓑□_{①蛇行、缓慢移动；②溜走}**硕烁铄缩说索**　　② 勺_{1～药}　　③ 所锁琐_{～碎}

zo　　② 若弱

o　　① 窝_{2(新)} 莴_{2(新)} 蜗_{2(新)} 涡_{2(新)} 屙_{2(新)} 阿_{2(新)～胶} 倭_{2(新)} **腥_{2(新)} 喔_{2(新)} 握_{2(新)}**
喔_{2(新)} 斡_{2(新)} 恶_{2(新)～人} 噩_{2(新)} 遏_{2(新)} 鄂_{2(新)} 鳄_{2(新)} 谔_{2(新)} 腭_{2(新)} 沃_{2(新)} □_{2(新)藏}
□_{2(新)①湿的或脏的东西乱七八糟堆成一堆；②一种制作食品的方法，～豆豉}　　② 讹_{2(新)} 俄_{2(新)} 蛾_{2(新)} 鹅_{2(新)}
峨_{2(新)} 娥_{2(新)}　　④ 卧_{2(新)} 饿_{2(新)} **沃_{3(新)}**

io

lio　　① □_{1末尾；～巴}掠

tɕio　　① 脚角_{一～钱}嚼₂　　② 觉嚼_{3(新)} **爵**

tɕ'io　　① 悄₁却确鹊雀

ɕio　　① 削_{剥～}　　② 学

io　　① 日约药岳乐_{1音～虐疟略钥}　　② 乐_{2音～(又音)}

ai

pai　　① 跛_{1瘸}　　③ 摆　　④ 败拜稗_{毛～}

p'ai　　② 排徘牌　　③ □_{①张开双臂或双腿；②双臂平伸的距离}　　④ 派湃

mai　　② 埋　　③ 买　　④ 卖迈

tai　　① 呆_{～头～脑}　　③ 傣逮₂歹□_{拉、拽、扯}　　④ 带代袋贷戴待怠殆黛

t'ai　　① 胎苔_{青～}□_{①用手捧着或支撑；②奉承、讨好}　　② 台抬苔_{菜～}　　④ 太汰态泰

lai　　① 奶_{～：祖母}　　② 来　　③ 乃奶_{～牛}　　④ 赖癞耐奈

kai　　① 该街皆阶　　③ 改解_{～决}　　④ 盖丐钙介界疥届戒械诫

k'ai　　① 开揩　　③ 凯恺楷　　④ 慨概溉

ŋai　①哀₁ 埃₁尘~ 挨₁~个 唉₁~声叹气　②崖₁山~ 岩~石 呆₁~糙：不灵活 挨₁~打 癌₁
③矮₁ 蔼₁ 霭₁　④爱₁ 碍₁ 隘₁ 艾₁

xai　①□体积庞大　②还₃（新）~有 孩 鞋 谐₂（老） 偕₂（老）　③海 蟹 螃~　④害 亥 还₂

tsai　①灾 栽 哉 斋　③宰 载一年半~ 崽　④在 再 载~重 债 寨

ts'ai　①猜 差~人 钗　②裁 才 材 财 豺 柴　③采 彩 睬 踩　④菜 蔡

sai　①腮 鳃 筛　④塞 边~ 赛 晒

ai　①哀₂（新） 埃₂（新）尘~ 挨₂（新）~个 唉₂（新）~声叹气　②呆₂（新）~糙：不灵活 挨₂（新）~打
癌₂（新）　③矮₂（新） 蔼₂（新） 霭₂（新）　④爱₂（新） 碍₂（新） 隘₂（新） 艾₂（新）

uai

kuai　①乖　②拐走路一瘸一拐的状态　③拐~卖 □糟糕　④怪

k'uai　③块　④快 筷 会~计 侩 脍 刽

xuai　①欢₁　②怀 槐 淮　④坏

tʂuai　①□~瞌睡　②□脚笨手：手脚不灵活 □揣　③□神气　④拽拉~

tʂ'uai　①揣~手　③揣~测　④□撒泼

ʂuai　①衰 摔~跤 □~摆：任意摆布　③甩　④帅 率 蟀

uai　①歪　③崴~到脚　④外

ei

pei　①杯 卑 碑 婢 悲 背~包袱 北 百 柏 伯 没₁~有　②白　④焙~干 辈 备₂ 背肩~ 臂
被~迫、~窝

p'ei　①批 披 胚~胎 坯土~ 拍 迫 魄~气~　②陪 赔 培 裴姓　③丕 呸　④配 佩 沛
譬~如

mei　①么那~ 么语气词 麦 脉 墨 默 陌　②枚 玫 眉 煤 媒 梅 莓 酶 霉 弥 眉₂ 楣₂ □₂~倒：
自以为　③美 镁 每　④妹 昧 袂 寐 媚

fei　①非菲啡霏蜚_{流言~语}飞妃　　②肥　　③匪诽翡　　④沸费肺废吠痱_{热~子}

tei　①堆得德　　④对兑队碓

t'ei　①推特忒　　②颓　　③腿　　④退褪蜕_{~变}

lei　①的_{他~书}嘞_{语气词}他₁她₁它₁追₁勒_{~紧、~令}肋_{~巴骨}　　②雷蕾擂_{~钵}累_{~赘}
③嘞_{语气词}累_{~积}儡垒馁吕铝磊　　④类泪擂_{~台}累_{连~、~人内}

kei　①□_{~蚤}给₁胳格骼阁疙_{~瘩}革隔膈　　②蛤_{~蟆}　　③嗝给₂　　④□_{①割、}
锯；②欺骗（尤指别人的钱财等）

k'ei　①□_{约束}咳克刻客恪　　③□_{~~：刻痕、界限（第一个音节音变为21，第二个音节音变为35）}
④去_{~年}

ŋei　①□_{使劲挤压}厄₁扼₁遏₁　　②额₁

xei　①嘿吓黑赫核　　③□_{~实：使劲地、非常}

tsei　①遮蜘₁摘窄褶浙侧₁责仄　　②贼折哲辙轧谪则宅₂泽₂择₂　　③者
嘴　　④蔗这罪最醉

ts'ei　①车□_{转过来}崔_姓催摧拆彻撤澈掣侧₂测恻策册　　②宅₁厕泽₁择₁
③扯　　④脆翠瘁萃悴碎_{2（老）}粹_{纯~}□_{脱身}□_{与某人有不正当的男女关系}

sei　①赊奢虽尿_{~泡}设涉摄慑涩塞色瑟啬稍　　②佘_姓蛇随₁遂_{半身不}舌折_{~本}
③髓_{骨~}舍_{~得}　　④射麝社舍赦碎_岁遂_未隧_{~道}穗₂絮祟瑞_{2（老）}

zei　①热₁　　②热_{2（新）}　　③惹

ei　①厄_{2（新）}扼_{2（新）}遏_{2（新）}　　②额_{2（新）}

uei

kuei　①归规闺龟硅国　　③诡鬼轨　　④桂贵柜跪瑰癸鳜

k'uei　①亏盔₁窥魁　　②葵睽奎逵　　③傀　　④愧馈溃匮

xuei　①灰恢盔₂辉挥晖徽麾　　②回蛔徊茴　　③毁悔　　④会绘烩汇慧惠
贿讳晦卉秽穗₁

tʂuei　　①锥椎追₂（新）　　④坠缀赘

tʂʻuei　　①吹炊　　②垂锤捶槌

ʂuei　　①虽₂（新）　　②谁随₂（新）隋　　③水　　④税说游~睡

ʐuei　　③蕊₁　　④蕊₂（又音）瑞₁锐芮枘蚋

uei　　①威巍偎煨萎形容人或动物没有精神，有时指健康状况不佳　　②为作~危桅唯惟维帷违苇

围微薇　　③伟纬伪₂（新）~装尾委萎~缩　　④为~什么伪₁~装胃谓渭猬畏喂~食未味尉蔚

慰卫位魏遗~赠

au

pau　　①包苟胞褒，　　③饱宝保褓葆煲堡~垒　　④报豹趵雹冰~刨~子抱鲍大老~:

（晋语）牙齿龅的人鲍~屯暴爆曝~光孵₁~小鸡

pʻau　　①抛脬尿~泡灯~□量词，一~屎　　②跑₁袍刨~泥巴　　③跑₂　　④炮泡~茶

mau　　①猫　　②毛矛茅锚　　③卯₂铆₂□有矛盾，不来往牡₁~丹　　④冒帽瑁貌□

水沸腾或用开水烫食物，水~噢、~粉吃

tau　　①刀叨　　③倒打~祷岛捣导₂（新）　　④到倒~水道导₁稻盗悼₂（新）

tʻau　　①滔掏涛₁韬　　②桃逃陶萄淘~米涛₂（老）　　③讨□采摘　　④套

lau　　①捞₁　　②劳唠捞₂铹痨~病牢　　③老脑恼□举、抡瑙玛~　　④涝~灾□

使中毒，~死人闹

kau　　①羔糕高篙膏皋　　②□饥渴状　　③搞稿　　④告窖₁□测试，~下要多少时间完成

□~水：豆腐汁

kʻau　　①敲　　③考烤拷　　④靠铐犒~劳

ŋau　　①凹₂□忍受敖~包　　②敖₁熬₁翱遨₁鳌₁鏊₁　　③袄₁咬₁　　④傲₁

□身体不适奥₁懊₁澳₁拗~□坳₁山~

xau　　①蒿蓬~薅~草□翻动　　②毫豪壕嚎号呼~　　③好~歹　　④好喜~号~子

浩耗

tsau　　①遭糟召招昭朝~气　　②着₂（新）被，~打　　③澡藻蚤早枣找爪₂（又音）鸡

~疯沼□挽起(衣袖等)缲~边 ④ 皂灶诏照兆赵罩造~孽

ts'au ①操~心抄钞超 ②曹漕嘈螬槽朝~代潮嘲~笑晁巢□闹,不要~ ③草吵炒 ④造~房子糙粗燥躁烦噪操曹~

sau ①搔骚缫~丝臊尿捎梢稍筲~箕烧 ②韶苕~红勺芍2~药□呆、傻、~头~脑 ③扫~地嫂少多~ ④臊害~、~子扫~把少老~哨绍邵潲~水肇~事

zau ②饶娆 ③绕围~挠 ④绕~路

au ①凹3(新) ②敖2(新)熬2(新)翱2(新)遨2(新)鳌2(新)鏊2(新) ③袄2(新)咬3(新) ④傲2(新)奥2(新)懊2(新)澳2(新)拗2(新)~坳2(新)山~

iau

piau ①标膘肥~彪 ③表裱 ④鳔~胶□滑动:~来~去

p'iau ①漂~动飘 ②瓢嫖朴姓 ③瞟~一眼 ④票漂~白

miau ①喵瞄~一下 ②苗描瞄 ③秒渺藐缈 ④妙庙

tiau ①刁叼凋碉雕貂挑2(老)眼光高,看什么都不顺眼 ④吊钓掉悼1调~查

t'iau ①挑1 ②条调~解 ③□交换,~换 ④跳粜

liau ②瞭~望辽疗燎嘹獠缭镣僚聊寥 ③了~解鸟咬2 ④料廖姓尿

tɕiau ①交郊胶茭跤铰门~链教~书焦蕉椒浇娇骄 ②嚼□能言善辩(多形容小孩和年轻女性,稍带贬义) ③狡绞饺矫搅裹~:事情烦或人啰嗦缴剿 ④叫较校~对教~育轿觉睡~

tɕ'iau ①悄锹缲~边跷 ②桥乔荞桥瞧樵 ③巧 ④窍俏鞘翘

ɕiau ①肖消销硝宵霄萧箫嚣 ②潲2 ③晓小 ④效校学~孝哮酵发~笑啸

iau ①要~求天妖邀幺 ②摇谣遥窑姚尧□~裤:内裤 ③舀 ④要重~跃耀

əu

pəu ①褒1

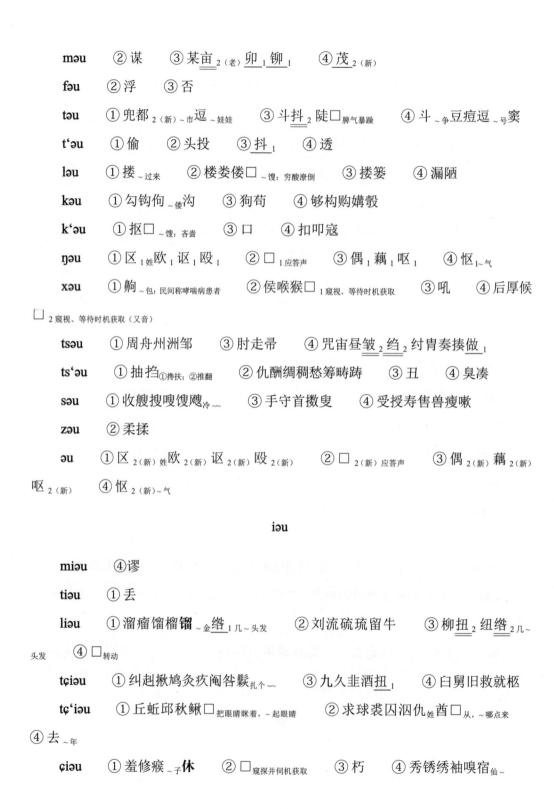

məu　②谋　③某亩_{2（老）}卯₁铆₁　④茂_{2（新）}

fəu　②浮　③否

təu　①兜都_{2（新）~市}逗_{~娃娃}　③斗抖₂陡口_{脾气暴躁}　④斗_{~争}豆痘逗_{~号}窦

t'əu　①偷　②头投　③抖₁　④透

ləu　①搂_{~过来}　②楼娄偻口_{~馊：穷酸潦倒}　③搂篓　④漏陋

kəu　①勾钩佝_{~偻}沟　③狗苟　④够构购媾彀

k'əu　①抠口_{~馊：吝啬}　③口　④扣叩寇

ŋəu　①区_{1姓}欧₁讴₁殴₁　②口₁应答声　③偶₁藕₁呕₁　④怄_{1~气}

xəu　①齁_{~包：民间称哮喘病患者}　②侯喉猴口_{1窥视、等待时机获取}　③吼　④后厚候

口_{2窥视、等待时机获取（又音）}

tsəu　①周舟州洲邹　③肘走帚　④咒宙昼皱₂绉₂纣胄奏揍做₁

ts'əu　①抽挡_{①搀扶；②推翻}　②仇酬绸稠愁筹畴踌　③丑　④臭凑

səu　①收艘搜嗖馊飕_{冷~}　③手守首擞叟　④受授寿售兽瘦嗽

zəu　②柔揉

əu　①区_{2（新）}姓欧_{2（新）}讴_{2（新）}殴_{2（新）}　②口_{2（新）}应答声　③偶_{2（新）}藕_{2（新）}呕_{2（新）}　④怄_{2（新）~气}

iəu

miəu　④谬

tiəu　①丢

liəu　①溜瘤馏榴镏_{~金}绺_{1几~头发}　②刘流硫琉留牛　③柳扭₂纽绺_{2几~头发}　④口_{转动}

tɕiəu　①纠起揪鸠灸疚阄咎鹫_{扎个~}　③九久韭酒扭₁　④臼舅旧救就柩

tɕ'iəu　①丘蚯邱秋鳅口_{把眼睛眯着，~起眼睛}　②求球裘囚泅仇_姓酋口_{从，~哪点来}　④去_{~年}

ɕiəu　①羞修瘊_{~子}休　②口_{窥探并伺机获取}　③朽　④秀锈绣袖嗅宿_{仙~}

iəu   ①优忧幽悠   ②由油邮尤犹游   ③有友酉   ④又右佑幼釉柚诱莠

an

pan   ①般搬班斑颁扳   ③板版阪   ④半拌伴绊办瓣扮

p'an   ①潘攀   ②盘□摆弄，有时有打扰之义，不要~我   ④判叛盼畔襻

man   ②瞒馒蛮   ③满螨   ④漫慢蔓曼鳗谩

fan   ①番蕃翻藩幡   ②凡帆矾钒繁烦樊   ③反返   ④饭贩犯范泛

tan   ①单担~东西耽眈丹   ③胆疸掸鸡毛~子□把菜放到开水里烫或煮一下后捞起，~酸菜   ④旦但担~子蛋淡弹

t'an   ①贪滩摊瘫坍   ②弹~琴谈痰潭谭檀昙坛   ③坦袒毯   ④叹探碳炭

lan   ②难困~南喃楠男兰拦栏蓝篮澜婪岚揽   ③懒览揽缆榄   ④难落~烂

kan   ①干~净杆竿肝甘柑尴间一~房   ③敢橄赶杆笔~秆擀感   ④干搞~：能干赣淦

k'an   ①刊勘堪嵌₁□啄，鸡~米   ③坎砍侃槛门~   ④看瞰

ŋan   ①安鞍庵淹₁   ②严严实，~缝□按照某种尺度估计、推测，我~倒你要来   ④案按岸暗晏时间晚了，早~

xan   ①酣鼾憨   ②寒韩含函涵邯咸₂(老)衔₂   ③喊罕   ④汉汗旱焊捍悍翰撼憾瀚苋~菜陷₁

tsan   ①簪梅花管~：屯堡已婚妇女头上饰物的总称沾粘~贴毡瞻   ③展盏斩   ④占站战蘸绽栈颤~抖赞溅₁

ts'an   ①参~加掺餐   ②蚕残惭谗馋缠蝉₂禅₂阐₂   ③惨产铲~地格罗阐₃   ④灿忏孱~头

san   ①三叁山扇~风煽衫杉₂   ②蝉₁禅₁阐₁颤脚是~嘞   ③伞散~架闪陕   ④散善膳缮骟鳝扇擅

zan   ②然燃   ③染冉苒

ian

pian ① 边编 ③ 扁匾煸蝙~锅饭贬 ④ 遍讲一~辨辫辩便方~变

p'ian ① 偏翩篇片唱~ ② 便~宜 ③ 片细篾~ ④ 片~面遍~地骗

mian ① 棉绵眠 ③ 兔勉娩冕缅 ④ 面

tian ① 颠癫巅滇掂 ③ 点碘典 ④ 电佃店惦垫殿奠

t'ian ① 天添 ② 田甜填 ③ 舔

lian ① 搛~菜：夹菜研₁ ② 连莲涟鲢怜联廉镰帘年黏鲇严₁阎₁ ③ 脸敛碾撵 ④ 练炼恋链念验殓~尸醙~茶：浓茶唁□浓稠□糟蹋、践踏

tɕian ① 肩尖奸坚艰监煎兼间中~捐娟涓鹃 ③ 减碱俭捡检柬茧趼剪简拣卷一~铺盖 ④ 件建健犍建见舰鉴剑箭饯贱渐谏间~隔荐践溅₂卷书~倦圈羊~眷绢券国库~

tɕ'ian ① 千迁纤签铅牵谦圈圆~ ② 前钳黔钱乾虔全痊诠拳权泉 ③ 浅遣谴犬 ④ 欠嵌₂歉劝

ɕian ① 先仙掀鲜宣喧轩 ② 闲贤嫌咸₁悬旋玄弦眩 ③ 显险癣 ④ 现宪限县献陷₂馅线腺羡

ian ① 烟咽~喉胭淹₂腌炎蔫焉阉冤渊鸳研₂(新) ② 延蜒沿檐盐言颜严₂阎₂元芫~荽园圆员袁猿辕援缘原源 ③ 眼掩演远 ④ 咽吞~燕雁宴晏姓焰厌艳验₂愿怨院

uan

tuan ① 端 ② 断阻拦、隔断 ③ 短断₂阻拦、隔断（又音） ④ 断折~段缎锻

t'uan ② 团

luan ② 鸾峦栾孪□把食物放在口中用舌头裹食拦₁ ③ 卵暖 ④ 乱

kuan ① 官棺观参~关鳏冠鸡~ ③ 管馆 ④ 灌罐贯惯冠~军鹳盥

k'uan ① 宽 ③ 款髋□阻挡、限制

xuan ① 欢₂ ② 环桓还归~ ③ 缓 ④ 换唤焕涣痪幻宦患

tʂuan ① 钻~研专砖 ③ 转 ④ 钻~石赚攥撰篆转~圈子传~记

tʂ'uan　　①川穿　　②传～达船椽　　③铲喘　　④串窜撺蹿篡纂

ʂuan　　①酸栓拴删珊姗　　④算蒜涮疝汕

ʐuan　　③软阮

uan　　①弯湾豌～豆　　②完顽玩丸弹～纨　　③晚挽～手娩婉皖　　④万

ən

pən　　①奔～跑　　③本苯　　④奔～头笨

p'ən　　①烹喷□倚靠，～倒老嘞吃　　②盆彭膨

mən　　①闷～在心头们焖2（又音）　　②门明2（老）　　④闷～热焖1

fən　　①分芬纷　　②坟焚　　③粉　　④份忿奋粪愤

tən　　①灯登蹬蹲墩敦　　③等　　④登瞪邓盾遁钝顿囤～箩

t'ən　　①吞饨馄～　　②腾藤誊疼臀豚屯囤～积　　④褪～皮□躲开、跳过，活路～倒他来做、打隔～（言语不连贯）□脱下，～皮

lən　　①□用手把（纸、线、钱等）分开，～麻线　　②能棱菱1伦沦轮　　③冷　　④论嫩另2

kən　　①根跟更三～天耕庚羹　　③埂哽梗耿□2（又音）硬物抵住身体的某一部分　　④更～快

k'ən　　①坑吭～气　　③肯啃垦恳

ŋən　　①恩1樱1～珠鹦1～哥　　③□1硬物抵住身体的某一部分　　④硬1

xən　　①亨哼　　②痕恒衡　　③很狠　　④恨杏1

tsən　　①正～月征贞侦争挣睁筝蒸针珍斟真曾增憎尊遵谆臻蓁榛□1亮～今2（老）□差、欠且多指差得不多，～一颗米（只差一点儿）　　③枕诊疹振整拯　　④正端～政症证阵震镇郑赠甑饭～挣澄1（把灰尘等）～干净

ts'ən　　①参～差呻1～唤伸1～腰抻～抖：形容衣服整齐、人的品貌端正或事情办得像样称□2支撑、坚持或支持，～倒来上班（又音）撑村皴麻～□2亮～（又音）　　②成城诚盛～饭丞承～受、～认、多～乘～法、～车呈程澄2～清（事情等）沉尘陈臣曾层存　　③惩逞□按、压　　④趁衬称相～秤寸忖慎1□1支撑、坚持或支持，～倒来上班

sən　　①森身伸2呻2绅深参人～声升生牲笙甥僧孙荪狲　　②神什绳承～倒

③ 审婶沈省_{节、~损}笋　④ 慎₂肾甚渗胜剩盛_{茂~}圣

zən　①扔_(新)　②人仁壬任_姓仍　③忍刃₁韧₁纫₁　④刃₂韧₂纫₂认任_{~务}妊

ən　①恩_{2(新)}樱_{2~珠(新)}　④硬₂

in

pin　①冰兵槟_{~榔}宾滨缤槟髌_{~骨}鬓濒斌彬　③丙柄饼禀秉乓₁并_{~拢}　④并_{~拢、~且}病

p'in　①乒_{2(新)}拼姘_{~头}　②贫频平评苹萍屏瓶凭　③品　④聘□_{比照,~倒整、~排}

min　②民名铭茗冥溟瞑明鸣　③敏抿悯闽皿□_{吸吮}　④命

tin　①丁叮钉_{~子}盯仃疔　③顶鼎　④定锭□_{一~子；一拳}钉_{~钉子}订

t'in　①听_{~话、~其自然}汀　②庭霆蜓亭停婷　③挺艇

lin　①拎　②邻磷鳞塍辚嶙麟遴林淋琳临您₂伶铃龄玲零蛉聆苓灵绫凌陵菱₂凝_{~固宁~静、~愿}咛狞　③凛檩_{~子}岭领　④赁吝蔺躏令另₁凌_{下雪下~}佞

tɕin　①今₁矜金斤筋巾禁_{~受}襟嗪津京惊鲸经茎荆精睛旌晶粳兢军君均钧鞯　③仅谨馑紧锦□_{依照、优先考虑,~你的时间}井阱_{陷~}景颈₂警　④进近尽_{~头、~量}烬晋浸₂禁_止竟境镜敬儆_{~菩萨}痉劲竞净静菌俊峻骏竣郡□_{酸痛或使酸痛,~牙齿}

tɕ'in　①钦亲侵轻氢青清蜻顷倾卿　②勤芹琴禽擒噙秦情晴擎琼裙群　③寝_{2(新)}请　④沁浸₁庆亲_{~家}磬罄箐_{地名,梅子~}

ɕin　①辛锌新薪欣昕心馨兴_{~盛}星腥猩惺熏勋　②行_{~动}刑邢形型旬询循巡寻　③醒省_{反~、~亲}擤_{~鼻鼻（鼻鼻：鼻涕。第二个音节音变为去声）}　④信衅幸杏₂兴_{高~}姓性训驯讯迅殉逊

in　①因姻茵音阴荫殷英蝇鹰婴缨樱_{~花}鹦_{2~哥、~鹉}鸾晕_{~头~脑}　②淫寅吟银垠龈赢迎盈萤莹营萦云耘芸绘匀　③尹引蚓隐瘾饮影颖允陨殒永咏涌₁蛹₁　④印应映运晕韵熨酽₁蕴泳咏□_{熄灭}

uən

kuən ③滚辊 ④棍

k'uən ①昆坤 ②馄~饨□整、全，~连（全部之义，一般为副词） ③捆 ④困

xuən ①昏婚阍荤诨浑~浊 ②魂横浑~水 ④混~杂、~帐

tʂuən ③准

tʂ'uən ①春椿 ③蠢

ʂuən ②纯唇醇淳 ④顺舜

zuən ④润闰孕酝₂（新）

uən ①温瘟 ②文蚊纹闻 ③稳吻紊冽 ④问

aŋ

paŋ ①帮邦梆 ③榜膀绑 ④棒蚌傍₂谤磅~秤□~老二：土匪

p'aŋ ①乓₂（新）滂~沱磅~礴 ②旁膀~胱傍₁~晚彷庞 ③膀~：猪蹄膀□碰、触摸 ④胖

maŋ ①□胖□~：饭（儿语） ②忙芒茫盲氓 ③莽蟒

faŋ ①方坊肪₁芳用言语使人为难，~人 ②房防妨 ③访仿纺肪₂（新） ④放

taŋ ①当~兵裆铛 ②□脑筋少根筋（新） ③档挡₂阻、拦党一~羊、共产~ ④当上~挡₁阻、拦荡宕

t'aŋ ①汤□形容纸、布等薄 ②唐糖塘搪堂螳膛棠 ③倘躺淌 ④趟烫

laŋ ①□细小不结实，也形容人瘦弱，~筋筋 ②狼廊郎琅锒螂囊包~ ③朗 ④浪晾₁

kaŋ ①缸肛冈刚纲钢 ②扛₁ ③岗港□一小~：一会儿 ④杠

k'aŋ ①康慷糠 ②扛₂ ③□罩（动词）；~~：罩子（第一个音节读阳平，第二个音节读为去声） ④抗炕

ŋaŋ ①肮₁□₁响 ②昂₁ ③□₁根据某种尺度推测、估计

xaŋ ①夯□驾驭 ②行~业杭航 ④巷项

tsaŋ ①脏肮~赃张章彰樟璋蟑□理睬 ③长~幼涨~水掌 ④葬藏西~奘

脏五~六膀 丈仗账杖胀涨~瘴 乌烟~气障

tsʻaŋ ①仓沧舱苍₂ 昌倡₁(误读) 猖娼菖~怅 ②藏躲 长~短 场肠常₂嫦₂尝₂偿₂ ③厂敞~:漏斗 ④唱畅倡₂怅

saŋ ①桑丧~事伤商 ②常₁嫦₁尝₁偿₁ ③嗓搡赏 ④丧~失尚上绱~鞋

zaŋ ②瓤□形容人没有力气很累或东西不结实 ③壤嚷~架、~嘴:吵架、闹矛盾酿₁攘 ④让

aŋ ①肮₂(新)□₂响(新) ②昂₂(新) ③□₂(新)根据某种尺度推测、估计 ④象₂(老)相似

iaŋ

liaŋ ①梁高~娘~ ②娘爹~良粮梁凉量 ③两辆 ④亮□炫耀□腻谅晾₂(新)量数~

tɕiaŋ ①江将~来、~军浆姜僵疆缰豇刚~才 ③讲奖桨蒋颃脖子 ④将大~匠酱降下~

tɕʻiaŋ ①枪腔羌 ②墙强~盗详₁祥₁翔₁ ③抢强勉~ ④呛

ɕiaŋ ①乡香相湘箱厢襄镶骧 ②降投~ ③想响饷享 ④向相象橡像₁画~,相似

iaŋ ①央秧殃□将就 ②阳扬杨羊洋疡 ③养痒 ④样漾恙

uaŋ

kuaŋ ①光□₁讽刺、指责 ③广 ④逛□₂(又音)讽刺、指责□光秃□(在表面上)磨、涂、擦等

kʻuaŋ ①匡框眶诓筐 ②狂 ④矿旷圹况

xuaŋ ①荒慌肓 ②黄簧潢磺蟥皇蝗惶徨湟隍煌凰 ③谎恍晃一~眼:一眨眼工夫幌~子 ④晃~眼睛

tʂuaŋ ①装庄桩 ③□凑、补□形容人呆、笨,没有能力 ④壮状撞₂

tʂʻuaŋ ①窗疮苍 ②床 ③闯撞₁~鬼 ④创撞₁~墙

ʂuaŋ ①双霜孀 ③爽

uaŋ ①汪 ②王亡 ③枉往网 ④旺望忘妄

oŋ

poŋ　　①绷崩　　③乒₁　　④蹦迸₁

p'oŋ　　①□灰尘、小虫等四处飞扬，也形容人的头发四处散开　　②朋棚蓬篷　　③捧　　④碰

moŋ　　①蒙₁~张纸　　②盟萌蒙₂　　③猛懵~虫：懵懂之人　　④梦孟

foŋ　　①风疯枫丰封峰锋蜂　　②逢缝冯　　③讽　　④凤奉缝

toŋ　　①东冬　　③董懂　　④动洞恫恫冻栋

t'oŋ　　①通捅~火　　②同桐铜童潼瞳　　③筒捅移动，~下椅子桶统　　④痛

loŋ　　①聋₁　　②龙笼珑聋₂隆农浓脓　　③拢到，~家陇团垄　　④弄

koŋ　　①工功攻公蚣弓躬₂供~应恭宫　　③拱排挤、挑拨，他们关系好，外人~不翻巩贡　　④共拱~来~去：移动，到处钻供招~贡

k'oŋ　　①空~哨　　③孔恐　　④空~白控

xoŋ　　①烘哄~他走轰　　②红虹宏洪鸿弘泓　　③哄~红~黑：欺骗　　④□茂盛、兴旺发达

tsoŋ　　①中~国忠盅钟衷终宗综踪棕鬃猪~　　③种撒~肿总□₁~包~式：体态和衣着臃肿　　④中打~仲种~地重~要众纵粽~耙皱₁~皮干交

ts'oŋ　　①冲~气；赌气充春匆葱囱聪　　②虫重~三遍四：重复、啰嗦崇从丛淙　　③宠□~瞌睡：打盹　　④冲形容人喜欢炫耀、自诩比别人能干，二~二~嘞□教唆、挑拨，~好~歹□台子：做梦□鸽子：聊天

soŋ　　①松嵩　　②□₂（又音）~包~式：体态和衣着臃肿　　③耸　　④送宋颂诵讼

zoŋ　　②戎绒茸□细碎　　③冗~长

oŋ　　①翁嗡□用土掩盖□蜂拥而上，~倒看　　④瓮魍~声~气蕹~菜

ioŋ

tɕ'ioŋ　　①龚躬₁~起背　　③炯迥窘

tɕi'oŋ　　②穷

ɕioŋ　　①兄凶汹匈胸　　②熊雄

ioŋ　　①雍庸拥~有雍臃壅　　②容溶蓉熔榕戎融荣　　③勇涌蛹踊拥~护　　④用

第三章　屯堡方言的词汇语法

从方言定位上说，屯堡方言属北方方言区的西南官话，词汇和语法从系统上说与整个西南官话一致，这一点在语法上表现得尤为突出。然而屯堡方言又是西南官话的一种具体的地域表现形式，必然有自己的特色。本章第一节将参照中国社会科学院语言研究所方言研究室编《汉语方言词语调查条目表》[①] 所列词条对屯堡方言进行客观展示（见表 3.1）。词汇读音新派与老派有差别时记录老派读音，有两可读音时记录最常见读音；方言词的记录不追求写"本字"，不能写出的字用"□"替代；表中所列词语屯堡人不用者标以"不用"，生活中应该用到但调查结果屯堡方言没有相对应的词语者注明"不用"；声调用 1、2、3、4 分别表记阴平、阳平、上声、去声。屯堡方言中有一种比较特殊的语言现象，有点类似于古代汉语修辞中的代语，当地人称其为"言子话"，虽为修辞现象，究其本质则为词汇替代，因而作为词汇现象在本章讨论。屯堡方言语法与西南官话一致性较强，因而本章只选取较具特色的部分作简要阐述。

需要特别指出的是，为客观而完整地记录屯堡方言，我们在列举方言词和记音时均以田野调查结果为准，由此产生的不同甚至错误，留待后来者修正和完善。

[①] 参见中国社会科学院语言研究所方言研究室编《汉语方言词语调查条目表》，《方言》2003 年第 1 期。

第一节　屯堡方言词汇

表 3.1　屯堡方言词汇

类别	词语条目	调查提示	方言词	记音
天文	太阳		太阳	[t'ai⁴iaŋ²]
	太阳地儿	太阳照到的地方	太阳底下	[t'ai⁴iaŋ²ti³ɕia⁴]
	向阳		当阳	[taŋ¹iaŋ²]
	背阴		背阴	[pei⁴in¹]
	日蚀		天狗吃月亮	[t'ian¹kəu³tʂ'ʅ¹i¹liaŋ⁴]
	日晕		太阳打伞	[t'ai⁴iaŋ²ta³san³]
	阳光		阳光	[iaŋ²kuaŋ¹]
	月亮		月亮	[i¹liaŋ⁴]
	月亮地儿	月亮照到的地方	□□	[i¹sei¹]
	月蚀		天狗吃月亮	[t'ian¹kəu³tʂ'ʅ¹i¹liaŋ⁴]
	月晕		月亮打伞	[i¹liaŋ⁴ta³san³]
	星星		仙宿	[ɕian¹ɕiəu⁴]
	北斗星		紫微星	[tsʅ³uei²ɕin¹]
	启明星		启明星	[tɕi³min²ɕin¹]
	银河		天河	[t'ian¹xo²]
	流星	名词	仙宿屙屎	[ɕian¹ɕiəu⁴ŋo¹sʅ³]
	彗星		扫把星	[sau⁴pa³ɕin¹]
	风	列举当地风名	风	[foŋ¹]
	大风		大风	[ta⁴foŋ¹]
	狂风		狂风	[k'uaŋ²foŋ¹]
	台风		不用	
	小风		小风	[ɕiau³foŋ¹]

续表

类别	词语条目	调查提示	方言词	记音
天文	旋风		旋涡风	[ɕian⁴ŋo¹foŋ¹]
	顶风		对面风	[tei⁴mian⁴foŋ¹]
	顺风		顺风	[ʂun⁴foŋ¹]
	刮风		刮风	[kua¹foŋ¹]
	风停了		不得风了	[pu¹tei¹foŋ¹əu⁴]
	云	列举当地云名	云	[in²]
	黑云		菩萨云	[pʻu²saˡin²]
	霞		霞	[ɕia²]
	早霞		早霞	[tsau³ɕia²]
	晚霞		晚霞	[uan³ɕia²]
	雷		雷	[lei²]
	打雷		打雷	[ta³lei²]
	雷打了	大树被～	雷劈了	[lei²pʻi¹ləu⁴]
	闪电	名词；动宾	扯闪	[tsʻei³san³]
	雨		雨	[i³]
	下雨了		下雨了	[ɕia⁴i³əu⁴]
	掉点了		不用	
	小雨		小雨	[ɕiau³i³]
	毛毛雨		毛毛雨	[mau²mauˡi³]
	大雨		大雨	[ta⁴i³]
	暴雨		暴雨	[pau⁴i³]
	连阴雨	接连多日阴雨	阴雨连绵	[inˡi³lian²mian²]
	雷阵雨		打雷下雨	[ta³lei²ɕia⁴i³]
	雨停了		雨住了	[i³tʂu⁴əu⁴]
	虹		龙杠吃水	[loŋ²kaŋ⁴tʂʻʅˡʂuei³]

续表

类别	词语条目	调查提示	方言词	记音
天文	淋雨	动宾	大雨淋湿	[ta⁴i³lin²ʂʅ]
	冰		冰	[pin¹]
	冰锥	挂在屋檐下的	凌冰	[lin⁴pin¹]
	结冰		冰冻	[pin¹toŋ⁴]
	雹子		冰雹	[pin¹pau⁴]
	雪		雪	[ɕi¹]
	下雪		下雪	[ɕia⁴ɕi¹]
	鹅毛雪		泡雪	[p'au⁴ɕi¹]
	雪珠子	米粒状的雪	雪米	[ɕi¹mi³]
	雨夹雪		雨夹雪	[i³tɕia¹ɕi¹]
	化雪		凌化	[lin⁴xua⁴]
	露		露	[lu⁴]
	下露		冷露下	[lən³lu⁴ɕia⁴]
	霜		霜	[ʂuaŋ¹]
	下霜		打霜	[ta³ʂuaŋ¹]
	雾		雾	[u⁴]
	下雾		不用	
	天气	最近~不太好	气候	[tɕ'i⁴xəu⁴]
	晴天		晴天	[tɕ'in²tian¹]
	阴天		阴天	[in¹tian¹]
	天气热		今天热	[tɕin¹tian¹zei¹]
	天气冷		今天冷	[tɕin¹tian¹lən³]
	伏天		伏天	[fu²tian¹]
	入伏		不用	
	初伏		初伏	[tʂu¹fu²]

续表

类别	词语条目	调查提示	方言词	记音
天文	中伏		二伏	[ɚ⁴fu²]
	末伏		三伏	[san³fu²]
	天旱		天干	[tian¹kan¹]
	涝了		涨大水	[tsaŋ³ta⁴ʂuei³]
地理	平原		不用	
	旱地		干地	[kan¹ti⁴]
	水田		水田	[ʂuei³tian²]
	菜地		菜地	[tsʻai⁴ti⁴]
	荒地		荒地	[xuaŋ¹ti⁴]
	沙土地		油沙土	[iəu²sa¹tʻu³]
	坡地		坡上地	[po¹saŋ⁴ti⁴]
	盐碱地		不用	
	滩地		河边田	[xo²pian¹tian²]
	山地	山上的农业用地	坡上地	[pʻo¹saŋ⁴ti⁴]
	山		岩山	[ŋai²san¹]
	山腰		半山腰	[pan⁴san¹iau¹]
	山脚		山脚	[san¹tɕio¹]
	山坳	山间的平地	山坳	[san¹ŋau⁴]
	山谷	两山之间低凹地方	山洼	[san¹ua¹]
	山涧	两山夹水	山水	[san¹ʂuei³]
	山坡		山坡	[san¹pʻo¹]
	山头	山的顶部	山顶顶	[san¹tin³tin³]
	山崖		山石	[san¹ʂʅ¹]
	河		河	[xo²]
	河里	掉~了	河头	[xo²tʻəu²]

续表

类别	词语条目	调查提示	方言词	记音
地理	水渠		水沟	[ʂuei³kəu¹]
	小水沟		水沟	[ʂuei³kəu¹]
	湖		湖	[xu²]
	潭	深的，天然的	龙滩	[loŋ²t'an¹]
	水塘		塘塘	[t'aŋ²t'aŋ¹]
	水坑		水坑	[ʂuei³kən¹]
	海		海	[xai³]
	河岸		河边	[xo²pian¹]
	堤	沿河防水的建筑物	不用	
	坝	河中拦水的建筑物	坝	[pa⁴]
	洲	水中陆地	河坝	[xo²pa⁴]
	河滩		塘	[t'aŋ²]
	水		水	[ʂuei³]
	清水		清水	[tɕ'in¹ʂuei³]
	浑水		浑水	[xun²ʂuei³]
	雨水		雨水	[i³ʂuei³]
	洪水		大水	[ta⁴ʂuei³]
	发大水		涨大水	[tsaŋ³ta⁴ʂuei³]
	洪峰	涨达最高水位的洪水	不用	
	凉水		冰水	[pin¹ʂuei³]
	泉水		井水	[tɕin³ʂuei³]
	热水		热水	[zei¹ʂuei³]
	温水		温水	[uən¹ʂuei³]
	开水	煮沸的水	开水	[k'ai¹ʂuei³]
	石头		石头	[ʂʅ¹t'əu²]

续表

类别	词语条目	调查提示	方言词	记音
地理	大石块		大石头	[ta⁴ʂʅ¹tʻəu²]
	小石块		石渣	[ʂʅ¹tsa¹]
	石板	板状的石块	石板	[ʂʅ¹pan³]
	鹅卵石		不用	
	沙子		沙子	[sa¹tsʅ³]
	沙土	含沙很多的土	沙地	[ʂa¹ti⁴]
	沙滩		沙滩	[sa¹tʻan¹]
	土坯		土砖	[tʻu³tʂuan¹]
	砖坯		毛坯子	[mau²pʻei¹tsʅ³]
	砖	注意记录整砖、碎砖，各种砖叫名不同	砖头	[tʂuan¹tʻəu²]
	瓦		瓦	[ua³]
	碎瓦		碎瓦片	[sei⁴ua³pʻian⁴]
	灰尘		灰尘	[xuei¹tsʻən²]
	烂泥		稀泥糊糊	[ɕi¹li²xu²xu²]
	泥土	干的	不用	
	金	指自然忧矿物质，下同	金	[tɕin¹]
	银		银	[in²]
	铜		铜	[tʻoŋ²]
	铁		铁	[tʻi¹]
	锡		锡	[ɕi¹]
	煤		煤	[mei²]
	煤油		煤油	[mei²iəu²]
	汽油		汽油	[tɕʻi⁴iəu²]
	石灰		石灰	[ʂʅ¹xuei¹]

续表

类别	词语条目	调查提示	方言词	记音
地理	水泥		洋灰	[iaŋ²xuei¹]
	磁石		吸铁石	[ɕi¹t'i¹ʂʅ¹]
	玉		玉	[i⁴]
	木炭		钢炭	[kaŋ¹t'an⁴]
	地方	他是什么~的人？	地方	[ti⁴faŋ¹]
	城市	对乡村而言	城市	[ts'ən²ʂʅ⁴]
	城墙		城墙	[ts'ən²tɕ'iaŋ²]
	壕沟		壕沟	[xau²kəu¹]
	城内		城内	[ts'ən²lei⁴]
	城外		城外	[ts'ən²uai⁴]
	城门		城门	[ts'ən²mən²]
	胡同		巷巷	[xaŋ⁴xaŋ⁴]
	乡村	对城市而言	乡下	[ɕiaŋ¹ɕia⁴]
	山沟	偏僻的山村	山沟沟头	[san¹kəu¹kəu¹t'əu²]
	家乡		家乡	[tɕia¹ɕiaŋ¹]
	赶集		赶场	[kan³ts'aŋ²]
	街道		街道	[kai¹tau⁴]
	路		路	[lu⁴]
	大路		大路	[ta⁴lu⁴]
	小路		小路	[ɕiau³lu⁴]
时令、时间	春天		春天	[tʂ'un¹t'ian¹]
	夏天		夏天	[ɕia⁴t'ian¹]
	秋天		秋天	[tɕ'iəu¹t'ian¹]
	冬天		冬天	[toŋ¹t'ian¹]
	立春		立春	[li¹tʂ'uən¹]

续表

类别	词语条目	调查提示	方言词	记音
时令、时间	雨水		雨水	[i³ʂuei³]
	惊蛰		惊蛰	[tɕin¹tsei²]
	春分		春分	[tʂʻun¹fən¹]
	清明		清明	[tɕʻin¹min²]
	谷雨		谷雨	[ku²i³]
	立夏		立夏	[li¹ɕia⁴]
	小满		小满	[ɕiau³man³]
	芒种		芒种	[maŋ²tsoŋ³]
	夏至		夏至	[ɕia⁴tʂʅ⁴]
	小暑		小暑	[ɕiau³ʂu³]
	大暑		大暑	[ta⁴ʂu³]
	立秋		立秋	[li¹tɕʻiəu¹]
	处暑		处暑	[tʂʻu⁴ʂu³]
	白露		白露	[pei²lu⁴]
	秋分		秋分	[tɕʻiəu¹fən¹]
	寒露		寒露	[xan²lu⁴]
	霜降		霜降	[ʂuaŋ¹tɕiaŋ]
	立冬		立冬	[li¹toŋ¹]
	小雪		小雪	[ɕiau³ɕi¹]
	大雪		大雪	[ta⁴ɕi¹]
	冬至		冬至	[toŋ¹tʂʅ⁴]
	小寒		小寒	[ɕiau³xan²]
	大寒		大寒	[ta⁴xan²]
	历书		皇历	[xuaŋ²li¹]
	农历		农历	[loŋ²li¹]

续表

类别	词语条目	调查提示	方言词	记音
时令、时间	阴历		农历	[loŋ²li¹]
	公历		阳历	[iaŋ²li¹]
	阳历		阳历	[iaŋ²li¹]
	除夕	农历一年最后一天	三十夜	[san¹ʂʅ¹i⁴]
	大年初一		年初一	[lian²tʂʻu¹i¹]
	拜年		拜年	[pai⁴lian²]
	元宵节	农历正月十五	十五	[ʂʅ¹u³]
	端午节	农历五月初五	端阳	[tuan¹iaŋ²]
	中秋节	农历八月十五	八月十五	[pa¹i¹ʂʅ¹u³]
	七夕	农历七月初七的晚上	不用	
	中元节	农历七月十五	七月半	[tɕʻi¹i¹pan⁴]
	重阳节	农历九月初九	重阳	[tʂʻoŋ²iaŋ²]
	寒食节	清明前一天	无	
	今年		今年	[tɕin¹lian²]
	去年		去年	[kʻi⁴lian²]
	明年		明年	[mən²ian²]
	前年		前年	[tɕʻian²lian²]
	大前年		上前年	[saŋ⁴tɕʻian²lian²]
	往年	以往的年头	不用	
	后年		后年	[xəu⁴lian²]
	大后年		大后年	[ta⁴xəu⁴lian²]
	每年		年年	[lian²lian²]
	年初		不用	
	年中		不用	
	年底		年底	[lian²ti³]

续表

类别	词语条目	调查提示	方言词	记音
时令、时间	上半年		上半年	[saŋ⁴pan⁴lian²]
	下半年		下半年	[ɕia⁴pan⁴lian²]
	整年		一年到头	[i¹lian²tau⁴t'əu²]
	正月		正月	[tsən¹i¹]
	腊月		腊月	[la¹i¹]
	闰月		闰月	[zʮən⁴i¹]
	月初		上旬	[saŋ⁴ɕin²]
	月半		中旬	[tsoŋ¹ɕin²]
	月底		月底	[i¹ti³]
	一个月		一个月	[1¹ko⁴i¹]
	前个月		前个月	[tɕ'ian²ko⁴i¹]
	上个月		上个月	[saŋ⁴ko⁴i¹]
	这个月		这个月	[tsei⁴ko⁴i¹]
	下个月		下个月	[ɕia⁴ko⁴i¹]
	每月		每月	[mei³i¹]
	上旬		上旬	[saŋ⁴ɕin²]
	中旬		中旬	[tsoŋ¹ɕin²]
	下旬		下旬	[ɕia⁴ɕin²]
	大建	农历三十天的月份	月大	[i¹ta⁴]
	小建	农历二十九天的月份	月小	[i¹ɕiau³]
	今天		今天	[tɕin¹t'ian¹]
	昨天		昨天	[tso²t'ian¹]
	明天		明天	[mən²t'ian¹]
	后天		后天	[xəu⁴t'ian¹]
	大后天		万天	[uan⁴t'ian¹]

续表

类别	词语条目	调查提示	方言词	记音
时令、时间	次日	某日的下一天	第二天	[ti⁴ə̆⁴t'ian¹]
	前天		前天	[tɕ'ian²t'ian¹]
	大前天		不用	
	前几天		不用	
	星期天		礼拜天	[li³pai⁴t'ian¹]
	一星期		一个礼拜	[i¹ko⁴li³pai⁴]
	整天		整天	[tsən³t'ian¹]
	每天		每天	[mei³t'ian¹]
	十几天	比十天多	十多天	[ʂɿ¹to¹t'ian¹]
	上午		上午	[saŋ⁴u³]
	下午		下午	[ɕia⁴u³]
	半天		半天	[pan⁴t'ian¹]
	大半天		大半天	[ta⁴pan⁴t'ian¹]
	凌晨	天快亮的时候	天麻亮	[t'ian¹ma²liaŋ⁴]
	清晨	日出前后的一段时间	大老早	[ta⁴lau³tsau³]
	午前		晌午前	[sau³u³tɕ'ian²]
	中午		中午	[tsoŋ¹u³]
	午后		晌午后	[sau³u³xəu²]
	白天		白天	[pei²t'ian¹]
	黄昏	日落以后、星出以前	擦黑	[ts'a²xei¹]
	夜晚	从天黑直到天亮	夜晚	[i⁴uan³]
	半夜		半夜	[pan⁴i⁴]
	上半夜		上半夜	[saŋ⁴pan⁴i⁴]
	下半夜		下半夜	[ɕia⁴pan⁴i⁴]
	整夜		一夜通宵	[i¹i⁴t'oŋ¹ɕiau¹]

续表

类别	词语条目	调查提示	方言词	记音
时令、时间	每天晚上		每天晚上	[mei³t'ian¹uan³saŋ⁴]
	年份	指某一年	不用	
	月份	指某一月	月份	[i¹fən⁴]
	日子	指日期	日子	[zʅ¹tsʅ³]
	什么时候	他～来?	哪天	[la³t'ian¹]
	先前		以前	[i³tɕ'ian²]
	后来		后来	[xəu⁴lai²]
	现在		现在	[ɕian⁴tsai⁴]
农业	春耕		春耕	[tʂun¹kən¹]
	夏收		夏收	[ɕia⁴səu¹]
	秋收		秋收	[tɕ'iəu¹səu¹]
	早秋		不用	
	晚秋		不用	
	整地		挖地	[ua¹ti⁴]
	下种		下种	[ɕia⁴tsoŋ³]
	插秧		栽秧	[tsai¹iaŋ¹]
	薅草		薅地	[xau¹ti⁴]
	稻穗		谷吊	[ku¹tiau⁴]
	割稻子		割谷子	[ko¹ku¹tsʅ³]
	割麦		割麦子	[ko¹mei¹tsʅ³]
	打场		不用	
	场院		晒坝	[sai⁴pa⁴]
	锄地		薅地	[xau¹ti⁴]
	松土		挖土	[ua¹t'u³]
	施肥		放肥料	[faŋ⁴fei²liau⁴]

续表

类别	词语条目	调查提示	方言词	记音
农业	浇粪		泼粪	[p'o¹fən⁴]
	粪坑		茅厮	[mau²sʅ¹]
	积肥		积肥	[tɕi¹fei²]
	拾粪		拣粪	[tɕian³fən⁴]
	粪肥	注意各种粪肥的名称	农家肥	[loŋ²tɕia¹fei²]
	化肥	注意各种化肥的名称	化肥	[xua⁴fei²]
	浇水		泼水	[p'o¹ʂuei³]
	灌水	使水入地	抽水放田	[ts'əu¹ʂuei³faŋ⁴t'ian²]
	排水	使水出地	不用	
	打水	从井里或河里取水	打水	[ta³ʂuei³]
	水井	浇地的水井和饮用的水井是否不同	井	[tɕin³]
	水桶		吊桶	[tiau⁴t'oŋ³]
	井绳		索子	[so¹tsʅ³]
	水车		水车	[ʂuei³ts'ei¹]
	大车	注意农村常用的其他车辆，以及跟这些车辆有关的其他条目	马车	[ma³ts'ei¹]
	牛轭		牛口	[liəu²tɕian¹]
	牛笼嘴		牛斗子	[liəu²təu³tsʅ³]
	牛鼻桊儿	穿在牛鼻子里的木棍儿或铁环	牛鼻桊	[liəu²pi²ɕi¹]
	犁		犁	[li²]
	犁身		无	
	犁把		无	
	犁铧		犁口	[li²k'əu³]
	耙子		耙	[p'a²]

续表

类别	词语条目	调查提示	方言词	记音
农业	趸子（芡子）	用高粱或芦苇的篾片、竹篾等编的粗而长的席，可以围起来囤粮食	□□	[tən⁴lo²]
	囤	存放粮食的器具	垫席	[t'ən²ɕi²]
	扇车	使米粒跟谷壳分离的农具	风簸	[foŋ¹po³]
	石磙	圆柱形，用来轧谷物、平场地	□子	[lei⁴zɹ³]
	砻	脱去稻谷外皮的农具	不用	
	石磨		磨	[mo⁴]
	磨盘		磨盘	[mo⁴p'an²]
	磨把儿		磨带钩	[mo⁴tai⁴kəu¹]
	磨脐儿	磨扇中心的铁轴	磨心	[mo⁴ɕin¹]
	筛子	筛稻、米用的	筛子	[sai¹zɹ³]
	罗	筛粉末状细物用的器具	罗	[lo²]
	连枷		□	[ta³]
	碓	指整体	圆碓	[ian²tei⁴]
	碓杆		碓折	[tei⁴tsei²]
	钉耙		钉耙	[tin¹p'a²]
	镐	刨硬地用，一头尖形，一头扁小	十字镐	[sɹ¹zɹ⁴kau¹]
	锄	松土、锄草用，扁形，各地形状不一	锄头	[tʂ'u²t'əu²]
	铡刀		铡刀	[tʂa¹tau¹]
	镰刀		镰刀	[lian²tau¹]
	砍刀	用来劈开或剁断木柴的刀	砍刀	[k'an³tau¹]
			柴刀	[ts'ai²tau¹]
	木锨		耙耙	[p'a²p'a¹]
	铁锨	口是平的	铲铲	[ts'an³ts'an³]
	簸箕	盛粮食用	簸箕	[po³tɕi¹]

续表

类别	词语条目	调查提示	方言词	记音
农业	撮箕	撮垃圾用	撮箕	[ts'o¹tɕi¹]
	垃圾		渣渣	[tʂa¹tʂa¹]
	笼		笼筐	[lo²k'uaŋ¹]
	筐		笼筐	[lo²k'uaŋ¹]
	扁担		扁担	[pian³tan⁴]
	挑担子		挑担子	[t'iau¹tan⁴tsʅ³]
	扫帚	用竹枝扎成，比笤帚大，扫地用	扫把	[sau⁴pa³]
	笤帚	用高粱穗、黍子穗等绑成，扫地用	扫把	[sau⁴pa³]
植物	庄稼	列举本地各种庄稼	庄稼	[tʂuaŋ¹tɕia¹]
	粮食		粮食	[liaŋ²sʅ²]
	五谷		五谷	[u³ku¹]
	麦	列举本地各种麦子的名称	麦子	[mei¹tsʅ³]
	荞麦		荞	[tɕ'iau²]
	麦芨儿		不用	
	小米儿		小米	[ɕiau³mi³]
	谷子	指植株，籽实是小米儿	稻	[tau⁴]
	玉米		苞谷	[pau¹ku¹]
	高粱		不用	
	稻	指植株。注意调查本地各种稻子名称	稻	[tau⁴]
	稻子	指籽实	谷子	[ku¹tsʅ³]
	早稻		早稻	[tsau³tau⁴]
	晚稻		晚稻	[uan³tau⁴]
	稗子		红稗	[xoŋ²pai⁴]
	秕子	空的或不饱满的籽粒	□壳	[i³k'o¹]

续表

类别	词语条目	调查提示	方言词	记音
植物	米	稻的籽实去壳后	米	[mi³]
	糯米		糯米	[lo⁴mi³]
	大米	相对糯米而言	大米	[ta⁴mi³]
	籼米	米粒长而细，黏性小	黏米	[tsei¹mi³]
	早米		不用	
	晚米		不用	
	糙米	未舂碾过的米	糙米	[tsʻau⁴mi³]
	白米	经过舂碾的米	熟米	[ʂu²mi³]
	棉花		棉花	[xua¹]
	棉花桃儿		棉花	[xua¹]
	麻秆		麻秆	[ma²kan³]
	苎麻		不用	
	脂麻		脂麻	[tʂʅ³ma²]
	芝麻		芝麻	[tʂʅ¹ma²]
	向日葵		葵花	[kʻuei²xua¹]
	葵花子儿		葵花	[kʻuei²xua¹]
	白薯	列举本地各种白薯品种名	不用	
	马铃薯		洋芋	[iaŋ²i⁴]
	芋	指这种植物	芋头	[i⁴tʻəu²]
	芋头	芋块茎的总称	芋头	[i⁴tʻəu²]
	慈姑		慈姑	[tsʅ²ku¹]
	山药	学名叫薯蓣	山药	[san¹io¹]
	藕	注意植株和地下茎藕有无分别	藕	[ŋəu³]
	莲子	莲蓬的籽实	莲子	[lian²tsʅ³]
	黄豆		黄豆	[xuaŋ²təu⁴]

续表

类别	词语条目	调查提示	方言词	记音
植物	绿豆		绿豆	[lu¹təu⁴]
	黑豆		不用	
	红小豆		饭豆	[fan⁴təu⁴]
	豌豆		豌豆	[uan¹təu⁴]
	豇豆	细长条的	豇豆	[tɕiaŋ¹təu⁴]
	扁豆		扁豆	[pian³təu⁴]
	蚕豆		蚕豆	[tsʻan²təu⁴]
	茄子		茄子	[tɕʻi²tsʅ³]
	黄瓜		黄瓜	[xuaŋ²kua¹]
	菜瓜		南瓜	[lan²kua¹]
	丝瓜		丝瓜	[sʅ¹kua¹]
	苦瓜		苦瓜	[kʻu³kua¹]
	南瓜		南瓜	[lan²kua¹]
	冬瓜		冬瓜	[toŋ¹kua¹]
	葫芦		葫芦	[xu²lu²]
	瓠子		瓜瓢	[kua¹zaŋ²]
	葱		葱	[tsʻoŋ¹]
	洋葱		洋葱	[iaŋ²tsʻoŋ¹]
	葱叶		葱叶	[tsʻoŋ¹i¹]
	葱白		葱白	[tsʻoŋ¹pei²]
	蒜	指这种植物	大蒜	[ta⁴ʂuan⁴]
	蒜头	蒜的鳞茎，由蒜瓣构成	大蒜	[ta⁴ʂuan⁴]
	蒜苗	蒜的花茎	蒜苗	[ʂuan⁴miau²]
	青蒜	嫩的蒜梗和蒜叶	蒜苗	[ʂuan⁴miau²]
	蒜泥		蒜泥	[ʂuan⁴li²]

续表

类别	词语条目	调查提示	方言词	记音
植物	韭菜		韭菜	[tɕiəu³tsʻai⁴]
	韭黄		韭黄	[tɕiəu³xuaŋ²]
	苋菜		苋菜	[xan⁴tsʻai⁴]
	土豆		洋芋	[iaŋ²i⁴]
	西红柿		柿饼茄	[ʂʅ⁴pin³tɕʻi²]
	姜		姜	[tɕiaŋ¹]
	柿子椒		泡冬辣子	[pʻau⁴toŋ¹la¹tsʅ³]
	辣椒		辣椒	[la¹tɕiau¹]
	辣椒面儿		辣子面	[la¹tsʅ³mian⁴]
	芥菜		不用	
	芥末		不用	
	胡椒		胡椒	[xu²tɕiau¹]
	菠菜		菠菜	[po¹tsʻai⁴]
	白菜		白菜	[pei²tsʻai⁴]
	洋白菜	叶子卷成球状的	裹心白	[ko³ɕin¹pei²]
	小白菜		小白菜	[ɕiau³pei²tsʻai⁴]
	莴笋	指茎部	莴笋	[o¹sən³]
	莴笋叶		莴笋叶	[o¹sən³i¹]
	生菜		莴鸡菜	[o¹tɕi¹tsʻai⁴]
	菜		菜	[tsʻai⁴]
	芹菜		芹菜	[tɕʻin²tsʻai⁴]
	芫荽		芫荽	[ian²ɕi¹]
	蒿子秆儿		岩斗棒	[ŋai²təu³paŋ⁴]
	萝卜		萝卜	[lo²pu⁴]
	萝卜糠了		不用	

续表

类别	词语条目	调查提示	方言词	记音
植物	萝卜缨儿		不用	
	萝卜干儿		干萝卜	[kan¹lo²pu⁴]
	胡萝卜		红萝卜	[xoŋ²lo²pu⁴]
	苤蓝		大头菜	[ta⁴t'əu²ts'ai⁴]
	茭白		茭瓜	[tɕisu¹kua¹]
	油菜	做蔬菜用	油菜	[iəu²ts'ai⁴]
	油菜薹		油菜薹	[iəu²ts'ai⁴t'ai²]
	油菜籽	榨油用	油菜籽	[iəu²ts'ai⁴tsɿ³]
	蕹菜		不用	
	荠菜		荠菜	[tɕ'i²ts'ai⁴]
	树		树	[ʂu⁴]
	树林		树林	[ʂu⁴lin²]
	树苗		树秧	[ʂu⁴iaŋ¹]
	树干		树	[ʂu⁴]
	树梢		树巅	[ʂu⁴tian¹]
	树根		树根	[ʂu⁴kən¹]
	树叶		树叶	[ʂu⁴i¹]
	树枝		树枝	[ʂu⁴tsɿ]
	种树	动宾	栽树	[tsai¹ʂu⁴]
	砍树	动宾	砍树	[k'an³ʂu⁴]
	松树		松树	[soŋ¹ʂu⁴]
	松针		松叶	[soŋ¹i¹]
	松球		松子	[soŋ¹tsɿ³]
	松香		松香	[soŋ¹ɕiaŋ¹]
	杉树		杉树	[sa¹ʂu⁴]

续表

类别	词语条目	调查提示	方言词	记音
植物	杉针		杉树芽子	[sa¹ʂu⁴ia²tsʅ³]
	杉篙		不用	
	桑树		桑树	[saŋ¹ʂu⁴]
	桑葚儿		蚕桑萌	[ts'an²saŋ¹moŋ²]
	桑叶		桑叶	[saŋ¹i¹]
	杨树		杨树	[iaŋ²ʂu⁴]
	柳树		柳树	[liəu³ʂu⁴]
	荆条		不用	
	桐油树		桐子树	[t'oŋ²tsʅ³ʂu⁴]
	桐子		桐子	[t'oŋ²tsʅ³]
	桐油		桐油	[t'oŋ²iəu²]
	苦楝树		不用	
	红豆树		不用	
	竹子	注意当地各种竹子的叫名儿，有无方竹	苦竹	[k'u³tʂu²]
			绵竹	[mian²tʂu²]
	竹笋		笋子	[sən³tsʅ³]
	冬笋		冬笋	[toŋ¹sən³]
	春笋		春笋	[tʂun¹sən³]
	笋壳		笋壳	[sən³k'o¹]
	竹竿儿		竹竿	[tʂu²kan¹]
	竹叶儿		竹叶	[tʂu²i¹]
	篾片	竹子劈成的薄片	竹片	[tʂu²p'ian⁴]
	篾黄		篾黄	[mi¹xuaŋ²]
	篾青		篾青	[mi¹tɕ'in¹]
	水果		水果	[ʂuei³ko³]
	干果		不用	

续表

类别	词语条目	调查提示	方言词	记音
植物	桃		桃子	[t'au²tsʅ³]
	杏		杏子	[ɕin⁴tsʅ³]
	李子		李子	[li³tsʅ³]
	苹果		苹果	[p'in²ko³]
	沙果		不用	
	枣儿		枣子	[tsau³tsʅ³]
	梨		梨子	[li²tsʅ³]
	枇杷		枇杷	[p'i²p'a¹]
	柿子		柿子	[ʂʅ⁴tsʅ³]
	柿饼		柿花	[ʂʅ⁴xua¹]
	石榴		石榴	[ʂʅ²liəu¹]
	柚子		柚子	[iəu⁴tsʅ³]
	橘子	注意当地橘与柑有无分别	橘子	[tɕi²tsʅ³]
	橘络	橘瓣上的丝儿	不用	
	金橘		金橘	[tɕin¹tɕi²]
	橙子		橙子	[ts'ən²tsʅ³]
	木瓜		木瓜	[mu¹kua¹]
	龙眼		龙眼	[loŋ²ian³]
	龙眼肉	去壳去核的龙眼干	龙眼	[loŋ²ian³]
	荔枝		荔枝	[li⁴tʂʅ¹]
	杧果		杧果	[maŋ²ko³]
	菠萝		菠萝	[po¹lo²]
	橄榄		橄榄	[kan³lan³]
	银杏		白果	[pei²ko³]
	栗子		毛栗	[mau²li¹]

续表

类别	词语条目	调查提示	方言词	记音
植物	核桃		核桃	[xei¹t'au²]
	榛子		榛子	[tsən¹tsʅ³]
	榧子		不用	
	西瓜		西瓜	[ɕi¹kua¹]
	瓜子儿		瓜子	[kua¹tsʅ³]
	甜瓜		不用	
	荸荠		荸荠	[p'u¹tɕi¹]
	甘蔗		蔗甘	[tsei⁴kan³]
	花生		花生	[xua¹sən¹]
	花生米		花生米	[xua¹sən¹mi³]
	花生皮	花生米外面的皮	花生皮	[xua¹sən¹p'i²]
	桂花		桂花	[kuei⁴xua¹]
	菊花		菊花	[tʂu²xua¹]
	梅花		梅花	[mei²xua¹]
	凤仙花		无	
	荷花		荷花	[xo²xua¹]
	荷叶		荷叶	[xo²i¹]
	莲蓬		不用	
	水仙花		水仙花	[ʂuei³ɕian³xua¹]
	茉莉花儿		茉莉花	[mo¹li⁴xua¹]
	含羞草		含羞草	[xan²ɕiəu¹ts'au³]
	牵牛花		打破碗花	[ta³p'o⁴uan³xua¹]
	杜鹃花		艳山红	[ian⁴san¹xoŋ²]
	芙蓉花	指木芙蓉	芙蓉花	[fu²ioŋ²xua¹]
	万年青		万年青	[uan⁴lian²tɕ'in¹]

续表

类别	词语条目	调查提示	方言词	记音
植物	仙人掌		仙人掌	[ɕian¹zən²tsaŋ³]
	花蕾	没有开放的花	花苞苞	[xua¹pau¹pau¹]
	花瓣儿		花瓣瓣	[xua¹pan⁴pan⁴]
	花蕊		花芯	[xua¹ɕin¹]
	芦苇		不用	
	香菇		菌子	[tɕin⁴tsɿ³]
	蘑菇		菌子	[tɕin⁴tsɿ³]
	冬菇		菌子	[tɕin⁴tsɿ³]
	青苔		青苔	[tɕʻin¹tʻai¹]
动物	牲口		牲畜	[sən¹tʂʻu²]
	公马		叫马	[tɕiau⁴ma³]
	母马		□马	[tʻo⁴ma³]
	骟马	骟过的马	骟马	[san⁴ma³]
	公牛		牲□	[sən¹ku¹]
	犍牛	阉过的公牛	骟牛	[san⁴liəu²]
	母牛		老母牛	[lau³mu³liəu²]
	黄牛		黄□	[xuaŋ¹ku¹]
	水牛		水□	[ʂuei³ku¹]
	牛犊		小牛儿	[ɕiau³liəu²ɚ²]
	驴		不用	
	公驴		不用	
	母驴		不用	
	骡		骡	[lo²]
	驴骡	马父驴母	不用	
	马骡	驴父马母	不用	

续表

类别	词语条目	调查提示	方言词	记音
动物	骆驼		骆驼	[lo¹t'o²]
	绵羊		绵羊	[mian²iaŋ²]
	山羊		山羊	[san¹iaŋ²]
	羊羔		羊羔	[iaŋ²kau¹]
	狗		狗	[kəu³]
	公狗		牙狗	[ia²kəu³]
	母狗		草狗	[ts'au³kəu³]
	小狗儿	脱奶后的幼犬	小狗儿	[ɕiau³kəu³ɚ²]
	哈巴狗		哈巴狗	[xa¹p'a¹kəu³]
	猫		猫	[mau¹]
	公猫		男猫	[lan²mau¹]
	母猫		女猫	[li³mau¹]
	公猪		牙猪	[ia²tʂu¹]
	种猪		郎猪	[laŋ²tʂu¹]
	母猪		母猪	[mu³tʂu¹]
	猪崽		小猪儿	[ɕiau³tʂu¹ɚ²]
	阉猪	动宾	解猪	[kai³tʂu¹]
	兔子		兔子	[t'u⁴tsʅ³]
	鸡		鸡	[tɕi¹]
	公鸡	成年的打鸣的公鸡	公鸡	[koŋ¹tɕi¹]
	鸡角	未成年的小公鸡	童子鸡	[t'oŋ²tsʅ³tɕi¹]
	阉鸡	阉过的公鸡	骟鸡	[san⁴tɕi¹]
	阉鸡	动宾	骟鸡	[san⁴tɕi¹]
	母鸡		母鸡	[mu³tɕi¹]
	抱窝鸡	正在孵蛋的母鸡	抱儿老母鸡	[pau⁴ɚ²lau³mu³tɕi¹]

续表

类别	词语条目	调查提示	方言词	记音
动物	鸡娘	未成年的小母鸡	仔鸡	[tsʅ³tɕi¹]
	小鸡儿		小鸡儿	[ɕiau³tɕi¹ɚ²]
	鸡蛋		鸡蛋	[tɕi¹tan⁴]
	下蛋		下蛋	[ɕia⁴tan⁴]
	孵	~小鸡儿	孵小鸡	[pau⁴ɕiau³tɕi¹]
	鸡冠		鸡冠	[tɕi¹kuan¹]
	鸡爪子		鸡爪子	[tɕi¹tʂua³tsʅ³]
	鸭		鸭	[ia¹]
	公鸭		公鸭	[koŋ¹ia¹]
	母鸭		母鸭	[mu³ia¹]
	小鸭子		鸭儿	[ia¹ɚ²]
	鸭蛋		鸭蛋	[ia¹tan⁴]
	鹅		鹅	[ŋo²]
	小鹅儿		鹅儿	[ŋo²ɚ²]
	野兽		野兽	[i³səu⁴]
	狮子		狮子	[ʂʅ¹tsʅ³]
	老虎		老虎	[lau³xu³]
	母老虎	雌虎	不用	
	猴子		猴子	[xəu²tsʅ³]
	熊		熊	[ɕioŋ²]
	豹		豹子	[pau⁴tsʅ³]
	狐狸		狐狸	[xu²li¹]
	黄鼠狼		黄鼠狼	[xuaŋ²ʂu³laŋ²]
	老鼠		耗子	[xua⁴tsʅ³]
	蛇	注意各种蛇的叫名	蛇	[sei²]

续表

类别	词语条目	调查提示	方言词	记音
动物	蜥蜴		四脚蛇	[sɹ⁴təɕio¹sei²]
	鸟儿		鸟	[liau³]
	乌鸦		老□	[lau³ua¹]
	喜鹊		喜鹊	[ɕi³tɕ'io¹]
	麻雀		麻雀	[ma²tɕ'io¹]
	燕子		燕子	[ian⁴tsɹ³]
	雁		大雁	[ta⁴ian⁴]
	斑鸠		斑鸠	[pan¹tɕiəu¹]
	鸽子		鸽子	[ko¹tsɹ³]
	鹌鹑		鹌鹑	[ŋan¹tʂ'uən²]
	鹧鸪		鹧鸪	[tsei²ku¹]
	布谷鸟		布谷鸟	[pu⁴ku¹liau³]
	啄木鸟		啄木倌	[tʂua²mu¹kuan¹]
	猫头鹰		猫灯哥	[mau¹tən¹ko¹]
	夜鹰		夜鹰	[i⁴in¹]
	鹦鹉		鹦鹉	[in¹u³]
	八哥儿		八儿	[pa¹ɚ²]
	鹤		鹤	[xo¹]
	老鹰		老□	[lau³ua¹]
	野鸡		野鸡	[i³tɕi¹]
	野鸭		野鸭	[i³ia¹]
	鸬鹚		水老□	[ʂuei³lau³ua¹]
	鹭鸶		白鹤	[pei²xo¹]
	蝙蝠		盐耗子	[ian²xau⁴tsɹ³]
	翅膀		翅膀	[tʂ'ɹ⁴paŋ³]

续表

类别	词语条目	调查提示	方言词	记音
动物	嘴	鸟类之嘴	嘴	[tsei³]
	鸟窝		鸟窝	[liau³o¹]
	蚕		蚕	[ts'an²]
	蚕蛹		蛹	[ioŋ³]
	蚕沙	家蚕的屎	蚕丝	[ts'an²sʅ¹]
	蜘蛛		蜘蛛	[tsei¹tʂu¹]
	蚂蚁		蚂蚁	[ma³i³]
	蝼蛄		斗狗	[təu⁴kəu³]
	土鳖	可入药，又叫地鳖	地虱子	[ti⁴sei²tsʅ³]
	蚯蚓		曲蟮	[tʂ'u¹san⁴]
	蜗牛		螺□	[lo²sʅ¹]
	蜣螂		不用	
	蜈蚣		蜈蚣	[u²koŋ¹]
	蝎子		蝎子	[ɕi¹tsʅ³]
	壁虎		爬壁虎	[pa¹pi¹xu³]
	毛虫		毛虫	[mau²ts'oŋ²]
	肉虫	米里的米色虫	鼓牛	[ku³liəu²]
	蚜虫		蚜虫	[ia²ts'oŋ²]
	苍蝇		苍蝇	[ts'aŋ¹in¹]
	蚊子		蚊子	[uən²tsʅ³]
	孑孓		不用	
	虱子		虱子	[sei¹tsʅ³]
	臭虫		臭虫	[ts'əu⁴ts'oŋ²]
	跳蚤		虼蚤	[kei¹tsau³]
	牛虻		牛蚊	[liəu²uən²]

续表

类别	词语条目	调查提示	方言词	记音
动物	蟋蟀		蟋蟀	[ɕi¹so²]
	灶蟋蟀	状似蟋蟀，常出没于厨房	灶妈妈	[tsau⁴ma²ma¹]
	蟑螂		偷油婆	[tʻəu¹iəu²pʻo²]
	蝗虫		蚂蚱	[ma³tsa²]
	螳螂		螳螂	[tʻaŋ²laŋ²]
	蝉		蝉	[san²]
	蜜蜂		蜜蜂	[mi¹foŋ¹]
	马蜂		马蜂	[ma³foŋ¹]
	蜇	马蜂~人	叮	[din¹]
	蜂窝		蜂桶	[foŋ¹tʻoŋ³]
	蜂蜜		蜂糖	[foŋ¹tʻaŋ²]
	萤火虫		亮火虫	[liaŋ⁴xo³tsʻoŋ²]
	臭大姐		臭屁虫	[tsʻəu⁴pʻi⁴tʻsoŋ²]
	灯蛾		扑灯蛾	[pʻu¹tən¹o²]
	蝴蝶		蝴蝶	[xu²ti²]
	蜻蜓		□□	[tsaŋ¹tsaŋ¹]
	花大姐	学名瓢虫	金龟子	[tɕin¹kuei¹tsɿ³]
	鱼儿		鱼	[i²]
	鲤鱼		鲤鱼	[li³i²]
	鲫鱼		鲫鱼	[tɕi²i²]
	鳊鱼		鳊鱼	[pian³i²]
	草鱼		草鱼	[tsʻau³i²]
	黄鱼		黄鱼	[xuaŋ²i²]
	比目鱼		比目鱼	[pi³mu¹i²]
	鳜鱼		不用	

续表

类别	词语条目	调查提示	方言词	记音
动物	鳗鱼		不用	
	带鱼		带鱼	[tai⁴i²]
	鲈鱼		鲈鱼	[lu²i²]
	平鱼		不用	
	鲥鱼		不用	
	鲇鱼		不用	
	白鲦鱼		白鲦鱼	[pei²tʻiau¹i²]
	黑鱼		不用	
	墨鱼		墨鱼	[mei¹i²]
	鱿鱼		鱿鱼	[iəu²i²]
	胖头鱼		不用	
	金鱼		金鱼	[tɕin¹i²]
	泥鳅		江鳅	[kaŋ¹tɕʻiəu¹]
	鳝鱼		黄鳝	[xuaŋ²san⁴]
	鲞	剖开晒干的鱼	干鱼	[kan¹i²]
	鱼鳞		鱼龙板	[i²loŋ²pan³]
	鱼刺		鱼刺	[i²tʂʻʅ]
	鱼鳔儿		鱼泡	[i²pʻau⁴]
	鳍		鱼背筋	[i²pei⁴tɕin¹]
	鱼鳃		不用	
	鱼子	鱼的卵	鱼蛋	[i²tan⁴]
	鱼苗儿		细鱼□□	[ɕi⁴i²laŋ¹laŋ¹]
	钓鱼		钓鱼	[tiau⁴i²]
	钓鱼竿儿		鱼竿	[i²kan¹]
	钓鱼钩儿		鱼钩	[i²kəu¹]

续表

类别	词语条目	调查提示	方言词	记音
动物	鱼篓儿		笆篓	[pa²ləu³]
	渔网		网	[uaŋ³]
	虾		虾儿	[ɕia¹ɚ²]
	鲜虾仁儿		新鲜虾儿	[ɕin¹ɕian¹ɕia¹ɚ²]
	干虾米		干虾	[kan¹ɕia¹]
	虾子	虾的卵，干制后做调味品	虾儿蛋	[ɕia¹ɚ²tan⁴]
	龟		团鱼	[t'uan²i²]
	鳖		不用	
	螃蟹	注意河蟹、海蟹的不同叫名	螃蟹	[p'aŋ²xai³]
	蟹黄		蛋老黄	[tan⁴lau³xuaŋ²]
	青蛙		田鸡	[t'ian²tɕi¹]
	蝌蚪		蝌蚪	[k'o¹təu³]
	蟾蜍		癞疙宝	[lai⁴kei¹pau³]
	水蛭		不用	
	蛤蜊		不用	
	螺蛳		螺蛳	[lo²ʂʅ¹]
	蚌		蚌壳	[paŋ⁴k'o¹]
房舍	住宅		房子	[faŋ²tsʅ³]
	造房子		起房子	[tɕ'i³faŋ²tsʅ³]
	房子	整座的	房子	[faŋ²tsʅ³]
	院子		院子	[ian⁴tsʅ³]
	院墙		院墙	[ian⁴tɕ'iaŋ²]
	影壁		不用	
	屋子	单间的	房间	[faŋ²kan¹]
	外间		不用	

续表

类别	词语条目	调查提示	方言词	记音
房舍	里间		不用	
	正房		正房	[tsən⁴faŋ²]
	厢房		厢房	[ɕiaŋ¹faŋ²]
	客厅		堂屋	[tʻaŋ²u¹]
	平房		平房	[pʻin²faŋ²]
	楼房		楼房	[ləu²faŋ²]
	洋房	旧指新式楼房	洋房	[iaŋ²faŋ²]
	楼上		楼上	[ləu²saŋ⁴]
	楼下		楼下	[ləu²ɕia⁴]
	门楼儿	大门儿上边牌楼式的顶	门楼	[mən²ləu²]
	楼梯		楼梯	[ləu²tʻi¹]
	梯子	可移动的	楼梯	[ləu²tʻi¹]
	阳台		阳台	[iaŋ²tʻai²]
	晒台		不用	
	草房	用茅草搭起的房子	茅草房	[mau²tsʻau³faŋ²]
	房脊		□□	[tɕi³ɕin²]
	房顶	站在~上	房顶	[faŋ²tin³]
	房檐儿		房檐	[faŋ²ian²]
	梁		梁	[liaŋ²]
	檩		行挑	[ɕin²tʻiau¹]
	椽子		椽皮	[tʂʻuan²pʻi²]
	柱		柱头	[tʂu⁴tʻəu²]
	柱下石		等	[tən³]
	台阶儿		坎	[kʻan³]
	天花板		楼板	[ləu²pan³]

续表

类别	词语条目	调查提示	方言词	记音
房舍	正门		大门	[ta⁴mən²]
	后门		后门	[xəu⁴mən²]
	边门儿		耳门	[ə·³mən²]
	门槛儿		门槛	[mən²kʻan³]
	门后	门扇的后面	门背后	[mən²pei⁴xəu⁴]
	门闩		门销	[mən²ɕiau¹]
	门扇		门	[mən²]
	锁		锁	[so³]
	钥匙		钥匙	[io¹ʂʅ¹]
	窗子		窗子	[tʂʻuaŋ¹tsʅ³]
	窗台		窗台	[tʂʻuaŋ¹tʻai²]
	走廊		走廊	[tsəu³laŋ²]
	过道		过道	[ko⁴tau⁴]
	楼道		楼口	[ləu²kʻəu³]
	楼板		楼板	[ləu²pan³]
	厨房		灶房	[tsau⁴faŋ²]
	灶		灶	[tsau⁴]
	厕所		茅厕	[mau²sʅ¹]
	磨坊		磨	[ma⁴]
	马棚		马圈房	[ma³tɕian⁴faŋ²]
	牛圈		牛圈房	[liəu²tɕian⁴faŋ²]
	猪圈		猪圈房	[sau¹tɕian⁴faŋ²]
	羊圈		羊圈	[iaŋ²tɕian⁴]
	狗窝		狗窝	[kəu³o¹]
	鸡窝		鸡圈	[tɕi¹tɕian⁴]

续表

类别	词语条目	调查提示	方言词	记音
房舍	鸡笼		鸡笼	[tɕi¹loŋ²]
	鸡罩	竹子编的，罩鸡的器具	鸡笼	[tɕi¹loŋ²]
	柴草垛		柴堆	[tsʻai²tuei¹]
器具、用品	家具		家具	[tɕia¹tɕi⁴]
	柜子	注意当地柜和橱有无区别	柜子	[kuei⁴tsɿ³]
	衣柜		衣柜	[i¹kuei⁴]
	书柜		书柜	[ʂu¹kuei⁴]
	碗柜		碗柜	[uan³kuei⁴]
	桌子		桌子	[tso¹tsɿ³]
	圆桌		圆桌	[ian²tso¹]
	方桌		方桌	[faŋ¹tso¹]
	条案	一种狭长的桌	□凳	[tsʻən¹tən⁴]
	办公桌		办公桌	[pan⁴koŋ¹tso¹]
	饭桌		小桌子	[ɕiau³tso¹tsɿ³]
	台布	铺在桌面上的布	桌布	[tso¹pu⁴]
	围桌	挂在桌子前面的布	桌布	[tso¹pu⁴]
	抽屉		抽屉	[tsʻəu¹tʻi⁴]
	椅子		椅子	[i³tsɿ³]
	躺椅		躺椅	[tʻaŋ³i³]
	椅子背儿		靠背	[kʻau⁴pei⁴]
	椅子弯儿		不用	
	板凳	长条形的	板凳	[pan³tən⁴]
	方凳		方凳	[faŋ¹tən⁴]
	小板凳儿		小板凳	[ɕiau³pan³tən⁴]
	圆凳		圆凳	[ian²tən⁴]

续表

类别	词语条目	调查提示	方言词	记音
器具、用品	高凳子		高板凳	[kau¹pan³tən⁴]
	马扎		凳子	[tən⁴tsʅ³]
	蒲团		不用	
	床		床	[tʂʻuaŋ²]
	铺板	一块块的木板，用来拼搭床铺	铺板	[pʻu⁴pan³]
	棕绷		三套莲	[san³tau⁴lian²]
	竹床		不用	
	炕	北方睡觉用的	不用	
	帐子		蚊帐	[uən²tsaŋ⁴]
	帐钩		蚊帐钩	[uən²tsaŋ⁴kəu¹]
	帐檐儿		帐檐	[tsaŋ⁴ian²]
	毯子		毯子	[tʻan³tsʅ³]
	被子		被窝	[pei⁴o¹]
	被窝儿	为睡觉叠成的长筒形被子	被窝	[pei⁴o¹]
	被里		被里	[pei⁴li³]
	被面		被面	[pei⁴mian⁴]
	棉花胎	棉被的胎	棉絮	[mian²ʂuei⁴]
	床单		□单	[pa⁴tan¹]
	褥子		垫棉絮	[tian⁴mian²ʂuei⁴]
	草席	草编的	席子	[ɕi²tsʅ³]
	竹席	竹篾编的	篾席	[mi¹ɕi²]
	枕头		枕头	[tsən³tʻəu²]
	枕套儿		枕套	[tsən³tʻau⁴]
	枕头芯儿		枕芯	[tsən³ɕin¹]
	梳妆台		梳妆台	[ʂu¹tʂuaŋ¹tʻai²]

续表

类别	词语条目	调查提示	方言词	记音
器具、用品	镜子		镜子	[tɕin⁴tsɻ³]
	手提箱		箱子	[ɕiaŋ¹tsɻ³]
	衣架	立在地上的	衣架	[i¹tɕia⁴]
	晾衣架		衣架	[i¹tɕia⁴]
	马桶		便桶	[pian⁴t'oŋ³]
	夜壶		便桶	[pian⁴t'oŋ³]
	手炉		不用	
	火盆		火盆	[xo³pə'n²]
	汤壶	盛热水后放在被中取暖用的	热水瓶	[zei¹ʂuei³p'in²]
	暖水瓶		温瓶	[uən¹p'in²]
	暖壶	保暖用的旧式茶壶	不用	
	风箱		风箱	[foŋ¹ɕiaŋ¹]
	通条	通炉子的	火柱	[xo³tʂu⁴]
	火钳		火钳	[xo³tɕ'ian²]
	火筷子		不用	
	火铲	铲炉灰用的	火铲	[xo³ts'an³]
	柴草		柴	[ts'ai²]
	稻秆		草	[ts'au³]
	麦秸		麦草	[mei¹ts'au³]
	高粱秆儿		不用	
	豆秸		不用	
	锯末		锯木面	[tɕi⁴mu¹mian⁴]
	刨花		刨花	[pau⁴xua¹]
	火柴		火柴	[xo³ts'ai²]
	锅烟子		锅烟子	[ko¹ian¹tsɻ³]

续表

类别	词语条目	调查提示	方言词	记音
器具、用品	烟囱		烟囱	[ian¹ts'oŋ¹]
	锅		锅	[ko¹]
	铝锅		铝锅	[luei³ko¹]
	砂锅		砂锅	[sa¹ko¹]
	大锅		大锅	[ta⁴ko¹]
	小锅		小锅	[ɕiau³ko¹]
	锅盖		锅盖	[ko¹kai⁴]
	锅铲		锅铲	[ko¹ts'an³]
	水壶	烧开水用	开水壶	[k'ai¹ʂuei³xu²]
	碗	瓷的，注意陶制和瓷制的是否叫法不同	碗	[uan³]
	海碗		海碗	[xai³uan³]
	茶杯	瓷的、带把儿的	茶杯	[ts'a²pei¹]
	碟子		小盘子	[ɕiau³p'an²tsɿ³]
	饭勺	盛饭用的	饭瓢	[fan⁴p'iau²]
	羹匙	瓷的、小的	调羹	[t'iau²kən¹]
	筷子		筷子	[k'uai⁴tsɿ³]
	筷笼	放筷子用的	筷笼	[k'uai⁴loŋ²]
	茶托	瓷的、碟形的	不用	
	盖碗儿	喝茶用，有盖不带把儿，下有茶托儿	茶盖	[ts'a²kai⁴]
	酒杯		酒杯	[tɕiəu³pei¹]
	盘子		盘子	[p'an²tsɿ³]
	酒壶	茶壶形的	酒壶	[tɕiəu³xu²]
	酒坛子		酒坛	[tɕiəu³t'an²]
	坛子		坛子	[t'an²tsɿ³]

续表

类别	词语条目	调查提示	方言词	记音
器具、用品	罐子		罐子	[kuan⁴tsɿ³]
	瓢	舀水用的	瓢	[pʻiau²]
	笊篱		不用	
	筲箕		筲箕	[sau¹tɕi¹]
	瓶子		瓶子	[pʻin²tsɿ³]
	瓶盖儿		□□	[tʂu²tʂu¹]
	礤床		不用	
	菜刀		菜刀	[tsʻai⁴tau¹]
	砧板		砧板	[tsən¹pan³]
	面板	做面食用的	面板	[mian⁴pan³]
	水桶	挑水用的	水桶	[ʂuei³tʻoŋ³]
	研船	铁制研药材用具，船形	研槽	[ian⁴tsʻau²]
	饭桶	装饭的桶	饭桶	[fan⁴tʻoŋ³]
	蒸笼		蒸笼	[tsən¹loŋ²]
	箅子	蒸食物用的	无	
	水缸		水缸	[ʂuei³kaŋ¹]
	泔水缸		潲桶	[sau⁴tʻoŋ³]
	泔水		潲水	[sau⁴ʂuei³]
	抹布		抹布	[ma¹pu⁴]
	拖把		拖把	[tʻo¹pa³]
	刨子		推刨	[tʻei¹pau⁴]
	斧子		斧头	[fu³tʻəu²]
	锛子		锛斧	[pən¹fu³]
	锯子		锯子	[tɕi⁴tsɿ³]
	凿子		凿子	[tʻso²tsɿ³]

续表

类别	词语条目	调查提示	方言词	记音
器具、用品	尺子		尺子	[tʂʻʅ¹tsʅ³]
	曲尺		弯尺	[uan¹tʂʻʅ]
	摺尺		摺尺	[tsei²tʂʻʅ]
	卷尺		卷尺	[tɕian³tʂʻʅ]
	墨斗		墨斗	[mei¹təu³]
	墨斗线		墨斗线	[mei¹təu³ɕian⁴]
	钉子		钉子	[tin¹tsʅ³]
	钳子		钳口	[tɕʻian²kʻəu³]
	老虎钳	用来起钉子或夹断铁丝	夹钳	[tɕia¹tɕʻian²]
	钉锤		榔头	[laŋ²tʻəu²]
	镊子		镊子	[li¹tsʅ³]
	绳子		索子	[so¹tsʅ³]
	合叶		合叶	[xo²i¹]
	瓦刀		灰刀	[xuei¹tau¹]
	抹子		抹子	[ma¹tsʅ³]
	泥板	瓦工用来盛抹墙物的木板	灰板	[xuei¹pan¹]
	麻刀	抹墙用的碎麻，放在泥灰中增加凝聚力	麻筋	[ma²tɕin¹]
	灰兜子		灰桶	[xuei¹tʻoŋ³]
	灰斗子		灰桶	[xuei¹tʻoŋ³]
	錾子		不用	
	砧子	打铁时垫铁块用	砧等	[tsən¹tən³]
	剃刀		剃头刀	[tʻi⁴tʻəu²tau¹]
	推子		推剪	[tʻei¹tɕian³]
	理发剪		理头刀	[li³tʻəu²tau¹]
	梳子		梳子	[ʂu¹tsʅ³]

续表

类别	词语条目	调查提示	方言词	记音
器具、用品	鐾刀布		背刀皮	[pei⁴tau¹pʻi²]
	理发椅		不用	
	缝纫机		缝纫机	[foŋ²zən³tɕi¹]
	剪子		剪刀	[tɕian³tau¹]
	熨斗		烙铁	[lo¹tʻi¹]
	烙铁		烙铁	[lo¹tʻi¹]
	弓子	弹棉花的用具	不用	
	纺车		纺车	[faŋ³tsʻei¹]
	织布机	旧式的	布机	[pu⁴tɕi¹]
	梭	织布用的	梭子	[so¹tsʅ³]
	东西		东西	[toŋ¹ɕi¹]
	洗脸水		洗脸水	[ɕi³lian³ʂuei³]
	脸盆		脸盆	[lian³pʻən²]
	脸盆架		脸架	[lian³tɕia⁴]
	澡盆		澡盆	[tsau³pʻən²]
	香皂		香皂	[ɕiaŋ¹tsau⁴]
	肥皂		肥皂	[fei²tsau⁴]
	洗衣粉		洗衣粉	[ɕi³i¹fʻən²]
	毛巾		脸布	[lian³pu⁴]
	脚盆	洗脚用的	脚盆	[tɕio¹pʻən²]
	擦脚布		洗脚布	[ɕi³tɕio¹pu⁴]
	气灯		煤气灯	[mei²tɕʻi⁴tən¹]
	蜡烛		蜡烛	[la¹tʂu¹]
	煤油灯	有玻璃罩的	马灯	[ma³tən¹]
	灯芯		灯芯	[tən¹ɕin¹]

续表

类别	词语条目	调查提示	方言词	记音
器具、用品	灯罩		灯罩	[tən¹tsau⁴]
	灯盏		灯盏	[tən¹tsau³]
	灯草		灯草	[tən¹tsʻau³]
	灯油		灯油	[tən¹iəu²]
	灯笼		灯笼	[tən¹loŋ²]
	手提包		手提包	[səu³tʻi²pau¹]
	钱包		钱包	[tɕʻian²pau¹]
	图章	私人用的	私章	[sʅ¹tsaŋ¹]
	望远镜		望远镜	[uaŋ⁴ian³tɕin¹]
	糨糊		糨糊	[tɕiaŋ⁴xu²]
	顶针儿		麻姑娘	[ma²ku¹liaŋ¹]
	线轴儿		线轴	[ɕian⁴tʂu²]
	针鼻儿	针上引线的孔	针眼	[tsən¹ian³]
	针尖		针尖	[tsən¹tɕian¹]
	针脚		针鼻子	[tsən¹pi²tsʅ³]
	穿针	动宾	穿针	[tʂʻuan¹tsən¹]
	锥子		锥针	[tʂuei¹tsən¹]
	耳挖子		挖耳	[ua¹ɚ³]
	洗衣板儿		搓衣板	[tsʻo¹i¹pan³]
	棒槌	洗衣服用的	棒头	[paŋ⁴tʻəu²]
	鸡毛掸子		鸡毛扫	[tɕi¹mau²sau⁴]
	扇子		扇子	[san⁴tsʅ³]
	蒲扇		蒲扇	[pʻu²san⁴]
	拐杖	中式的	拐棍	[kuai³kuən⁴]
	手杖	西式的	老马棍	[lau³ma³kuən⁴]
	手纸		手纸	[səu³tʂʅ³]

续表

类别	词语条目	调查提示	方言词	记音
称谓	男人		男的	[lan²lei¹]
	女人		女的	[li³lei¹]
	婴儿	刚生下不久的	婴儿	[in¹ɚ²]
	小孩儿		嫩娃儿	[lən⁴ua²ɚ¹]
	男孩儿		男孩	[lan²xai²]
	女孩儿		小姑娘	[ɕiau³ku¹liaŋ¹]
	老头儿		老者	[lau³tsei³]
	老头子	带贬义	不用	
	老太婆		老太	[lau³t'ai⁴]
	小伙子		不用	
	城里人		城头人	[ts'ən²t'ən²zən²]
	乡巴佬	带贬义	小地方来的	[ɕiau³ti⁴faŋ¹lai²lei¹]
	乡下人		乡下人	[ɕiaŋ¹ɕia⁴zən²]
	一家子	同宗同姓的	本家	[pən³tɕia¹]
	外地人		外地人	[uai⁴ti⁴zən²]
	本地人		本地人	[pən³ti⁴zən²]
	外国人		外国人	[uai⁴kuei¹zən²]
	自己人		自己人	[tsʅ⁴tɕi³zən²]
	外人	不是自己人	外头人	[uai⁴t'əu²zən²]
	客人		客人	[k'ei¹zən²]
	同庚		老庚	[lau³kən¹]
	内行		内行	[lei⁴xaŋ²]
	外行		外行	[uai⁴xaŋ²]
	半瓶醋	比喻性说法	半瓶响叮当	[pan⁴p'in²ɕiaŋ³tin¹taŋ¹]
	荐头	介绍用人、奶妈等的介绍人	介绍人	[kai⁴sau⁴zən²]

续表

类别	词语条目	调查提示	方言词	记音
称谓	单身汉		单身汉	[tan¹sən¹xan⁴]
	老姑娘		老姑娘	[lau³ku¹liaŋ¹]
	童养媳		不用	
	二婚头		第二门	[ti⁴ɚ⁴mən²]
	寡妇		寡妇	[kua³fu⁴]
	婊子		破鞋	[p'o⁴xai²]
	姘头		烂口婆	[lan⁴tɕi³p'o²]
	私生子		不用	
	囚犯		犯人	[fan⁴zən²]
	暴发户儿		发横财	[fa²xuən²ts'ai²]
	吝啬鬼		不用	
	败家子		败家子	[pai⁴tɕia¹tsɹ³]
	乞丐		叫花子	[tɕiau⁴xua⁴tsɹ³]
	走江湖的		跑江湖	[p'au³tɕiaŋ¹xu²]
	骗子		骗子	[p'ian⁴tsɹ³]
	流氓		流氓	[liəu²maŋ²]
	拍花子的	专门拐带小孩的	人贩子	[zən²fan⁴tsɹ³]
	土匪		土匪	[t'u³fei³]
	强盗		强盗	[tɕ'iaŋ²tau⁴]
	贼		贼	[tsei²]
	扒手		不用	
	工作		工作	[koŋ¹tso¹]
	工人		工人	[koŋ¹zən²]
	雇工		小工	[ɕiau³koŋ¹]
	长工		长工	[ts'aŋ²koŋ¹]

续表

类别	词语条目	调查提示	方言词	记音
称谓	短工		短工	[tuan³koŋ¹]
	零工		零工	[lin²koŋ¹]
	农民		农民	[loŋ²min²]
	做买卖的		经商的	[tɕin¹saŋ¹lei¹]
	老板		老板	[lau³pan³]
	东家		东家	[toŋ¹tɕia¹]
	老板娘		老板娘	[lau³pan³liaŋ²]
	伙计	店员	帮工	[paŋ¹koŋ¹]
	长工		长工	[ts'aŋ²koŋ¹]
	学徒		学徒	[ɕio²t'u²]
	顾客		顾客	[ku⁴k'ei¹]
	小贩		小贩	[ɕiau³fan⁴]
	摊贩		不用	
	教书先生	私塾教师	教书先生	[tɕiau¹ʂu¹ɕian¹sən¹]
	教员	学校里的教师	老师	[lau³ʂʅ¹]
	学生		学生	[ɕio²sən¹]
	同学		同学	[t'oŋ²ɕio²]
	朋友		朋友	[p'oŋ²iəu³]
	兵	相对百姓而言	兵	[pin¹]
	警察		警察	[tɕin³ts'a²]
	医生		医生	[i¹sən¹]
	司机		司机	[sʅ¹tɕi¹]
	手艺人		老师傅	[lau³ʂʅ¹fu⁴]
	木匠		木匠师傅	[mu¹tɕiaŋ⁴ʂʅ¹fu⁴]
	瓦匠	砌墙、抹墙的	瓦匠师傅	[ua¹tɕiaŋ⁴ʂʅ¹fu⁴]

续表

类别	词语条目	调查提示	方言词	记音
称谓	锡匠		锡匠师傅	[ɕi¹tɕiaŋ⁴ʂʅ¹fu⁴]
	铜匠		铜匠师傅	[tʻoŋ²tɕiaŋ⁴ʂʅ¹fu⁴]
	铁匠		铁匠师傅	[tʻi¹tɕiaŋ⁴ʂʅ¹fu⁴]
	补锅的		补锅匠	[pu³ko¹tɕiaŋ⁴]
	焊洋铁壶的		补锅匠	[pu³ko¹tɕiaŋ⁴]
	裁缝	做衣服的	裁缝	[tsʻai²foŋ¹]
	理发员	调查旧名称	剃头匠	[tʻi⁴tʻəu²tɕiaŋ⁴]
	屠户		屠户	[tʻu²xu⁴]
	脚夫	搬运夫的旧称	脚夫	[tɕio¹fu¹]
	挑夫		挑夫	[tʻiau¹fu¹]
	轿夫		轿夫	[tɕiau⁴fu¹]
	艄公		船家	[tʂʻuan²tɕia¹]
	管家		管家	[kuan³tɕia¹]
	伙计	合作的人	搭伙	[ta³xo³]
	厨师		厨师	[tʂʻu²ʂʅ¹]
	饲养员	调查旧名称	畜牧	[tʂʻu¹mu¹]
	奶妈		奶妈	[lai³ma¹]
	奶爷	奶妈之夫	不用	
	仆人		仆人	[pʻu¹zən²]
	女仆		用人	[ioŋ⁴zən²]
	丫鬟		丫鬟	[ia¹xuan²]
	接生婆		□生婆	[tɕian¹sən¹pʻo²]
	和尚		和尚	[xo²saŋ⁴]
	尼姑		尼姑	[li²ku¹]
	道士	出家的道教徒	道士	[tau⁴ʂʅ⁴]
	道士	火居的道教徒	道士	[tau⁴ʂʅ⁴]

续表

类别	词语条目	调查提示	方言词	记音
亲属	长辈		长辈	[tsaŋ³pei⁴]
	曾祖父		祖公	[tsu³koŋ¹]
	曾祖母		祖太	[tsu³tʻai⁴]
	祖父		爷爷	[i²i¹]
	祖母		奶奶	[lai¹lai¹]
	外祖父		外公	[uai⁴koŋ¹]
	外祖母		外婆	[uai⁴pʻo²]
	父亲		爹	[ti¹]
	母亲		妈	[ma¹]
	母亲		妈（面称）	[ma¹]
			太太（背称）	[tʻai⁴tʻai⁴]
	岳父		老丈人（背称）	[lau³tsaŋ⁴zən²]
	岳母		老丈母（背称）	[lau³tsaŋ⁴mu³]
	公公	夫之父	公公（背称）	[koŋ¹koŋ¹]
	婆婆	夫之母	婆婆（背称）	[pʻo²pʻo¹]
	继父		爸爸（面称）	[pa²pa¹]
	继母		妈（面称）	[ma¹]
	伯父		伯伯	[pei¹pei¹]
	伯母		伯伯	[pei¹pei¹]
	叔父		爷爷	[i¹i¹]
	叔母		叔娘	[ʂu¹liaŋ²]
	舅父		舅舅	[tɕiəu²tɕiəu⁴]
	舅母		舅妈	[tɕiəu⁴ma¹]
	姑妈		姑奶奶	[ku¹lai¹lai¹]
			姑妈	[ku¹ma¹]

续表

类别	词语条目	调查提示	方言词	记音
亲属	姑妈		娘娘（未出嫁）	[liaŋ¹liaŋ¹]
	姨妈		娘娘	[liaŋ¹liaŋ¹]
	姑夫		姑爹	[ku¹ti¹]
	姨夫		姨爹	[i²ti¹]
	姻伯	弟兄的岳父、姐妹的公公	姨爹	[i²ti¹]
	姑奶奶	父之姑母	姑奶奶	[ku¹lai¹lai¹]
	姨奶奶	父之姨母	姨奶奶	[i²lai¹lai¹]
	平辈		平班	[p'in²pan¹]
	夫妻		两口子	[liaŋ³k'əu³tsɿ³]
	夫		称呼名字（面称）	
			男的（背称）	[lan²lei¹]
	妻		称呼名字（面称）	
			婆娘（背称）	[p'o²liaŋ¹]
	小老婆		小婆娘	[ɕiau³p'o²liaŋ¹]
	大伯子	夫之兄	大伯伯	[ta⁴pei¹pei¹]
	小叔子	夫之弟	爷爷	[i¹i¹]
	大姑子	夫之姐	姑妈	[ku¹ma¹]
	小姑子	夫之妹	娘娘	[liaŋ¹liaŋ¹]
	内兄弟	妻之兄弟	舅爷	[tɕiəu⁴i¹]
	内兄		大舅	[ta⁴tɕiəu⁴]
	内弟		小舅	[ɕiau³tɕiəu⁴]
	大姨子		姨妈（面称）	[i²ma¹]
			大姨子（背称）	[ta⁴i²tsɿ³]
	小姨子		娘娘	[liaŋ¹liaŋ¹]
			小姨子（背称）	[ɕiau³i²tsɿ³]

续表

类别	词语条目	调查提示	方言词	记音
亲属	弟兄		弟兄	[ti⁴ɕioŋ¹]
	姊妹		姊妹	[tsɿ³mei⁴]
	哥哥		哥哥	[ko¹ko¹]
	嫂子		大嫂	[ta⁴sau³]
	弟弟		兄弟	[ɕioŋ¹ti⁴]
	弟媳		称呼名字（面称）	
			兄弟媳妇（背称）	[ɕioŋ¹ti⁴ɕi¹fu⁴]
	姐姐		姑妈（已出嫁）	[ku¹ma¹]
			娘娘（未嫁）	[liaŋ¹liaŋ¹]
	姐夫		姐夫	[tɕi³fu¹]
			姐夫哥	[tɕi³fu¹ko¹]
	妹妹		称呼名字（面称）	
			娘娘（背称）	[liaŋ¹liaŋ¹]
	妹夫		称呼名字	
	堂兄弟		堂兄弟	[taŋ²ɕioŋ¹ti⁴]
	堂兄		伯伯	[pei¹pei¹]
	堂弟		兄弟	[ɕioŋ¹ti⁴]
	堂姊妹		堂姊妹	[taŋ²tsɿ³mei⁴]
	堂姐		姑妈	[ku¹ma¹]
	堂妹		娘娘	[liaŋ¹liaŋ¹]
	表兄弟		老表兄弟	[lau³piau³ɕioŋ¹ti⁴]
	表兄		表哥	[piau³ko¹]
	表嫂		表嫂	[piau³sau³]
	表弟		老表	[lau³piau³]
	表姊妹		表姊妹	[piau³tsɿ³mei⁴]

续表

类别	词语条目	调查提示	方言词	记音
亲属	表姐		表姑妈	[piau³ku¹ma¹]
	表妹		表娘娘	[piau³liaŋ¹liaŋ¹]
	晚辈		晚辈	[uan³pei⁴]
	子女	儿子和女儿的总称	小的	[ɕiau³lei¹]
	儿子		儿子	[ɚ²tsʅ³]
	大儿子		大儿子	[ta⁴ɚ²tsʅ³]
	小儿子		小儿子	[ɕiau³ɚ²tsʅ³]
	养子		抱养儿	[pau⁴iaŋ³ɚ²]
	儿媳妇	儿之妻	儿媳妇	[ɚ²ɕi¹fu⁴]
	女儿		姑娘（加排行）	[ku¹liaŋ¹]
	女婿		姑爷	[ku¹i¹]
	孙子		孙孙	[sən¹sən¹]
	孙媳妇		孙孙媳妇	[sən¹sən¹ɕi¹fu⁴]
	孙女		孙孙	[sən¹sən¹]
	孙女婿		孙孙姑爷	[sən¹sən¹ku¹i¹]
	重孙		孙孙	[sən¹sən¹]
	重孙女		孙孙	[sən¹sən¹]
	外孙	注意孙与甥是否同音	外孙	[uai⁴sən¹]
	外孙女	注意孙与甥是否同音	外孙	[uai⁴sən¹]
	外甥	注意孙与甥是否同音	外侄儿	[uai⁴tʂʅ²ɚ²]
	外甥女	注意孙与甥是否同音	外侄女	[uai⁴tʂʅ²li³]
	侄子		侄儿子	[tʂʅ²ɚ²tsʅ³]
	侄女		侄女	[tʂʅ²li³]
	内侄	妻的兄弟之子	外侄儿	[uai⁴tʂʅ²ɚ²]
	内侄女	妻的兄弟之女	外侄女	[uai⁴tʂʅ²li³]

续表

类别	词语条目	调查提示	方言词	记音
亲属	连襟		姨姥	[i²lau³]
	亲家		亲家	[tɕʻin⁴tɕia¹]
	亲家母		亲家母	[tɕʻin⁴tɕia¹mu³]
	亲家翁		亲家公	[tɕʻin¹tɕia¹koŋ¹]
	亲戚		亲戚	[tɕʻin¹tɕʻi¹]
	走亲戚		走亲访友	[tsəu³tɕʻin¹faŋ³iəu³]
	带犊儿	妇女改嫁带的儿女	继儿	[tɕi⁴ɚ²]
	爷儿们	男子通称	男子汉	[lan²tsʅ³xan⁴]
	娘儿们	妇女通称	婆娘	[pʻo²liaŋ¹]
	娘家		娘家	[liaŋ²tɕia¹]
	婆家		婆家	[pʻo²tɕia¹]
	男家	从外人角度说，婚姻关系中的男方	男方家	[lan²faŋ¹tɕia¹]
	女家	从外人角度说，婚姻关系中的女方	女方家	[li³faŋ¹tɕia¹]
	姥姥家		公公家	[koŋ¹koŋ¹tɕia¹]
	丈人家		老丈人家	[lau³tsaŋ⁴zən²tɕia¹]
身体	身体		身体	[sən¹tʻi³]
	身材		条干	[tʻiau²kan⁴]
			腰条	[iau¹tʻiau²]
	头		脑壳	[lau³kʻo¹]
	奔儿头	前额生得向前突	脑眉心生得鼓	[lau³mei²ɕin¹sən¹tei¹ku³]
	秃头	头发掉光了的头	大溢顶	[ta⁴i⁴tiŋ³]
	秃顶	掉了大量头发的头	溢顶	[i⁴tiŋ³]
	头顶		脑壳顶	[lau³kʻo¹tiŋ³]
	后脑勺子		后脑啄	[xəu⁴lau³tʂua¹]
	颈		脖颈	[po²tɕiaŋ³]

续表

类别	词语条目	调查提示	方言词	记音
身体	后脑窝子	颈后凹处	后颈窝	[xəu⁴tɕiaŋ³o¹]
	头发		头发	[t'əu²fa¹]
	少白头		少年白	[sau⁴lian²pei²]
	掉头发	动宾	落头发	[lo¹t'əu²fa¹]
	额		脑眉心	[lau³mei²ɕin¹]
	囟门		陷	[ɕian⁴]
	鬓角		鬓角	[pin¹ko¹]
	辫子		头发辫	[təu²fa¹pian⁴]
	髻	中老年盘在脑后的鬏	纂纂	[tsuan³tsuan³]
	刘海儿		不用	
	脸		脸	[lian³]
	脸蛋儿		脸包	[lian³pau¹]
	颧骨		脸包骨	[lian³pau¹ku¹]
	酒窝		酒窝	[tɕiəu³o¹]
			酒窝窝	[tɕiəu³o¹o¹]
			小酒窝	[ɕiau³tɕiəu³o¹]
	人中		人中	[zən²tsoŋ¹]
	腮帮子		腮包	[sai¹pau¹]
	眼		眼睛	[ian³tɕin¹]
	眼眶		眼塘	[ian³t'aŋ²]
			眼眶	[ian³kuaŋ¹]
	眼珠儿		眼睛珠	[ian³tɕin¹tʂu¹]
	白眼珠儿		白眼珠	[pei²ian³tʂu¹]
			眼白	[ian³pei²]
	黑眼珠儿		眼睛珠	[ian³tɕin¹tʂu¹]

续表

类别	词语条目	调查提示	方言词	记音
身体	瞳仁儿		瞳仁	[tʻoŋ²zən²]
	眼角儿	上下眼睑的接合处	眼睛角	[ian³tɕin¹ko¹]
	大眼角	眼角儿靠近鼻子的部位	眼睛角	[ian³tɕin¹ko¹]
	眼圈儿		眼塘	[ian³tʻaŋ²]
	眼泪		眼泪	[ian³lei⁴]
	眼眵		眼屎	[ian³ʂʅ³]
	眼皮儿		眼睛皮	[ian³tɕin¹pʻi²]
	单眼皮儿		单眼睛皮	[tan¹ian³tɕin¹pʻi²]
	双眼皮儿		双眼睛皮	[ʂuaŋ¹ian³tɕin¹pʻi²]
	眼睫毛		眼眨毛	[ian³tsa¹mau²]
	眉毛		眉毛	[mi²mau¹]
	皱眉头	动宾	丧起那块脸	[saŋ¹tɕʻi³aⁱkʻuai³lian³]
	鼻子	五官之一	鼻子	[pi²tsʅ³]
	鼻涕	液体	鼻子	[pi²tsʅ³]
	干鼻涕	鼻垢	鼻屎	[pi²ʂʅ³]
	鼻孔		鼻孔	[pi²kʻoŋ³]
	鼻毛		鼻毛	[pi²mau²]
	鼻子尖儿	鼻子顶端	鼻子颠颠	[pi²tsʅ³tian¹tian¹]
	鼻子尖	嗅觉灵敏	鼻子关火	[pi²tsʅ³kuan¹xo³]
	鼻梁儿		鼻梁	[pi²liaŋ²]
	鼻翅儿		鼻子	[pi²tsʅ³]
	酒糟鼻子		红鼻子	[xoŋ²pi²tsʅ³]
	嘴		嘴巴	[tsei³pa¹]
	嘴唇儿		嘴皮	[tsei³pʻi²]
	唾沫		口水	[kʻəu³ʂuei³]

续表

类别	词语条目	调查提示	方言词	记音
身体	唾沫星儿		不用	
	涎水		口水	[k'əu³ʂuei³]
	舌头		舌头	[sei²t'əu²]
	舌苔		不用	
	大舌头	口齿不清	绊舌	[p'an⁴sei²]
	牙		牙齿	[ia²tʂʅ³]
	门牙		当门牙	[taŋ¹mən²ia²]
	大牙		坐牙	[tso⁴ia²]
	虎牙		獠牙	[liau²ia²]
	牙垢		牙屎	[ia²ʂʅ³]
			牙积	[ia²tɕi¹]
	牙床		不用	
	虫牙		虫牙	[ts'oŋ²ia²]
	耳朵		耳朵	[ɚ³to¹]
	耳朵眼儿		耳朵眼	[ɚ³to¹ian³]
	耳屎		耳屎	[ɚ³ʂʅ³]
	耳背	听不清	耳朵重	[ɚ³to¹tsoŋ⁴]
	下巴		下巴	[ɕia⁴p'a²]
	喉咙		喉咙管	[xəu²loŋ²kuan³]
	喉结		咽喉	[ian¹xəu²]
	胡子		胡子	[xu²tsʅ³]
	络腮胡子		络二胡	[lo⁴ɚ⁴xu²]
	八字胡子		八字胡	[pa¹tsʅ⁴xu²]
	下巴须		下巴胡	[ɕia⁴p'a²xu²]
	肩膀		肩膀	[tɕian¹paŋ³]

续表

类别	词语条目	调查提示	方言词	记音
身体	肩胛骨		背膀	[pei⁴paŋ³]
	溜肩膀儿		缩肩膀	[so¹tɕian¹paŋ³]
	胳膊		手	[səu³]
	胳膊肘儿		手倒拐	[səu³tau⁴kuai³]
	胳肢窝		格老子	[kei¹lau³tʂʅ³]
			夹肢孔	[tɕia¹tʂʅ¹kʻoŋ³]
	手腕子		手颈颈	[səu³tɕiaŋ³tɕiaŋ³]
	左手		左手	[tso³səu³]
			反手	[fan³səu³]
			撇手	[pʻi³səu³]
	右手		右手	[iəu⁴səu³]
			正手	[tsən⁴səu³]
	手指		手指头	[səu³tʂʅ³tʻəu¹]
	指头关节		手节节	[səu³tɕi¹tɕi¹]
	手指缝儿		关财（指缝小）	[kuan¹tʻsai²]
			漏财（指缝大）	[ləu⁴tʻsai²]
	手茧子		老茧	[lau³tɕian³]
	大拇指		大拇指	[ta⁴mu³tʂʅ³]
	食指		二拇指	[ɚ⁴mu³tʂʅ³]
	中指		三拇指	[san¹mu³tʂʅ³]
	无名指		四拇指	[sʅ⁴mu³tʂʅ³]
	小拇指		小娘娘	[ɕiau³laŋ¹laŋ¹]
	指甲		指甲	[tʂʅ³tɕia¹]
			指甲壳	[tʂʅ³tɕia¹kʻo¹]

续表

类别	词语条目	调查提示	方言词	记音
身体	指甲心儿	指甲盖和指尖肌肉连接处	指甲篷	[tʂʅ³tɕia¹pʻoŋ²]
	手指头肚儿	手指末端有指纹的略微隆起的部分	不用	
	拳头		坨子	[tʻo²tsʅ³]
			锤子	[tʂʻuei²tsʅ³]
			锭子	[tin⁴tsʅ³]
	手掌		手掌	[səu³tsaŋ³]
	巴掌	打一~	烫耳	[taŋ⁴ɚ³]
	手心		手板心	[səu³pan³ɕin¹]
	手背		手背	[səu³pei⁴]
	腿	整条腿	脚杆	[tɕio¹kan³]
	大腿		大把腿	[ta⁴pa⁴tʻei³]
	大腿根儿		疡子窝	[iaŋ²tsʅ³o¹]
	小腿		联宝肚	[lian²pau⁴tu⁴]
	腿肚子		联宝肚	[lian²pau⁴tu⁴]
	胫骨	小腿内侧的长骨	二筒骨	[ɚ⁴toŋ²ku¹]
			黄鳝背	[xuaŋ²san⁴pei⁴]
	膝盖		克膝头	[kʻei¹ɕi¹tʻəu²]
	胯骨		大胯	[ta⁴kua³]
	脚腕子		脚拐拐	[tɕio¹kuai³kuai³]
	踝子骨		蒜瓣骨	[ʂuan⁴pan⁴ku¹]
			螺丝拐	[lo²sʅ¹kuai³]
	脚		脚	[tɕio¹]
	赤脚		光脚板	[kuaŋ¹tɕio¹pan³]
	脚背		脚背	[tɕio¹pei⁴]

续表

类别	词语条目	调查提示	方言词	记音
身体	脚掌		脚底板	[tɕio¹ti³pan³]
	脚心		脚心	[tɕio¹ɕin¹]
	脚尖		脚尖	[tɕio¹tɕian¹]
	脚指头		脚指头	[tɕio¹tsʅ²tʻəu²]
	脚指甲		脚指甲	[tɕio¹tsʅ²tɕia¹]
	脚跟儿		后跟	[xəu⁴kən¹]
	脚印儿		脚印	[tɕio¹in⁴]
	鸡眼	一种脚病	鸡眼	[tɕi¹ian³]
	裆	两条腿的中间	裤裆	[kʻu⁴taŋ¹]
	屁股		屁股	[pʻi⁴ku³]
	肛门		肛门	[kaŋ¹mən²]
	屁股蛋儿		屁股墩墩	[pʻi⁴ku³tən¹tən¹]
	屁股沟儿		屁眼	[pʻi⁴ian³]
	尾骨		尾脊骨	[uei³tɕi¹ku¹]
	鸡巴	男阴	鸡巴	[tɕi¹pa¹]
			鸡儿	[tɕi¹ɚ²]
	鸡鸡	赤子阴	雀雀	[tɕʻio¹tɕʻio¹]
			鸡鸡	[tɕi¹tɕi¹]
			麻雀	[ma²tɕʻio¹]
			麻雀儿	[ma²tɕʻio¹ɚ²]
	女阴		屄	[pi¹]
	交合		搞倒二事	[kau³tau⁴ɚ⁴ʂʅ⁴]
	精液		精水	[tɕin¹ʂuei³]
	心口儿		胸口	[ɕioŋ¹kʻəu³]
	胸脯		胸旁	[ɕioŋ¹pʻaŋ²]

续表

类别	词语条目	调查提示	方言词	记音
身体	肋骨		肋巴骨	[lei¹pa¹ku¹]
	乳房		咪咪	[mi¹mi¹]
	奶汁		咪咪	[mi¹mi¹]
	肚子	腹部	肚皮	[tu⁴pʻi²]
	小肚子	小腹	小肚皮	[ɕiau³tu⁴pʻi²]
			小肚子	[ɕiau³tu⁴tsʅ³]
	肚脐眼		肚脐眼	[tu⁴tɕi¹ian³]
	腰		腰杆	[iau¹kan³]
	脊背		背	[pei⁴]
	脊梁骨		背脊骨	[pei⁴tɕi¹ku¹]
	头发旋儿		旋	[ɕian⁴]
	双旋儿		双旋	[ʂuaŋ²ɕian⁴]
	指纹		不用	
	斗	圆形的指纹	箩	[lo²]
	箕	簸箕形的指纹	筲箕	[sau¹tɕi¹]
	寒毛		寒毛	[xan²mau²]
	寒毛眼儿		毛孔	[mau²kʻoŋ³]
	痣		痣	[tsʅ⁴]
	骨		骨头	[ku¹tʻəu²]
	筋		筋	[tɕin¹]
	血		血	[ɕi¹]
	血管		血管	[ɕi¹kuan³]
	脉		血脉	[ɕi¹mei¹]
	五脏		五脏	[u³tsaŋ⁴]
	心		心	[ɕin¹]

续表

类别	词语条目	调查提示	方言词	记音
身体	肝		肝	[kan¹]
	肺		肺	[fei⁴]
	胆		胆	[tan³]
			苦胆	[kʻu³tan³]
	脾		脾	[pʻi²]
	胃		胃	[uei⁴]
	肾		肾	[sən⁴]
			腰子	[iau¹tsʅ³]
	肠		肠子	[tsʻaŋ²tsʅ³]
	大肠		大肠	[ta⁴tsʻaŋ²]
	小肠		小肠	[ɕiau³tsʻaŋ²]
	盲肠		盲肠	[maŋ²tsʻaŋ²]
疾病、医疗	病了		痛了	[tʻoŋ⁴əu⁴]
	小病		小病	[ɕiau³pin⁴]
	重病		痛恼火了	[toŋ⁴lau³xo³əu⁴]
	病轻了		好多了	[xau³to¹əu⁴]
	病好了		回家了	[xuei²tɕia¹əu⁴]
	请医生		看病	[kʻan⁴pin⁴]
	医病		医病	[i¹pin⁴]
	看病		看病	[kʻan⁴pin⁴]
	号脉		号脉	[xau⁴mei¹]
	开药方子		开药方	[kʻai¹io¹faŋ¹]
	偏方儿		土办法	[tʻu³pan⁴fa¹]
	抓药	中药	抓药	[tʻua¹io¹]
	买药	西药	买药	[mai³io¹]

续表

类别	词语条目	调查提示	方言词	记音
疾病、医疗	中药铺		药铺	[io¹pʻu⁴]
	药房	西药	药房	[io¹faŋ²]
	药引子		药引子	[io¹in³tsʅ³]
	药罐子		药罐罐	[io¹kuan⁴kuan⁴]
	煎药	动宾	煎药	[ŋau¹io¹]
	药膏	西药	药膏	[io¹kau¹]
	膏药	中药	膏药	[kau¹io¹]
	药面儿	药粉	药面面	[io¹mian⁴mian⁴]
	搽药膏		搽药膏	[tsʻa²io¹kau¹]
	上药	动宾	上药	[saŋ⁴io¹]
	发汗		发汗	[fa¹xan⁴]
	去风		锥风	[tʂuei¹foŋ¹]
	去火		去火	[tɕʻi¹xo³]
	去湿		去湿	[tɕʻi¹ʂʅ¹]
	去毒		去毒	[tɕʻi¹tu²]
	消食		消食	[ɕiau¹ʂʅ²]
	扎针		扎针	[tsa¹tsən¹]
	拔火罐子		拔火罐	[pa²xo³kuan⁴]
	泻肚		屙肚子	[o¹tu⁴tsʅ³]
	发烧		发烧	[fa¹sau¹]
	发冷		发冷	[fa¹lən³]
	起鸡皮疙瘩		起鸡皮	[tɕʻi³tɕi¹pʻi¹]
	伤风		伤风	[saŋ¹foŋ¹]
	咳嗽		咳嗽	[kʻei¹səu⁴]
	气喘		气喘	[tɕʻi⁴tʂʻuan³]

续表

类别	词语条目	调查提示	方言词	记音
疾病、医疗	气管炎		气管炎	[tɕʻi⁴kuan³ian¹]
	中暑		昏倒	[xuən¹tau³]
	上火		上火	[saŋ⁴xo³]
	积滞		吃多了	[tʂʻʅto¹əu⁴]
	肚子疼		肚皮痛	[tu⁴pʻi²tʻoŋ⁴]
	胸口疼		胸口痛	[ɕinŋ¹kʻəu¹tʻoŋ⁴]
	头晕		脑壳昏	[lau³kʻo¹xuən¹]
	晕车		晕车	[in¹tsʻei¹]
	晕船		晕船	[in¹tʂʻuan²]
	头疼		脑壳痛	[lau³kʻo¹toŋ⁴]
	恶心	要呕吐	心头难在	[ɕin¹tʻəu²lan²tsai⁴]
	吐了	呕吐	吐了	[tʻu³au⁴]
	干哕		干哇	[kan¹ua³]
	疝气		气包	[tɕʻi⁴pau¹]
	脱肛		脱肛	[tʻo¹kan¹]
	子宫脱垂		子宫脱垂	[tsʅ³koŋ¹tʻo¹tʂʻuei²]
	发疟子	疟疾发作	打摆子	[ta³pai³tsʅ³]
	霍乱		大毛病	[ta⁴mau²pin⁴]
	出麻疹		出沙口	[tsu¹sa¹koŋ¹]
	出水痘		做水工	[tsəu⁴ʂuei³koŋ¹]
	出天花		忙庄稼	[maŋ²tʂuaŋ¹tɕia¹]
	种痘		种痘	[tsoŋ⁴təu⁴]
	伤寒		伤寒	[saŋ¹xan²]
	黄疸		不用	
	肝炎		肝炎	[kan¹ian¹]

续表

类别	词语条目	调查提示	方言词	记音
疾病、医疗	肺炎		肺炎	[fei⁴ian¹]
	胃病		胃病	[uei⁴pin⁴]
	盲肠炎		盲肠炎	[maŋ²tsʻaŋ²ian¹]
	痨病	中医指结核病	痨病	[lau²pin⁴]
	癫痫		老母猪疯	[lau³mu³tʂu¹foŋ¹]
			母猪疯	[mu³tʂu¹foŋ¹]
	惊风	小儿病	惊风	[tɕin¹foŋ¹]
	抽风		惊	[tɕin¹]
	中风		中风	[tsoŋ⁴foŋ¹]
	瘫痪		瘫了	[tʻan¹əu⁴]
	跌伤		惯得恼火	[kuan⁴tei¹lau³xo³]
	碰伤		碰得恼火	[pʻoŋ⁴tei¹lau³xo³]
	蹭破皮儿		□块皮	[lia¹kʻuai³pʻi²]
	刺个口子		戳倒一口	[to¹tau³i¹kəu³]
	出血		出血	[tʂʻu¹ɕi¹]
	淤血		血闷在里头	[ɕi¹mən⁴tsai⁴i³tʻəu²]
	红肿		红肿	[xoŋ²tsoŋ³]
	溃脓		灌脓	[kuan⁴loŋ²]
	结痂		结疤	[tɕi¹pa¹]
	疤		疤	[pa¹]
	腮腺炎		猴儿包	[xəu²ə²pau¹]
	长疮	动宾	生疮	[sən¹tʂʻuaŋ¹]
	长疔	动宾	生疔	[sən¹tin¹]
	痔疮		痔疮	[tʂʅ⁴tʂʻuaŋ¹]
	疥疮		干疙捞	[kan¹kei¹lau⁴]

续表

类别	词语条目	调查提示	方言词	记音
疾病、医疗	癣		癣	[ɕian³]
	痱子		热痱子	[zei¹fei⁴tsɿ³]
	汗斑		盐汗	[ian²xan⁴]
	猴子		猴子	[xəu²tsɿ³]
	痦子		不用	
	雀斑		佛体印	[fu²t'i³in⁴]
			雀斑	[tɕ'io¹pan¹]
	粉刺		骚疙瘩	[sau¹kei¹ta¹]
	狐臭		狐气	[xu²tɕ'i⁴]
	口臭		口臭	[k'əu³ts'əu⁴]
	大脖子	甲状腺肿大	大脖子	[ta⁴po²tsɿ³]
	鼻子不灵	嗅觉不灵	鼻孔不一当	[pi²k'oŋ³pu¹i¹taŋ⁴]
	齉鼻儿	鼻不通气，发音不清	齆鼻	[oŋ⁴pi²]
	水蛇腰		水蛇腰	[ʂuei³sei²iau¹]
	公鸭嗓	嗓音沙哑	死公鸭	[sɿ³koŋ¹ia¹]
	一只眼儿	一只眼睛是瞎的	独眼龙	[tu²ian³loŋ²]
	近视眼		近视眼	[tɕin⁴ʂɿ⁴ian³]
	远视眼		远视眼	[ian³ʂɿ⁴ian³]
	老花眼		老花眼	[lau³xua¹ian³]
	鼓眼泡儿		大鼓鼓眼	[ta⁴ku³ku³ian³]
			鼓鼓眼	[ku³ku³ian³]
	斗鸡眼儿	内斜视	斗鸡眼	[təu⁴tɕi¹ian³]
	羞明		不用	
	瘸子		蹎子	[pai¹tsɿ³]
	罗锅儿		驼背	[t'o²pei⁴]

续表

类别	词语条目	调查提示	方言词	记音
疾病、医疗	聋子		聋耳朵	[loŋ²ɚ³to¹]
	哑巴		哑巴	[ia³pa¹]
	结巴		结巴	[tɕi¹pa¹]
	瞎子		瞎子	[ɕia¹tsʅ³]
	傻子		哈包	[xa³pau¹]
	拽子	拽读阴平，手残者叫~	拽手	[tʂuai¹səu³]
	秃子	头发脱光的人	秃头	[t'u¹t'əu²]
	麻子	人出天花后留下的疤痕	麻子	[ma²tsʅ³]
	麻子	脸上有麻子的人	麻子	[ma²tsʅ³]
	豁唇子		缺嘴	[tɕ'i¹tʂuei³]
	豁牙子		缺牙巴	[tɕ'i¹ia²pa¹]
	老公嘴儿	成人嘴上无毛	老太脸	[lau³t'ai⁴lian³]
	六指儿		六指	[lu¹tsʅ²]
	左撇子		左手	[tso³səu³]
衣服、穿戴	穿戴		衣裳	[i¹saŋ¹]
	打扮		打扮	[ta³pan⁴]
	衣服	总称	衣服	[i¹fu²]
	制服		制服	[tʂʅ⁴fu²]
	中装		中装	[tsoŋ¹tʂuaŋ¹]
	西装		西装	[ɕi¹tʂuaŋ¹]
	长衫		袍子	[p'au²tsʅ¹]
	马褂儿		马褂	[ma³kua⁴]
	旗袍	女装	旗袍	[tɕ'i²p'au²]
	棉衣		棉衣	[mian²i¹]
	棉袄		棉袄	[mian²ŋau³]

续表

类别	词语条目	调查提示	方言词	记音
衣服、穿戴	皮袄		皮袄	[p'i²ŋau³]
	大衣		大衣	[ta⁴i¹]
	短大衣		短大衣	[tuan³ta⁴i¹]
	衬衣		衬衣	[ts'ən⁴i¹]
	外衣		外衣	[uai⁴i¹]
	内衣		内衣	[lei⁴i¹]
	领子		领	[lin³]
	坎肩		不用	
	针织圆领衫		圆领	[ian²lin³]
	汗背心		背心	[pei⁴ɕin¹]
	衣襟儿		衣襟	[i¹tɕin¹]
	大襟		大襟	[ta⁴tɕin¹]
	小襟		小襟	[ɕiau³tɕin¹]
	对襟儿		对襟	[tei⁴tɕin¹]
	下摆		不用	
	领子		领	[lin³]
	袖子		袖子	[ɕiəu⁴tsʅ³]
	长袖		长袖	[ts'aŋ²ɕiəu⁴]
	短袖		短袖	[tuan³ɕiəu⁴]
	裙子		裙子	[tɕ'in²tsʅ³]
	衬裙		衬裙	[ts'ən⁴tɕ'in²]
	裤子		裤子	[k'u⁴tsʅ³]
	单裤		单裤	[tan¹k'u⁴]
	裤衩儿	贴身穿的	摇裤儿	[iau²k'u⁴ɚ²]
	短裤	穿在外面的	短裤	[tuan³k'u⁴]

续表

类别	词语条目	调查提示	方言词	记音
衣服、穿戴	连脚裤		不用	
	开裆裤		开裆裤	[kʻai¹taŋ¹kʻu⁴]
	死裆裤	相对开裆裤而言	蒙裆裤	[moŋ²taŋ¹kʻu⁴]
	裤裆		裤裆	[kʻu⁴taŋ¹]
	裤腰		裤腰	[kʻu⁴iau¹]
	裤腰带		裤带	[kʻu⁴tai⁴]
			裤腰带	[kʻu⁴iau¹tai⁴]
	裤腿儿		裤脚	[kʻu⁴tɕʻio¹]
	兜儿	衣服上的口袋	荷包	[xo²pau¹]
			袋袋	[tai⁴tai⁴]
	纽扣	中式的	纽子	[liəu³tsʅ³]
	扣襻	中式的	扣襻	[kʻəu⁴pʻan⁴]
	扣儿	西式的	纽子	[liəu³tsʅ³]
	扣眼儿	西式的	扣眼	[kʻəu⁴ian³]
	鞋		鞋子	[xai²tsʅ³]
			鞋	[xai²]
	拖鞋		拖鞋	[tʻo¹xai²]
	棉鞋		棉鞋	[mian²xai²]
	皮鞋		皮鞋	[pʻi²xai²]
	毡鞋		毡鞋	[tsan¹xai²]
	布鞋		布鞋	[pu⁴xai²]
	鞋底儿		鞋底	[xai²ti³]
	鞋帮儿		鞋帮	[xai²paŋ¹]
	鞋楦子		鞋楦子	[xai²ɕian⁴tsʅ³]
	鞋拔子		不用	

续表

类别	词语条目	调查提示	方言词	记音
衣服、穿戴	雨鞋	橡胶做的	水鞋	[ʂuei³xai²]
	木屐		木拖鞋	[mu¹t'o¹xai²]
			板板鞋	[pan³pan³xai²]
	鞋带儿		鞋带	[xai²tai⁴]
	袜子		袜子	[ua¹tsʅ³]
	线袜		线袜	[ɕian⁴ua¹]
	丝袜		丝袜	[sʅ¹ua¹]
	长袜		长袜	[ts'aŋ²ua¹]
	短袜		短袜	[tuan³ua¹]
	袜带		鞋带	[xai²tai⁴]
	弓鞋	旧时裹脚妇女穿的鞋	花鞋	[xua¹xai²]
	裹脚	旧时妇女裹脚的布	裹脚	[ko³tɕio¹]
	裹腿	军人用的	绑腿	[paŋ³t'ei³]
	帽子		帽子	[mau⁴tsʅ¹]
	皮帽		皮帽	[p'i²mau⁴]
	礼帽		礼帽	[li³mau⁴]
	瓜皮帽		瓜皮帽	[kua¹p'i²mau⁴]
	军帽		军帽	[tɕin¹mau⁴]
	草帽		草帽	[ts'au³mau⁴]
	斗笠		斗篷	[təu³p'oŋ²]
	帽檐儿		遮阳	[tsei¹iaŋ²]
	首饰		首饰	[səu³ʂʅ⁴]
	镯子		镯子	[tso²tsʅ³]
	戒指		戒指	[kai⁴tsʅ³]
	项链		项链	[xaŋ⁴lian⁴]

续表

类别	词语条目	调查提示	方言词	记音
衣服、穿戴	项圈		项圈	[xaŋ⁴tɕian¹]
	百家锁	小儿佩戴的	长命锁	[tsʻaŋ²min⁴so³]
	别针儿		夹针	[tɕia¹tsən¹]
	簪子		簪子	[tsan¹tsʅ³]
	耳环		耳环	[ɚ³xuan²]
	胭脂		胭脂	[ian¹tsʅ¹]
	粉		粉	[fen³]
	围裙		围裙	[uei²tɕʻin²]
	围嘴儿		围嘴	[uei²tsei³]
	尿布		夹胯片	[tɕia¹kʻa⁴pʻian⁴]
	手绢儿		手巾帕	[səu³tɕin¹pʻa⁴]
	围巾	长条的	围巾	[uei²tɕin¹]
	手套		手套	[səu³tʻau⁴]
	眼镜		眼镜	[ian³tɕin⁴]
	伞		伞	[san³]
	蓑衣		蓑衣	[so¹i¹]
	雨衣	新式的	雨衣	[i³i¹]
	手表		手表	[səu³piau³]
饮食	吃饭		吃饭	[tʂʻʅfan⁴]
	早饭		吃早饭	[tʂʻʅtsau³fan⁴]
	午饭		吃中午饭	[tʂʻʅtsoŋ¹u³fan⁴]
	晚饭		吃晚饭	[tʂʻʅuan³fan⁴]
	打尖	途中吃点东西	不用	
	食物		吃的东西	[tʂʻʅlei¹toŋ¹ɕi¹]
	零食		小嘴	[ɕiau³tsei³]

续表

类别	词语条目	调查提示	方言词	记音
饮食	点心	糕饼之类的食品	点心	[tian³çin¹]
	茶点		点心	[tian³çin¹]
	夜宵		消夜	[çiau¹i⁴]
	消夜	吃夜宵	消夜	[çiau¹i⁴]
	米饭		米饭	[mi³fan⁴]
	剩饭	吃剩下的饭	剩饭	[sɚu⁴fan⁴]
	现饭	不是本餐新做的饭	陈饭	[ts'ən²fan⁴]
	饭煳了		饭煳了	[fan⁴xu²əu⁴]
	饭馊了		饭馊了	[fan⁴səu²əu⁴]
	锅巴		锅巴	[ko¹pa¹]
	粥		稀饭	[çi¹fan⁴]
	米汤	煮饭滗出来的	米汤	[mi³t'aŋ]
	米糊	用米磨成的粉做的糊状食物	米糊糊	[mi³xu²xu¹]
	粽子		粽粑	[tsoŋ⁴pa¹]
			粽子	[tsoŋ⁴tsɿ³]
	面粉		灰面	[xuei¹mian⁴]
	面条儿		面条	[mian⁴t'iau²]
			面	[mian⁴]
	挂面	像线状的干面条	干面条	[kan¹mian⁴t'iau²]
	干面条	机制的宽的干面条	宽面条	[k'uan¹mian⁴tiau²]
	汤面	带汤的面条	汤面	[t'aŋ¹mian⁴]
	臊子	肉末	臊子	[sau⁴tsɿ³]
	面片儿	用面做成的片状食物,吃法与汤面同	面疙瘩	[mian⁴kei¹ta¹]
			面皮	[mian⁴p'i²]
			面耳朵	[mian⁴ɚ³to¹]

续表

类别	词语条目	调查提示	方言词	记音
饮食	面糊	用面做成的糊状食物	面糊糊	[mian⁴xu²xu¹]
	馒头	没馅的	馒头	[man²t'əu²]
	包子	有馅的	包子	[pau¹tsʅ³]
	油条		油条	[iəu²t'iau²]
	烧饼		烧饼	[sau¹pin³]
	烙饼	名词	烙饼	[lo¹pin³]
	花卷儿		花卷	[xua¹tɕian³]
	饺子	总称	饺子	[tɕiau³tsʅ³]
	饺子馅儿		馅	[ɕian⁴]
	馄饨		馄饨	[k'uən²t'ən¹]
	烧卖		粑粑	[pa¹pa¹]
	蛋糕	老式小圆形的	蛋糕	[tan⁴kau¹]
	元宵	用干粉淋水反复多次摇成，有馅	汤圆	[t'aŋ¹ian²]
	汤圆	用湿粉团搓成的，有的有馅，有的无馅	汤圆	[t'aŋ¹ian²]
	月饼		月饼	[i¹pin³]
	饼干		饼干	[pin³kan¹]
	酵子	发酵用的面团	老酵	[lau³tɕiau⁴]
	肉丁		肉丁	[z̩u¹tin¹]
	肉片		肉片	[z̩u¹p'ian⁴]
	肉丝		肉丝	[z̩u¹sʅ¹]
	肉末		肉末	[z̩u¹mo¹]
	肉皮		肉皮	[z̩u¹p'i²]
	肉松		肉松	[z̩u¹soŋ¹]
	肘子	猪腿靠近身体的部位	肘子	[tsəu³tsʅ³]

续表

类别	词语条目	调查提示	方言词	记音
饮食	猪蹄儿		猪蹄子	[tʂu¹t'i²tsʅ³]
	里脊		背绺肉	[pei⁴liəu³zu¹]
	蹄筋		蹄筋	[təi²tɕin¹]
	牛舌头		牛舌头	[liəu²sei²t'əu¹]
	猪舌头		猪舌头	[tʂu¹sei²t'əu¹]
	下水	猪、牛、羊等的内脏	下水	[ɕia⁴ʂuei³]
	肺	猪的	肺	[fei³]
	肠子	猪的	大肠	[ta⁴ts'aŋ²]
			小肠	[ɕiau³ts'aŋ²]
	腔骨	猪的	连杆骨	[lian²kan³ku¹]
	排骨	猪的	排骨	[p'ai²ku¹]
	牛肚儿	带毛状物的那种	毛肚	[mau²tu³]
			大肚	[ta⁴tu³]
	牛肚儿	光滑的那种	小肚	[ɕiau³tu³]
	肝	猪的	快发财	[k'uai⁴fa¹ts'ai²]
			猪肝	[tʂu¹kan¹]
	腰子	猪的	腰子	[iau¹tsʅ³]
	鸡杂儿		鸡杂	[tɕi¹tsa²]
	鸡肫		鸡肫	[tɕi¹tsən¹]
			鸡肫皮	[tɕi¹tsən¹p'i²]
	猪血		猪血	[tʂu¹ɕi¹]
			血旺子	[ɕi'uaŋ⁴tsʅ³]
	鸡血		鸡血	[tɕi¹ɕi¹]
	香肠		香肠	[ɕiaŋ¹ts'aŋ²]
	炒鸡蛋		炒鸡蛋	[ts'au³tɕi¹tan⁴]

续表

类别	词语条目	调查提示	方言词	记音
饮食	荷包蛋	油炸的	煎蛋	[tɕian¹tan⁴]
	卧鸡子儿	水煮的鸡蛋，不带壳	荷包蛋	[xo²pau¹tan⁴]
	煮鸡子儿	连壳煮的鸡蛋	煮鸡蛋	[tʂu³tɕi¹tan⁴]
	蛋羹	加水调匀蒸的	鸡蛋花	[tɕi¹tan⁴xua¹]
			芙蓉蛋	[fu²ioŋ²tan⁴]
	松花蛋		皮蛋	[pʻi²tan⁴]
	咸鸡蛋		咸鸡蛋	[ɕian²tɕi¹tan⁴]
	咸鸭蛋		咸鸭蛋	[ɕian²ia¹tan⁴]
	菜	下饭的	菜	[tsʻai⁴]
	素菜		素菜	[ʂu⁴tsʻai⁴]
	荤菜		荤菜	[xuən¹tsʻai⁴]
	咸菜		盐菜	[ian²tsʻai⁴]
	小菜儿	非正式菜总称	小菜	[ɕiau³tsʻai⁴]
	豆腐		豆腐	[təu⁴fu³]
	豆腐皮	可以用来做腐竹的	豆腐皮	[təu⁴fu³pʻi²]
	腐竹		腐竹	[fu³tʂu¹]
	千张	薄的豆腐干片	豆腐皮	[təu⁴fu³pʻi²]
	豆腐干儿		干豆腐	[kan¹təu⁴fu³]
	豆腐泡儿		豆腐花	[təu⁴fu³xua¹]
	豆腐脑儿		嫩豆腐	[lən⁴təu⁴fu³]
	豆浆		豆浆	[təu⁴tɕiaŋ¹]
	豆腐乳		霉豆腐	[mei²təu⁴fu³]
	粉丝	绿豆做的，细条的	粉丝	[fən³sɿ¹]
	粉条	白薯做的，粗条的	粉条	[fən³tʻiau²]
	粉皮	绿豆做的，片状的	粉皮	[fən³pʻi²]

续表

类别	词语条目	调查提示	方言词	记音
饮食	面筋		不用	
	凉粉	绿豆做的，凝冻状的	凉粉	[liaŋ²fen³]
	藕粉		藕粉	[ŋəu³fən³]
	豆豉		豆豉	[təu⁴ʂʅ⁴]
	芡粉		芡粉	[tɕʻian⁴fən³]
	木耳		木耳	[mu¹ɚ³]
	银耳		银耳	[in²ɚ³]
	金针		金针菇	[tɕin¹tsən¹ku¹]
	海参		海参	[xai³sən¹]
	海带		海带	[xai³tai⁴]
	海蜇		海蜇	[xai³tsei¹]
	滋味	吃的滋味	味道	[uei⁴tau⁴]
	气味	闻的气味	气气	[tɕʻi⁴tɕʻi⁴]
	颜色		颜色	[ian²sei¹]
	荤油		荤油	[xuən¹iəu²]
	素油		素油	[ʂu⁴iəu²]
	花生油		花生油	[xua¹sən¹iəu²]
	茶油		茶油	[tsʻa²iəu²]
	菜籽油		菜油	[tsʻai⁴iəu²]
	芝麻油	可以拌凉菜的那种	芝麻油	[tʂʅ¹ma¹iəu²]
			香油	[ɕiaŋ¹iəu²]
	盐		盐巴	[ian²pa¹]
	粗盐		琨盐	[kʻuən²ian²]
	精盐		精盐	[tɕin¹ian²]
	酱油		酱油	[tɕiaŋ⁴iəu²]

续表

类别	词语条目	调查提示	方言词	记音
饮食	芝麻酱		芝麻酱	[tʂʅ¹ma²tɕiaŋ⁴]
	甜面酱		甜酱	[tʻian²tɕiaŋ⁴]
	豆瓣儿酱		豆瓣酱	[təu⁴pan⁴tɕiaŋ⁴]
	辣酱		辣酱	[la¹tɕiaŋ⁴]
	醋		醋	[tʂʻu⁴]
	料酒		料酒	[liau⁴tɕiəu³]
	红糖		红糖	[xoŋ²tʻaŋ²]
	白糖		白糖	[pei²tʻaŋ²]
	冰糖		冰糖	[pin¹tʻaŋ²]
	糖块	一块块用纸包装好的	糖块	[tʻaŋ²kʻuai³]
	花生糖		花生糖	[xua¹sən¹tʻaŋ²]
	麦芽糖		麦芽糖	[mei¹ia²tʻaŋ²]
	作料		作料	[tso¹liau⁴]
	八角		八角	[pa¹ko¹]
	桂皮		桂皮	[kuəi⁴pʻi²]
	花椒		花椒	[xua¹tɕiau¹]
	胡椒粉		胡椒粉	[xu²tɕiau¹fən³]
	烟		烟	[ian¹]
	烟叶		烟叶	[ian¹i¹]
	烟丝		烟丝	[ian¹sʅ¹]
	香烟		香烟	[ɕiaŋ¹ian¹]
			纸烟	[tʂʅ³ian¹]
	旱烟		皮烟	[pʻi²ian¹]
			叶子烟	[i¹tsʅ³ian¹]
	黄烟		不用	

续表

类别	词语条目	调查提示	方言词	记音
饮食	水烟袋	铜制的	纸糊烟袋	[tʂɿ³xu²ian¹tai⁴]
	旱烟袋	细竹杆儿做的烟具	烟杆	[ian¹kan¹]
	烟盒	装香烟的金属盒，有的还带打火机	烟盒	[ian¹xo²]
	烟油子		烟油	[ian¹iəu²]
	烟灰		烟灰	[ian¹xuei¹]
	火镰	旧时取火用具	火镰	[xo³lian²]
	火石	用火镰打的那种石头	牛锅火石	[liəu²ko¹xo³ʂɿ¹]
	纸媒儿		不用	
	茶	沏好的	茶	[tsʻa²]
	茶叶		茶叶	[tsʻa²i¹]
	开水		开水	[kʻai¹ʂuei³]
	沏茶	动宾	泡茶	[pʻau⁴tsʻa²]
	倒茶		倒茶	[tau⁴tsʻa²]
	白酒		白酒	[pei²tɕiəu³]
	江米酒		米酒	[mi³tɕiəu³]
	黄酒		黄酒	[xuaŋ²tɕiəu³]
红白大事	婚姻		亲事	[tɕʻin¹ʂɿ⁴]
	做媒		做媒	[tsu⁴mei²]
			说亲	[so¹tɕʻin¹]
	媒人		媒人	[mei²zən²]
	相亲	男女双方见面，看是否合意	相亲	[ɕiaŋ⁴tɕʻin¹]
	相貌		样子	[iaŋ⁴tsɿ³]
	年龄		年纪	[lian²tɕi³]
	订婚		挑提篮	[tʻiau¹tʻi²lan¹]
	定礼		定礼	[tin⁴li³]

续表

类别	词语条目	调查提示	方言词	记音
红白大事	喜期	结婚的日子	日子	[zๅ¹tsๅ³]
	喜酒		喜酒	[çi³tçiəu³]
	过嫁妆		过嫁妆	[ko⁴tçia⁴tʂuaŋ¹]
	娶亲	用于男子	娶亲	[tçʻi³tçʻin¹]
	出嫁	用于女子	出嫁	[tʂu¹tçia⁴]
	嫁闺女		嫁姑娘	[tçia⁴ku¹liaŋ¹]
	结婚		结婚	[tçi¹xuən¹]
	花轿		轿子	[tçiau⁴tsๅ³]
	拜堂		拜堂	[pai⁴tʻaŋ²]
	新郎		新郎	[çin¹laŋ²]
	新娘		新娘	[çin¹liaŋ²]
	新房		新房	[çin¹faŋ²]
	交杯酒		交杯酒	[tçiau¹pei¹tçiəu³]
	暖房		不用	
	回门		回门	[xuei²mən²]
	再醮	寡妇再嫁	不用	
	续弦	从男方说	重新讨	[tsʻoŋ²çin¹tʻau³]
	填房	从女方说	填房	[tʻian²faŋ²]
	怀孕了		怀上娃娃	[xuai²saŋ⁴ua²ua¹]
	孕妇		大肚皮	[ta⁴tu⁴pʻi²]
	小产		小产	[çiau³tsʻan³]
	生孩子		生娃娃	[sən¹ua²ua¹]
	接生		接生	[tçi¹sən¹]
	胎盘		胎盘	[tʻai¹pʻan²]
	坐月子		坐月子	[tso⁴i¹tsๅ³]

续表

类别	词语条目	调查提示	方言词	记音
红白大事	满月		满月	[man³i¹]
	头胎		头胎	[t'əu²t'ai¹]
	双胞胎		双胞胎	[ʂuaŋ¹pau¹t'ai¹]
	打胎		打胎	[ta³t'ai¹]
	遗腹子	父亲死后才出生的	遗腹子	[i²fu¹tsɿ³]
	吃奶		吃奶	[tʂʅ¹lai³]
	奶头		奶头	[lai³t'əu²]
	尿床	用于小孩子	屙尿在床上	[o¹liau⁴tsai⁴tʂ'uaŋ²saŋ⁴]
	生日		做生日	[tsəu⁴sən¹zɿ¹]
	做生日		做生日	[tsəu⁴sən¹zɿ¹]
	祝寿		祝寿	[tʂu¹səu⁴]
	寿星		老寿星	[lau³səu⁴ɕin¹]
	丧事		办灵	[pan⁴lin²]
	奔丧		奔丧	[pən¹saŋ¹]
	死了		死了	[sɿ³əu⁴]
	灵床		不用	
	棺材		材子	[ts'ai²tsɿ³]
	寿材	生前预制的棺材	生机	[sən¹tɕi¹]
	入殓		下材	[ɕia⁴ts'ai²]
	灵堂		灵堂	[lin²taŋ²]
	佛堂		佛堂	[fu²taŋ²]
	守灵		守夜	[səu³i⁴]
	做七		不用	
	守孝		守老营	[səu³lau³in²]
	戴孝		戴孝	[tai⁴ɕiau⁴]

续表

类别	词语条目	调查提示	方言词	记音
红白大事	除孝		除孝	[tʂʻu²ɕiau⁴]
	孝子		孝子	[ɕiau⁴tsɿ³]
	孝孙		孝孙	[ɕiau⁴sən¹]
	出殡		出殡	[tʂʻu¹pin¹]
	送葬		送丧	[soŋ⁴saŋ¹]
	哭丧棒		戳丧棒	[tsʻo¹saŋ¹paŋ⁴]
	纸扎	用纸扎的人、马、房等	纸扎	[tsɿ³tsa¹]
	纸钱		钱纸	[tɕʻian²tsɿ³]
	坟地	坟墓所在的地方	葬地	[tsaŋ⁴ti⁴]
	坟墓		坟	[fən²]
	碑	不单指墓碑	碑	[pei¹]
	墓碑		碑	[pei¹]
	上坟		挂山	[kua⁴san¹]
	自杀		自杀	[tsɿ⁴sa¹]
	投水	自尽	跳水	[tʻiau⁴ʂuei³]
	上吊		吊死	[tiau⁴sɿ³]
	尸骨		骷尸	[ku¹ʂɿ¹]
	骨灰坛子		骨灰坛	[ku¹ xuei¹tʻan²]
	老天爷		老天爷	[lau³tʻian¹i²]
	灶王爷		灶王爷	[tsau⁴uaŋ²i²]
	佛		佛	[fu²]
	菩萨		菩萨	[pʻu²sa¹]
	观世音		观世音	[kuan¹ʂɿ⁴in¹]
			观音	[kuan¹in¹]
	土地庙		土地庙	[tʻu³ti⁴miau⁴]

续表

类别	词语条目	调查提示	方言词	记音
红白大事	关帝庙		关帝庙	[kuan¹ti⁴miau⁴]
	城隍庙		城隍庙	[tsʻən²xuaŋ²miau⁴]
	阎王		阎王	[lian²uaŋ²]
	祠堂		祠堂	[tʂʻʅ²tʻaŋ²]
	佛龛		神榜	[sən²paŋ³]
	香案		香台	[ɕiaŋ¹tʻai²]
	上供		上供	[saŋ⁴koŋ⁴]
	烛台		烛台	[tʂu²tʻai²]
	蜡烛	敬神的那种	蜡烛	[la¹tʂu²]
	线香	敬神的那种	香	[ɕiaŋ¹]
	香炉		香炉	[ɕiaŋ¹lu²]
	烧香	动宾	烧香	[sau¹ɕiaŋ¹]
	签诗	印有谈吉凶的诗文的纸条	签	[tɕʻian¹]
	求签		抽签	[tsʻɕu¹tɕʻian¹]
	打卦		打卦	[ta³kua⁴]
	卦	占卜用，通常用一正一反两片竹片制成	卦	[kua⁴]
	阴	两面都朝下	阴卦	[in¹kua⁴]
	阳	两面都朝上	阳卦	[iaŋ²kua⁴]
	圣	一正一反	圣卦	[sən³kua⁴]
	庙会		庙会	[miau⁴xuei⁴]
	做道场		做道场	[tsəu⁴tau⁴tsʻaŋ²]
	念经		念经	[lian⁴tɕin¹]
	测字		测字	[tsʻei¹tsʅ⁴]
	看风水		看风水	[kʻan⁴foŋ¹ʂuei³]
	算命		算命	[ʂuan⁴min⁴]

续表

类别	词语条目	调查提示	方言词	记音
红白大事	算命先生		算命先生	[ʂuan⁴min⁴ɕian¹sən¹]
	看相的		看相的	[kʻan⁴ɕiaŋ⁴lei¹]
	巫婆		迷拉	[mi²la¹]
	跳神		跳神	[tʻiau⁴sən²]
	许愿		许愿	[ɕi³ian⁴]
	还愿		还愿	[xuan²ian⁴]
日常生活	穿衣服		穿衣裳	[tʂʻuan¹i¹saŋ¹]
	脱衣服		脱衣服	[tʻo¹i¹fu²]
	脱鞋		脱鞋	[tʻo¹xai²]
	量衣服		比衣服	[pi³i¹fu²]
	做衣服		裁衣服	[tsʻai²i¹fu²]
	贴边	缝在衣服里子边上的窄条	边	[pian¹]
	绲边	在衣服、布鞋等的边缘特别缝制的一种圆棱的边儿	滚边	[kuən³pian¹]
	缲边儿		缲边	[tɕʻiau¹pian¹]
	鞔鞋帮儿		滚鞋口	[kuən³xai²kʻəu³]
	纳鞋底子		纳鞋底	[la¹xai²ti³]
	钉扣子		钉纽子	[tin⁴liəu³tsʅ³]
	绣花儿		绣花	[ɕiəu⁴xua¹]
	打补丁		打补巴	[ta³pu³pa¹]
	做被卧		做被窝	[tsəu⁴pei⁴o¹]
	洗衣服		洗衣服	[ɕi³i¹fu²]
	洗一水	洗一次	洗一水	[ɕi³i¹ʂuei³]
	投	用清水漂洗	清干净	[tɕʻin⁴kan¹tɕin⁴]
	晒衣服		晒衣服	[sai⁴i¹fu²]
	晾衣服		晾衣服	[laŋ⁴i¹fu²]

续表

类别	词语条目	调查提示	方言词	记音
日常生活	浆衣服		浆衣服	[tɕiaŋ¹i¹fu²]
	熨衣服		熨衣服	[in⁴i¹fu²]
	生火		烧火	[sau¹xo³]
	做饭	总称	做饭	[tʂu⁴fan⁴]
	淘米		淘米	[tʻau²mi³]
	发面		发面	[fa¹mian⁴]
	和面		和面	[xo⁴mian⁴]
	揉面		揉面	[zəu²mian⁴]
	擀面条		擀面条	[kan³mian⁴tʻiau²]
	抻面条		支面条	[tʂɿ¹mian⁴tʻiau²]
	蒸馒头		蒸馒头	[tsən¹man²təu²]
	择菜		拣菜	[tɕian³tsʻai⁴]
	做菜	总称	炒菜	[tsʻau³tsʻai⁴]
	做汤		做汤	[tsəu⁴tʻaŋ¹]
	饭好了	包括饭菜	饭熟了	[fan⁴ʂu²əu⁴]
	饭生		饭生的	[fan⁴sən¹lei¹]
	开饭		吃饭	[tʂʻɿ¹fan⁴]
	盛饭		舀饭	[iau³fan⁴]
	吃饭		吃饭	[tʂʻɿ¹fan⁴]
	搛菜		拈菜	[lian¹tsʻai⁴]
	舀汤		舀汤	[iau³tʻaŋ¹]
	吃早饭		吃早饭	[tʂʻɿ¹tsau³fan⁴]
	吃午饭		吃中午饭	[tʂʻɿ¹tsoŋ¹u³fan⁴]
	吃晚饭		吃晚饭	[tʂʻɿ¹uan³fan⁴]
	吃零食		吃小嘴	[tʂʻɿ¹ɕiau³tʂuei³]

续表

类别	词语条目	调查提示	方言词	记音
日常生活	使筷子		用筷子	[ioŋ⁴kʻuai⁴tsʅ³]
	肉不烂		肉还没有炖好	[zu¹xai²mei¹iəu³tən⁴xau³]
	嚼不动		嚼不动	[tɕiau²puʻtoŋ⁴]
	噎住了		噎倒了	[i¹tau³əu⁴]
	打嗝儿		打嗝	[ta³kei³]
	撑着了	吃得太多了	胀得难过	[tsaŋ⁴teiʻlan²ko⁴]
	嘴没味儿		嘴巴没得味道	[tsei³paʻmei¹teiʻuei⁴tau⁴]
	喝茶		喝茶	[xo¹tsʻa²]
	喝酒		喝酒	[xo¹tɕiəu³]
	抽烟		吃烟	[tʂʻʅ¹ian¹]
	饿了		饿了	[ŋo⁴əu⁴]
	起床		起床	[tɕʻi³tʂuaŋ²]
	洗手		洗手	[ɕi³səu³]
	洗脸		洗脸	[ɕi³lian³]
	漱口		漱口	[ʂu⁴kʻəu³]
	刷牙		刷牙	[ʂua²ia²]
	梳头		梳头	[ʂu¹tʻəu²]
	梳辫子		梳头发	[ʂu¹tʻəu²fa¹]
	梳髻		梳纂纂	[ʂu¹tʂuan³tʂuan³]
	剪指甲		剪指甲	[tɕian³tʂʅ³tɕia¹]
	掏耳朵		掏耳朵	[tʻau¹ɚ³to¹]
	洗澡		洗澡	[ɕi³tsau³]
	擦澡		擦澡	[tsʻa¹tsau³]
	小便	动词	屙尿	[o¹liau⁴]
	大便	动词	屙屎	[o¹ʂʅ³]

续表

类别	词语条目	调查提示	方言词	记音
日常生活	乘凉		凉个风	[liaŋ²ko⁴foŋ¹]
	晒太阳		晒太阳	[sai⁴tʻai⁴iaŋ²]
	烤火		烤火	[kʻau³xo³]
	点灯		点灯	[tian³tən¹]
	熄灯		吹映	[tʂʻuei¹in⁴]
	歇歇	休息一会儿	坐倒玩下	[tso⁴tau³uan²xa⁴]
	打盹儿		口瞌睡	[tʂʻuai¹kʻo¹ʂuei⁴]
	打哈欠		打哈欠	[ta³xo¹ɕian⁴]
	困了		累了	[lei⁴əu⁴]
	铺床		把铺	[pa⁴pʻu⁴]
	躺下		睡瞌睡	[ʂuei⁴kʻo¹ʂuei⁴]
	睡着了		睡着了	[ʂuei⁴tso²əu⁴]
	打呼		打扑鼾	[ta³pʻu²xan⁴]
	睡不着		睡不着	[ʂuei⁴pʻu¹tso²]
	睡午觉		睡午觉	[ʂuei⁴u³tɕiau⁴]
	仰面睡		仰面睡	[iaŋ³mian⁴ʂuei⁴]
	侧着睡		轮起睡	[lən²tɕʻi³ʂuei⁴]
	趴着睡		趴起睡	[pʻa²tɕʻi³ʂuei⁴]
	落枕		窝枕	[o¹tsəu³]
	抽筋了		转筋	[tʂuan⁴tɕin¹]
	做梦		做梦	[tsəu⁴moŋ⁴]
	说梦话		说梦话	[so¹moŋ⁴xua⁴]
	魇住了		手压到胸口了	[səu³ia⁴tau⁴ɕioŋ¹kʻəu³əu⁴]
	熬夜		熬夜	[ŋau²i⁴]
	开夜车		开夜车	[kʻai¹i⁴tsʻei¹]

续表

类别	词语条目	调查提示	方言词	记音
日常生活	下地	去地里干活	上山	[saŋ⁴san¹]
	上工		上工	[saŋ⁴koŋ¹]
	收工		收工	[səu¹koŋ¹]
	出去了		出去了	[tʂʻu¹kʻi¹əu⁴]
	回家了		回家了	[xuei²tɕia¹əu⁴]
	逛街		街上玩	[kai¹saŋ⁴uan²]
	散步		街上玩	[kai¹saŋ⁴uan²]
讼事	打官司		打官司	[ta³kuan¹sɿ¹]
	告状		告状	[kau⁴tʂuaŋ⁴]
	原告		原告	[ian²kau⁴]
	被告		被告	[pei⁴kau⁴]
	状子		状子	[tʂuaŋ⁴tsɿ³]
	坐堂		坐堂	[tso⁴tʻaŋ²]
	退堂		退堂	[tʻei⁴tʻaŋ²]
	问案		问案	[uən⁴ŋan⁴]
	过堂		过堂	[ko⁴tʻaŋ²]
	证人		证人	[tsən⁴zən²]
	人证		人证	[zən²tsən⁴]
	物证		物证	[u¹tsən⁴]
	对质		对质	[tei⁴tʂɿ¹]
	刑事		刑事	[ɕin²ʂɿ⁴]
	民事		民事	[min²ʂɿ⁴]
	家务事	清官难断~	家务事	[tɕia¹u⁴ʂɿ⁴]
	律师		律师	[li²ʂɿ¹]

续表

类别	词语条目	调查提示	方言词	记音
讼事	代书	代人写状子的	代写状子吃饭的人	[tai⁴çi³tʂuaŋ⁴tsʅ³tʂʻʅfan⁴lei¹zən²]
	服		服	[fu²]
	不服		不服	[pu¹fu²]
	上诉		上诉	[saŋ⁴ʂu⁴]
	宣判		宣判	[çian¹pʻan⁴]
	招认		招认	[tsau¹zəu⁴]
	口供		口供	[kʻəu³koŋ¹]
	供	~出同谋	供	[koŋ¹]
	同谋		同谋	[toŋ²məu²]
	故犯		故犯	[ku⁴fan⁴]
	误犯		误犯	[u⁴fan⁴]
	犯法		犯法	[fan⁴fa¹]
	犯罪		犯罪	[fan⁴tsei⁴]
	诬告		诬告	[u¹kau⁴]
	连坐		连坐	[lian²tso⁴]
	保释		保释	[pau³ʂʅ¹]
	取保		取保	[tçʻi³pau³]
	逮捕		逮捕	[ti⁴pʻu³]
	押解		解起走	[kai⁴tçʻi³tsəu³]
	囚车		公安车	[koŋ¹ŋan¹tsʻei¹]
	青天老爷		青天老爷	[tçʻin¹tʻian¹lau³i²]
	赃官		贪官	[tan¹kuan¹]
	受贿		得包袱	[tei¹pau¹fu²]
	行贿		擩包袱	[zu¹pau¹fu²]

续表

类别	词语条目	调查提示	方言词	记音
讼事	罚款		罚款	[fa¹kʻuan³]
	斩首		斩首	[tsan³səu³]
	枪毙		枪毙	[tɕʻiaŋ¹pi⁴]
	斩条	插在死囚背后验明正身的木条	斩条	[tsan³tʻiau²]
	拷打		拷打	[kʻau³ta³]
	打屁股	旧时刑罚	打屁股	[ta³pʻi⁴ku³]
	上枷		戴枷	[tai⁴tɕia¹]
	手铐		手铐	[səu³kʻau⁴]
	脚镣		脚镣	[tɕio¹liau²]
	绑起来		绑起来	[paŋ³tɕʻi³lai²]
	囚禁起来		关起来	[kuan¹tɕʻi³lai²]
	坐牢		坐牢	[tso⁴lau²]
	探监		探监	[tan¹tɕian¹]
	越狱		打脱	[ta³tʻo¹]
	立字据		立字据	[li¹tsɿ⁴tɕi⁴]
	画押		画押	[xua⁴ia¹]
	按手印		按手印	[ŋan⁴səu³in⁴]
	捐税		捐税	[tɕian¹ʂuei⁴]
	地租		地租	[ti⁴tʂu¹]
	地契		写纸	[ɕi³tʂɿ³]
	税契	持契交税盖印，使契有效	税契	[ʂei⁴tɕʻi⁴]
	纳税		交税	[tɕiau¹ʂuei⁴]
	执照		执照	[tsɿ²tsau⁴]
	告示		告示	[kau⁴sɿ⁴]

续表

类别	词语条目	调查提示	方言词	记音
讼事	通知		通知	[toŋ¹tʂʅ¹]
	路条		路条	[lu⁴t'iau²]
	命令		命令	[min⁴lin⁴]
	印	官方图章	公章	[koŋ¹tsaŋ¹]
	私访		私访	[sʅ¹faŋ³]
	交代	把经手的事务移交给接替的人	交代	[tɕiau¹tai⁴]
	上任		上任	[saŋ⁴zən⁴]
	卸任		卸任	[ɕi⁴zən⁴]
	罢免		罢免	[pa⁴mian³]
	案卷		案卷	[ŋan⁴tɕian³]
	传票		传票	[tʂ'uan²p'iau⁴]
交际	应酬		应酬	[in⁴ts'əu²]
	来往		来往	[lai²uaŋ³]
	看人	去看望人	看人	[k'an⁴zən²]
	拜访		拜访	[pai⁴faŋ³]
	回拜		回拜	[xuei²pai⁴]
	客人		客人	[k'ei¹zən²]
	请客		请客	[tɕ'in³k'ei¹]
	招待		招待	[tsau¹tai⁴]
	男客		男客	[lan²k'ei¹]
	女客		女客	[li³k'ei¹]
	送礼		送礼	[soŋ⁴li³]
	礼物		礼物	[li³u¹]
	人情		人情	[zən²tɕ'in²]
	做客		做客	[tsəu⁴k'ei¹]

续表

类别	词语条目	调查提示	方言词	记音
交际	待客		待客	[tai⁴kʻei¹]
	陪客	动宾	陪客	[pʻei²kʻei¹]
	送客		送客	[soŋ⁴kʻei¹]
	不送了	主人说的客气话	不送了	[puˡsoŋ⁴əu⁴]
	谢谢		谢谢	[ɕi⁴ɕi⁴]
	不客气		不客气	[puˡkʻeiˡtɕʻi⁴]
	摆酒席		摆酒席	[pai³tɕiəu³ɕi²]
	一桌酒席		一桌酒席	[iˡtsoˡtɕiəu³ɕi²]
	请帖		请帖	[tɕʻin³tʻi¹]
	下请帖		下帖子	[ɕia⁴tʻiˡtsᴢ³]
	入席		入席	[zu̩ˡɕi²]
	上菜		上菜	[saŋ⁴tsʻai⁴]
	斟酒		倒酒	[tau⁴tɕiəu³]
	劝酒		劝酒	[tɕʻian⁴tɕiəu³]
	干杯		干杯	[kanˡpei¹]
	行酒令		行酒令	[ɕin²tɕiəu³lin⁴]
	匿名帖子		不用	
	不和		不和睦	[puˡxo²muˡ]
	冤家		有仇气	[iəu³tsʻəu²tɕʻi⁴]
	不平	路见~	不平	[puˡpʻin²]
	冤枉		冤枉	[ianˡuaŋ³]
	插嘴		插嘴	[tsʻaˡtsei³]
	吹毛求疵		鸡蛋里头挑骨头	[tɕiˡtan⁴i³tʻəu²tʻiauˡkuˡtəu²]
	做作		做作	[tsəu⁴tso¹]

续表

类别	词语条目	调查提示	方言词	记音
交际	摆架子		摆架子	[pai³tɕia⁴tsʅ³]
	装傻		装母	[tʂuaŋ¹mu³]
			装憨	[tʂuaŋ¹xan¹]
	出洋相		出洋相	[tʂʻuˡiaŋ²ɕiaŋ⁴]
	丢人		丢人	[tiəuˡzəu²]
	巴结		搓嘴	[tsʻoˡtsei³]
	串门儿		串门	[tʂʻuan⁴məu²]
			行走	[ɕin²tsəu³]
	拉近乎		拉近乎	[laˡtɕin⁴xuˡ]
	看得起		看得起	[kʻua⁴teiˡtɕʻi³]
	看不起		看不起	[kʻua⁴puˡtɕʻi³]
	合伙儿		合伙	[xo²xo³]
			搭伙	[taˡxo³]
	答应		答应	[taˡin⁴]
	不答应		不答应	[puˡtaˡin⁴]
	撵出去		撵出去	[lian³tʂʻuˡkʻiˡ]
商业、交通	字号		字号	[tsʅ⁴xua⁴]
	招牌		招牌	[tsəuˡpʻai²]
	广告		广告	[kuaŋ³kua⁴]
	开铺子		做生意	[tsəu⁴səuˡi⁴]
	铺面	商店的门面	铺面	[pʻu⁴mian⁴]
	摆摊子		摆摊子	[pʻai³tanˡtsʅ³]
	跑单帮		不用	
	做生意		做生意	[tsəu⁴sənˡi⁴]
	旅店		旅社	[li³sei⁴]

续表

类别	词语条目	调查提示	方言词	记音
商业、交通	饭馆		饭馆	[fan⁴kuan³]
	下馆子		下馆子	[çia⁴kuan³tsʅ³]
	堂馆儿		店小二	[tian⁴çiau³ɚ⁴]
	布店		布店	[pu⁴tian⁴]
	百货店		百货店	[pei¹xo⁴tian⁴]
	杂货店		杂货店	[tsa²xo⁴tian⁴]
	油盐店		油盐店	[iəu²ian²tian⁴]
	粮店		粮店	[liaŋ²tian⁴]
	瓷器店		不用	
	文具店		文具店	[uən²tçi⁴tian⁴]
	茶馆儿		茶馆	[tsʻa²kuan³]
	理发店		剃头铺	[tʻi⁴təu²pʻu⁴]
	理发		剃头	[tʻi⁴təu²]
	刮脸		修胡子	[çiəu¹xu²tsʅ³]
	刮胡子		修胡子	[çiəu¹xu²tsʅ³]
	肉铺		肉铺	[zu¹pʻu⁴]
	杀猪		杀猪	[sa¹tʂu¹]
	油坊		油店	[iəu²tian⁴]
	当铺		当铺	[taŋ⁴pʻu⁴]
	租房子		租房子	[tʂu¹faŋ²tsʅ³]
	典房子		典房子	[tian⁴faŋ²sʅ³]
	煤铺		煤炭店	[mei²tʻan⁴tian⁴]
	煤球		煤块	[mei²kʻuai³]
	蜂窝煤		蜂窝煤	[foŋ¹o¹mei²]
	开业		开业	[kʻai¹i¹]

续表

类别	词语条目	调查提示	方言词	记音
商业、交通	停业		停业	[t'in²i¹]
	盘点		盘点	[p'an²tian³]
	柜台		柜台	[kui⁴t'ai²]
	开价		开价	[k'ai¹tɕia⁴]
	还价		还价	[xuan²tɕia⁴]
	价钱便宜		相因点	[ɕiaŋ¹in¹tian³]
	价钱贵		贵了点	[kua⁴əu⁴tian³]
	价钱公道		适当	[sʅ¹taŋ⁴]
	包圆儿	剩下的全部买了	买规矩	[mai³kuei¹tɕi³]
	买卖好		生意好	[səu¹i⁴xau³]
	买卖清淡		生意不好	[səu¹i¹pu¹xau³]
	工钱		钱	[tɕ'ian²]
	本钱		本钱	[pəu³tɕ'ian²]
	保本		保本	[pau³pəu³]
	赚钱		找钱	[tsau³tɕ'ian²]
	亏本		折钱	[sei²tɕ'ian²]
	路费		路费	[lu⁴fei⁴]
	利息		利息	[li⁴ɕi¹]
	运气好		运气好	[in⁴tɕ'i⁴xau³]
	欠	~他三元钱	差	[ts'a¹]
	差	~五角十元，即九元五角	差	[ts'a¹]
	押金		抵押金	[ti³ia¹tɕin¹]
	账房		管家	[kuan³tɕia¹]
	开销		开销	[k'ai¹ɕiau¹]
	收账	记收入的账	收钱	[səu¹tɕ'ian²]

续表

类别	词语条目	调查提示	方言词	记音
商业、交通	出账	记付出的账	付钱	[fu⁴tɕʻian²]
	欠账		差账	[tsʻa¹tsaŋ⁴]
	要账		要账	[iau⁴tsaŋ⁴]
	烂账	要不来的账	赖头	[lai⁴tʻəu²]
	水牌	临时记账用的木牌或铁牌	不用	
	发票		发票	[fa¹pʻiau⁴]
	收据		收据	[səu¹tɕi⁴]
	存款		存款	[tsʻəu²kʻuan³]
	整钱	如十元、百元的钱	□钱	[kəu³tɕʻian²]
	零钱		零钱	[lin²tɕʻian²]
	钞票		纸票	[tʂʅ³pʻiau⁴]
	硬币		硬币	[ŋəu⁴pi⁴]
	铜板儿		铜钱	[tʻoŋ²tɕʻian²]
	银圆		大洋	[ta⁴iaŋ²]
	一分钱		一分钱	[i¹fəu¹tɕʻian²]
	一角钱		一角钱	[i¹tɕio¹tɕʻian²]
	一块钱		一块钱	[i¹kʻuai³tɕʻian²]
	十块钱		十块钱	[ʂʅ¹kʻuai³tɕʻian²]
	一百块钱		一百块钱	[i¹pei¹kʻuai³tɕʻian²]
	一张票子		一张票子	[i¹tsaŋ¹pʻiau⁴tsʅ³]
	一个铜子儿		一个铜钱	[i¹ko¹tʻoŋ²tɕʻian²]
	算盘		算盘	[ʂuan⁴pʻan²]
	天平		算盘	[ʂuan⁴pʻan²]
	戥子		戥子	[təŋ³tsʅ³]
	秤		称	[tsʻəŋ⁴]

续表

类别	词语条目	调查提示	方言词	记音
商业、交通	磅秤		磅秤	[paŋ⁴tsʻən⁴]
	秤盘		秤盘	[tsʻən⁴pʻan²]
	秤星儿		秤星	[tsʻən⁴ɕin¹]
	秤杆儿		秤杆	[tsʻən⁴kan³]
	秤钩子		秤钩	[tsʻən⁴kəu¹]
	秤锤		秤砣	[tsʻən⁴tʻo²]
	秤毫		头毫二毫	[tʻəu²xau²ɚ⁴xau⁴]
	称物时秤尾高		按红点	[ŋan⁴xoŋ²tian³]
	称物时秤尾低		按平点	[ŋan⁴pʻin²tian³]
	刮板	平斗斛的木片	不用	
	铁路		铁路	[ti¹lu⁴]
	铁轨		铁轨	[ti¹kuei³]
	火车		火车	[xo³tsei¹]
	火车站		火车站	[xo³tsei¹tsan⁴]
	公路		马路	[ma³lu⁴]
	汽车		汽车	[tɕʻi⁴tsei¹]
	客车	指汽车的	客车	[kʻei¹tsei¹]
	货车	指汽车的	货车	[xo⁴tsei¹]
	公共汽车		公共汽车	[koŋ¹koŋ⁴tɕʻi⁴tsei¹]
	小轿车		花支车	[xua¹tʂʅ¹tsei¹]
	摩托车		洋马儿	[iaŋ²ma³ɚ²]
	三轮车	载人的	三轮车	[san¹lən²tsei¹]
	平板三轮车	拉货的	不用	
	自行车		洋马儿	[iaŋ²ma³ɚ²]
	大车	骡马拉的运货的车，注意车的各部位名称	马车	[ma³tsei¹]

续表

类别	词语条目	调查提示	方言词	记音
商业、交通	鸡公车	多用于南方	鸡公车	[tɕi¹koŋ¹tsei¹]
	船	总称	船	[tʂ'uan²]
	帆		帆	[fan²]
	篷	织竹夹箬覆舟	篷	[p'oŋ²]
	桅杆		不用	
	舵		舵	[to⁴]
	橹		不用	
	桨		桨	[tɕiaŋ⁴]
	篙		篙	[kau¹]
	跳板	上下船用	不用	
	帆船		帆船	[fan²tʂ'uan²]
	舢板	三板	不用	
	渔船		不用	
	渡船		渡船	[tu⁴tʂ'uan²]
	轮船		不用	
	过摆渡	坐船过河	不用	
	渡口		渡口	[tu⁴k'əu³]
文化教育	学校		学校	[ɕio²ɕiau⁴]
	上学	开始上小学	读书	[tu²ʂu¹]
	上学	去学校上课	读书	[tu²ʂu¹]
	放学	上完课回家	放学	[faŋ⁴ɕio²]
	逃学		赖学	[lai⁴ɕio²]
	幼儿园		幼儿园	[iən⁴ɚ²ian²]
	托儿所		幼儿园	[iən⁴ɚ²ian²]
	义学		不用	

续表

类别	词语条目	调查提示	方言词	记音
文化教育	私塾		私学	[sɿ¹ɕio²]
	学费		学费	[ɕio²fei⁴]
	放假		放假	[faŋ⁴tɕia³]
	暑假		暑假	[ʂʯ³tɕia³]
	寒假		寒假	[xan²tɕia³]
	请假		请假	[tɕʻin³tɕia³]
	教室		教室	[tɕiau⁴ʂɿ¹]
	上课		上课	[saŋ⁴kʻo⁴]
	下课		下课	[ɕia⁴kʻo⁴]
	讲台		讲台	[tɕiaŋ³tʻai²]
	黑板		黑板	[xei¹pan³]
	粉笔		粉笔	[fən³pi²]
	板擦儿		黑板擦	[xei¹pan³tsʻa¹]
	点名册		点名册	[tian³min²tsʻei¹]
	戒尺		戒尺	[kai⁴tʂʻʅ]
	笔记本		笔记本	[pi²tɕi⁴pən³]
	课本		语文算术本	[i³uən²ʂuan¹ʂu¹pən³]
	铅笔		铅笔	[tɕʻian¹pi²]
	橡皮		涂笔	[tʻu²pi²]
	铅笔刀	指旋着削的那种	转笔刀	[tʂuan⁴pi²tau¹]
	圆规		圆规	[ian²kuei¹]
	三角板		三角板	[san¹ko¹pan³]
	镇纸		镇纸	[tsən⁴tʂʅ³]
	作文本		作文本	[tso¹uən²pən³]
	大字本		大字本	[ta⁴tsʅ⁴pən³]

续表

类别	词语条目	调查提示	方言词	记音
文化教育	红模子		格子本	[kei³tsʅ³pən³]
	钢笔		钢笔	[kaŋ¹pi²]
	毛笔		毛笔	[mau²pi²]
	笔帽	保护毛笔头的	笔壳	[pi²k'o¹]
	笔筒		笔架	[pi²tɕia⁴]
	砚台		砚台	[lian⁴t'ai²]
	研墨		磨墨	[mo²mei¹]
	墨盒儿		墨盒	[mei¹xo²]
	墨汁		墨汁	[mei¹tsʅ]
	捡笔		捡笔	[t'ian¹pi²]
	墨水儿		墨水	[mei¹ʂuei³]
	书包		书包	[ʂu¹pau¹]
	读书人		秀才	[ɕiəu⁴ts'ai²]
	识字的		认得到字的	[zən⁴tei²tau³tsʅ⁴lei¹]
	不识字的		认不到字的	[zən⁴pu¹tau³tsʅ⁴lei¹]
	读书		读书	[tu²ʂu¹]
	温书		温书	[uən¹ʂu¹]
	背书		背书	[pei⁴ʂu¹]
	报考		报考	[pau⁴k'au³]
	考场		考场	[k'au³ts'aŋ²]
	入场	进考场	入场	[zu¹ts'aŋ²]
	考试		考试	[k'au³ʂʅ⁴]
	考卷		卷子	[tɕian⁴tsʅ³]
	满分		满分	[man³fən¹]
	零分		零分	[lin²fən¹]

类别	词语条目	调查提示	方言词	记音
文化教育	发榜		公布成绩	[koŋ¹pu⁴tsən²tɕi¹]
	头名		第一名	[ti⁴i¹min²]
	末名		□巴	[lo¹pa¹]
	毕业		毕业	[pi¹i¹]
	肄业		留级	[liəu²tɕi²]
	文凭		文凭	[uəu²pʻin²]
	大楷		大字	[ta⁴tsʅ⁴]
	小楷		小字	[ɕiau³tsʅ⁴]
	字帖		字帖	[tsʅ⁴tʻi¹]
	临帖		照到写	[tsau⁴tau³ɕi³]
	涂了		不用	
	写白字		白话文	[pei²xua⁴uən²]
	写字笔顺不对		不用	
	掉字		落字	[lo¹tsʅ⁴]
	草稿		草稿	[tsʻau³kau³]
	起稿子		打草稿	[ta³tsʻau³kau³]
	誊清		抄写	[tsʻau¹ɕi³]
	一点		一点	[i¹tian³]
	一横		一横	[i¹xuən²]
	一竖		一竖	[i¹ʂu⁴]
	一撇		一撇	[i¹pʻi¹]
	一捺		一捺	[i¹la¹]
	一勾		一勾	[i¹kəu¹]
	一挑		一提	[i¹tʻi²]
	一画	王字是四画	一笔	[i¹pi²]

续表

类别	词语条目	调查提示	方言词	记音
文化教育	偏旁儿		偏旁	[pʻianˈpʻaŋ²]
	立人儿	亻	人字旁	[zən²tsʅ⁴pʻaŋ²]
	双立人儿	彳	双人旁	[ʂuaŋˈzən²pʻaŋ²]
	弯弓张		弯弓张	[uanˈkoŋˈtsaŋˈ]
	立早章		立早章	[liˈtsauˈtsaŋˈ]
	禾旁程		禾旁程	[xo²pʻaŋ²tsʻən²]
	四框栏儿	囗	方框	[faŋˈkʻuaŋˈ]
	宝盖儿	宀	囗头	[kʻaŋˈtʻəu²]
	秃宝盖儿	冖	囗囗	[kʻaŋˈkʻaŋˈ]
	竖心旁	忄	竖心旁	[ʂu⁴ɕinˈpʻaŋ²]
	反犬旁	犭	反爪旁	[fanˈtsauˈpʻaŋ²]
	单耳刀儿	卩	单包耳	[tanˈpauˈɚ³]
	双耳刀儿	阝	双包耳	[ʂuaŋˈpauˈɛ³]
	反文旁	攵	反文旁	[fanˈuənˈpʻaŋ²]
	斜玉儿		王字旁	[uaŋ²tsʅ⁴pʻaŋ²]
	提土旁		土字旁	[tʻuˈtsʅ⁴pʻaŋ²]
	竹字头儿		竹字头	[tʂu²tsʅ⁴tʻəu²]
	火字旁		火字旁	[xoˈtsʅ⁴pʻaŋ²]
	四点	灬	四点	[sʅ⁴tianˈ]
	三点水儿	氵	三点水	[sanˈtianˈʂueiˈ]
	两点水儿	冫	两点水	[liaŋ²tianˈʂueiˈ]
	病字旁	疒	广旁两点	[kuaŋˈpʻaŋ²liaŋ²tianˈ]
	走之儿	辶	走之	[tsəuˈtʂʅ¹]
	绞丝旁	纟	绕丝	[zauˈsʅ¹]
	提手旁	扌	提手	[tʻiˈsəuˈ]
	草字头	艹	草头	[tsʻauˈtʻəu²]

续表

类别	词语条目	调查提示	方言词	记音
文体活动	风筝		风筝	[foŋ¹tsən¹]
	捉迷藏		躲猫儿眯	[to³mau¹ɚ²mi¹]
	藏老蒙儿	寻找预先藏匿在某个角落的同伴	躲猫儿眯	[to³mau¹ɚ²mi¹]
	踢毽儿		踢板	[ti¹pan³]
	抓子儿	用几个小沙包或石子儿，扔起其一，做规定动作后再接住	□□□	[tsəu⁴tu²ia¹]
	弹球儿		弹珠珠	[tʻan²tʂu¹tʂu¹]
	打水漂儿	在水面上掷瓦片	打水漂	[ta³ʂuei³pʻiau¹]
	跳房子		跳板	[tʻiau⁴pan³]
	翻绳	两人轮换翻动手指头上的细绳，变出各种花样	套线	[tʻau⁴ɕian⁴]
	划拳	喝酒时	划拳	[xua²tɕʻian²]
	出谜语		展言子	[tsan³ian²tsɿ³]
	猜谜儿		猜谜	[tsʻai¹mi²]
	不倒翁		不用	
	牌九		赌钱	[tu³tɕʻian²]
	麻将		麻将	[ma²tɕiaŋ⁴]
	掷色子		掷色子	[tʂɿ¹sei¹tsɿ³]
	押宝		押宝	[ia¹pau³]
	爆竹		火炮	[xo³pʻau⁴]
	放鞭炮		放炮	[faŋ⁴pʻau⁴]
	二踢脚		冲天炮	[tsʻoŋ¹tʻian¹pʻau⁴]
	烟火		烟花	[ian¹xua¹]
	放花炮		放炮	[faŋ⁴pʻau⁴]
	象棋		象棋	[ɕiaŋ⁴tɕʻi²]
	下棋		下棋	[ɕia⁴tɕʻi²]

续表

类别	词语条目	调查提示	方言词	记音
文体活动	将		将	[tɕiaŋ⁴]
	帅		帅	[ʂuai⁴]
	士		士	[ʂʅ⁴]
	象		象	[ɕiaŋ⁴]
	相		相	[ɕiaŋ⁴]
	车		车	[tɕi¹]
	马		马	[ma³]
	炮		炮	[pʻau⁴]
	兵		兵	[pin¹]
	卒		卒	[tʂu²]
	拱卒		拱卒	[koŋ³tʂu²]
	上士	士走上去	上士	[saŋ⁴ʂʅ⁴]
	落士	士走下来	不用	
	飞象		飞象	[fei¹ɕiaŋ⁴]
	落象		不用	
	将军		将军	[tɕiaŋ¹tɕin¹]
	围棋		围棋	[uei²tɕʻi²]
	黑子		黑子	[xei¹tsʅ³]
	白子		白子	[pei²tsʅ³]
	和棋		不输不赢	[pu¹ʂu¹pu¹in²]
	拔河		拔河	[pa²xo²]
	游泳		洗澡	[ɕi³tsau³]
	仰泳		蹬倒漂	[tən¹tau⁴pʻiau¹]
	蛙泳		□澡	[fu⁴tsau³]
	自由泳		不用	

类别	词语条目	调查提示	方言词	记音
文体活动	潜水		打眯头	[ta³mi⁴təu²]
	打球		打球	[ta³tɕ'iəu²]
	赛球		打球	[ta³tɕ'iəu²]
	乒乓球		乒乓球	[pi³poŋ³tɕ'iəu²]
	篮球		篮球	[lan²tɕ'iəu²]
	排球		排球	[p'ai²tɕ'iəu²]
	足球		足球	[tʂu²tɕ'iəu²]
	羽毛球		羽毛球	[i³mau²tɕ'iəu²]
	跳远		跳远	[t'iau⁴ian³]
	跳高		跳高	[t'iau⁴kau¹]
	翻跟头	翻一个跟头	打空心跟头	[ta³k'oŋ¹ɕin¹kən¹t'əu²]
	打车轮子	连续翻好几个跟头	不用	
	倒立		打倒提	[ta³tau⁴t'i²]
	舞狮子		玩狮子	[uan²ʂʅ¹tsʅ³]
	跑旱船		不用	
	高跷		高跷	[kau¹tɕ'au¹]
	对刀		对刀	[tei⁴tau¹]
	耍刀		耍刀	[ʂua³tau¹]
	对枪		对枪	[tei⁴tɕ'aŋ¹]
	耍枪		耍枪	[ʂua³tɕ'aŋ¹]
	耍流星		不用	
	扭秧歌儿		不用	
	打腰鼓		打腰鼓	[ta³iau¹ku³]
	跳舞		跳舞	[t'iau⁴u³]
	木偶戏		跳神	[t'iau⁴sən²]

续表

类别	词语条目	调查提示	方言词	记音
文体活动	皮影戏		不用	
	大戏	大型戏曲，角色多、乐器多、演唱内容复杂多样	大戏	[ta⁴ɕi⁴]
	京剧		京剧	[tɕin¹ɕi⁴]
	话剧		话剧	[xua⁴tɕi⁴]
	戏院		戏院	[ɕi⁴ian⁴]
	戏台		戏台	[ɕi⁴tʻai²]
	演员		演员	[ian³ian²]
	变戏法	魔术	魔术	[mo²ʂu²]
	说书		唱书	[tsʻaŋ⁴ʂu¹]
	花脸		花脸	[xua¹lian³]
	小丑		小丑	[ɕiau³tsʻən³]
	老生		老生	[lau³sən¹]
	小生		小生	[ɕiau³sən¹]
	武生		武生	[u³sən¹]
	刀马旦		女将	[li³tɕiaŋ⁴]
	老旦		老旦	[lau³tan⁴]
	青衣		青衣	[tɕʻin¹i¹]
	花旦		花旦	[xua¹tan⁴]
	小旦		小旦	[ɕiau³tan⁴]
	跑龙套的		闲杂人员	[ɕian²tsa²zən²ian²]
动作	站		站	[tan⁴]
	蹲		蹲	[tən¹]
	跌倒了		□倒	[kuan⁴tau³]
	爬起来		爬起来	[pʻa²tɕi³lai²]
	摇头		摇头	[iau²tʻəu²]

续表

类别	词语条目	调查提示	方言词	记音
动作	点头		点头	[tian³t'əu²]
	抬头		抬高头	[t'ai²kau¹t'əu²]
	低头		低头	[ti¹t'əu²]
	回头		回头	[xuei²t'əu²]
	脸转过去		转脸	[tʂuan³lian³]
	睁眼		睁眼	[tsən¹ian³]
	瞪眼		鼓眼	[ku³ian³]
	闭眼		闭眼	[pi⁴ian³]
	挤眼儿		眨眼	[tsa³ian³]
	眨眼		眨眼	[tsa³ian³]
	遇见		看到	[kan⁴tau³]
	看		看	[kan⁴]
	眼睛乱转		不用	
	流眼泪		淌眼泪	[t'aŋ³ian³lei⁴]
	张嘴		张嘴	[tsaŋ¹tsei³]
	闭嘴		闭嘴	[pi⁴tsei³]
	努嘴		嘟嘴	[tu¹tsei³]
	噘嘴		□嘴	[tian³tsei³]
	举手		举手	[tɕi³səu³]
	摆手		摇手	[iau²səu³]
	撒手		松手	[soŋ¹səu³]
	伸手		伸手	[tɕ'ən¹səu³]
	动手	只许动口，不许～	伸手	[tɕ'ən¹səu³]
	拍手		拍手	[p'ei¹səu³]
	背着手儿		背手	[pei¹səu³]

续表

类别	词语条目	调查提示	方言词	记音
动作	叉着手儿	两手交叉在胸前	抱起手	[pau⁴tɕʻi³sɔu³]
	笼着手	双手交叉伸到袖筒里	抱起手	[pau⁴tɕʻi³sɔu³]
	拨拉		夹	[tɕia¹]
	捂住		按住	[ŋan⁴tʂu⁴]
	摩挲	用手~猫背	摸	[mo¹]
	挡	用手托着向上	不用	
	把屎		□屎	[tian⁴ʂʅ³]
	把尿		□尿	[tian⁴liau⁴]
	扶着		抽倒	[tsʻɔu¹tau³]
	弹指头		弹指头	[tʻan²tʂʅ³tʻɔu²]
	攥起拳头		捏锤头	[li¹tʂʻuei²tʻɔu²]
	跺脚		蹬脚	[tən⁴tɕio¹]
	踮脚		踮脚	[tian⁴tɕio¹]
	跷二郎腿		跷脚	[tɕʻiau¹tɕio¹]
	蜷腿		盘腿	[pan²tʻei³]
	抖腿		抖脚	[tʻən³tɕio¹]
	踢腿		蹬脚	[tən⁴tɕio¹]
	弯腰		弯腰	[uan¹iau¹]
	伸腰		直腰	[tʂʅ²iau¹]
	撑腰	支持	撑腰	[tʂʻən¹iau¹]
	撅屁股		拱屁股	[koŋ³pʻi⁴ku³]
	捶背		捶背	[tʂʻuei²pei⁴]
	擤鼻涕		□鼻子	[ɕin³pi²tsʅ³]
	吸溜鼻涕		耸鼻子	[soŋ³pi²tsʅ³]
	打喷嚏		打喷嚏	[ta³pʻən⁴tʻi⁴]

续表

类别	词语条目	调查提示	方言词	记音
动作	闻		闻	[uən²]
	嫌弃		嫌弃	[ɕian²tɕʻi⁴]
	哭		哭	[kʻu¹]
	扔		丢掉	[tiəu¹tiau⁴]
	说		说	[so¹]
	跑		跑	[pʻau³]
	走		走	[tsəu³]
	放	~在桌上	放	[faŋ⁴]
	掺	酒里~水	掺	[tsʻan¹]
	收拾东西		收拣好	[səu¹tɕian³xau³]
	选择		选择	[ɕian³tsʻei²]
	提起东西		提起	[tʻi²tɕʻi³]
	捡起来		捡起	[tɕian³tɕʻi³]
	擦掉		涂掉	[tʻu²tiau⁴]
	丢失		落了	[lo¹əu⁴]
	落	因忘而把东西遗放在某处	落了	[lo¹əu⁴]
	找着了		找到了	[tsau³tau³əu⁴]
	把东西藏起来		藏起	[tɕʻiaŋ²tɕʻi³]
	人藏起来		躲倒	[to³tau³]
	码起来		堆好	[tei¹xau³]
	知道		晓得	[ɕiau³tei¹]
	懂了		码倒	[ma³tau³]
	会了		学会	[ɕio²xuei⁴]
	认得		认得	[zəu⁴tei¹]
	不认得		不认得	[pu¹zəu⁴tei¹]

续表

类别	词语条目	调查提示	方言词	记音
动作	识字		识字	[ʂʅ²tsʅ⁴]
	想想		想下	[ɕiaŋ³xa⁴]
	估量		思量	[sʅ¹liaŋ²]
	想注意		打主意	[ta³tʂu³i⁴]
	猜想		猜想	[tsʻai¹ɕiaŋ³]
	料定		肯定	[kʻəu³tin⁴]
	主张		主张	[tʂu³tsaŋ¹]
	相信		相信	[ɕiaŋ¹ɕin⁴]
	怀疑		怀疑	[xuai²li²]
	沉思		思考	[sʅ¹kʻau³]
	犹疑		不用	
	留神		小心	[ɕiau³ɕin¹]
	害怕		害怕	[xai⁴pʻa⁴]
	吓着了		吓倒噢	[xei¹tau³əu⁴]
	着急		急躁	[tɕi¹tsʻau⁴]
	挂念		挂念	[kua⁴lian⁴]
	放心		放心	[faŋ⁴ɕin¹]
	盼望		盼望	[pan⁴uaŋ⁴]
	巴不得		巴不得	[pa¹pu¹tei¹]
	记着		记倒	[tɕi⁴tau³]
	忘记了		搞忘记了	[kau³uaŋ⁴tɕi⁴əu⁴]
	想起来了		想起来了	[ɕiaŋ³tɕi³lai²əu⁴]
	眼红	嫉妒	眼红	[ian³xoŋ²]
	讨厌		讨厌	[tau³ian⁴]
	恨		恨	[xən⁴]

续表

类别	词语条目	调查提示	方言词	记音
动作	羡慕		羡慕	[ɕian⁴mu⁴]
	偏心		偏心	[pʻian¹ɕin¹]
	忌妒		恨	[xən⁴]
	怄气		怄气	[ŋəu⁴tɕʻi⁴]
	抱怨		抱怨	[pau⁴ian⁴]
	憋气		做气	[tsəu⁴tɕʻi⁴]
	生气		发气	[fa¹tɕʻi⁴]
	对物爱惜		爱	[ŋai⁴]
	对人疼爱		爱	[ŋai⁴]
	喜欢		爱	[ŋai⁴]
	感谢		多承	[to¹tsʻən²]
	娇惯		惯□	[kuan⁴ʂʐ⁴]
	宠爱		惯□	[kuan⁴ʂʐ⁴]
	迁就		惯□	[kuan⁴ʂʐ⁴]
	说话		讲话	[tɕiaŋ³xua⁴]
	聊天		摆谈	[pai³tʻan¹]
	搭茬儿		接嘴	[tɕi¹tsei³]
	不作声		不吭气	[puˈkʻəuˈtɕi⁴]
	骗		哄	[xoŋ³]
	告诉		跟讲	[kəu¹tɕiaŋ³]
	抬杠		接□瓢	[tɕi¹kua⁴pʻiau²]
	顶嘴		对口对嘴	[tei⁴kʻəu³tei⁴tsei³]
	吵架		闹架	[lau⁴tɕia⁴]
	打架		打架	[ta³tɕia⁴]
	骂		骂	[ma⁴]

续表

类别	词语条目	调查提示	方言词	记音
动作	挨骂		着骂	[tso²ma⁴]
	嘱咐		嘱咐	[tʂu²fu⁴]
	挨说	挨批评	着批评	[tso²pʻi¹pʻin²]
	叨唠		碎嘴	[sei⁴tsei³]
	喊	～他来	喊	[xan³]
位置	上面		上面	[saŋ⁴mian⁴]
	下面		下面	[çia⁴mian⁴]
	里面		里面	[li³mian⁴]
	外面		外面	[uai⁴mian⁴]
	手里		手头	[səu³tʻəu²]
	心里		心头	[çin¹tʻəu²]
	地下	当心！别掉～了	地下	[ti⁴çia⁴]
	地上	～脏极了	地上	[ti⁴saŋ⁴]
	天上		天上	[tʻian¹saŋ⁴]
	山上		山上	[san¹saŋ⁴]
	路上		路上	[lu⁴saŋ⁴]
	街上		街上	[kai¹saŋ⁴]
	墙上		墙上	[tɕʻiaŋ²saŋ⁴]
	门上		门上	[mən²saŋ⁴]
	桌上		桌上	[tso¹saŋ⁴]
	椅子上		椅子上	[i³tʂʅ³saŋ⁴]
	边儿上		边边上	[pian¹pian¹saŋ⁴]
	野外		外边	[uai⁴pian¹]
	大门外		门外	[mən²uai⁴]
	门儿外		门外	[mən²uai⁴]

续表

类别	词语条目	调查提示	方言词	记音
位置	墙外		墙外头	[tɕʻiaŋ²uai⁴tʻəu⁴]
	窗户外头		窗子外头	[tʂʻuaŋ¹tʂʅ³uai⁴tʻəu²]
	车上	~坐着人	车上	[tsʻei¹saŋ⁴]
	车外	~下着雪	车外	[tsʻei¹uai⁴]
	车前		车前	[tsʻei¹tɕʻian²]
	车后		车后	[tsʻei¹xəu⁴]
	前边		前面	[tɕʻian²mian⁴]
	后边		后面	[xəu⁴mian⁴]
	山前		山前	[san¹tɕʻian²]
	山后		山后	[san¹xəu⁴]
	房后		房后	[faŋ²xəu⁴]
	背后		背后	[pei⁴xəu⁴]
	以前		以前	[i³tɕʻian²]
	以后		以后	[i³xəu⁴]
	以上		以上	[i³saŋ⁴]
	以下		以下	[i³ɕia⁴]
	后来	指过去某事之后	后来	[xəu⁴lai²]
	从今以后	将来	从今以后	[tsʻoŋ²tɕin¹i³xəu⁴]
	从此以后	不拘过去将来	从此以后	[tsʻoŋ²tʂʻʅ³i³xəu⁴]
	路边儿		路边	[lu⁴pian¹]
	当间儿		中间	[tsoŋ¹tɕian¹]
	床底下		床底下	[tʂʻuaŋ²ti³ɕia⁴]
	楼底下		楼底下	[ləu²ti³ɕia⁴]
	脚底下		脚底下	[tɕio¹ti³ɕia⁴]
	碗底儿		碗底	[uan³ti³]

续表

类别	词语条目	调查提示	方言词	记音
位置	锅底儿		锅底	[ko¹ti³]
	缸底儿		缸底	[kaŋ¹ti³]
	旁边		半边	[pan⁴pian¹]
	附近		前面	[tɕ'ian²mian⁴]
	跟前儿		前面	[tɕ'ian²mian⁴]
	什么地方		哪个地方	[la³ko⁴ti⁴faŋ¹]
	左边		左边	[tso³pian¹]
	右边		右边	[iəu⁴pian¹]
	以内		以内	[i³lei⁴]
	以外		以外	[i³uai⁴]
	以来		以来	[i³lai²]
	之后		以后	[i³xəu⁴]
	之前		以前	[i³tɕ'ian²]
	之外		之外	[tʂʅ¹uai⁴]
	之内		之内	[tʂʅ¹lei⁴]
	之间		之间	[tʂʅ¹tɕian¹]
	之上		之上	[tʂʅ¹saŋ⁴]
	之下		之下	[tʂʅ¹ɕia⁴]
	东		东	[toŋ¹]
	西		西	[ɕi¹]
	南		南	[lan²]
	北		北	[pei¹]
	东南		东南	[toŋ¹lan²]
	东北		东北	[toŋ¹pei¹]
	西南		西南	[ɕi¹lan²]
	西北		西北	[ɕi¹pei¹]

续表

类别	词语条目	调查提示	方言词	记音
位置	以东		以东	[i³toŋ¹]
	以西		以西	[i³ɕi¹]
	以南		以南	[i³lan²]
	以北		以北	[i³pei¹]
代词	我		我	[ŋo³]
	你		你	[li³]
	他		他	[tʻa¹]
	我们		我们	[ŋo³mən¹]
	咱们		不用	
	你们		你们	[li³mən¹]
	他们		他们	[tʻa¹mən¹]
	您	尊称，你	不用	
	怹	尊称，他	不用	
	我的		我的	[ŋo³lei¹]
	人家		人家	[zəu²tɕia¹]
	大家		大家	[ta⁴tɕia¹]
	谁		哪个	[la³ko⁴]
	我们俩		我们两个	[ŋo³mən¹liaŋ³ko⁴]
	咱们俩		不用	
	你们俩		你们两个	[li³mən¹liaŋ³ko⁴]
	他们俩		他们两个	[tʻa¹mən¹liaŋ³ko⁴]
	谁们		不用	
	人们		人们	[zəu²mən¹]
	这个		这个	[tsei⁴ko⁴]
	那个		那个	[la⁴ko⁴]

续表

类别	词语条目	调查提示	方言词	记音
代词	哪个		哪个	[la³ko⁴]
	这些		这些	[tsei⁴ɕi¹]
	那些		那些	[la⁴ɕi¹]
	哪些		哪些	[la³ɕi¹]
	这里		这里	[tsei⁴li³]
	那里		那里	[la⁴li³]
	哪里		哪里	[la³li³]
	这么高		□高	[ŋo⁴kau¹]
	这么做		□做	[ŋo⁴tsəu⁴]
	那么高		□高	[ŋo⁴kau¹]
	那么做		□做	[ŋo⁴tsəu⁴]
	怎么做		□做	[ŋo⁴tsəu⁴]
	怎么办		□办	[ŋo⁴pan⁴]
	为什么		□□	[soŋ⁴ŋo⁴]
	什么		哪样	[la³iaŋ⁴]
	多少钱		好多钱	[xau³to¹tɕ'ian²]
	多久		好久	[xau³tɕ'iəu³]
	多大		好大点	[xau³ta⁴tian³]
	多高		好高点	[xau³kau¹tian³]
	多重		好重点	[xau³tsoŋ⁴tian³]
	夫妻俩		两口子	[liaŋ³k'au³tsŋ³]
	娘儿俩	母亲和女儿	两娘母	[liaŋ³liaŋ²mu³]
	爷儿俩	父亲和子女	两爷仔	[liaŋ³i¹tsai³]
	爷孙俩		两公孙	[liaŋ³koŋ¹sən¹]
	妯娌俩		两妯娌	[liaŋ³tʂu²li³]

续表

类别	词语条目	调查提示	方言词	记音
代词	姑嫂俩		两姑嫂	[liaŋ³ku¹sau³]
	婆媳俩		两婆媳	[liaŋ³p'o²ɕi¹]
	兄弟俩		两弟兄	[liaŋ³ti⁴ɕioŋ¹]
	哥儿俩		两弟兄	[liaŋ³ti⁴ɕioŋ¹]
	姐妹俩		两姊妹	[liaŋ³tsɿ³mei⁴]
	姐儿俩		两姊妹	[liaŋ³tsɿ³mei⁴]
	兄妹俩		两姊妹	[liaŋ³tsɿ³mei⁴]
	姐弟俩		两姊妹	[liaŋ³tsɿ³mei⁴]
	舅甥俩		两舅侄	[liaŋ³tɕiəu⁴tsɿ¹]
	姑侄俩		两姑侄	[liaŋ³ku¹tsɿ¹]
	叔侄俩		两叔侄	[liaŋ³ʂu¹tsɿ¹]
	师徒俩		两师徒	[liaŋ³ʂɿ¹t'u²]
	妯娌们		不用	
	姑嫂们		不用	
	师徒们		不用	
	先生们		不用	
	学生们		不用	
	这些个理儿们		不用	
	那些个事儿们		不用	
	桌子们		不用	
	椅子们		不用	
	书们		不用	
形容词	好	这个比那个~些	好	[xau³]
	不错	颇好之意	可以	[ko³i³]
	差不多		差不多	[ts'a¹pu¹to¹]

续表

类别	词语条目	调查提示	方言词	记音
形容词	不怎么样		不好	[pu¹xau³]
	不顶事		挨不倒	[ŋai¹pu¹tau⁴]
	坏	不好	不好	[pu¹xau³]
	次	人头儿很 ~ / 东西很 ~	崴	[uai³]
	凑合		将就点	[tɕiaŋ¹tɕiəu⁴tian³]
	美	注意形容男女有无不同说法	伙子	[xo³tsʅ³]
	丑		丑	[tsʻəu³]
	难看		丑	[tsʻəu³]
	要紧		要紧	[iau⁴tɕin³]
	热闹		闹热	[lau⁴zei¹]
	坚固		扎实	[tsa¹sʅ²]
	硬		硬	[ŋən⁴]
	软		耙	[pʻa¹]
	干净		干净	[kan¹tɕin⁴]
	不干净		脏	[tsaŋ¹]
	脏		脏	[tsaŋ¹]
	咸		咸	[xan²]
	淡		不得盐	[pu¹tei²ian²]
	香		香	[ɕiaŋ¹]
	臭		臭	[tsʻəu⁴]
	酸		酸	[ʂuan¹]
	甜		甜	[tʻian²]
	苦		苦	[kʻu³]
	辣		辣	[la¹]

续表

类别	词语条目	调查提示	方言词	记音
形容词	稀	粥太~了	稀	[çi¹]
	稠	粥太~了	干	[kan¹]
	稀	不密	稀	[ç'i¹]
	密		密	[mi¹]
	肥	指动物。鸡很~	肥	[fei²]
	胖	指人	胖	[p'aŋ⁴]
	瘦	不肥，不胖	瘦	[səu⁴]
	瘦	指肉	瘦	[səu⁴]
	舒服		安逸	[ŋan¹i¹]
	难受		不好在	[pu¹xau³tsai⁴]
	腼腆		害羞	[xai⁴çiəu¹]
	乖		乖	[kuai¹]
	皮		费	[fei⁴]
	行		能干	[lən²kan⁴]
	不行		不能干	[pu¹lən²kan⁴]
	缺德		缺德	[tç'i¹tei¹]
	机灵		灵活	[lin²xo²]
	灵巧		手巧	[səu³tç'iau³]
	糊涂		糊涂	[xu²t'u²]
	死心眼儿		呆板	[tai¹pan³]
	脓包	无用的人	饭桶	[fan⁴to'ŋ³]
	孬种		饭桶	[fan⁴to'ŋ³]
	吝啬鬼		小家子	[çiau³tçia¹tsʅ³]
	小气		细	[çi⁴]
	大方		大方	[ta⁴faŋ¹]

续表

类别	词语条目	调查提示	方言词	记音
形容词	整	鸡蛋吃~的	□	[kʻuən²]
	浑	~身是汗	□	[kʻuən²]
	凸		凸	[koŋ³]
	凹		凹	[ua¹]
	凉快		凉快	[liaŋ²kʻuai⁴]
	背静		不嘈杂	[pu¹tsʻau²tsa²]
	活络	活动的，不稳固	灵活	[lin²xo²]
	地道	~四川风味	道□	[tau⁴tsəu⁴]
	整齐		整齐	[tsən³tɕʻi²]
	称心		称心	[tsʻən⁴ɕin¹]
	晚	来~了	迟	[tʂʻʅ²]
	多		多	[to¹]
	少		少	[sau³]
	大		大	[ta⁴]
	小		小	[ɕiau³]
	长		长	[tsʻaŋ²]
	短		短	[tuan³]
	宽		宽	[kuan¹]
	窄		窄	[tsei¹]
	厚		厚	[xəu⁴]
	薄		薄	[po²]
	深		深	[sən¹]
	浅		浅	[tɕʻian³]
	高		高	[kau¹]
	低		低	[ti¹]

续表

类别	词语条目	调查提示	方言词	记音
形容词	矮		矮	[ŋai³]
	正		正	[tsən⁴]
	歪		歪	[uai¹]
	斜		斜	[ɕi²]
	红		红	[xoŋ²]
	朱红		朱红	[tʂu¹xoŋ²]
	粉红		粉红	[fən³xoŋ²]
	深红		深红	[sən¹xoŋ²]
	浅红		浅红	[tɕ'ian³xoŋ²]
	蓝		蓝	[lan²]
	浅蓝		浅蓝	[tɕ'ian³lan²]
	深蓝		深蓝	[sən¹lan²]
	天蓝		天蓝	[t'ian¹lan²]
	绿		绿	[lu¹]
	葱心儿绿		青绿	[tɕ'in¹lu¹]
	草绿		草绿	[ts'au³lu¹]
	水绿		水绿	[ʂuei³lu¹]
	浅绿		浅绿	[tɕ'ian³lu¹]
	白		白	[pei²]
	灰白		灰白	[xuei¹pei²]
	苍白		苍白	[ts'aŋ¹pei²]
	漂白		漂白	[p'iau⁴pei²]
	灰		灰	[xuei¹]
	深灰		深灰	[sən¹xuei¹]
	浅灰		浅灰	[tɕ'ian³xuei¹]

续表

类别	词语条目	调查提示	方言词	记音
形容词	银灰		银灰	[in²xuei¹]
	黄		黄	[xuaŋ²]
	杏黄		杏黄	[çin⁴xuaŋ²]
	深黄		深黄	[sən¹xuaŋ²]
	浅黄		浅黄	[tɕʻian³xuaŋ²]
	青		青	[tɕʻin¹]
	豆青		豆青	[təu⁴tɕʻin¹]
	藏青		藏青	[tsaŋ⁴tɕʻin¹]
	蟹青		蟹青	[çi⁴tɕʻin¹]
	鸭蛋青		鸭蛋青	[ia¹tan⁴tɕʻin¹]
	紫		紫	[tsɿ³]
	品紫		品紫	[pʻin³tsɿ³]
	玫瑰紫		玫瑰紫	[mei²kuei⁴tsɿ³]
	藕荷色		藕荷色	[ŋəu³xo²sei¹]
	古铜色		古铜色	[ku³tʻoŋ²sei¹]
	黑		黑	[xei¹]
副词、介词	刚	我～来，没赶上	才	[tsʻai²]
	刚	～好十块钱	□□	[tsʻa¹tsʻa¹]
	刚	不大不小，～合适	还	[xa²]
	刚巧	～我在那儿	碰到	[pʻoŋ⁴tau³]
	净	～吃米，不吃面	光光	[kuaŋ¹kuaŋ¹]
	有点儿	天～冷	有点	[iəu³tian³]
	怕	～要下雨	可能	[ko³lən²]
	也许	明天～要下雨	可能	[ko³lən²]
	差点儿	～摔了	差□□	[tsʻa¹ti¹ti¹]

续表

类别	词语条目	调查提示	方言词	记音
副词、介词	非……不……	非到九点不开会	才	[ts'ai²]
	马上	~就来	马上	[ma³saŋ⁴]
	趁早儿	~走吧	早点	[tsau³tian³]
	早晚	~来都行	早晚	[tsau³uan³]
	随时	~来都行	早晚	[tsau³uan³]
	眼看	~就到期了	可能	[ko³lən²]
	幸亏	~你来了，要不然我们就走错了	口得	[tsan⁴tei¹]
	当面	有话~说	当面	[taŋ¹mian⁴]
	背地	不要~说	背地	[pei⁴ti⁴]
	一块儿	咱们~去	一路	[i¹lu⁴]
	一个人	他~去	各人	[ko¹zəu²]
	自己	他~去	各人	[ko¹zəu²]
	顺便儿	请他~给我买本书	凑足	[ts'əu⁴tʂu²]
	故意	~捣乱	故意	[ku⁴i⁴]
	到了儿	他~走了没有，你要问清楚	到底	[tau⁴ti³]
	压根儿	他~不知道	一点	[i¹tsai³]
	实在	这人~好	在	[tsai⁴]
	平	接近，这人已经~四十了	到	[tau⁴]
	一共	~才十个人	一共	[i¹koŋ⁴]
	不要	慢慢儿走，~跑	不要	[pu¹iau⁴]
	白	不要钱，~吃	白	[pei²]
	白	~跑一趟	空	[k'oŋ¹]
	偏	你不叫我去，我~去	偏	[p'ian¹]
	胡	~搞/~说	乱	[luan⁴]

续表

类别	词语条目	调查提示	方言词	记音
副词、介词	先	你~走，我随后就来	在前	[tsai⁴tɕʻian²]
	先	他~不知道，后来才听人说的	先前	[ɕian¹tɕʻian²]
	另外	~还有一个人	另外	[lin⁴uai⁴]
	被	~狗咬了一口	着	[tso¹]
	把	~门关上	把	[pa³]
	对	你~他好，他就~你好	对	[tei⁴]
	对着	他~我直笑	对倒	[tei⁴tau³]
	到	~哪儿去	去	[kʻi⁴]
	到	~哪天为止	到	[tau⁴]
	到	扔~水里	到	[tau⁴]
	在	~哪儿住家	在	[tsai⁴]
	从	~哪儿走	由	[iəu²]
	自从	~他走后我一直不放心	自从	[tsɿ⁴tsʻoŋ²]
	照	~这样做就好	照	[tsau⁴]
	照	~我看不算错	以	[i³]
	使	你~毛笔写	用	[ioŋ⁴]
	顺着	~这条大路一直走	跟着	[kən¹tso²]
	顺着	沿着：~河边走	跟着	[kən¹tso²]
	朝	~后头看看	朝	[tsau²]
	替	你~我写封信	替	[tʻi⁴]
	给	~大家办事	给	[kei³]
	给	他把门~关上了	不用	
	给我	虚用，加重语气：你~吃干净这碗饭	跟我	[kən¹oŋ³]
	和	这个~那个一样	跟	[kən¹]

续表

类别	词语条目	调查提示	方言词	记音
副词、介词	向	~他打听一下	跟	[kən¹]
	问	~他借一本书	跟	[kən¹]
	管……叫……	有些地方管白薯叫山药	不用	
	拿……当……	有些地方拿麦秸当柴烧	拿	[la²]
			当	[taŋ¹]
	从小	他~就能吃苦	从小	[tsʻoŋ²ɕiau³]
	赶	你得天黑以前~到	赶到	[kan³tau⁴]
量词	一把椅子		一把椅子	[i¹pa³i³tsʅ³]
	一枚奖章		一个奖章	[i¹ko⁴tɕiaŋ³tʂaŋ¹]
	一本书		一本书	[i¹pən³ʂu¹]
	一笔款		一笔款	[i¹pi²kʻuan³]
	一匹马		一匹马	[i¹pʻi¹ma³]
	一头牛		一个牛	[i¹ko⁴liəu²]
	一封信		一封信	[i¹foŋ¹ɕin⁴]
	一服药		一服药	[i¹fu⁴io¹]
	一帖药		一服药	[i¹fu⁴io¹]
	一味药		一服药	[i¹fu⁴io¹]
	一道河		一条河	[i¹tʻiau²xo²]
	一顶帽子		一个帽子	[i¹ko⁴mau⁴tsʅ³]
	一锭墨		一锭墨	[i¹tin⁴mei¹]
	一档子事		一件事	[i¹tɕian⁴ʂʅ⁴]
	一朵花儿		一朵花	[i¹to³xua¹]
	一顿饭		一顿饭	[i¹tən⁴fan⁴]
	一条手巾		一块手巾	[i¹kʻuai³səu³tɕin¹]
	一辆车		一部车	[i¹pu⁴tsʻei¹]
	一子儿香		一炷香	[i¹tʂu⁴ɕiaŋ¹]

续表

类别	词语条目	调查提示	方言词	记音
量词	一枝花儿		一朵花	[i¹to³xua¹]
	一只手		一只手	[i¹tʂʅ¹səu³]
	一盏灯		一照灯	[i¹tsau⁴təu¹]
	一张桌子		一张桌子	[i¹tsaŋ¹tso²tsʅ³]
	一桌酒席		一桌酒席	[i¹tso¹tɕiəu³ɕi²]
	一场雨		一丈雨	[i¹tsaŋ⁴i³]
	一出戏		一场戏	[i¹tsʻaŋ²ɕi⁴]
	一床被子		一床被窝	[i¹tʂuʻaŋ²pei⁴o¹]
	一身棉衣		一件棉衣	[i¹tɕian⁴mian²i¹]
	一杆枪		一支枪	[i¹tʂʅ¹tɕʻiaŋ¹]
	一管笔		一支笔	[i¹tʂʅ¹pi²]
	一根头发		一棵头发	[i¹kʻo¹tʻəu²fa¹]
	一棵树		一棵树	[i¹kʻo¹ʂu⁴]
	一颗米		一颗米	[i¹kʻo³mi³]
	一粒米		一颗米	[i¹kʻo³mi³]
	一块砖		一块砖	[i¹kʻuai³tʂuan¹]
	一口猪		一个猪	[i¹ko⁴tʂu¹]
	一口儿人		一个人	[i¹ko⁴zən²]
	两口子		夫妻两个	[fu¹tɕʻi¹liaŋ³ko⁴]
	夫妻俩		夫妻两个	[fu¹tɕʻi¹liaŋ³ko⁴]
	一家铺子		一家铺子	[i¹tɕiaʻpʻu⁴tsʅ³]
	一架飞机		一架飞机	[i¹tɕia⁴fei¹tɕi¹]
	一间屋子		一间屋子	[i¹kan¹uʻtsʅ³]
	一所房子		一间屋子	[i¹kan¹uʻtsʅ³]
	一件儿衣裳		一件衣裳	[i¹tɕian⁴i¹saŋ¹]

续表

类别	词语条目	调查提示	方言词	记音
量词	一行字		一路字	[i¹lu⁴tsʅ⁴]
	一篇文章		一篇文章	[i¹pʻian¹uən²tsaŋ¹]
	一页书		一页书	[i¹i¹ʂu¹]
	一节文章		一段文章	[i¹tuan⁴uən²tsaŋ¹]
	一段文章		一段文章	[i¹tuan⁴uən²tsaŋ¹]
	一片好心		一片好心	[i¹pʻian⁴xau³ɕin¹]
	一片儿肉		一片肉	[i¹pʻian⁴ʐu¹]
	一面旗		一手旗	[i¹səu³tɕi²]
	一层纸		一张纸	[i¹tsaŋ¹tʂʅ³]
	一股香味儿		不用	
	一座桥		一座桥	[i¹tso⁴tɕʻiau²]
	一盘棋		一盘棋	[i¹pʻan¹tɕʻi¹]
	一门亲事		一门亲事	[i¹mən²tɕʻin¹ʂʅ⁴]
	一刀纸		一刀纸	[i¹tau¹tʂʅ³]
	一沓儿纸		一沓纸	[i¹tʻa¹tʂʅ³]
	一桩事情		一桩事情	[i¹tʂuaŋ¹ʂʅ⁴tɕʻin²]
	一缸水		一缸水	[i¹kaŋ¹ʂuei³]
	一碗饭		一碗饭	[i¹uan³fan⁴]
	一杯茶		一杯茶	[i¹pei¹tsʻa²]
	一把米		一把米	[i¹pa³mi³]
	一把儿萝卜		一个萝卜	[i¹ko⁴lo²pu⁴]
	一包花生		一包花生	[i¹pau¹xua¹sən¹]
	一卷儿纸		一卷纸	[i¹tɕian³tsʅ³]
	一捆行李		一包行李	[i¹pau¹ɕin²li³]
	一担米		一担米	[i¹tʻiau¹mi³]

续表

类别	词语条目	调查提示	方言词	记音
量词	一挑水		一挑水	[i¹t'iau¹ʂuei³]
	一排桌子		一排桌子	[i¹p'ai²tso¹tsɿ³]
	一进院子		不用	
	一挂鞭炮		一串炮	[i¹tʂ'uan⁴p'au⁴]
	一犋牛	两头牛叫一犋	不用	
	一句话		一句话	[i¹tɕi⁴xua⁴]
	一位客人		一个客人	[i¹ko⁴k'ei¹zəu²]
	一双鞋		一对鞋	[i¹tei⁴xai²]
	一对花瓶		两个花瓶	[liaŋ³ko⁴xua¹p'in²]
	一副眼镜		一副眼镜	[i¹fu⁴ian³tɕin⁴]
	一套书		一套书	[i¹t'au⁴ʂu³]
	一种虫子		一种虫子	[i¹tsoŋts'oŋ²tsɿ³]
	一伙儿人		一群人	[i¹tɕ'in²zəu²]
	一帮人		一群人	[i¹tɕ'in²zəu²]
	一批货		一批货	[i¹p'i¹xo⁴]
	一拨儿人		一群人	[i¹tɕ'in²zəu²]
	一个		一个	[i¹ko⁴]
	一起		一起	[i¹tɕ'i³]
	一窝蜂		不用	
	一嘟噜葡萄		不用	
	一拃	大拇指与中指张开的长度	一拃	[i¹ts'a³]
	一虎口	大拇指与食指张开的长度	不用	
	一庹	两臂平伸两手伸直的长度	不用	
	一指长		一拃长	[i¹ts'a³ts'aŋ²]
	一停儿		不用	

续表

类别	词语条目	调查提示	方言词	记音
量词	一成儿		一成	[i¹tsʻən¹]
	一脸土		一脸土	[i¹lian³tʻu³]
	一身土		一身土	[i¹sən¹tʻu³]
	一肚子气		一肚子气	[i¹tu⁴tsʅ³tɕi⁴]
	一尊佛像		一尊佛像	[i¹tsən¹fu²ɕiaŋ⁴]
	一扇门		一扇门	[i¹san⁴mən²]
	一幅画儿		一幅画儿	[i¹fu²xua⁴]
	一堵墙		一堵墙	[i¹tu³tɕʻiaŋ²]
	一瓣花瓣		一瓣花瓣	[i¹pan⁴xua¹pan⁴]
	一处地方		一个地方	[i¹ko⁴ti⁴faŋ¹]
	一部书		一本书	[i¹pən³ʂu¹]
	一班车		一班车	[i¹pan¹tsʻei¹]
	一打鸡蛋		一泡鸡蛋	[i¹pʻau⁴tɕi¹tan⁴]
	一团泥		一把泥	[i¹pa³li²]
	一堆雪		一堆雪	[i¹tei¹ɕi¹]
	一槽牙		一口牙	[i¹kʻəu³ia²]
	一列火车		一部火车	[i¹pu⁴xo³tsʻei¹]
	一系列问题		不用	
	一路公共汽车		一路公共汽车	[i¹lu⁴koŋ¹koŋ⁴tɕʻi⁴tsʻei¹]
	一师兵		不用	
	一旅兵		不用	
	一团兵		不用	
	一营兵		不用	
	一连兵		不用	
	一排兵		不用	

续表

类别	词语条目	调查提示	方言词	记音
量词	一班兵		不用	
	一组		不用	
	一撮毛		一撮毛	[i¹tso¹mau²]
	一轴儿线		一颗线	[i¹k'o³ɕian⁴]
	一绺头发		一撮头发	[i¹tso¹t'əu²fa¹]
	一丝儿肉		一丝肉	[i¹sʅ¹zu̱²]
	一点儿面粉		一点面粉	[i¹tian³mian⁴fən³]
	一滴雨		一颗雨	[i¹ko³i³]
	一盒儿火柴		一盒火柴	[i¹xo²xo³ts'ai²]
	一匣子首饰		一匣首饰	[i¹tɕia²səu³ʂʅ⁴]
	一箱子衣裳		一箱衣裳	[i¹ɕiaŋ¹i¹saŋ²]
	一架子小说		不用	
	一橱书		一柜书	[i¹kuei⁴ʂu¹]
	一抽屉文件		不用	
	一筐子菠菜		一箩菠菜	[i¹lo²po¹ts'ai⁴]
	一篮子梨		一篮子梨	[i¹lan²tsʅ³li²]
	一篓子炭		一篓子炭	[i¹ləu³tsʅ³t'an⁴]
	一炉子灰		一炉子灰	[i¹lu²tsʅ³xuei¹]
	一包书		一包书	[i¹pau¹ʂu¹]
	一口袋干粮		一包干粮	[i¹pau¹kan¹ liaŋ²]
	一池子水		一池水	[i¹tʂʅ'ʅ²ʂuei³]
	一缸金鱼		一缸金鱼	[i¹kaŋ¹tɕin¹i²]
	一瓶子醋		一瓶醋	[i¹p'in²tʂ'u⁴]
	一罐子荔枝		一罐荔枝	[i¹kuan⁴li⁴tsʅ¹]
	一坛子酒		一坛酒	[i¹t'an²tɕiəu³]

续表

类别	词语条目	调查提示	方言词	记音
量词	一桶汽油		一桶汽油	[i¹tʻoŋ³tɕʻi⁴iəu²]
	一吊子开水		不用	
	一盆洗澡水		一盆洗澡水	[i¹pʻən²ɕi³tsau³ʂuei³]
	一壶茶		一壶茶	[i¹xu²tsʻa²]
	一锅饭		一锅饭	[i¹ko¹fan⁴]
	一笼包子		一笼包子	[i¹loŋ²pau¹tsʅ³]
	一盘水果		一盘水果	[i¹pʻan²ʂuei³ko³]
	一碟儿小菜		一盘小菜	[i¹pʻan²ɕiau³tsʻai⁴]
	一碗饭		一碗饭	[i¹uan³fan⁴]
	一杯茶		一杯茶	[i¹pei¹tsʻa²]
	一盅烧酒		一杯烧酒	[i¹pei¹sau¹tɕiəu³]
	一瓢汤		一瓢汤	[i¹pʻiau²tʻaŋ¹]
	一勺子汤		一瓢汤	[i¹pʻiau²tʻaŋ¹]
	一勺儿酱油		一瓢酱油	[i¹pʻiau²tɕiaŋ⁴iəu²]
	吃一顿		吃一顿	[tʂʻʅ¹i¹tən⁴]
	走一趟		走一趟	[tsəu³i¹tʻaŋ⁴]
	打一下		打一下	[ta³i¹ɕia⁴]
	看一眼		看一眼	[kan⁴i¹ian³]
	吃一口		吃一口	[tʂʻʅ¹i¹kʻəu³]
	谈一会儿		谈一会	[tʻan²i¹xuei⁴]
	下一阵雨		下一会雨	[ɕia⁴i¹xuei⁴i³]
	闹一场		闹一场	[lau⁴i¹tsʻaŋ²]
	见一面		见一面	[tɕian⁴i¹mian⁴]
	洗一水		洗一水	[ɕi³i¹ʂuei³]
	烧一炉		烧一炉	[sau¹i¹lu²]

续表

类别	词语条目	调查提示	方言词	记音
量词	写一手好字		写一手好字	[çi³i¹səu³xau³tsʅ⁴]
	写一笔好字		写一手好字	[çi³i¹səu³xau³tsʅ⁴]
	当一票		当一票	[taŋ⁴i¹pʻiau⁴]
	开一届会议		开一次会议	[kʻai¹i¹tsʅ⁴xuei⁴i⁴]
	做一任官		任一次官	[zən⁴i¹tsʻʅ⁴kuan¹]
	下一盘棋		下一盘棋	[çia⁴i¹pʻan²tçi¹]
	请一桌客		请一桌客	[tçin³i¹tso¹kʻei¹]
	打一圈麻将		打一局麻将	[ta³i¹tʂu²ma²tçiaŋ⁴]
	打一将麻将		打一局麻将	[ta³i¹tʂu²ma²tçiaŋ⁴]
	唱一台戏		唱一场戏	[tsan⁴i¹ tsʻaŋ²çi⁴]
	个把两个		个把两个	[ko⁴pa³lian³ko⁴]
	百把来个		百把个人	[pei¹pa³ko⁴zən²]
	千把人		千把人	[tçʻian¹pa³zən²]
	万把块钱		万把块钱	[uan⁴pa³kʻuai³tçʻian²]
	里把路		里把路	[li³pa³lu⁴]
	里把二里路		里把两里路	[li³pa³lian³li³lu⁴]
	亩把二亩		亩把两亩	[məu³pa³lian³məu³]
附加成分	极了		完的	[uan²lei¹]
	得很		很了	[xən³əu⁴]
	坏了		不用	
	得要死		不用	
	得要命		不用	
	得不行		不用	
	死了		死了	[sʅ³əu⁴]
	得不得了		不用	

续表

类别	词语条目	调查提示	方言词	记音
附加成分	得慌		完的	[uan²lei¹]
	得享		不用	
	拉瓜巴唶的		不用	
	不楞登的		不用	
	不唶的		不用	
	不唶唶的		不用	
	最……不过		不用	
	吃头儿	这个菜没～	吃场	[tʂʻʅ¹tsʻaŋ²]
	喝头儿	那个酒没～	喝场	[xo¹tsʻáŋ²]
	看头儿	这出戏有～	看场	[kʻan⁴tsʻaŋ²]
	干头儿		搞场	[kau³tsʻaŋ²]
	奔头儿		奔头	[pʻən¹tʻəu²]
	苦头儿		苦头	[kʻu³tʻəu²]
	甜头儿		甜头	[tʻian²tʻəu²]
	帮		太	[tʻai⁴]
	胖	阴平	不用	
	飘		不用	
	溜		不用	
	锃		不用	
	死		不用	
	崭		不用	
	生		不用	
	齁	阴平	不用	
	焦		不用	
	精		不用	

续表

类别	词语条目	调查提示	方言词	记音
附加成分	黢		不用	
	稀		不用	
	倍儿		不用	
	怪		有点	[iəu³tian³]
	老		不用	
	了		了	[əu⁴]
	着		倒	[tau⁴]
	得		得	[tei¹]
	的		的	[lei¹]
数字	一号	指日期，下同	一号	[i¹xau⁴]
	二号		二号	[ɚ⁴xau⁴]
	三号		三号	[san¹xau⁴]
	四号		四号	[sʅ⁴xau⁴]
	五号		五号	[u³xau⁴]
	六号		六号	[lu¹xau⁴]
	七号		七号	[tɕʻi¹xau⁴]
	八号		八号	[pa¹xau⁴]
	九号		九号	[tɕiəu³xau⁴]
	十号		十号	[ʂʅ¹xau⁴]
	初一		初一	[tʂʻu¹i¹]
	初二		初二	[tʂʻu¹ɚ⁴]
	初三		初三	[tʂʻu¹san¹]
	初四		初四	[tʂʻu¹sʅ⁴]
	初五		初五	[tʂʻu¹u³]
	初六		初六	[tʂʻu¹lu¹]

续表

类别	词语条目	调查提示	方言词	记音
数字	初七		初七	[tʂ‘u¹tɕ‘i¹]
	初八		初八	[tʂ‘u¹pa¹]
	初九		初九	[tʂ‘u¹tɕiəu³]
	初十		初十	[tʂ‘u¹ʂʅ¹]
	老大		老大	[lau³i⁴]
	老二		老二	[lau³ɚ⁴]
	老三		老三	[lau³san¹]
	老四		老四	[lau³sʅ⁴]
	老五		老五	[lau³u³]
	老六		老六	[lau³lu¹]
	老七		老七	[lau³tɕ‘i¹]
	老八		老八	[lau³pa¹]
	老九		老九	[lau³tɕiəu³]
	老十		老十	[lau³ʂʅ¹]
	老幺		老幺	[lau³iau¹]
	大哥		大哥	[ta⁴ko¹]
	二哥		二哥	[ɚ⁴ko¹]
	老末儿		老幺	[lau³iau¹]
	第一		第一	[ti⁴i¹]
	第二		第二	[ti⁴ɚ⁴]
	第三		第三	[ti⁴san¹]
	第四		第四	[ti⁴sʅ⁴]
	第五		第五	[ti⁴u³]
	第六		第六	[ti⁴lu¹]
	第七		第七	[ti⁴tɕ‘i¹]

续表

类别	词语条目	调查提示	方言词	记音
数字	第八		第八	[ti⁴pa¹]
	第九		第九	[ti⁴tɕiəu³]
	第十		第十	[ti⁴ʂʅ¹]
	第一个		第一个	[ti⁴i¹ko⁴]
	第二个		第二个	[ti⁴ɚ⁴ko⁴]
	第三个		第三个	[ti⁴san¹ko⁴]
	第四个		第四个	[ti⁴sʅ⁴ko⁴]
	第五个		第五个	[ti⁴u³ko⁴]
	第六个		第六个	[ti⁴lu¹ko⁴]
	第七个		第七个	[ti⁴tɕʻi¹ko⁴]
	第八个		第八个	[ti⁴pa¹ko⁴]
	第九个		第九个	[ti⁴tɕiəu³ko⁴]
	第十个		第十个	[ti⁴ʂʅ¹ko⁴]
	一		一	[i¹]
	二		二	[ɚ⁴]
	三		三	[san¹]
	四		四	[sʅ⁴]
	五		五	[u³]
	六		六	[lu¹]
	七		七	[tɕʻi¹]
	八		八	[pa¹]
	九		九	[tɕiəu³]
	十		十	[ʂʅ¹]
	十一		十一	[ʂʅ¹i¹]
	二十		二十	[ɚ⁴ʂʅ¹]

续表

类别	词语条目	调查提示	方言词	记音
数字	二十一		二十一	$[\sigma^4 ʂ ɿ^1 i^1]$
	三十		三十	$[san^1 ʂ ɿ^1]$
	三十一		三十一	$[san^1 ʂ ɿ^1 i^1]$
	四十		四十	$[s ɿ^4 ʂ ɿ^1]$
	四十一		四十一	$[s ɿ^4 ʂ ɿ^1 i^1]$
	五十		五十	$[u^3 ʂ ɿ^1]$
	五十一		五十一	$[u^3 ʂ ɿ^1 i^1]$
	六十		六十	$[lu^1 ʂ ɿ^1]$
	六十一		六十一	$[lu^1 ʂ ɿ^1 i^1]$
	七十		七十	$[tɕ'i^1 ʂ ɿ^1]$
	七十一		七十一	$[tɕ'i^1 ʂ ɿ^1 i^1]$
	八十		八十	$[pa^1 ʂ ɿ^1]$
	八十一		八十一	$[pa^1 ʂ ɿ^1 i^1]$
	九十		九十	$[tɕiəu^3 ʂ ɿ^1]$
	九十一		九十一	$[tɕiəu^3 ʂ ɿ^1 i^1]$
	一百		一百	$[i^1 pei^1]$
	一千		一千	$[i^1 tɕ'ian^1]$
	一百一十		一百一	$[i^1 pei^1 i^1]$
	一百一十个		一百一十个	$[i^1 pei^1 i^1 ʂ ɿ^1 ko^4]$
	一百一十一	一百十一	一百一十一	$[i^1 pei^1 i^1 ʂ ɿ^1 i^1]$
	一百一十二	一百十二	一百一十二	$[i^1 pei^1 i^1 ʂ ɿ^1 \sigma^4]$
	一百二十	一百二	一百二	$[i^1 pei^1 \sigma^4]$
	一百三十	一百三	一百三	$[i^1 pei^1 san^1]$
	一百五十	一百五	一百五	$[i^1 pei^1 u^3]$
	一百五十个		一百五十个	$[i^1 pei^1 u^3 ʂ ɿ^1 ko^4]$

续表

类别	词语条目	调查提示	方言词	记音
数字	二百五十	二百五	二百五	[ɚ⁴pei¹u³]
	二百五	傻子	不用	
	二百五十个		二百五十个	[ɚ⁴pei¹u³ʂʅ¹ko⁴]
	三百一十	三百一	三百一十	[san¹pei¹i¹ʂʅ¹]
	三百三十	三百三	三百三十	[san¹pei¹san¹ʂʅ¹]
	三百六十	三百六	三百六十	[san¹pei¹lu¹ʂʅ¹]
	三百八十	三百八	三百八	[san¹pei¹pa¹]
	一千一百	一千一	一千一	[i¹tɕ'ian¹i¹]
	一千一百个		一千一百个	[i¹tɕ'ian¹pei¹ko⁴]
	一千九百	一千九	一千九	[i¹tɕ'ian¹tɕiəu³]
	一千九百个		一千九百个	[i¹tɕ'ian¹tɕiəu³pei¹ko⁴]
	三千		三千	[san¹tɕ'ian¹]
	五千		五千	[u³tɕ'ian¹]
	八千		八千	[pa¹tɕ'ian¹]
	一万		一万	[i¹uan⁴]
	一万二千	一万二	一万二	[i¹uan⁴ɚ⁴]
	一万二千个		一万二千个	[i¹uan⁴ɚ⁴tɕ'ian¹ko⁴]
	三万五千	三万五	三万五	[san¹uan⁴u³]
	三万五千个		三万五千个	[san¹uan⁴u³tɕ'ian¹ko⁴]
	零		零	[lin²]
	一个		一个	[i¹ko⁴]
	两个		两个	[liaŋ³kɔ⁴]
	三个		三个	[san¹ko⁴]
	四个		四个	[sʅ⁴ko⁴]
	五个		五个	[u³ko⁴]

续表

类别	词语条目	调查提示	方言词	记音
数字	六个		六个	[lu¹ko⁴]
	七个		七个	[tɕʻi¹ko⁴]
	八个		八个	[pa¹ko⁴]
	九个		九个	[tɕiəu³ko⁴]
	十个		十个	[ʂʅ¹ko⁴]
	二斤	两斤	两斤	[liaŋ³tɕin¹]
	二两		二两	[ɚ⁴liaŋ³]
	二钱	两钱	两钱	[liaŋ³tɕʻian²]
	二分	两分	两分	[liaŋ³fən¹]
	二厘	两厘	两厘	[liaŋ³li²]
	两丈	二丈	两丈	[liaŋ³tsaŋ⁴]
	二尺	两尺	两尺	[liaŋ³tʂʅ¹]
	二寸	两寸	两寸	[liaŋ³tsʻən⁴]
	二分	两分	两分	[liaŋ³fən¹]
	二里	两里	两里	[liaŋ³li³]
	两担	二担	两担	[liaŋ³tan⁴]
	二斗	两斗	两斗	[liaŋ³təu³]
	二升	两升	两升	[liaŋ³sən¹]
	二合	两合	两合	[liaŋ³xo²]
	两项	二项	两项	[liaŋ³xaŋ⁴]
	二亩	两亩	二亩	[liaŋ³məu³]
	几个		几个	[tɕi³ko⁴]
	好多个		好多个	[xau³to¹ko⁴]
	好几个		好几个	[xau³tɕi³ko⁴]
	好些个		不用	

续表

类别	词语条目	调查提示	方言词	记音
数字	一些些	注意两个"些"字有无语音上的区别	一些些	[i¹ɕi¹ɕi¹]
	好一些		好一些	[xau³i¹ɕi¹]
	大一些		大一些	[ta⁴i¹ɕi¹]
	一点儿		一点	[i¹tian³]
	一点点		一点点	[i¹tian³tian³]
	大点儿		不用	
	十多个	比十个多	十多个	[ʂʅ¹to¹ko⁴]
	一百多个		一百多个	[i¹pei¹to¹ko⁴]
	十来个	不到十个	十来个	[ʂʅ¹lai²ko⁴]
	千数个		千把个	[tɕʻian¹pa³ko⁴]
	百把个		百把个	[pei¹pa³ko⁴]
	半个		一半	[i¹pan⁴]
	一半		一半	[i¹pan⁴]
	两半儿		两半	[lian³pan⁴]
	多半儿		不用	
	一大半儿		不用	
	一个半		一个半	[i¹ko⁴pan⁴]
	上下		上下	[saŋ⁴ɕia⁴]
	左右		左右	[tso³iəu⁴]
	一来二去		不用	
	一清二白		一清二白	[i¹tɕʻin¹ɚ⁴pei²]
	一清二楚		一清二楚	[i¹tɕʻin¹ɚ⁴tʂʻu³]
	一干二净		一干二净	[i¹kan¹ɚ⁴tɕin⁴]
	一差三错		不用	

续表

类别	词语条目	调查提示	方言词	记音
数字	一刀两断		一刀两断	[i¹tan¹liaŋ³tuan⁴]
	一举两得		一举两得	[i¹tɕi³liaŋ³tei¹]
	三番五次		三番五次	[san¹fan¹u³tsʅ⁴]
	三番两次		三番两次	[san¹fan¹liaŋ³tsʅ⁴]
	三年二年		不用	
	三年两年		三年两年	[san¹lian²liaŋ³lian²]
	三年五载		三年五载	[san¹lian²u³tsai⁴]
	三天两头		三天两头	[san¹tʻan¹liaŋ³tʻəu²]
	三天两早起		不用	
	三天两夜		不用	
	三长两短		三长两短	[san¹tɕʻaŋ²liaŋ³tuan³]
	三言两语		三言两语	[san¹ian²liaŋ³i³]
	三心二意		三心二意	[san¹ɕin¹ɚ⁴i⁴]
	三心两意		不用	
	三三两两		三三两两	[san¹san¹liaŋ³liaŋ³]
	四平八稳		四平八稳	[sʅ⁴pʻin²pa¹uən³]
	四通八达		四通八达	[sʅ⁴tʻoŋ¹pa¹ta¹]
	四面八方		四面八方	[sʅ⁴mian⁴pa¹faŋ¹]
	四邻八舍		四邻八舍	[sʅ⁴lin²pa¹sei⁴]
	四时八节		不用	
	五零四散		不用	
	五湖四海		五湖四海	[u³xu²sʅ⁴xai³]
	五花八门		五花八门	[u³xua¹pa¹mən²]
	七上八下		七上八下	[tɕʻi¹saŋ⁴pa¹ɕia⁴]
	七颠八倒		七颠八倒	[tɕʻi¹tian¹pa¹tau³]

续表

类别	词语条目	调查提示	方言词	记音
数字	颠七倒八		不用	
	乱七八糟		乱七八糟	[luan⁴tɕʻi¹pa¹tsau¹]
	七乱八糟		不用	
	乌七八糟		乌七八糟	[u¹tɕʻi¹pa¹tsau¹]
	七长八短		七长八短	[tɕʻi¹tsʻaŋ²pa¹tuan³]
	长七短八		不用	
	七拼八凑		不用	
	七手八脚		七手八脚	[tɕʻi¹səu³pa¹tɕio¹]
	七嘴八舌		七嘴八舌	[tɕʻi¹tsei³pa¹sei²]
	七言八语		不用	
	千辛万苦		千辛万苦	[tɕʻian¹ɕin¹uan⁴kʻu³]
	千真万确		千真万确	[tɕʻian¹tsən¹uan⁴tɕʻio¹]
	千军万马		千军万马	[tɕʻian¹tɕia¹uan⁴ma³]
	千人万马		不用	
	千变万化		千变万化	[tɕʻian¹pian⁴uan⁴xua⁴]
	千家万户		千家万户	[tɕʻian¹tɕia¹uan⁴xu⁴]
	千门万户		不用	
	千言万语		千言万语	[tɕʻian¹ian²uan⁴i³]
	甲		甲	[tɕia¹]
	乙		乙	[i¹]
	丙		丙	[pin³]
	丁		丁	[tin¹]
	戊		戊	[u⁴]
	己		己	[tɕi³]
	庚		庚	[kən¹]

续表

类别	词语条目	调查提示	方言词	记音
数字	辛		辛	$[\varphi in^1]$
	壬		壬	$[z\partial n^2]$
	癸		癸	$[kuei^4]$
	子		子	$[ts\gamma^3]$
	丑		丑	$[ts'\partial u^3]$
	寅		寅	$[in^2]$
	卯		卯	$[mau^3]$
	辰		辰	$[ts'\partial n^2]$
	巳		巳	$[s\gamma^4]$
	午		午	$[u^3]$
	未		未	$[uei^4]$
	申		申	$[s\partial n^1]$
	酉		酉	$[i\partial u^3]$
	戌		戌	$[\varphi i^1]$
	亥		亥	$[xai^4]$

第二节　屯堡方言的封闭性特征词

　　语言是文化的重要组成部分，同时也是文化的重要载体。在语言的语音、词汇、语法这几个要素中，词汇最直观地体现和记录了民族或地域的文化特征。

　　词汇是"一系列具有一定形式、意义和功能特征的互相对立、互相制约的词汇单位（包括词以及和词具有同等功能的固定词组）构成的完整体系"①。词汇和语法构

---

① 黄景欣：《试论词汇学中的几个问题》，《中国语文》1961 年第 3 期。

造一样，也具有严密的组织性和系统性。方言词汇所特有的系统性，最明显地体现在一定方言区内总是存在一定数量的方言特征词。一般说，在本方言区（片、点）内具有一定的统一性，而对外也即对其他方言区（片、点）却具有很强的排斥性、差异性的词就是典型的该方言区（片、点）的特征词。方言词汇的差异就集中在方言特征词上，这些特征词由于在方言区内大体一致，而在方言区外相对特异，因而成为方言之间的区别特征。方言特征词系统也是具有一定层级性的，就汉语方言来说，各大方言区内部都有一定数量方言特征词，从而在词汇上区别于其他方言区，这是方言特征词系统的相对较大的层级。在这个层级下，还包含较小的层级，这就是各个方言区之下有方言片，大大小小的方言片也都具有各自的方言特征词来作为自身的区别特征。方言片下还有方言点，各个方言点有时也具有本方言点区别于其他方言点的特征词，这应该是方言特征词更小的层级。由于历史条件、地理环境、与其他方言的相互融合状况的不同，不同方言的特征词的数量可能会有很大的差异。对方言特征词的提取和分析是对方言间词汇进行比较研究的结果。方言词汇研究应该着力于方言词汇尤其是方言特征词的比较。特征词有共时系统的比较也有历时差异的分析。

就词汇而言，可以分为封闭性词类和非封闭性词类。屯堡方言的非封闭性词类特征词与一般西南官话特别是贵阳话和安顺话差别不大。2002年出版的由涂光禄先生编著的《贵阳市志·社会志·汉语方言分志》收录包括离合词、不含特色语气词的贵阳方言特征词2060多个，通过比较，屯堡方言与之完全一致的有1174个，所谓"完全一致"可以包括构词要素、结构形式、词汇意义、感情色彩等，差异只在语音形式和有可能在使用频率；屯堡方言也有但与之有一定差异的有523个，所谓"差异"，包括词义（主要是引申义）、色彩或个别构词要素稍有差别。可见，两地的方言特征词在非封闭性词汇上差别不大，就整个西南官话区而言差别就更小。

赵元任先生指出："在称谓名词特别是对面称呼上，在许多小植物小动物的名称上，尤其是昆虫的名字，不但是北京的形式是地方性的，可以说没有任何方言里的名称够得上全国性。"①最能体现屯堡文化特质的主要集中在称谓词尤其是亲属称谓词和地名以及某些固定短语上。

一、称谓词

称谓词是"能够通过口头称呼的方式来标明称呼者与被称呼者之间的社会关系、社会身份的词语"②。准称谓词与称谓词的功能作用相同，它们的界限就在于准称谓词不能用于人们面对面的称呼，这可能是由于在称谓词的历时发展过程中，准称谓词逐步丧失了口语色彩，也可能是违反了语言交际的礼貌原则，还有可能体现了自然语言的许多不对称规则。这里所述的称谓词包括这种不能作为面称的准称谓词。

称谓词分为人称代词、姓名称谓词、亲属（辈分）称谓词、行业和职业称谓词、职务称谓词、一般性称谓词几类。③屯堡方言中的人称代词、姓名称谓词、行业和职业称谓词、职务称谓词与贵阳话乃至普通话的差异都不大，因此我们的讨论集中在亲属称谓词上。

下面我们按照由血亲到姻亲的顺序列出屯堡亲属称谓（见表3.2至表3.6）。亲属称谓以"自身"作为坐标中心，所谓"血亲"指与"自身"有血缘关系的亲属及其配偶，所谓"姻亲"指与"自身"有婚姻关系的一方的亲属即配偶方亲属，含夫方亲属和妻方亲属。亲属称谓表按照父系长辈亲属称谓、母系长辈亲属称谓、自身及其同辈晚辈亲属称谓顺序排列，长辈或晚辈限制在三辈以内。屯堡方言中三辈以上的长辈不论男女称谓词一律为"祖祖""老祖"，准称谓词与普通话相同，可以是（外）曾祖父、（外）曾祖母等；三辈以外的晚辈称谓词与孙辈是相同的，不论男女可以称呼小名，也可以亲昵地称"幺儿""幺""狗儿"，准称谓词无论父系还是母系，可以是"重孙（女）"，也可以是"短命儿""背时""挨刀"等，当然，后者常见于没有文化的老年人中。表中列出相对应的准称谓词，称谓词是面称，可以直接用于

---

① 赵元任：《汉语口语语法》，吕叔湘译，商务印书馆，1979，第13页。
② 宋宣：《现代汉语称谓词初探》，《贵州大学学报》（社会科学版）1997年第1期。
③ 参见宋宣：《现代汉语称谓词初探》，《贵州大学学报》（社会科学版）1997年第1期。

交际中面对面的口头称呼，对应的准称谓词一般不用于面对面的称呼，一般说准称谓词与称谓词所出现的环境互补，但它不同于背称。背称是与他人进行交谈时称呼某人的叫法，被称呼人是第三者，是说话人和听话人之外的第三人。背称可以用称谓词，也可以用准称谓词，每一个亲属有面称就一定会有背称，只是有时面称与背称是同一形式而已，而称谓词并非都有对应的准称谓词。有必要说明读音的，第一次出现时在后面用国际音标标注。

表 3.2 屯堡方言亲属称谓

父系长辈亲属称谓

亲属关系		称谓词	对应的准称谓词	备注
	祖父	爷爷 $i^{21}i^{33}$		
	其兄（弟）	×爷爷		
	其兄（弟）之妻	×奶奶 $lai^{33}lai^{33}$		
	其姐（妹）	×姑奶	名＋姑奶	"×"代表排行中的"大""二""三"等，最小的一个可以按实际排行，也可称"幺""晚 $[man^{42}]$""净"，但称长辈多用"幺"，口语中常省略排行
	其姐（妹）之夫	×姑爷爷	名＋姑爷爷	
祖父及其同辈	其堂兄（弟）	×爷爷		
	其堂兄（弟）之妻	×奶奶		
	其表兄（弟）	×爷爷	名＋爷爷	
	其表兄（弟）之妻	×奶奶	夫名＋奶奶	
	其堂（表）姐（妹）	×姑奶	名＋姑奶	
	其堂（表）姐（妹）之夫	×姑爷爷	名＋姑爷爷	

续表

亲属关系		称谓词	对应的准称谓词	备注
祖母及其同辈	祖母	奶奶 lai³³lai³³		
	其兄（弟）	×舅爷爷	名＋爷爷	
	其兄（弟）之妻	×舅奶奶	夫名＋奶奶	
	其姐（妹）	×奶奶、姨奶奶	×姨奶、名＋姨奶	
	其姐（妹）之夫	×爷爷	名＋爷爷	
	其堂（表）兄（弟）	×舅爷爷	名＋（舅）爷爷	
	其堂（表）兄（弟）之妻	×舅奶奶	夫名＋（舅）奶奶	
	其堂（表）姐（妹）	×奶奶、姨奶奶	×（堂表）姨奶、名＋姨奶	
	其堂（表）姐（妹）之夫	×爷爷	名＋爷爷	
父亲及其同辈	父亲	爷爷 i³³i³³、爷 i³³	老爹、爸爸	1."爷"用来称爷爷辈时读阳平，用以称父辈时读阴平 2.父亲的表兄、表弟、表姐、表妹及其配偶的准称谓词区分表亲还是堂亲，前加名的形式只用来称呼表亲，堂亲一般不加名
	其兄	×伯爷		
	其兄之妻	×伯娘		
	其弟	×爷 i³³		
	其弟之妻	×叔娘		
	其姐	×姑妈		
	其姐之夫	×姑爹		
	其妹	×孃		
	其妹之夫	×姑爹		
	其堂（表）兄	×伯爷	名＋伯爷	
	其堂（表）兄之妻	×伯娘	夫名＋伯娘	
	其堂（表）弟	×爷 i³³	名＋爷	
	其堂（表）弟之妻	×叔娘	夫名＋叔娘	
	其堂（表）姐	×姑妈	名＋姑妈	
	其堂（表）姐之夫	×姑爹	妻名＋姑爹	
	其堂（表）妹	×孃	名＋孃孃	
	其堂（表）妹之夫	×姑爹	妻名＋姑爹	

表 3.3　屯堡方言亲属称谓

母系长辈亲属称谓

亲属关系		称谓词	对应的准称谓词	备注
外祖父及其同辈	外祖父	公、公公	老外公	
	其兄（弟）	×公公		
	其兄（弟）之妻	×婆婆		
	其姐（妹）	×姑婆	姑外婆	
	其姐（妹）之夫	×公公	姑外公	
	其堂兄（弟）	×公公		
	其堂兄（弟）之妻	×婆婆		
	其表兄（弟）	×公公	名＋公公、×老表公	
	其表兄（弟）之妻	×婆婆	夫名＋婆婆	
	其堂（表）姐（妹）	×姑婆	名＋婆婆	
	其堂（表）姐（妹）之夫	×公公	妻名＋公公	
外祖母及其同辈	外祖母	婆、婆婆	外婆、老外婆	区分表亲与堂亲，堂亲前不加名，也不加称"表"，与父系亲属相同
	其兄（弟）	×舅公	名＋舅公	
	其兄（弟）之妻	×舅婆	夫名＋舅婆	
	其姐（妹）	×姨婆		
	其姐（妹）之夫	×姨公		
	其堂（表）兄（弟）	×舅公	名＋（表）舅公	
	其堂（表）兄（弟）之妻	×舅婆	夫名＋（表）舅婆	
	其堂（表）姐（妹）	×姨婆	姨外婆	
	其堂（表）姐（妹）之夫	×姨公	名＋姨公	

续表

亲属关系		称谓词	对应的准称谓词	备注
母亲及其同辈	母亲	妈、老妈		区分表亲与堂亲，堂亲前不加名，也不称"表"，与父系亲属同
	其兄	×舅	×母舅	
	其兄之妻	×舅妈		
	其弟	×舅	×母舅	
	其弟之妻	×舅妈、×孃孃		
	其姐	×姨妈		
	其姐之夫	×姨爹		
	其妹	×姨妈、×孃孃		
	其妹之夫	×姨爹		
	其堂（表）兄	×舅	名+舅舅、×表舅	
	其堂（表）兄之妻	×舅妈	×表舅妈、夫名+舅妈	
	其堂（表）弟	×舅	名+舅舅、×表舅	
	其堂（表）弟之妻	×舅妈	×表舅妈、夫名+舅妈	
	其堂（表）姐	×姨妈、×孃孃	名+姨妈、名+孃孃	
	其堂（表）姐之夫	×姨爹	妻名+姨爹	
	其堂（表）妹	×姨妈、×孃孃	名+姨妈、名+孃孃	
	其堂（表）妹之夫	×姨爹	妻名+姨爹	

表 3.4　屯堡方言亲属称谓

自身的同辈、晚辈亲属称谓

亲属关系		称谓词	对应的准称谓词	备注
自己的同辈	兄	×哥	×哥	1. 称呼某亲属为"某某的爹（妈）"时"某某"为其子女之名 2. 兄弟姐妹之间区分堂亲和表亲，堂亲之间直接称"哥""姐"而不冠以"表"
	兄之妻	×嫂	×嫂	
	弟	名、老×	名、老×	
	弟之妻	×弟媳、×弟妹	名、姓名	
	姐	姐姐、×姐	×大	
	姐之夫	某某的爹、姐夫	姓＋哥、哥子	
	妹	名、老×		
	妹之夫	某某的爹、妹夫	名、姓名	
	堂（表）兄	×表哥_{堂亲一般不指明}	哥哥、×哥、名＋哥	
	堂（表）兄之妻	某某的妈、（表）嫂	嫂嫂、×嫂、名＋嫂	
	堂（表）弟	×表弟	名、姓名	
	堂（表）弟之妻	×表弟媳、×表弟妹	名、姓名	
	堂（表）姐	（表）姐	姐姐、×姐、名＋姐	
	堂（表）姐之夫	某某的爹、（表）姐夫	姓＋哥、哥子	
	堂（表）妹	（表）妹	名、姓名	
	堂（表）妹之夫	某某的爹、（表）妹夫		

续表

亲属关系		称谓词	对应的准称谓词	备注
子女及其同辈	子	×爷[21]	名、老×、儿、幺、狗儿	1.称儿子或侄儿为"×爷"时，被称者必须已婚 2.用"小+姓"称儿媳妇或侄儿媳妇时仅对非屯堡人 3."净妹""晚妹"用以称最小的女儿
	儿媳妇	×娘	名+小、姓	
	女	×婆、(净、满)妹	名	
	女婿	×姑爷	名、老×、儿、幺、狗儿	
	兄弟的儿子	×侄儿、内侄子	名、老××爷	
	兄弟的儿媳妇	×侄儿媳妇	名、×娘、小+姓	
	兄弟的女儿	×侄女、内侄女	名+老×	
	兄弟的女婿	×侄姑爷	名、小+姓	
	姐妹的儿子	侄儿、外侄子	名	
	姐妹的儿媳妇	侄儿媳妇、外侄子媳妇	名、×娘、小+姓	
	姐妹的女儿	侄女、外侄女	名	
	姐妹的女婿	侄姑爷、外侄姑爷	名、小+姓	
孙辈	孙子	孙孙、孙子	名、幺、狗儿	1.称孙辈为"幺""狗儿"时，对象为未成年人 2.用"小+姓"称孙辈媳妇或孙辈女婿时仅对非屯堡人
	孙媳妇	孙媳妇	名、小+姓	
	孙女	孙孙、孙女	名、幺、狗儿	
	孙女婿	孙姑爷	名、小+姓 同上	
	外孙子	外孙、外孙孙	名、幺、狗儿	
	外孙媳妇	外孙媳妇	名、小+姓	
	外孙女	外孙、外孙女	名	
	外孙女婿	外孙姑爷	名、小+姓	

表 3.5　屯堡方言亲属称谓

夫方亲属称谓

亲属关系		称谓词	对应的准称谓词	备注
丈夫的亲属	其父亲	同夫称	老公公	
	其母亲	同夫称	老婆婆	
	丈夫	名	当家人、我家男人	
	其兄	同夫称	×伯子、男边哥子	
	其兄之妻	同夫称	男边嫂子	
	其弟	同夫称	×叔子、男边兄弟	
	其弟之妻	同夫称	男边弟媳	
	其姐	同夫称	男边×姐	
	其姐之夫	同夫称	男边×姐夫	
	其妹	同夫称	男边妹子	
	其妹之妻	同夫称	男边妹夫	

表 3.6　屯堡方言亲属称谓

妻方亲属称谓

亲属关系		称谓词	对应的准称谓词	备注
妻子的亲属	其父亲	同妻称	老丈人、丈人	
	其母亲	同妻称	老丈母、丈母娘、丈母	
	妻子	名	我家（老婆、媳妇）、家头、里头	
	其兄	同妻称	×舅子	
	其兄之妻	同妻称、×舅妈	×舅妈	
	其弟	同妻称	×舅子、内弟	
	其弟之妻	同妻称、×舅妈		
	其姐	同妻称、×姨妈		
	其姐之夫	同妻称、×姨爹		
	其妹	同妻称	姨妹	
	其妹之夫	同妻称		

由于在称谓词上贵阳话作为强势方言在这一地区具有强大的影响力，安顺城区方言与之差别不大，因此，我们以贵阳话作为比较参照点。

贵阳方言和屯堡岛方言父亲的称谓词不同，导致祖父、父亲的兄弟（包括堂、表兄弟）的称谓也有所差异。屯堡岛方言中父亲当面一般不称"爸爸"，"爸爸"只用于在外面工作的屯堡人对自己父亲的背称，而且其听话人一般不是屯堡人。他们普遍把父亲称"爷 [i³³]"，这个词是上古鱼部以母平声，中古以遮切，按照语音演变规律今天应该念阳平，大部分方言中也实际读成阳平，但是在屯堡岛方言中则念阴平。这样，父亲的兄弟自然也就称"爷"了，父亲的兄长称为"×伯爷"，父亲的弟弟称为"×爷"。今天的云南东部地区尤其是农村普遍把父亲称为"爷"，阴平调，从而也就把叔叔称为"×爷"，若是最小的叔叔就称之为"幺爷"或者"晚爷"，这与屯堡方言一致。称父亲的"爷"书面语中也可以写成"耶"，杜甫的《兵车行》中就有"耶娘妻子走相送，尘埃不见咸阳桥"的句子，其中的"耶"指的就是父亲。从这个例子我们可以看出，用"耶（爷）"来作为父亲的称呼在汉族当中形成较早，贵州和云南明代的汉族移民大都来自中原、湖广、江淮，他们及其后代在对父亲的称呼上没有受到清代汉族移民的影响，但在对祖父的称谓上受到后代移民的影响，也称为"爷"，于是称父亲辈"爷"与称祖父辈的"爷"变成了同音词，容易混淆，解决的办法就是将其中的一个变读，于是就将称父亲辈的"爷"变读为阴平。

贵阳方言中对父亲的称谓有一个发展过程。以前父亲不能当面称为"老爹"和"老者"，"老爹"一般只用于"老爹老妈"之中，或者只用于称熟识的同辈以及晚辈的父亲，"老者"也一样，而且增加了不敬和戏谑的色彩。近年来，许多年轻人用"老者"来背称父亲并进而发展到当面的称呼，至于"老爹"，更多的是中年人尤其是女性对父亲的面称。

在屯堡方言中，"老者"是对年老男性的带有不敬色彩的称呼，有时也受安顺方言的影响，中年妇女也用作自己丈夫的背称。这样，在称谓词上就显示出了很有趣的不对称现象：贵阳方言和屯堡方言中，"老者"和"老奶 [lai³³]"是经常并称的，二者作为一般称谓词是指上了年纪的男性和女性。随着语言的发展，在两地方言中，

"老者"进入了亲属称谓词的范围，但是"老奶"却没有进入，它仍然只是一个一般称谓词。贵阳方言中，"老者"可以作为父亲的称谓词或者是准称谓词，但是"老奶"却不能作为母亲的称谓词或者是准称谓词；同样，在屯堡方言和安顺方言中，"老者"可以作为丈夫的准称谓词，但是"老奶"作为妻子的准称谓词却有较严格的条件限制，只在少数上了年纪的夫妻中存在，一般情况下不作为妻子的准称谓词。

对祖母的称呼屯堡岛方言与贵阳方言不同。贵阳方言称为"太太 [tʻai²¹tʻai³⁵]"而屯堡方言称为"奶奶 [lai³³lai³³]"，这当然也影响到祖父母同辈的女性称谓。这也体现了贵阳至安顺一带的祖母称谓的城乡差异，城里一般称"太太"，农村称"奶奶"，而且声调为阴平。

贵阳方言有用一般称谓代替亲属称谓的现象，例如"姓＋爷爷"可以代替"姑爷爷"，"姓＋公公"可以代替"姨公"等，更为普遍的是，现在的伯娘、婶婶、舅妈一律用"姓＋姨姨"代替，而姑爹、姨爹一律用"姓＋叔叔"和"姓＋伯伯"代替。但是，由于宗法观念至今还比较强烈，屯堡方言是极少用一般称谓来代替亲属称谓的，即使偶尔使用一般称谓也只能作为准称谓词。

屯堡方言中，一般情况下自己的姐姐的称谓词为"大大"，"姐姐"只能是作为准称谓词。称姐姐为"大大"，可能与重男轻女的传统思想有关。一般认为，生小孩先生一个女孩，再生男孩，女孩可以帮助父母照看弟弟妹妹，这从屯堡人家许多大女儿的小名上可以看出来，她们的小名大都是"带弟""贵弟""招弟"等，所以，形成了弟弟妹妹称自己的胞姐为"大大"而称其他人家（包括自己的叔伯和舅舅、姨妈家）比自己大的平辈女性为"姐姐"的现象。

屯堡岛方言中，自己已经成家的儿子的准称谓词为"×爷"，媳妇的准称谓词为"×娘"，已经成家的女儿的准称谓词为"×婆"，而对自己的已成家的侄儿、侄儿媳妇、已成家的侄女称谓词也为"×爷""×娘"和"×婆"，这也是屯堡人的宗法思想在称谓词上的体现。这种称谓影响到整个安顺农村的亲属称谓，在安顺农村的非屯堡汉族村寨中也存在这样的称谓词，而安顺城区这类的亲属称谓词却与贵阳方言相差不大，一般儿女称名为"老×"，媳妇称名为"小＋姓"，贵阳方言与屯堡岛方言这类亲属称谓的差异实际上也体现了贵阳至安顺一带的城乡差异。

在屯堡方言中，普遍以自己的子女有时甚至是孙子孙女的口气来称呼自己同辈、长辈乃至亲属关系较为疏远的晚辈，例如，弟弟以自己小孩的口气称哥哥为"伯爷"，妹妹以自己小孩的口气称自己的哥哥为"舅舅"或"舅爷"，祖母以自己孙子的口气称自己的姐姐为"×奶奶"等。对与自己没有亲属关系的人，一般也以自己孩子或者孙辈的口气来称呼对方以示尊敬。

另外，"亲家"在普通话中是指两家儿女相互婚配的亲戚关系，在屯堡方言中，有"儿女亲家"和"干亲家"之分。儿女亲家与普通话的亲家含义一致，夫妻双方的父母相互的称谓词有别，称儿媳的父母为"亲公／亲太"或者"亲爷 [i²¹] 公／亲爷太"，称女婿的父母为"亲爷／亲奶"或者"亲爷爷／亲奶奶"，准称谓词为"亲家"；干亲家指的是双方中的一方有认对方子女为义子或义女的关系，义父母与亲父母之间互称为"爷 [i²¹] 公／爷太"，准称谓词为"干亲家（统称）、干爷公／千爷太"。

屯堡方言中虽然没有"父子们""妯娌们"一类的说法，但合称却用得比较普遍，贵阳方言的合称与屯堡方言的差别不大，说明如下：

指称的对象	屯堡方言称谓词或准称谓词
父母	老爹老妈
父亲与子女	（两、三、四、五……几）爷崽
母亲与子女	（两、三、四、五……几）娘母
伯父（叔父）与侄儿侄女	（两、三、四、五……几）叔侄
舅父与侄儿侄女	（两、三、四、五……几）娘母
姑母（姨妈）与侄儿侄女	（两、三、四、五……几）孃侄
兄弟几人	（两、三、四、五……几）哥弟
姐妹几人	（两、三、四、五……几）姊妹
兄弟姐妹几人	（两、三、四、五……几）姊妹
堂兄弟	亲堂哥弟

堂姐妹（或者堂兄弟姐妹）	亲堂姊妹
表兄弟	老表哥弟
表兄弟（或者表兄弟姐妹）	老表姊妹
夫妻	两口子
几兄弟的妻子	（两、三、四、五……几）妯娌
几姐妹的丈夫	（两、三、四、五……几）姨老

从对屯堡岛方言和贵阳方言的亲属称谓的比较中可以发现，与自己关系最密切的亲属（父母、配偶、兄弟姐妹及其配偶、子女及其配偶）的称谓词和准称谓词在两个方言中的差异较大，而其他的亲属的称谓词和准称谓词的差异较小。从社会语言学的角度来说，亲属称谓词的地域变异往往集中在这些与自己有密切关系的亲属的称谓词上。此外，亲属称谓词的社会变异和功能变异也往往体现了文化程度、年龄、性别、社会阶层不同的人们在使用亲属称谓上的差异。

二、地名及其文化内涵

地名是"人们在社会生活中给地理实体、行政区域或居民点所起的名称"，属于词汇库中的特殊的专有名词，对地名的研究语言学上称为地名学，它与研究人名的人名学一同被称为专名学（terminology）。[①]

在词汇的构成成分中，地名演变和发展相对较慢，在其他词汇成分随着历史的发展和文化的交流逐渐消失或不断变异而消磨掉原有的民族和地域特色时，地名相对的稳定性和历史的延续性较好地保存了许多珍贵的文化内容，尤其是在地名的通名部分，不同的地区通名的用字往往不同，这就有可能积淀一定的文化内容。

从命名上说，地名就带有许多地域特征和历史文化特征。当然，地名虽然有稳定性和传承性，但是它也不是绝对一成不变的，从地名的变易我们也可以观察到一

---

① 参见周振鹤、游汝杰：《方言与中国文化》，上海人民出版社，1986。

定的历史文化原因。屯堡村寨的地名也具有反映历史文化的功能。

1. 屯堡村寨的通名和云贵地区村寨通名的历史层次

明代实行屯田制度，军事屯田是其最重要的组成部分。明代的军事制度是在全国设十多个都指挥使司，下面设立卫，卫下面再设所，所下面还有更小的军队编制。卫所和屯田是紧密联系的，"边地，三分守城，七分屯种；内地，二分守城，八分屯种"①。另外，明代在各地还设立了民屯和商屯。民屯是在闲旷土地较多的地方，收罗四方的流民和罪戍之人将其编户组织并且划给土地，发给牛种，行政和税收上交给州县的地方官管理；商屯主要集中在集市贸易发达的地方，人们农忙时种田，农闲时以货物交流为主要营生方式。

屯田制度的实施在云贵高原乃至全国范围内造成了大量移民。处于明代战略要地和征南战争大本营，同时又是贵州中部商品集散的"旱码头"、贸易繁荣的"中转站"的安顺、平坝、普定方圆数百里之内实行屯田的村寨就有二百多个。由于这些村寨绝大多数都是军屯，因而大都以"屯""堡""所""哨""关""旗"作为其通名部分，也有称"庄""营""官"的。用得最多的当然是"屯"和"堡"了，屯堡人和屯堡文化的命名就是取的他们居住地地名的这个通名部分。在屯田制废弛，屯民失去了军人身份转为普通农民后，这些地名仍以其旧称透出曾经的历史沧桑。据《安平县志·民生志》记载："（以屯军商嗣为代表的安顺屯堡人）迨制既废，不复能再以军字等呼此种人，惟其住居地名未改，于是遂以其住居地名而名之为屯堡人。"②据我们的统计，今天屯堡村寨密集的一带，从东北部的平坝县下辖的马武屯到西南部的普定县下辖张官屯，叫"×屯""××屯""×官屯""×家屯""×旗屯"的大大小小村寨有六十多个，而叫"×堡""××堡""×家堡""×官堡""×旗堡"的村寨就更多，从东北部平坝县所辖的新堡到西南部镇宁县下辖的张官堡，密密麻麻共有一百多个。通名用"屯"和"堡"的村寨最前面的"×"一般是姓，如果明代

① 《明史》卷七十七《食货志一》。
② 民国《平坝县志》第二册《民生志》，收入《中国地方志集成·贵州府县志辑·第45册》，巴蜀书社，2006，第66页。

时是军屯，那么就以村寨最高军官的姓名之，中间的"×"一般是"官"或"旗"，"旗"表示官员的官衔，例如蔡官屯、龙旗屯、高官堡、魏旗堡、甘堡就是蔡姓、龙姓、高姓、魏姓、甘姓军官的屯戍之地。安顺城南七里之地有个叫张指挥屯的村寨，就是当年姓张的指挥使屯田驻守的地方。[①] 如果是民屯和商屯（在安顺一带较少），则可以村寨的大姓命名，如郭家屯、袁家屯等，也可以村寨所依傍的山地河流来命名，例如云山屯，就是因为其背靠云鹫山而得名的。比较一下贵州其他地区的村寨的通名，我们可以发现今天的安顺一带明代移民的密集程度。贵州其他地区通名为"屯""堡""旗""官""营""哨""庄"的村寨不多，只在老黔滇通道一线的城市，例如贵阳、盘县、六枝、铜仁、江口、玉屏、思南、松桃、黄平、福泉、岑巩、兴义、兴仁、贞丰、修文、开阳以及明代战略重镇威宁、镇远等地有少许分布。贵州清代移民所建的村寨分布就要广阔得多。明代汉族移民由于更多的是在政府行政干预下进行的，所以在贵州的分布仅限于交通干道上，广大的高山深泽、低洼谷地是明王朝军队鞭长莫及的，这些地方自然成了当地世居民族的领地，因而基本上不用这种类型的地名。

清代移民更多的是移民的个人和家族的行为，移民深入到了苗族、布依族、仡佬族、彝族、侗族等少数民族占领的腹地，形成了许多汉族和少数民族错杂居住的村寨，这些村寨与明代移民后裔居住的村寨是可以从通名上区分开来的。在安顺市所辖的西秀区、平坝、紫云、关岭、普定等地，清代的汉移民居住的以及汉移民和当地的少数民族杂居的村寨大多是以"寨""塘""坝""冲""院""湾""坪"等作为通名，其中，"寨"和"塘"用得最多。例如西秀区的竹林寨、镜子塘、王家湾，平坝的陈家寨、黄水冲、罗家院，普定的何家寨、华家湾、砂子冲、下大坝，关岭的周家寨、张家坝，镇宁的看牛坪、石头寨，紫云的长风塘、梨树湾、瓦窑寨等。清代雍正年间划给贵州的遵义同时也是清代汉移民分布较多的地区，这里的村寨的通名以"沟""湾""坪""寨"居多，当然也有称"坡""塘""场""洞""井""田""垭""岩"

---

① 参见《明史》卷七十七《食货志一》："屯兵百名委百户，三百名委千户，五百名以上指挥提督之。"

"台""岗""陇""坳"的。例如红花岗区的袁家沟平阳坝、黄家寨，赤水的野猪坪、观音岩，仁怀的熊家沟、石子岭、高铁坝、出水洞，遵义县①的大茅坡、杨柳湾、三星场、石盐井，桐梓的王家坪、凉风垭、火烧岗，绥阳的龙塘、白果坪、鹅巷岭，正安的周家湾、胭脂塘、白云岩，道真的风洞、冯家坪、饶家沟，务川的邹家湾、白杨坡、文家坝，凤冈的杨树沟、龙台、龙门井，湄潭的聚宝场、猴子岩、黄家寨，余庆的童家湾、土地坳、磨子坪，习水的条台、大泥坝等。贵州其他地区的汉族移民村寨，甚至是汉族和少数民族杂居的村寨也多以"寨""沟""塘""湾""坪""洞"等作为通名，如贵阳的落刀寨、冷水沟、马家湾、高寨，毕节的核桃坪、青岗寨、杨柳湾，兴义的高家湾、龙家寨，兴仁的陈家沟，晴隆的兔场坪，麻江的老熊塘、陈家寨，都匀的罗家寨、平地坡，独山的蔡家寨等。少数民族聚居的村寨，其命名方式大部分与汉族移民村寨和汉移民与少数民族杂居的村寨大不相同，例如三都水族自治县的村寨有姑千、姑好、姑要、姑任、姑下、姑良、古帮、古蒙等，黔东南苗族侗族自治州榕江县的苗族村寨有摆贝、摆居、摆外、摆桥、摆丢、摆交等，水族村寨有姑角、乌坡、乌孝、乌泥等，雷山县的苗族村寨有排翁、排落、排肖、排里等，天柱县的侗族村寨有闪溪、聚溪、翁溪、蒲溪、毫溪等。很明显，这些村寨名多为少数民族语言的汉语音译。

今天云南省的东部尤其是黔滇古道一线曾经也是明代屯军驻扎的主要地方。考察一下这些地区的村寨通名，我们发现在明代从湖南经贵州到达云南的重要驿道沿线的城镇如陆良、曲靖、富源等都有以"屯""堡""旗""关""官""哨""庄""营""所"等作为通名的村庄，例如，陆良的刘官堡、伏家营、周旗堡、方官屯、黄官庄、松林哨、左所等，这些村庄的通名都是当时屯军村寨的见证。

从上面的分析中，我们可以看出云贵地区的村寨通名有历史的层次，称"屯""堡""旗""关""官""哨""庄""营""所"等的村寨地名层次是明朝，称"寨"

① 2016年3月，国务院批准：撤销遵义县，设立遵义市播州区，以原遵义县（不含山盆镇、芝麻镇、沙湾镇、毛石镇、松林镇、新舟镇、虾子镇、三渡镇、永乐镇、喇叭镇）的行政区域为播州区的行政区域。

"塘""坝""冲""院""湾""坪""洞""井""田""垭""岩""台""岗""陇"的村寨地名层次是清代。有一个非常典型且有趣的例子：安顺市西秀区的本寨，从语言、风俗、服饰、建筑来说都是一个典型的屯堡村寨，但是它的通名却称"寨"，而不称为"屯"或"堡"，考察一下村寨的历史即可发现，这个村寨不是建于明代，而是始建于清代中叶。当时居住在安顺府城的明代军屯和商屯的后裔（主要是金、杨、王三个大姓）在集市贸易中发展成为安顺的大户和望族，看中了本寨的山水风光在此买地购田建立屯堡村寨，村寨建成后命名照搬了清代汉族移民村寨的命名方式，而正是因为村寨命名的不同，使得很多建于明代的屯堡村寨的人们对他们嗤之以鼻，甚至认为他们不是正宗的屯堡人。

由于安顺屯堡村寨处于明代黔滇交通要道的沿线，明清两代又沿用了元代的急递铺制度，就是十里或十五里或二十里设一急递铺，负责传递官方文书，"铺"这一名称就在这里保存下来了，至今安顺屯堡村寨一带有头铺、二铺、三铺、幺铺的地名。每一铺既不是乡镇的行政建制也非某个或某几个村寨的名称，而恰恰每一铺所隔的距离都是一定的（相隔十五里），这就是当时急递铺制度在地名上留下的印记。

2. 安顺屯堡一带的十二兽地名及其文化内涵 ①

安顺屯堡一带的十二兽地名散见于安顺市西秀区、平坝、关岭、镇宁、普定、紫云等地，现存共有二十多个，基本上与清代咸丰年间留存的一致，它是明清两代集市贸易在地名上留下的印记。应该说，古今中外都有以动物名作为地名的例子，但是以十二兽作为一个系统，指称赶集的日期以及所赶集市的名称，并进而在集市的地名上固化下来，这在全国的汉语地名中是不多见的。这种地名分布在贵州的安顺市、贵阳市、六盘水市、毕节市和黔西南布依族苗族自治州以及云南东部的大片与贵州相邻的汉彝杂居地区。

安顺屯堡一带的十二兽地名主要用于乡镇名、村寨名和集市名，例如安顺市西秀区的鸡场乡，西秀区大西桥镇的狗场屯和马场屯，紫云的猪场集市。十二兽地名

---

① 十二兽虽然与十二生肖属相的兽名相同，排列顺序也一样，但作用完全不同，因而我们不称十二生肖地名，而称十二兽地名。

通名为"场"是因为这些地名来源于集市贸易的兴起，屯堡方言称到集市上去进行交易、买卖东西叫"赶场"。"赶场"一般是在相对空旷开阔的场坝进行的，其周期一般是十二天，以汉民族传统的十二属相来作为一个计算系统，也就是说，以鼠、牛、虎、兔、龙、蛇、马、羊、猴、鸡、狗、猪的顺序来纪日，计算集市的周期，进而集市所在地也用这十二兽来命名。十二兽与十二生肖名称和顺序都相同，与十二地支的对应也一样，例如鼠对应子，牛对应丑，虎对应寅，兔对应卯，如此类推。屯堡地区，鼠场就是鼠日（或叫子日）赶集，之后空十一天，到第二个鼠日又赶集；牛场是牛日（或称丑日）赶集，之后空十一天，到第二个牛日再赶集，以此类推。久而久之"×场"就这样固定为集市地的名称。有的集市不断发展壮大具有较大的规模以后，在集市周边就建立起了村寨甚至乡镇。屯堡一带的十二兽集市名就显示出了这里集市的时空特点：定时定点，十二日为一个周期。按十二属相记住了日期，也就记住了集市的时间和地点。在今天屯堡老人的口中依然流行着这样的口诀："今日龙，明日兔，后日万日赶二铺（地名，这里共有几个集市）。"后来，随着集市贸易的发展，集市的名称没有改变，但是赶集的日期密集度增加了，出现了一个集市在十二天内赶两次集甚至赶三次、四次集的情况。例如安顺城东二十五里处的狗场原先只是戌日集，后来发展为赶两次集，逢辰日和戌日赶集。镇宁城外一百二十里的架布鸡场就是逢酉日和卯日赶集。虽然名实之间有了些许不符，但是十二兽的集市名却固定下来不易改变了，即使今天在安顺屯堡有的地方不赶集了，但是十二兽的集市名却依然保存。

十二兽集市名的留存以及流传和人们弃恶扬善的语言心理紧密相关。安顺屯堡的集市名保存最多的是鸡场，基本上各地都有，有很多地方有大小鸡场，甚至还有新老鸡场，这是因为在汉民族的心目中，鸡一直是吉利的象征，更何况在屯堡方言中"鸡"与"吉"是同音的，都念 [tɕi³³]。此外，马场、龙场、羊场等也较多，马、龙、羊在汉族心中都是比较吉利的动物。十二兽中有凶恶的动物，例如虎、蛇，在屯堡一带就很少留有以它们命名的集市，即使要以此作为集市或地名，名称都要经过一番雅化，不称虎场而称猫场，不称蛇场而称顺场，当然也是由于"蛇"与"蚀本"的"蚀"同音（音 [sei²¹]），因此，在屯堡人的口中，尤其是在做生意的人的口中，都称"蛇"为"顺"或"顺条子"。另外，兔场也基本没有，在屯堡岛方言中，"兔"（音 [t'u³⁵]）与表示吝啬和小心眼的词"□ [t'u³⁵]"同音。所以，虽然十二兽纪日是不断循环的，按理来说，十二兽作为地名应该是机会均等的，但由于人们的忌讳心理，造成了有的动物名用得很少，而有的动物名却用得很多的现象。同时，有的动物名作为地名还有一定的雅化，从文字上说，最常见的是把"猪场"写作"珠场"或"朱场"，把"羊场"写作"洋场""阳场"或"杨场"，把"狗场"写作"耈场"，把"猴场"写作"侯场"。在有文化的屯堡人口中，还有直接用地支名来指称某个场的，如称"鼠场"为"子场"等。

十二兽地名的命名方式是某种特定的民族心理和思维方式的体现。当人与自然处于原始和谐的状态时，人们从一种古朴的混沌的思维方式出发，把自然界的动物和没有生命的时间和空间联系起来，用动物名来循环纪日纪年，同时又为了方便记忆，用纪日的动物名来命名地点，这是一种动物与时空异实同名的混沌的具象思维方式。这种思维方式具有循环的特点，也就是无论时间还是空间，并没有从命名上体现一维性和不可逆转性，而用十二种动物对应体现了某种轮回和循环。正是这种固化了的异实同名系统使人们把时间和空间都归为某属，即属于某种动物，当人们用社会伦理意识和价值观念来审视这些时间和地点的命名时，便不可避免地产生了弃恶扬善的避讳心理，所以前面提到的十二兽地名有选择地使用和流传以及称呼乃至书写上的雅化现象的出现就是十分自然的了。其实把十二种动物与人的生年联系在一起而作为人的属相，也是这种思维方式和心理特点的反映。

至于十二兽地名的起源，有的学者认为起源于彝族尤其是西南彝族的十二兽历律，原因是汉族民间虽有十二生肖系统，但是十二兽联系的是地支，而且仅用于纪年，和人的生年连在一起，而在西南的彝族地区，彝族通行的十二兽历是以十二兽来循环纪日的，十二兽的名称和排列顺序与汉族相同，一个月固定有三十六天，十二兽纪日循环三次就是一个月，一年十个月，十二兽纪日循环三十次，共三百六十天，另外有五天不列入十二兽纪日的系统，不属于任何一周，称为过年日，这样一年实际上也就是三百六十五天了，然后每隔两年再把过年日增加一天就恰好符合闰年的天数。十二兽地名仅出现在彝族居住或与彝族聚居地紧密相连的云南和贵州一带，而在汉族聚居的广大中原地区，没有出现十二兽的地名。①

我们认为十二兽地名的起源固然与兽名纪日有关，但不能完全说成是彝族文化的产物。干支最早用于纪年之说并无不妥，但在先秦亦用以纪日，《左传·隐公元年》就有"五月辛丑，大叔出奔共"的记载。《诗经》时代，已有日与兽相联系的意识。②1975 年发掘出土的湖北云梦县睡虎地十一号墓竹简的《日书甲种》有了兽名与十二地支相对应并用于纪日的系统记载，睡虎地十一号墓葬于秦王政（始皇）三十年（前 217），③ 东汉王充的《论衡》更是有了十二地支与十二生肖对应与今天完全一致的完整记载，④ 可见汉文化中以十二兽纪日起源很早，而川黔滇三省实行十二兽历律最多的地区为四川的凉山一带，占三省总数的百分之七十以上。云贵两省合起来才占不到百分之三十，但是从比较详尽的三省地图册上可以发现，有十二兽地名的地区却集中在贵州的中西部以及云南的东部和中部，四川的凉山彝族地区反倒没有，而且，我们所论述的屯堡方言覆盖地区虽有十二兽地名，却基本没有彝族聚居，可见，十二兽地名起源于彝族十二兽历律的说法还值得斟酌。

---

① 参见张宁：《云南十二兽地名初探》，《云南民族学院学报》1989 年第 4 期。

② 《诗经·小雅·吉日》："吉日庚午，即差我马。"

③ 《睡虎地秦墓竹简·日书甲种》："盗者：子，鼠也。盗者兑（锐）口，希（稀）须，善弄，手黑色，面有黑子焉，疵在耳，臧（藏）于垣内中粪蔡下……丑，牛也。盗者大鼻……寅，虎也。盗者壮……卯，兔也。盗者大面……巳，虫也。盗者长而黑……午，鹿也。盗者长颈……未，马也。盗者长须耳……戌，老羊也。盗者赤色……亥，豕也。盗者大鼻而票（剽）行，马脊，其面不全。"参见睡虎地秦墓竹简整理小组编《睡虎地秦墓竹简》，文物出版社，1990，第 219—220 页。

④ 王充《论衡》卷三《物势篇》："寅木也，其禽虎也；戌土也，其禽犬也；丑未亦土也，丑禽牛，未禽羊也。木胜土，故犬与牛羊为虎所服也。亥水也，其禽豕也；巳火也，其禽蛇也；子亦水也，其禽鼠也；午亦火也，其禽马也。水胜火，故豕食蛇；火为水所害，故马食鼠屎而腹胀……午，马也；子，鼠也；酉，鸡也；卯，兔也。水胜火，鼠何不逐马？金胜木，鸡何不啄兔？亥豕也，未羊也，丑牛也。土胜水，牛羊何不杀豕？巳蛇也，申猴也。火胜金，蛇何不食猕猴？"卷二十三《言毒篇》："辰为龙，巳为蛇。"参见王充：《论衡》，上海人民出版社，1974，第 48—49、350 页。

十二兽地名集中的地区主要是安顺市屯堡村寨所在地，贵阳市，六盘水市的水城①、盘县、六枝等汉彝杂居地区，毕节市的威宁县、纳雍县等汉彝杂居地，黔西南自治州的兴义市、兴仁县、晴隆县、普安县等汉彝杂居地区，黔南自治州亦有少许分布：云南东部的曲靖、昭通、玉溪、陆良等地区，楚雄、红河、文山诸自治州的汉彝杂居地。这些地区是贵州、云南汉族开发较早的地区，同时也是明代朱元璋调北征南战争的主要占领地和屯军戍守的主要地区。从现有的史料来看，十二兽地名最早见于明代，据约成书于明万历四十七年（1619）的《滇略》记载："市肆岭南谓之墟，齐赵谓之集，蜀谓之亥，滇谓之街子。以其日支名之，如辰日则曰龙街，戌日则曰狗街之类。至期，则四远之物毕至，日午则聚，日昃而罢。"② 这不仅是关于十二兽地名的较早记载，而且还明确地指出了十二兽地名是与集市贸易紧密联系在一起的，我们据此似乎可以作出这样的初步推断：明代随着征南战争的爆发及朱明王朝在贵州、云南地区戍兵屯田制度的兴起，汉族移民大量进入，移民带来了中原、江淮、湖广一带的赶集的生活风习，农村乡村集市贸易由此而兴盛起来。这并不是说在汉移民大规模进入云贵两省前，云贵的世居民族完全没有集市贸易，但是，有一点可以肯定，明代前云贵世居民族定点、定期的集市贸易是不发达的，因为目前关于少数民族文化的研究表明，川滇黔的很多少数民族地区（包括凉山彝族地区）在1949年以前还实行奴隶制甚至更原始的社会制度，这样的制度是无法产生健全的农村集市贸易经济的。集市贸易的集场刚开始只局限于汉移民进行货物交换，随着移民居住时间变长，移民与当地世居民族（当然主要是彝族，因为彝族是当地的统治民族，政治经济和文化地位较高）产生了一定的经济交往。从集场的设立地来说，一般开始时是在无名的空旷之地，人们为便于记忆以按期到旷野无名地去赶集，希望用一种最简洁的方式既记住赶集的日期，同时又记住赶集的地点，在这种要求之下，彝族的十二兽纪日方式成了比较好的选择，因为汉民十二生肖与此重合，这一方案相互折中、求同存异，汉彝双方都易于接受。汉彝两族在共同交往中确定了这

---

① 2020年7月，国务院批准：撤销水城县，设立六盘水市水城区。
② 谢肇淛：《滇略》卷四《俗略》，文渊阁四库全书影印本，商务印书馆，1986。

种集期以十二天为一轮，采用十二兽的顺序来循环，无名地集市以兽名命名的方式，使得地名固定下来，对汉族而言，十二兽地名只是记住集期的手段，并未由此改用十二兽来纪日，也就并未采用彝族的十二兽历律，纪日纪年仍然是采用汉族传统的历律。至于云南十二兽地名的通名部分与贵州的不大一致，很少有称"场"的，大部分称"街"或"街子"，例如珠街、耇街、长虫街（指蛇街）、永善街（指虎街）等，这是因为云南大都把赶集称为"赶街"，只有靠近贵州的部分才称"赶场"，这些地方的集市通名也才叫"场"。

　　十二兽地名的出现，不能单纯地归结为汉族或彝族文化的产物，而应该说十二兽集市名是明代汉族移民进入云南、贵州地区屯田，使得这些地区的经济尤其是农村的集市贸易得到勃兴，在汉族与当地的统治民族彝族有了一定的经济交往情况下产生的。它是明代汉族移民的经济文化和当地彝族经济文化相互融合的产物，而以此作为地点的命名方式并长期固定下来，最终可以归结为汉彝两族民族心理和思维方式相互融合的结果。

第三节　屯堡方言的言子话

　　屯堡人在语言的表达方式上有其独特的地方，就是无论哪个屯堡村寨，都或多或少地存在使用"言子话"的习俗。屯堡方言中，把出谜语叫"展言子"，但这是广义的展言子，所谓展言子还有其狭义的含义，指说话时使用说明式或藏词式的歇后语，这两种形式的歇后语其实都带有出谜语的性质。展言子并非屯堡方言所独有，当然也并非屯堡人的发明创造，四川的西南官话区的人们说话就十分喜欢"展言子"，但是，应该说，四川的"展言子"与安顺屯堡的"展言子"从内涵上讲是不大一致的，四川西南官话的"展言子"指说话时运用方言中的成语、惯用语、谚语和歇后语，而屯堡方言狭义的"展言子"指歇后语的运用。说明式歇后语不仅其他西南官话区的人使用，就整个汉语来说都可称使用比较普遍；而藏词式的歇后语其他方言已不大使用，可以称为屯堡方言的特色。

究其来源，现代运用比较普遍的说明式歇后语和屯堡方言中至今还常用的藏词式歇后语都来自古代的隐语。陆宗达先生在详尽论述古代隐语使用情况后指出："到了近代，隐语进一步发展为歇后语和谜语。"[①] 同时，他也说明歇后语与谜语有着十分密切的关系，二者都来源于隐语，无怪乎屯堡方言将出谜语和使用歇后语统称为"展言子"。事实上，说明式歇后语和藏词式歇后语与谜语一样，都有"面"和"底"两部分，说的时候往往只说"面"而不说底，歇后语的结构形式与谜语是吻合的。

说明式歇后语不仅在屯堡方言中运用广泛，在周边方言中运用也十分普遍，不同的是这类歇后语形式有许多内容是屯堡人自创的，带有一定的屯堡方言特色，例如：蜘蛛爬对子——网字（枉自_{徒有虚名}），洋狗儿坐飞机——咬天（了天_{达到极点}）；还有的歇后语指的是安顺屯堡村寨的名称，例如：犀牛打滚——浪塘，大宴宾客——酒席（九溪），舀饭不满——平桩（平庄），点灯不燃——黑寨等，而且大部分屯堡村寨的寨名都用这类歇后语来表示。其他如：

半天云里的口袋——装凤（疯）

电线杆掏耳屎——大材小用

瞎子戴眼镜——多余嘞圈圈

瞎子养儿——无望

瞎子打老婆——松不开手

两个哑巴睡一头——没的话讲

死人的眼睛——定噢喽

八百钱穿一吊——大不投数（差得太远）

瘸脚牛下地——犁（离）不得

叫花子（乞巧）清本钱——苦算（苦蒜_{一种野生植物，屯堡人爱吃}）

① 陆宗达：《训诂简论》，北京出版社，1980，第 59 页。

叫花子玩鹦哥（鹦鹉）——苦中作乐

大路边打草鞋——有人说长有人道短

铁板上钉钉子——硬碰硬

矮子过河——淹（安）了心的 _{存心的、有意的}

老母猪吃豆渣——白沫（白磨）

耗子吃苦瓜——苦苦嘞挨

茅厕头哩石头——又臭又硬

茅厕头打枪——震粪（正分 _{应该的}）

牌坊上的斑鸠——个儿不大架子大

扁担挑缸钵——两头滑脱

城隍老爷的马——不见骑（奇）

屠户拉二胡——油（游）手好弦（闲）

矮子爬楼梯——步步登高

麻子打哈欠——全盘动圆（员）

剥开皮肉种红豆——入骨相思

蔡瑁迎刘备——好话说尽，坏事做绝

挖煤老二打飞脚——嘛（吓）人一跳 _{把别人吓得一惊}

黄泥巴赶乡——土条子 _{屯堡人自称}

黄巴郎（黄鼠狼）理胡须——千须（谦虚）

猪往前拱，鸡往后刨——各有各的路 _{各有各的办法}

丈二的烟杆——摸不倒斗斗 _{比喻对情况不清楚、不了解}

癞头包帕子——围癣（危险）

东门坡 _{安顺地名，地势较高} 的粪桶——□ to³⁵ 放起嘞 _{□ to³⁵ 起嘞，意即稳当、把稳}

竹竿上楼梯——□ k'uan⁴² 天□ k'o³³ 地 ① （款天瞌地）

———————

① 屯堡话中，"k'uan⁴²" 和 "k'o³³" 都意为卡住、抵住，而 "款天瞌地" 在屯堡话中指夸夸其谈。

屯堡方言与周边方言明显不同的是藏词式歇后语的广泛运用。所谓藏词式，就是说话时把本应该说的词隐藏起来，以包含这个词在内的一句俗语的前几个字来代替，如说"喝点酒"，不直接说"酒"，而是说"喝点羊羔美"，把俗语"羊羔美酒"中的"酒"隐去，用"羊羔美"来代替"酒"。被隐去的这个单音节词，还可以采取谐音的形式来替代，例如，说菜里差点盐，不直接说出"盐"字，而是用"哑口无言"的"言"字谐音替代，说"菜里差点哑口无"。类似的言子话，在屯堡方言中运用十分频繁，尤其是成年男性，几乎是信手拈来。

藏词式歇后语的广泛运用虽然堪称屯堡方言的特色，但亦非屯堡人之首创。有人又称它为缩脚式歇后语或截尾式歇后语，① 宁榘认为藏词式歇后语比说明式歇后语出现更早，其原始形式远在《左传》《战国策》中即已出现，只是那时还没有"歇后语"之名而名之为"隐语"，也就是《国语·晋语》中所谓的"瘦辞"。它的成熟形式出现于魏晋时期，曹植《求通亲亲表》："今之否隔，友于同忧。"这句话中的"友于"指的是"兄弟"，《尚书·君陈》中有"惟孝友于兄弟"之语，曹植就是把这个"友于兄弟"中的"兄弟"隐去，直接用"友于"来表示"兄弟"。②

藏词式歇后语在五四前的许多文学作品尤其是元明清三代的戏曲和小说当中运用得比较普遍，在元明清三代尤其是明代城镇市民的口语中十分流行，正因为这点，明人才把歇后语称为"市语"。③ 市语，原本是指明代集贸市场上在商贩中流行的隐语黑话，后来转而特指藏词式歇后语。这一方面说明歇后语与隐语的密切关系，另一方面也充分表明藏词式歇后语的运用范围。孙治平等编著的《中国歇后语》中就举了许多明代市民口语里常用的歇后语，例如：下马威——风、牛头马——面、雌雄宝——剑、杨柳细——腰等。④ 藏词式歇后语在元明时期的市民俗文学尤其是话本、戏曲和白话小说文学中亦出尽风头，在施惠的《幽闺记》、关汉卿的《窦娥冤》《救风

---

① 参见王晓娜：《歇后语和汉文化》，商务印书馆，2001，第 5 页。

② 参见宁榘：《古今歇后语选释·绪论》，湖北教育出版社，1985，第 18—19 页。

③ 参见宁榘：《古今歇后语选释·绪论》，湖北教育出版社，1985，第 24 页。

④ 参见孙治平、黄尔逸、蒋宝瑚等编注《中国歇后语·前言》，上海文艺出版社，1988，第 4 页。

尘》、康进之的《李逵负荆》、纪君祥的《赵氏孤儿》、王实甫的《西厢记》、无名氏的《陈州粜米》等元代著名的杂剧中，藏词式歇后语就广为运用，特别是明代，藏词式歇后语更是在杂剧、传奇剧本、小说里运用频繁，例如在明人沈泰所编的《盛明杂剧》中收录的包括徐渭《四声猿》、陈与郊《昭君出塞》在内的六十多种杂剧，就有许多这种歇后语。传奇剧本例如汤显祖的《牡丹亭》，话本如冯梦龙的"三言"（《喻世明言》《警世通言》《醒世恒言》）和凌濛初的"二拍"（《初刻拍案惊奇》和《二刻拍案惊奇》）中，藏词式歇后语都随处可见。下面我们看一个藏词式歇后语连用的例子，明代传奇剧本《明珠记》第二十五出：

> ［旦倒介丑惊走下净丑上］自不整衣毛，何须夜夜嗅！咱们劳倦，正要睡哩，不知隔房刘家娘子啾啾唧唧、哭哭啼啼做什么。老身方才吃他惊觉了。不免去瞧一瞧。［丑］呀！怎么倒在地上？不好了！"祖武符，孝顺爹，草头天，七颠八，上天入，十死九，菜重芥，周发殷，手精眼，南北去。"［净］老妮子，说什么？［丑］刘娘子倒地，生姜汤快来！［净］好也，人要死也哩，你兀自打歇后语哩！有这等慢心肠的！待我叫。①

这其中丑角的唱词就连用一串藏词式歇后语来表达，"刘娘子倒地，生姜汤快来"的内容：祖武符——刘、孝顺爹——娘、草头天——子、七颠八——倒、上天入——地、十死九——生、菜重芥——姜、周发殷——汤、手精眼——快、南北去——来。每一个词或语素都用了一个歇后语来表达，一共连用了十个。既为市语，多用在俗文学形式中，说明其有一定程度的群众口语基础，一般人都能懂。

在屯堡，妇女们常说："我要上街买颗定海神。"乍一听，不知何义，一问她们，她们说就是上街买颗针，"定海神"就是"针"，只说"定海神"而隐去"针"不说。我们到九溪村调查，刚进村寨就听一妇女说："两口 ts'a⁴²（手的中指头和拇指头之间

---

① 转引自王晓娜：《歇后语和汉文化》，商务印书馆，2001，第17—18页。

的距离，大约有五寸）一劳动模。"不知何义，上前一问，才知道她是在说藏词式歇后语，意即吃饭。"两□ts'a⁴² 一"就是"尺"谐音"吃"（二字在屯堡方言中同音，音 [ts'ʅ³³]），因为一□ts'a⁴² 是五寸，两□ts'a⁴² 就是一尺，而"劳动模"就是指"饭"（与"范"同音）。这与前面我们所举的传奇剧本里的歇后语形式同出一辙，屯堡人称其为"言子话"。男人们使用这种言子话更为普遍也非常熟练，即使是文化不高甚至没有文化的人也往往能够脱口而出，如屯堡人指着两人向外人介绍："这是我的打破砂，那是我的款天磕。"外人往往如堕五里雾中，但他们说得很自然，哪怕他过后还得不厌其烦地解释："打破砂"是"哥"，"款天磕"是"弟"。

为什么在周边方言的藏词式歇后语运用得渐少而逐步销声匿迹的情况下，屯堡方言的这类歇后语形式依然经久不衰呢？这可能要从语言要素角度探讨一下这类歇后语的性质。前面说过，说明式歇后语源于隐语，而所谓"藏词"之"藏"本来就有隐的意思，更是与隐语有千丝万缕的联系，一个藏词式歇后语从交际功能上说就是一个词，例如"从小看"相当于"大"这个词，"两面三"相当于"刀"这个词。这样的词在明代有相当扎实的群众基础，一般人能懂能用，在屯堡村寨的明代先民们口中也使用频繁，而在相对封闭的环境下，识字不多的明代移民后裔主要靠耳听口说的形式传承文化，从小把这些言子话当作一个一个的词来学习和运用，因而外人不得要领他们却能运用自如。屯民们一代一代独立地继承祖先的这一文化传统，形成了屯堡方言不同于周边方言的词汇特色。在今天的屯堡方言中，我们随处都可听见言子话，既有一般的由成语、俗语藏尾构成的，也有不少由屯堡人即时自创的，例如：提轻怕——重、里生外——熟、缎子小——冒（帽）、□lo⁴² 二连——三①、八面威——风（疯）、哼哈二——将（浆）、吃肥走——瘦（寿）、太子登——基（鸡）、周围团——转（赚）、剐骨熬——油等。

屯堡村寨中，言子话不仅在口语中流行，也与明代一样在俗文学形式中运用。在安顺的屯堡村寨，流行着一种民间集体娱乐活动——地戏。地戏，当地又叫跳神，

---

① "□lo⁴² 二连三"是"□lo⁴² 连"的生动形式，"□lo⁴² 连"意即优柔寡断、不干脆。

一般是由一个村寨组织一个或者两个演出班子，春节期间，在各地平坦的坝子里，地戏演员们额顶面具，面蒙青纱，背扎靠旗，在高亢的唱腔和锣鼓声中挥动兵器格斗起舞，表演自己喜欢的古代战争故事。有关调查资料表明，黔中的屯堡村寨保存的地戏班子有三百七十余个，上演的剧目内容从反映商周时期的《封神演义》开始，直至明代中期剧目《黑黎打五关》共三十一个，而以唐宋时期的故事居多。现在到天龙屯堡旅游观光的人都有机会看到地戏表演。地戏中，藏词式歇后语即屯堡言子话用得非常普遍。当然，屯堡人自己也知道言子话与一般的正规词语有一定区别，因而他们用言子话也要看对象、讲分寸，对老年人绝不能"放肆"，一定要有尊重的态度，而对一般的人就不受什么拘束，可以尽情展示一个地方的口语特色。[1]

第四节　屯堡方言语法说略

语法是语言三要素中最为稳定的因素，也是方言间差别最小的因素。虽然屯堡长期以来一直处于相对封闭的状态，同周边地区交流较少，但其语法与周边方言乃至与整个西南官话大体一致，很难说有什么显著差别。

从对屯堡话语法（包括构词法和造句法）的调查来看，屯堡话与周边贵州方言相比较，共同特点很多。相反，同很多屯堡人声称的故乡所谓江南的方言如江淮官话、赣方言、吴方言等反而很少有共同之处，例如江淮官话中比较突出的语法特点中有正反问句的表达形式是"可 VP"格式："你可晓得我的厉害？[你知不知道我的厉害？]"（安徽旌德话），而屯堡话则采用贵州方言的"V 不 VP"格式："你晓不晓得我的厉害？"；又比如江淮官话和吴方言中名词大量采用"- 儿""- 子"等后缀形式："小金瓜儿 [suɤ⁴²tɕien⁴⁴kuaːn⁴⁴]"（浙江义乌话）、"刀儿 [toeːŋ³⁴]"（浙江平阳话）、"学生子""明年子"（上海话），而屯堡话名词则与其他贵州方言一样，多采用重叠形

---

① 参见《安顺市西秀区大西桥镇志》编委会编《安顺市西秀区大西桥镇志》，贵州人民出版社，2006，第 319 页。

式"刀刀""沙沙 [沙粒]"，较少用"- 子"后缀，基本不用"- 儿"后缀等。以下从构词和句法两个方面略加介绍。

一、构词特点

屯堡话名词的构词方式除了复合构词以外，主要采用重叠式来构词，有时也使用"- 子"后缀。现分别加以介绍。

1. 名词重叠式的构词情况

重叠式构词是指把构词成分（通常是词根）加以重复来构成合成词的方式。像贵州其他方言一样，屯堡话重叠式名词不仅数量多、分布广，而且表现形式也各不相同，有的重叠式存在着变调现象，有的会发生词性改变，有的还带有"小称""小量"等附加意义等。下面分别加以介绍。

（1）名词重叠式构词成分的性质

从构词成分上看，屯堡话名词重叠式主要分为自由词根的重叠式和粘着词根的重叠式两大类。

① 自由词根重叠式：

水水 / 沙沙 / 眼眼 / 包包 / 圆圆 / 盆盆 / 灰灰

刀刀 / 桶桶 / 口口 / 盆盆 / 葱葱 /……

② 粘着词根重叠式：

把把 / 颠颠 / 柜柜 / 缸缸 / 罐罐 / 籽籽 / 盒盒

袋袋 / 叶叶 / 瓶瓶 / 面面 /……

（2）名词重叠式的变调情况

屯堡话名词重叠式的变调情况比较复杂：① 当去声调词根重叠时，一些重叠词的前词根要发生变调，且变调类型与贵阳、安顺等地方言相同（也许是受到这些方言的影响）；另一些重叠词的前词根不发生变调（也许是本地方言特征的残留）。②当阳平调词根重叠时，一般是后词根变为阴平。③当阴平调词根重叠时，一般不发生变调。④当上声调词根重叠时，一般不发生变调。

① 去声调词根重叠后，前一词根改念阳平，即"去声 + 去声"→"阳平 + 去声"：

棒棒 / 罐罐 / 袋袋 /……

去声调词根重叠后，前一词根不变调，即"去声 + 去声"→"去声 + 去声"：

凹凹 / 盖盖 / 印印 / 皱皱 / 串串 /……

② 阳平调词根重叠后，后一词根改念阴平，即"阳平 + 阳平"→"阳平 + 阴平"：

盆盆 / 盘盘 / 耙耙 / 筒筒 / 坛坛 / 萝萝 / 盒盒 / 笼笼 /
痕痕 / 圆圆 / 娃娃 / 坨坨 / 条条 / 瓶瓶 / 夹夹 / 槽槽 / 提提 /……

③ 阴平调词根重叠后，一般不发生变调，即"阴平 + 阴平"→"阴平 + 阴平"：

颠颠 / 壳壳 / 杯杯 / 灰灰 / 箍箍 / 刷刷 / 撮撮 / 弯弯 /
钵钵 / 尖尖 / 叶叶 / 葱葱 / 耙耙 [pa³³pa³³] /……

④ 上声调词根重叠后，一般不发生变调，即"上声 + 上声"→"上声 + 上声"：

眼眼 / 把把 / 桶桶 / 果果 / 篓篓 / 孔孔 / 本本 / 口口 /……

（3）名词重叠式所表示的语法 - 词汇意义

① 发生词性改变的情况，如：

盖盖 / 罩罩 / 套套 / 撮撮 / 箍箍 / 刷刷 / 提提 /……

以上是动词性语素重叠后转变为名词，其语法意义是"动作行为转指为实施动作行为的工具"。

圆圆 / 尖尖 / 弯弯 / □□ [pa³³pa³³]软的品质，转指好处 ……

以上是形容词性语素重叠后转变为名词，其语法意义是"品质特征转指为品质特征的体现者"。

② 表示"小称""小量"等意义，如：

果果未成熟的果实 / 桶桶小桶 / 凹凹小的缺口 / 水水少量的液体 /

眼眼小孔 / 口口小孔 / 面面少量的粉 / 灰灰少量的灰 /

本本小本子 /……

③ "AABB"型重叠式表示"泛指""类别"或其他意义，如：

坛坛罐罐泛指家庭用品 / 锅锅碗碗泛指餐具 / 花花草草泛指植物 /

洞洞眼眼泛指缺口 / 汤汤水水指多水、潮湿貌 / 巾巾吊吊转指穿着式样 /……

④ "AA 老老"型重叠式表示"类别"意义的仅见两例，且同毕节等地方言相同：

虫虫老老_{指小虫类}/ 果果老老_{指果实类}

2.“- 子”“- 场”“- 杆”“- 家”等名词后缀的构词情况

（1）“- 子”后缀的使用情况

屯堡话名词“- 子”后缀较少使用，即使在普通话中的一些“- 子”尾名词，屯堡话一般也不使用“- 子”尾，比如“鞋子”说成“鞋”，“盖子”说成“盖盖”，等等。如：

沙子 / 柜子 / 绳子 / 坛子 / 今年子 / 去年子 / 锅烟子 / 袋子 / 叶子 /……

（2）“- 场”后缀的使用情况

屯堡话很少使用后缀“- 头”构词，普通话中以“- 头”为后缀的名词在屯堡话中都使用后缀“- 场”。如：

做场 / 看场 / 想场 / 搞场 / 赚场 / 吃场 /……

由动词性语素加后缀“- 场”后转变为名词，其语法意义是“动作行为转指实施该动作行为的意义或价值”。

（3）“- 杆 [kan⁴²]”后缀的使用情况

屯堡话中有几个以“- 杆”构成的名词，指人的躯体中某些呈现长条形的部分，与贵州其他地区方言相同。如：

手杆 / 腰杆 / 脚杆 /……

（4）"-家"后缀的使用情况

屯堡话中有几个以"-家"构成的名词，其意义是指具有某些身份的一类人，有时也表达类似于"复数"的意义，这一点与贵州其他地区方言相同。如：

娃娃家 / 姑娘家 / 婆娘家 / 学生家 /……

此外，屯堡话还有一些以"儿"收尾的名词。如：

马儿_{小马}/ 狗儿_{小狗}/ 耗儿_{小老鼠}/ 猪儿_{小猪}/ 猫儿_{小猫}/……

我们认为，屯堡话中的成分"儿"不应该看成是严格意义上的词缀，而是词根：其一，屯堡话中的成分"儿"尾词几乎具有实际的词汇意义（比如有"动物或人的小称"义），没有出现任何的意义虚化现象；其二，"儿"的发音是 $[ə^{21}]$，同"儿子""女儿"中具有实际意义的词根"儿"没有什么不同。

3. 动词重叠式的使用情况

屯堡话中动词重叠式的使用不是很普遍，主要有以下几种情况：

（1）"V 嘛 [ma]V" 型重叠式

"V 嘛 V" 型重叠式指在重叠的单音动词之间添加成分"嘛 [ma^{33}]"，以表示一种"主观量"的语法意义，具体来说是说话人对听话人从事的过量行为表示不满或埋怨。如：

① 你喝嘛喝，喝死噢我看你还喝！
② 你吃嘛吃，总有一天胀死你。
③ 他家娃娃嘴好馋，一天到晚都在吃嘛吃。

（2）"AABB"型重叠式

"AABB"型重叠式是指将两个单音动词先后重叠组合而成，表示一种对某种状态的描摹。从某种意义上来说，"AABB"型重叠式具有状态形容词功能，不再具有动词语法功能。如：

① 一家人还是商商量量的好！

② 他家两口子一天到晚吵吵闹闹的，吵得别个睡不好觉。

③ 那个片子净是些打打杀杀的，有哪样好看。

上例中①和②分别是双音动词"商量"和"吵闹"的重叠，③的基础形式"打杀"却不是合格的双音动词。

（3）"V 倒 [tau^{42}]V 倒 [tau^{42}]"型重叠式

"V 倒 V 倒"型重叠式指单音动词"V"与助词"倒"先组合，然后整个片段再重叠而成。主要表示两种意思：一种是"祈使、提醒"；另一种是"临界状态"，即"正在实施某一动作时，发生了新情况"。如：

① 拿倒拿倒，不要客气！

② 娃娃哭倒哭倒的就睡着噢！

③ 刚说倒说倒的他就来了。

4."动词＋助词"的使用情况

屯堡话中表达动词的各种体貌意义时普遍利用"动词＋助词"的表达方式。

（1）"V+ 下 [xa^{35}]"型

屯堡话通常使用成分"下 [xa^{35}]"来表示动作的"尝试"或"小量"意义，相当于普通话中动词重叠式"V 一 V"式或"VV"式。有时为了表示强调，也可以说成"V 一法式"，这时可以将其分析为动词的补语。如：

① 不信你就试下嘛！

② 屋头好热，出去走下嘛。

③ 那个电影好短哦，看一法式就完噢。

（2）"V+倒 [tau⁴²]" 型

在表示动作行为或动作结果的持续状态时，屯堡话往往只使用体貌助词"倒[tau⁴²]"，不像贵州其他地区方言那样同时使用"倒"和"起"，也不使用两者的合并形式"倒起"。这也许是屯堡话动词体貌表达形式的一个特点。如：

① 你坐倒，他马上就来。

② 大门是锁倒的。

③ 吃倒饭看书不好。

④ 坐倒吃比站倒吃舒服。

上例中，① 和 ② 表示"动作持续状态或动作造成的结果状态"的意义，③ 和 ④ 表示"持续进行的动作 A 伴随着另一动作 B"的意义。

5. 形容词的生动形式

屯堡话形容词的生动形式主要以"倒 A 不 B 的"式（或"倒 A 不 A 的"式）、"ABB"式和"AXYZ"式等格式为主，其中"A"为形容词词根，其他成分为生动形式词缀。

（1）"倒 A 不 B 的"式或"倒 A 不 A 的"式

"倒 A 不 B 的"式大多带有贬义的评价色彩。如：

倒死不活的 / 倒男不女的 / 倒高不高的 / 倒长不长的 / 倒快不快的 /……

有时，动词也可以这样使用，如：倒懂不懂的。

（2）"ABB"式

光秃秃的 / 短□□ [tçiəu³³tçiəu³³] 的 / □ [maŋ³³]_胖□□ [tu³³tu³³] 的 灰扑扑的 / 贼□□ [xo³³xo³³¹] 的 / 黄□□ [pʻia⁴²pʻia⁴²] 的 /……

（3）"AXYZ"式

"AXYZ"式大多带有贬义的评价色彩。如：

□ [xa⁴²]_傻眉日眼的 / 臭眉日眼的 / 怪眉日眼的 / 脏眉日眼的 鬼眉日眼的 / 灰巴老牮的 / 皱皮打干的 / 灰巴老牮的 /……

二、句法特点

总体上说，屯堡话的句法特征同贵州其他地区方言之间没有显著区别，但在一些细节上也体现出了自己的特色，现以两个特殊句式为例稍加说明。

1. "被动句"句法特色

屯堡话被动句有两个特点：一是标记"着 [tso²¹]"在发音特征上与贵阳等地方言的"着 [tsau²¹]"有明显区别；二是句末还伴随出现语气词"噢 [ou³⁵]"以表示动作产生了某种结果。如：

① 他昨天着人家打噢。

② 钱包着小偷偷噢。

③ 耗子着逮到噢。

上例①和②中出现了施事成分"人家"和"小偷"；③中的施事不出现，没有交代"谁逮着了老鼠"。

2. 存现句句法特色

存现句中动词后附的特殊成分"得有"，表示"物体附着于某处的持续状态"，相当于普通话中的"着"。例如：

①墙上挂得有一幅画。

②黑板上写得有几个大字。

③他荷包头揣得有一万块钱。

无论是词法还是句法，这些所谓特色，其实并非屯堡方言所独有，西南官话中往往能找得到类似的语言现象，黔东南方言词法和句法与屯堡方言相似性非常强。

第四章　屯堡方言的时空比较

我们知道，早期屯堡方言是早期的西南官话在今天安顺屯堡村寨的地域分支，由于其分布地——屯堡村寨的密集度高，移民聚集程度也高，是早期西南官话的中心地带，从这个意义上来看，说当时它是早期西南官话的代表点方言也未尝不可。早期西南官话主要是在明代共同语的深刻影响和支配下，同时在很大程度上保留了移民主要来源地官话方言的诸多底层成分的基础上形成和发展起来的，既不同于当时的共同语，又不同于移民来源地方言的新的官话方言。通过调查整理阐述，我们对现在的屯堡方言有了比较清楚的认识，所谓时空比较旨在说明屯堡方言形成后的发展。但原始屯堡方言由于口语资料的缺失全面描述存在相当大的困难，几乎是不可能完成的任务，因而我们只能通过将现代屯堡方言与现有明代语言研究成果进行历时比较，是为时间的比较；同时将现代屯堡方言与其周边方言乃至相关的现代汉语其他方言进行共时比较，是为空间的比较。通过时空比较，我们或许可以从中看出屯堡方言大致的发展线索，看出方言间相互渗透和影响的些许痕迹。由于词汇的系统性不是太强，而语法屯堡方言与一般的西南官话差别不大，因而这里的时空比较以语音为主。前面我们以普通话语音系统和《广韵》音系为主要参照对象对屯堡方言的声、韵、调系统以及声韵配合规律、音变现象和异读现象进行了详尽的分析，基本属于静态的共时描写。这章主要力图通过动态的比较来大致勾勒早期屯堡方言的语音基础及基本面貌，并分析其在几百年间的发展中，如何不断地与周边方言的语音系统进行相互整合，一方面受周边方言语音的影响但又顽强地有变异地保留了早期屯堡方言语音的一些成分，一方面又对周边方言语音有深刻的影响。

横向的共时比较所参照的语音系统当然主要是贵州境内的汉语方言，尤其是安顺城区方言和贵阳城区方言，同时也包括云南部分地区、四川部分地区的汉语方言，有必要时我们也大致参照了一下明代贵州移民的主要来源地的方言。当然，可能它自身从形成之日起就存在着差异。纵向的历时比较，我们主要选择的语音参照系统有以下几个：代表明代前期官话读书音系统的《洪武正韵》和兰茂本《韵略易通》；代表元末明初官话基础方言口语音的《中原音韵》和杂糅了明初至明中叶云南官话方言口语音的本悟本《韵略易通》；代表明代后期官话读书音系统的《西儒耳目资》，代表清代前期官话读书音系统的《五方元音》和《音韵阐微》。比较尤其是历时的比较当然不可能面面俱到，只能是以屯堡方言今天的面貌为纲作挂一漏万的简要分析，通过共时历时结合的比较分析，力求初步揭示屯堡方言所积淀和叠置的不同语言成分的历史层次以及周边方言某些语音成分与屯堡方言语音的共同历史渊源关系。

第一节　屯堡方言声母系统的共时历时比较

一、声母系统的共时比较

黔中屯堡地区居民主体是明代集体移民的后裔，但也不乏后期移民。不同时期的移民带来了不同的语音系统的叠置。西南地区的明代移民对其聚居地方言的影响是在此地产生了早期的西南官话语音系统，此时的屯堡方言语音有可能是早期西南官话的代表语音。清代大规模的汉移民，带来了语音系统的叠置，形成了底层语音和上层语音。在明代移民分布众多的今天的屯堡村寨，上层语音即移民带来的语音系统对底层语音的叠置和覆盖作用不甚明显；而在包括屯堡村寨周边的其他地区，上层语音叠置和覆盖的作用相对明显，这就促成了屯堡方言的形成，因此，我们把屯堡方言和周边的语音系统进行比较，就可以凸显出屯堡方言语音的底层和上层成分。

《贵州省志·汉语方言志》按照语音的差异把贵州汉语方言分为三个次方言区，并且在这个次方言区外还划出了一个过渡区。这三个次方言区分别是贵州川黔方言区、黔东南方言区和黔南方言区，其中，贵州川黔方言区分布的地域最广，横跨了遍及东北至西南的大半个贵州省，代表方言是贵阳话。根据有无撮口呼的情况，川黔方言区一分为二，即黔中（无撮口呼）和黔北（有撮口呼）两个小片；黔东南方言主要集中在贵州省的东南部十一个县，代表方言是镇远话，根据声韵方面的差异，把它分为榕锦片和镇台片；黔南方言主要分布在贵州东南部的九市县，代表方言是都匀话，根据其内部的声韵差异，把其分为都平、凯麻、荔波三个小片；过渡区方言由于具有川黔方言和黔东南方言、黔南方言的许多交融性特点，地理位置又横跨在这三个次方言区之间，所以特把它独立起来分析。[①] 我们进行屯堡方言的共时比较时主要依据这个分区情况。下面的比较用的语音材料有不同来源：屯堡方言的材料由我们现场调查获得，除屯堡方言以外的材料如无特别说明，则贵州方言语音材料据《贵州省志·汉语方言志》，贵州省以外的方言语音材料据侯精一主编、上海教育出版社 2002 年版的《现代汉语方言概论》。下面我们把屯堡方言的声母系统与其他方言的声母系统作简要比较：

1. 声母的个数

屯堡方言共有声母（包括零声母）二十三个，是西南官话中声母较多的方言。它比贵州川黔方言的代表贵阳话和其周边的安顺城区方言多了 tʂ、tʂʻ、ʂ、ʐ 四个声母，也即是说，它有 tʂ、tʂʻ、ʂ、ʐ 和 ts、tsʻ、s、z 的对立。贵州的威宁方言以及云南的西部、东部、中部的大部分地区和四川的西部地区等地的方言也有 tʂ、tʂʻ、ʂ、ʐ 这套声母，但大都是存在 tʂ、tʂʻ、ʂ 和 ts、tsʻ、s 的对立，没有 ʐ 和 z 的对立。屯堡方言没有 v 声母，贵州的川黔方言片也没有这个声母，然而，贵州的黔东南方言区和黔南方言区的多数地方有这个声母，过渡区方言有个别方言点，如贵定等地也有这个声母。

总的来说，p、pʻ、m、f、ts、tsʻ、s、t、tʻ、l、tɕ、tɕʻ、ɕ、k、kʻ、x 这十六个辅音声母和零声母在西南官话中各地都有，其他声母则不然。下面就以屯堡方言为

---

① 贵州省地方志编纂委员会编《贵州省志·汉语方言志》，方志出版社，1998。

中心，分组进行具体比较。

2. 中古泥、来母字的分合情况

屯堡方言的中古泥、来两母字合流，即不分 n、l，确切地说，古泥、来母字在屯堡方言中除少数字念零声母外，其余字念为一个带有鼻化成分的边音，我们记为 l。安顺城区方言情况与屯堡方言基本相同。

贵州的川黔方言区、黔东南方言的镇台片、黔南方言的凯麻片、过渡方言区以及四川、云南、湖北等地的西南官话区的半数以上方言点，都不分 n、l，只是具体情况有所不同。贵州川黔方言区的绝大部分地区读 n 而没有 l，例如赤水、仁怀、桐梓、务川、开阳、黔西、紫云等地；贵阳是多数人有 n 无 l，少数人在洪音前一般读 l，有时变为 n，细音前读 n；毕节、大方、威宁等地在洪音前一般念 l，细音前基本念 n。兴义等地是洪音前念为 n~l，韵母开口度大时往往就念 l，细音前读 n。黔东南方言的镇台片古泥、来母字全部混读为 n，黔南方言的凯麻片 n 和 l 自由变读，一般读为 n。过渡区方言不分 n、l，一般是有 n 无 l。西南官话的其他方言点也有半数以上的地方古泥、来母合流，不分 n、l，下面举例加以比较（见表 4.1）。

表 4.1　屯堡方言与其他方言比较（1）

贵州汉语方言古泥、来母字读音比较

方言点	南	兰	泥	离	娘	良	奴	炉	农	龙	女	旅
屯堡	lan^{21}		li^{21}		lian^{21}		lu^{21}		lon^{21}		li^{42}	
安顺	lan^{21}		li^{21}		lian^{21}		lu^{21}		lon^{21}		li^{42}	
贵阳	nan^{21}		ni^{21}		nian^{21}		nu^{21}		non^{21}		ni^{42}	
遵义	lan^{21}		ni^{21}		nian^{21}		lu^{21}		lon^{21}		ny^{42}	
紫云	nan^{21}		ni^{21}		nian^{21}		nu^{21}		non^{21}		ni^{42}	
毕节	lan^{21}		ni^{21}		nian^{21}		lu^{21}		lon^{21}		ny^{42}	
兴义	lan^{21}		ni^{21}		nian^{21}		lu^{21}		lon^{21}		ni^{42}	
镇远	nan^{21}		ni^{21}		nian^{21}		nu^{21}		non^{21}		ny^{42}	
凯里	nan^{21}		ni^{21}		nian^{21}		nu^{21}		non^{21}		ny^{55}	
福泉	na^{21}		ni^{21}		nian^{21}		nu^{21}		non^{21}		ny^{55}	

由表 4.1 中所列举的材料可见，贵州的汉语方言基本不分 n、l，虽然具体读法有的地方读为边音，有些地方读为鼻音，有些地方由于韵母的洪细实际分别读成边音和鼻音，但边音和鼻音基本不构成对立的音位，可以自由变读，即古来泥两母混而为一。当然，贵州也有少数地方能分清中古的来母和泥母，如黔南方言的都平片、荔波片都分 n、l，大致情况是古来母字读为 l，古泥母、疑母字开口三等读为 n，这些地方一般细音前有音位变体 nj。

3. 古知庄章声母、精见组声母的分化比较

从整个西南官话来看，大多数地区没有 tʂ、ts 两组声母的对立，其共同特点基本上是古知庄章三组字读同精组洪音。少部分地区有 tʂ 和 ts 的分别，但是分法与北京不同。在分 tʂ 组和 ts 组的贵州汉语方言地区中，基本是北京 tʂ 组字在这些地区大部分念 tʂ，少部分读为 ts，进一步考察后，我们发现在北京话里读为 tʂ 组而在这些方言点里读为 ts 组的字基本上是《广韵》里的庄组字。北京话读为 ʐ 的日母、以母字在这些方言里也基本读为 ʐ。因此，在这些方言里存在 tʂ、tʂ'、ʂ、ʐ 四个舌尖后音声母，但只有前三个存在相对立的声母，即 tʂ 和 ts'、ts 和 ts'、ʂ 和 s，ʐ 没有与其相对立的声母，这一点和北京相同。屯堡方言也存在 tʂ、ts 两组声母的对立，但是情况又有所不同，北京 tʂ 组字有一部分在屯堡方言中念 ts 组，北京 ts 组字有一部分在堡方言念 tʂ 组，另外，北京与撮口呼相拼的 tɕ 组声母，有一部分在堡方言里读 tʂ 组声母。进一步考察，我们发现，这与屯堡方言的韵母有关：如果屯堡方言的韵母是舌尖音，那么与北京话基本没有区别（指老派）；如果屯堡方言的韵母是合口呼，则不管声母是来自古精组还是古知庄章三组和日母字，一律读为 tʂ 组；见晓组字屯堡方言大部分与北京话相同，为 k 组，但有一部分在北京话里为撮口呼韵母而在屯堡方言里为合口呼韵母的字，屯堡方言也念为 tʂ 组。由此可见，在屯堡方言中 tʂ 组声母与合呼韵母组合的凝固性和稳定性。另外，与舌尖后声母与合口呼韵母相拼有关，中古的日母字在屯堡方言中产生了分化：与舌尖韵母和合口呼韵母相拼时与北京话相同，读 ʐ，而与非舌尖韵母和非合口呼韵母相拼时则读成 z，因此，在屯堡方言声母中存在 tʂ、tʂ'、ʂ、ʐ 四个舌尖后音和 ts、ts'、s、z 四个舌尖前音，二者构成了对

立。只是 ʐ 和 z 对立与另外三组对立不一样，tʂ、tʂʻ、ʂ 和 ts、tsʻ、s 都与舌尖元音韵母相拼，因而在舌尖元音前构成音位的对立，而日母字在今屯堡方言的舌尖元音韵母字中只有一个"日"字，声母为 ʐ，没有念 z 的字与之对立。除舌尖元音部母外，ʐ 与 z 的出现条件泾渭分明，由于屯堡方言中没有撮口呼，而 ʐ 和 z 都不与齐齿呼相拼，因此 ʐ 和 z 的拼合对象非常清楚。ʐ 与合口呼韵母相拼，z 的拼合对象实际上只是非舌尖的开口呼韵母，二者属于互补关系，因而理论上并不构成音位对立。

湖北东部、西北部的"楚语"以及处于中原官话的最南边缘的光山方言、西北方言的陕西关中方言、赣语西部的萍乡方言等也有与屯堡方言相类似的情况，即把北京话里与撮口呼相拼的 tɕ 组声母字念为 tʂ 组字。仔细考察，这也是与它们的韵母相关的，这些方言都有舌尖圆唇元音韵母 ʯ 和 ʮ，有的方言甚至还有一系列的 ʯ- 类和 ʮ- 类韵母，这些韵母代替了北京话与 ts、tsʻ、s 和 tʂ、tʂʻ、ʐ 相拼的部分合口韵母，表现形式为 ʯ 类韵母与 ts 组声母相拼，而 tʂ 组声母与 ʮ 类韵母相互拼合，而且，这些方言中 ʯ- 类和 ʮ- 类韵母还代替了这些方言里的撮口呼，换句话说，它们是撮口呼在这些方言中的表现形式。由于这些方言 ʯ 和 ʮ 与舌尖塞擦音、擦音的结合十分稳固，北京话中与今撮口呼韵母相拼的精组、见晓组字今天念 tɕ 组声母，而在这些方言中，却很自然地将声母念为 ts 组和 tʂ 组。贵州黔中的明代汉族移民多来自湖北、湖南、江西一带，屯堡方言今天的 tʂ 组声母及其与合口呼韵的密切关系是否是明代移民语言的底层现象，屯堡方言以及早期的西南官话是否与湖北的"楚语"有关，这里似乎显露了一些信息。

下面列表 4.2 将屯堡方言与西南官话中有 tʂ 组声母的部分方言点作比较，主要考察其 tʂ 组和 ts 组分类的不同，安顺城区方言本不分 tʂ 组和 ts 组，由于其距屯堡方言最近，相互影响关系最为密切，因而也列入表 4.2 内以作比较。

表 4.2　屯堡方言与其他方言比较（2）

屯堡方言与西南官话区分 tʂ 组和 ts 组的部分方言点读音对照

方言点	恣	知	蚕	馋	缠	苏	梳	书	初	粗	租	猪	洒	然	日
屯堡	tsʅ^{33}	tʂʅ^{33}	tsʰan^{21}			ʂu^{33}			tʂʰu^{33}		tʂu^{33}		sa^{42}	ʐan^{21}	ʐʅ^{33}
安顺	tsʅ^{55}		tsʰan^{21}			su^{55}			tʂʰu^{55}		tʂu^{55}		sa^{42}	ʐan^{21}	ʐʅ^{21}
威宁	tsʅ^{55}	tʂʅ^{55}	tsʰan^{21}			su^{55}	ʂu^{55}		tʂʰu^{55}	tsu^{55}		tʂu^{55}	sa^{42}	ʐan^{21}	ʐʅ^{21}
昆明	tsʅ^{44}	tʂʅ^{44}	tʂʰã^{31}	tʂʰã^{31}		su^{44}	ʂu^{44}		tsʰu^{44}	tsu^{44}		tʂu^{44}	sa^{53}	ʐã^{31}	ʐʅ^{31}
西昌	tsʅ^{44}	tʂʅ^{44}	tsʰan^{52}	tʂʰan^{52}		su^{44}	ʂu^{44}		tsʰu^{44}	tsu^{44}		tʂu^{44}	sa^{34}	ʐan^{52}	ʐʅ^{52}
钟祥	tsʅ^{34}	tʂʅ^{34}	tsʰan^{21}	tʂʰan^{21}		su^{34}	ʂu^{34}		tsʰu^{34}	tsu^{34}		tʂu^{34}	sa^{53}	ʐan^{21}	ʐʅ^{34}

　　由表 4.2 可见，在区分 tʂ 组和 ts 组的西南官话方言中，除屯堡外的方言点基本与普通话一致，区分的依据是中古声母来源：来源于知系声母的字基本念 tʂ 组，念 ts 组的一般是精组声母字。屯堡方言只在舌尖元音前保持与普通话一致，在其他韵母前则混淆了知系与精组的界限：不论来源，只要是今读开口呼韵母者就念 ts 组，今读合口呼韵母者就念 tʂ 组。从不论来源这点说，或许与安顺城区方言的影响有关；而区分 tʂ 组和 ts 组，则表现出屯堡方言对自己声韵拼合规律的顽强坚持。

　　我们仍然用表格的形式将屯堡方言与有舌尖圆唇元音韵母的部分方言点作比较，主要考察屯堡方言 tʂ 组声母与合口韵拼合和有舌尖后圆唇元音韵母的方言 tʂ 组声母与舌尖后圆唇元音拼合的相似点。北京话本不在此列，但比较内容有关普通话撮口呼在这些方言中的声母读法，为比较普通话的撮口呼在这些方言中的表现，亦将北京话列入表 4.3 中。

表 4.3　屯堡方言与其他方言比较（3）

屯堡方言与"楚语"部分方言点、光山方言、萍乡方言 tʂ 组声母字比较

北京	屯堡	麻城	浠水	光山	萍乡	例字
tɕy	tʂu	tʂʅ	tʂʅ	tʂʅ	tʂʅ	局桔菊
tɕ'y	tʂ'u	tʂ'ʅ	tʂ'ʅ	tʂ'ʅ	tʂ'ʅ	曲屈渠
ɕy	ʂu	ʂʅ	ʂʅ	ʂʅ	ʂʅ	恤续畜蓄
tʂu	tʂu	tʂʅ	tʂʅ	tʂʅ	tʂʅ	猪朱珠注主住著
tʂ'u	tʂ'u	tʂ'ʅ	tʂ'ʅ	tʂ'ʅ	tʂ'ʅ	出除法厨处触雏
ʂu	ʂu	ʂʅ	ʂʅ	ʂʅ	ʂʅ	书暑署薯树竖术述
ʐu	ʐu	ʐʅ	ʐʅ	ʅ	ʐʅ	如入儒蠕乳
tʂuan	tʂuan	tʂɥan	tʂɥan	tʂɥan	tʂɥên	专转砖赚篆
tʂ'uan	tʂ'uan	tʂ'ɥan	tʂ'ɥan	tʂ'ɥan	tʂ'ɥên	川穿船喘
ʐuan	ʐuan	ʐɥan	ʐɥan	ɥan	ɥên	软阮
tʂuən	tʂuən	tʂɥən	tʂɥən	tʂɥən	tʂɥŋ	准
tʂ'uən	tʂ'uən	tʂ'ɥən	tʂ'ɥən	tʂ'ɥən	tʂ'ɥŋ	春椿蠢
ʂuən	ʂuən	ʂɥən	ʂɥən	ʂɥən	ʂɥŋ	顺瞬舜
tsu	tʂu	tsəu	tsəu	tsəu	tsəu	组租阻祖卒足
ts'u	tʂ'u	ts'əu	ts'əu	ts'əu	ts'əu	粗醋猝
su	ʂu	səu	səu	səu	səu	速宿俗肃栗
tsuan	tʂuan	tsan	tsan	tsan	tsan	钻
ts'uan	tʂ'uan	ts'an	ts'an	ts'an	ts'an	纂
suan	ʂuan	san	san	san	san	算酸蒜

　　由表 4.3 可见，来自见系合口的字，各方言与普通话声母不同，这与各方言的韵母结构有关；来自精组（及个别庄组）合口的字，除屯堡方言外，各方言与普通话声母一致。屯堡方言声母不同，是受自身的声韵拼合规律所制约。

4.f 和 x 分合情况比较

中古非组和晓组声母，在西南官话区大体有三类分合情况：一是全部分清，例如昆明、保山、洱源、钟祥、武汉、零陵等地；二是部分相混，主要是在合口呼单元音前相混，全部读为 f，其余的韵母前不混，这样的方言点在西南官话方言区中占多数，例如成都、西昌、自贡、大理、汉源、遵义、贵阳、都匀、柳州等地，贵州的川黔方言区除了安顺城区方言外都具有这一特点；三是基本相混，除了在 oŋ 韵母前读 x 以外，其余各类韵母前一般读为 f，例如黎平和常德。[①] 屯堡方言的 f 和 x 基本分清，安顺城区方言受此影响也是基本分清的，下面列出屯堡方言与西南官话其余点 f、x 分合情况比较表 4.4。

表 4.4　屯堡方言与其他方言比较（4）

屯堡方言与西南官话其余点 f、x 分合情况比较

方言点	夫	呼	飞	灰	翻	欢	分	昏	方	荒	风	烘
屯堡	fu^{33}	xu^{33}	fei^{33}	xei^{33}	fan^{33}	xuai^{33}	fən^{33}	xuən^{33}	faŋ^{33}	xuaŋ^{33}	foŋ^{33}	xoŋ^{33}
安顺	fu^{55}	xu^{55}	fei^{55}	xei^{55}	fan^{55}	xuan^{55}	fən^{55}	xuən^{55}	faŋ^{55}	xuaŋ^{55}	foŋ^{55}	xoŋ^{55}
昆明	fu^{44}	xu^{44}	fei^{44}	xei^{44}	fã^{44}	xuã^{44}	fə^{44}	xuə^{44}	fã^{44}	xuã^{44}	foŋ^{44}	xoŋ^{44}
贵阳	fu^{55}		fei^{55}	xei^{55}	fan^{55}	xuan^{55}	fən^{55}	xuən^{55}	faŋ^{55}	xuaŋ^{55}	foŋ^{55}	xoŋ^{55}
遵义	fu^{55}		fei^{55}	xei^{55}	fan^{55}	xuan^{55}	fən^{55}	xuən^{55}	faŋ^{55}	xuaŋ^{55}	foŋ^{55}	xoŋ^{55}
成都	fu^{55}		fei^{55}	xei^{55}	fan^{55}	xuan^{55}	fən^{55}	xuən^{55}	faŋ^{55}	xuaŋ^{55}	foŋ^{55}	xoŋ^{55}
黎平	fu^{33}		fei^{33}		fan^{33}	fuɔn^{33}	fən^{33}		faŋ^{33}		xoŋ^{33}	

f、x 部分相混是贵州川黔方言的重要特点之一，而屯堡方言和其周边的安顺城区方言却仍然具有 f、x 基本分清的特点，这一特点也为云南的汉语方言的西部许多方言点所具有。考察明清两代移民的历史，我们发现，云南的西部以及安顺屯堡村

---

① 　参见侯精一主编《现代汉语方言概论》，上海教育出版社，2002，第 33 页。

寨一带曾经是明代汉族移民尤为密集的地方，清代这些地区虽然也有很多新的汉族移民，但是明代汉移民的势力在相当长的时间之内依然十分强大，f、x基本分清有可能是明代汉移民对这些地区语言的影响。而贵州的川黔方言区是清代汉族移民聚居密集的地区，移民有很大一部分来自邻省四川，加之这个方言区有部分地区是清朝雍正年间才从四川划到贵州的（例如遵义一片），自然和四川西南官话的联系十分密切，f、x部分相混就有可能是清代移民语音特征覆盖的结果。

二、声母系统的历时比较

在结构主义语言学思想尚未深入人心，传统语言学未步入现代之时，民族共同语与基础方言口语音不可能取得高度的一致。但是，元明以来，汉语基础方言口语音的势力与影响在不断扩大，官话音出现了较为明显的变俗倾向，逐渐向口语音靠拢，随着官话方言口语音的变化而不断变化。当然，官话音的许多方面的变化比基础方言口语音要缓慢。我们从元明清的各类韵书中所反映的官话语音系统是可以了解到当时官话方言口语音的一些状况的。我们首先看看声母的情况：

1. 明清官话声母系统的历时发展

陆法言的《切韵》由于持"剖析毫氂，分别黍累"之原则，既考虑"南北是非"，又注意"古今通塞"，因而与当时的口语有一定差距，以至到武则天时期文人们就普遍感觉难以掌握。[①] 宋代的韵书继承了《切韵》的存古传统，[②] 从明清两代代表官话音系的韵书来看，从元末的《中原音韵》开始，经明初的《韵略易通》、清初的《五方元音》一直到清末的《正音通俗表》，数百年间官话音系尤其是声母系统基

---

① 参见陆法言《切韵·序》《广韵·卷首》。封演《封氏闻见记》卷二《声韵》载："隋朝陆法言与颜、魏诸公定南北音，撰为《切韵》……属文之士，共苦其苛细。国初，许敬宗等详议，以其韵窄，奏合而用之，法言所谓'欲广文路，自可清浊皆通'者也。"参见封演：《封氏闻见记》，李成甲校点，辽宁教育出版社，1998，第7页。

② 最明显者如《广韵》对唇音字的处理与当时口语差距太大，不得不在各卷末附《新添类隔今更音和切》以作补救。

本上是处于相对稳定的状态之中，其间的变化并不大。[1] 王力先生在参考明清韵书的基础之上，归纳出了明清的官话声母系统（见表4.5）。[2] 他认为明代共有二十一个声母，它们是双唇音 p、p'、m、w，唇齿音 f、v，舌尖前音 ts、ts'、s，舌尖中音 t、t'、n、l，舌尖后音 tʂ、tʂ'、ʂ、ɻ，舌面前音 j，舌根音 k、k'、x；到了清代前期，唇齿音 v 消失，变成了二十个声母；清代后期舌面前音 tɕ、tɕ'、ɕ 正式分化形成，所以一共有二十三个声母。

表 4.5 王力先生归纳的声母系统

发音方法 / 发音部位		双唇	唇齿	舌尖前	舌尖中	舌尖后	舌面前	舌跟
塞音	不送气	p 帮			t 端			k 见
	送气	p' 滂			t' 透			k' 溪
鼻音		m 明			n 泥			
边音					l 来			
闪音						ɻ 日		
塞擦音	不送气			ts 精		tʂ 照	tɕ 见（细音）	
	送气			ts' 清		tʂ' 穿	tɕ' 溪（细音）	
擦音	清		f 非	s 心		ʂ 审	ɕ 群（细音）	x 晓
	浊		v 敷					
半元音		w 吴					j 影	

大致来说，王力先生归纳的明代声母系统，与《中原音韵》和《韵略易通》是很相近的。杨耐思在《中原音韵》中考订的声母为二十一个，[3] 如下：

---

① 参见叶宝奎：《明清官话音系》，厦门大学出版社，2001，第293—297页。
② 参见王力：《汉语语音史》，商务印书馆，2008，第390—392页。
③ 参见杨耐思：《中原音韵音系》，中国社会科学出版社，1981，第24页。各声母后面括号内为引者所加注之传统三十六字母名称，后面例字为引者据杨书同音字表而加。

p（帮）：邦榜棒边贬便比

p'（滂）：滂旁胖篇骈谝片劈

m（明）：忙茫莽眠免面觅

f（非）：方房访放非肥费吠

v（微）：亡网忘维惟尾味

t（端）：当党宕颠典电滴

t'（透）：汤唐倘趟天田殄踢

n（泥）：囊娘酿年碾你匿

l（来）：郎朗浪连练里利立

ts（精）：脏奖葬煎剪箭疾

ts'（清）：藏墙枪千前浅七

s（心）：桑嗓丧哒鲜线昔

tʃ（照）：章张庄桩展战质

tʃ'（穿）：昌常疮床蝉耻尺

ʃ（审）：商伤双霜扇善势失

ʒ（日）：瓤壤二而然人

k（见）：刚江光坚茧件角吉

k'（溪）：康狂强牵虔遣气乞

ŋ（疑）：昂仰熬傲我虐

x（晓）：杭香黄轩贤显现学

ø（影）：央阳王盎烟延演砚恶

　　《韵略易通》则用一首《早梅诗》归纳了明初官话的二十个声母，我们将《早梅诗》所列的二十个声母配以王力先生的拟音列举如下：

东 [t]　　　　风 [f]　　　　破 [pʻ]　　　早 [ts]　　　梅 [m]

向 [x]　　　　暖 [n]　　　　一 [w, j]　　枝 [tʂ]　　　开 [kʻ]

冰 [p]　　　　雪 [s]　　　　无 [v]　　　人 [t]　　　见 [k]

春 [tʂʻ]　　　从 [tsʻ]　　　天 [tʻ]　　　上 [ʂ]　　　来 [l]

　　王力先生认为，《早梅诗》的二十个声母与明代二十一声母是一致的，只是因为兰茂把 w、j 和零声母并为一母，才只有二十个声母。[①] 邵荣芬先生亦考证过《中原雅音》的二十一声母，邵先生认为《中原雅音》是 1398 年至 1460 年间的产物。[②] 比较王力、杨耐思、邵荣芬三家之说，分歧只在来源于中古知系声母字的拟音，声母数量和类别并无不同。

　　清代前期的声母只有二十个，樊腾凤《五方元音》归纳的声母系统与王力先生所总结的是一致的。《五方元音》是以《韵略易通》作为蓝本修订删补的，其语音基础是 14 世纪的普通读书音，它在《凡例》中就用二十个字代表了二十个声母，王力先生拟音如下：

梆：奔班冰边 [p]　　　　　　　袍：盆攀平偏 [pʻ]

木：门蛮民绵 [m]　　　　　　　风：分番方否 [f]

斗：登单敦端 [t]　　　　　　　土：吞贪听天 [tʻ]

鸟：宁年能南 [n]　　　　　　　雷：林连棱兰 [l]

竹：肫专真占 [tʂ]　　　　　　　虫：春川参挽 [tʂʻ]

石：申善唇拴 [ʂ]　　　　　　　日：仁然 [t]

剪：精尖尊钻 [ts]　　　　　　　鹊：清千村残 [tsʻ]

丝：新先孙宣 [s]　　　　　　　云：因言氲元 [j]

金：京坚根干 [k]　　　　　　　桥：轻牵坑堪 [kʻ]

① 参见王力：《汉语语音史》，商务印书馆，2008，第 392 页。

② 参见邵荣芬：《中原雅音研究》，山东人民出版社，1981，第 1—8、21—37 页。

　　火：兴轩昏欢 [x]　　　　　　　蛙：文晚恩安 [ø]

　　王力先生认为，《五方元音》的声母与《早梅诗》所代表的声母基本相同，唯一的差别是少了一个 v（《早梅诗》中的"无"，传统三十六字母中的微母）。樊腾凤把《韵略易通》中传统微母下的"文晚"二字归入了蛙母。既比《早梅诗》少了一个 v，声母数量却仍为二十个，是因为它所列的云母和蛙母实际上是互补分布的，基本上是云母配细音，而蛙母配洪音。如果按照《韵略易通》的规则，云母和蛙母应合而为一，则只有十九个。①

　　到了清代后期，声母数量增为二十三个。潘逢禧的《正音通俗表》就明显地增加了 tɕ、tɕ'、ɕ 三个声母，这是从见系字里分化出来的，因为古精组字在《通俗表》中仍念 ts、ts'、s，而古见晓组字在《通俗表》中逢细音韵母都念为 tɕ、tɕ'、ɕ。也就是说，其中"焦≠交，全≠权，需≠虚，洗≠喜"。②

　　2. 明清官话声母系统与屯堡方言声母

　　从上面我们所列的明代官话声母系统来看，从中古到元末明初，声母系统已经大大地合并和简化（当然也有少数分化）了。声母的合并和简化最为显著的当数全浊声母的清化。从《中原音韵》到《韵略易通》以至到明末的《西儒耳目资》，全浊声母字都并入了"清"音，这说明明代的官话方言口语黔中屯堡方言研究的全浊声母已经基本消失了。③在明初所编的《洪武正韵》里存在全浊声母仅仅是存古和因袭的反映，与当时的方言事实是不相符的。这样，我们就很清楚为什么从共同语里分化较早的诸方言都不同程度地具有全浊声母，而从共同语里分化较晚的官话方言（包括西南官话）的全浊声母都消失殆尽了。

　　在浊音清化的过程中，崇、船、禅三母的情况比较复杂。传统上认为，崇母应该是庄母的浊音，船母应该是章母的浊音，禅母应该是书母的浊音。如若按照浊音

---

① 参见王力：《汉语语音史》，商务印书馆，2008，第 393 页。
② 参见叶宝奎：《明清官话音系》，厦门大学出版社，2001，第 244—253、293—297 页。
③ 参见叶宝奎：《明清官话音系》，厦门大学出版社，2001，第 26—181 页。

清化的规律，浊塞擦音平声变为同部位的送气清塞擦音，仄声变为同部位的不送气清塞擦音，浊擦音变为擦音，可是在各北方方言中却出现了许多参差不齐的分化现象，且在韵书中也多有不同的反映。在北京话中，崇母自成一类，平声不分化，依旧是塞擦音，而仄声则产生了分化，既有擦音也有塞擦音；船禅母为一类，仄声不分化，一律是擦音，只有平声发生分化，既有擦音也有塞擦音。屯堡方言及其周边的方言这三个声母的演变与《韵略易通》的反映更为接近。在屯堡方言中，崇母除了止摄开口三等字念擦音外，其余均为塞擦音，与北京话和《韵略易通》都是一致的。船母在屯堡方言和周边方言里除了平声蒸韵和仙韵个别字如"乘 tsʻ-"（蒸韵）、"船 tʂʻ-"（仙韵）外都念擦音，这与《韵略易通》是一致的，与北京话则不大相符，例如在屯堡方言中，"蛇射舌剩神"念"s"；"示实唇顺术述食赎"念"ʂ"，而这些字在《韵略易通》中也是擦音。禅母也同样，在屯堡方言和周边方言中，除了平声尤、真、蒸、清、支韵的个别字念塞擦音外，其余字都念擦音，这与《韵略易通》一致，例如："社视市蝉禅常偿尝尚殊树睡纯醇……"有分歧的只有很少几个字如"辰晨承"等，屯堡方言念擦音而《韵略易通》念塞擦音，可见，禅母字屯堡方言念擦音者比普通话多。

　　唇音轻化在三十六字母时代已经完成，但非敷奉的合并和微母转变为合口呼零声母这个过程则是在元明清时期。杨耐思先生指出，中古音系的唇音字在三十六字母系统里分化出了重唇音"帮滂並明"和轻唇音"非敷奉微"，到了元末的《中原音韵》中，这样的格局又进一步发展为"非敷奉"混并，微母自成一类。这样，轻唇音实际上就成了两类，一类清 [f]（非敷奉），一类浊 [v]（微）。[①] 直至明末的《西儒耳目资》的声母系统也基本上依然维持这一格局，只不过在《西儒耳目资》里，v 母已经有从一个浊擦音进一步变为半元音或者是纯元音 u 的倾向。我们从其书中可以看到，微母和喻母所辖字大多有两种拼法，例如"万（微母）"拼作"van"和"uan"两可，"汪（喻母合口）"复见"vaŋ"和"uaŋ"两处，可见，v 和 u 处于音节开头时

---

① 参见杨耐思：《中原音韵音系》，中国社会科学出版社，1981，第18—19页。

已有混为同一音位的迹象。到了清初二十声母中，微并入了影母，《五方元音》的蛙母已经把中古的影、微、疑三母混而为一了。从明清官话声母系统的发展趋势来看，v 母有一个逐渐消失的过程，当然，微母逐渐消失的过程在各方言中的反映是不一样的，王力先生就指出从明代的《等韵图经》来看，明万历年间在官话系统中就没有了微母，"文晚味问"都被归入了影母。① 经过考察，我们可以看到，贵州川黔方言都没有 v 母，受周边方言包围的影响，屯堡方言也没有这一声母。贵州的黔南方言、黔东南方言以及过渡区的许多方言点有 v 母是明清两代，尤其是明代官话遗留的底层。

在《中原音韵》中，中古的疑母字大部分已经与影喻母合流，有少数转化混入泥母，但是有的疑母字仍独立存在，也就是还保留了 ŋ 母。② 在疑母从旧质 ŋ 发展为新质零声母的过程中，并不是所有疑母字都同步进行。《韵略易通》中，疑母 ŋ 与影母已经基本混并，变成了零声母。《西儒耳目资》把疑母字、影母的洪音字以及少数的喻母字归入一类就明显地显示出疑母弱化与影母混同的趋势。清朝的《五方元音》更是影、疑、微混同，并入了云和蛙，实际上是并入了零声母。③ 在包括屯堡方言在内的贵州、云南等地的西南官话中，还存在着 ŋ 母，但是 ŋ 母都不与某个声母构成音位的对立，一般来说，它只与开口呼相拼，在许多方言中（例如都匀话），它还与零声母早互补分布，这应该是明清时代的疑母受语言发展不平衡规律的影响而在方言中的反映。

中古"知彻澄""庄初崇生""章昌船书禅"三组声母在元末明初已经出现了合流的趋势。《中原音韵》里，大部分的情形是同一个小韵里的知组二等字和庄组字相混，而知组三等字和章组字相混。在少数的几个小韵里，具体来说，就是在支思韵里章组与庄组混合或者说知庄章三组合并，也就是说，除了支思韵（来源于中古的支、脂、之三韵开口）以外，知组二等字和庄组字归为一类，而知组三等字和章组字归

---

① 参见王力：《汉语语音史》，商务印书馆，2008，第 394 页。
② 参见杨耐思：《中原音韵音系》，中国社会科学出版社，1981，第 27—28 页。
③ 虽然王力先生将云母和蛙母分别构拟为两个半元音 w 和 i，但实际上是互补的。w 出现在合口，i 出现在开口，从音位的角度上说可以归并为一个音位，即都是零声母。

为一类，这两类因为韵母的不同而呈现出互补分布的格局。于是，大多数《中原音韵》的研究者都把知庄章声母拟为一类：tʃ、tʃʻ、ʃ。

杨耐思先生认为，知庄章拟为此音是最为合理的：它的后面既可以接 i 或带 i 介音的韵母，也可以接其他韵母。[1] 从音位的确立以及拟音上，我们完全赞同杨耐思先生的意见，但是就《中原音韵》支思韵的知庄章组字的表现还应该有个说明：一般音韵学著作都将中古四十一声类的庄组中庄初生三母分别拟音为 tʃ、tʃʻ、ʃ，全浊声母清化后崇母依平仄并入了 tʃ、tʃʻ。庄章两组在三十六字母中已归并为一组，后来知组也合并了进来，因而近代官话系统知庄章三组合流可以描述为首先是章组并入了庄组，后来知组也并入了庄组。庄组的原音是 tʃ、tʃʻ、ʃ，后来舌尖移向硬腭成为 tʂ、tʂʻ、ʂ，当他们的音质转变为舌尖后音时，三组的合流也就全部完成了。一些学者根据《中原音韵》的情况认为在合流过程中曾存在一个阶段，在这个阶段中，知组二等与照组二等混合，知组三等与照组三等混合，有的学者甚至将知照二等和知照三等分别拟音，如陆志韦；[2] 但也有一些学者认为知照二等和知照三等呈互补分布，是同一组声母的音位变体。

除杨耐思外，邵荣芬先生亦持此观点，邵先生认为知庄章三组内部按照韵母的洪细大致分为两类：一类是知组二等和庄组混合护细音，一类是知组的三等和章组混合拼洪音。因此，把知庄章三组合为一大类，这一大类因为韵母的不同而有不同的音位变体：tʃ、tʃʻ、ʃ 是一类变体，拼细音；tʂ、tʂʻ、ʂ 是另一类变体，拼洪音。[3] 其实，在知庄章合流的过程中，各个韵的发展是不平衡的，来源于中古止摄开口的之、脂、支三韵似乎走在了前面，在《中原音韵》里，支思韵的知庄章三组没有呈互补分布，也没有明显的对立就是明证。[4]

---

[1]　参见杨耐思：《中原音韵音系》，中国社会科学出版社，1981，第 25—27 页。

[2]　参见杨耐思：《中原音韵音系》，中国社会科学出版社，1981，第 24—26 页。

[3]　参见邵荣芬：《〈中原音韵〉音系的几个问题》，载高福生等：《〈中原音韵〉新论》，北京大学出版社，1991，第 156—166。

[4]　杨耐思亦指出，《中原音韵》中支思韵部和东钟韵部中两组声母字在同一小韵出现，更说明这两组声母属同一音位。参见杨耐思：《中原音韵音系》，中国社会科学出版社，1981，第 26 页。

　　我们赞同杨先生的意见，把知庄章三组拟为一组音位，除了从音位的角度考虑它们是互补的外，还有一个原因是照顾这些走在了前面的合流的韵母以及考虑其后来在北京话里的发展趋势。后来韵书的格局也证明了这一点，在《韵略易通》《韵略汇通》和《五方元音》中也呈现了这一状况，《韵略易通》里的支辞韵（洪音）既可以与庄组声母相拼也可以与知组三等和章组声母相拼，西微韵的洪音和细音都能与知组三等和庄组相拼，也就是说，在支辞韵和西微韵里，知组二等、庄组与知组三等、章组并没有互补分布，而是合而为一了。考察其来源可以发现，《韵略易通》的支辞韵与西微韵与《中原音韵》支思韵一样来源于中古支、之、脂三韵的开口（西微韵一部分还来源于三韵的合口以及齐、微、祭、废、灰、泰等韵），这就是说，知庄章三组在合流并由旧质转变为新质 tʂ、tʂʻ、ʂ 的过程之中，中古的止摄开口字走在了前面。

　　从今天的方言状况来考察，屯堡方言存在 tʂ、tʂʻ、ʂ 与 ts、tsʻ、s 的对立，除与舌尖元音相拼的情况与北京话一致，其他分类情况与北京话不一致，这正是因为中古的止摄开口字前的舌尖后音 tʂ、tʂʻ、ʂ 在近代是先于与其他韵相拼的舌尖后音形成的。在早期屯堡方言形成之际，官话音系里的知庄章三组字在来源于中古止摄开口的几个小韵前已经完全混同并具有了一定的稳定性，这一格局被带进了受官话音系影响的早期屯堡方言。至于知庄章包括见精组在其他韵母前，今天的屯堡方言与北京话分类不一致，那正是后来的早期屯堡方言与官话音系发展不平衡的表现，也正是早期屯堡方言脱离共同语母体而独立发展的反映。

　　日母字在韵书中很少有洪细对立，各家都把它拟为一类，只不过很可能它不是与 ʂ 相配的浊擦音，它在现代汉语中的读法很多，音质不一，不过在近代，日母的变化比较简单，大致与章组相同，只是其中中古止摄开口三等日母字变读为零声母的 ɚ 韵。屯堡方言日母字的演变与普通话相同，但由于拼合关系的影响，除止摄开口三等以外的字实际读法有 ʐ 和 z 两种，但并不构成音位对立。

　　在近代官话音系里，已经有 tɕ、tɕʻ、ɕ 新质声母出现的趋势。tɕ、tɕʻ、ɕ 是从见系细音和精组细音里分化演变出来的，这一发展过程实际就是由于受韵母的同化作用的影响引起的舌根音舌面化和舌尖音舌面化的过程。王力先生指出，由于舌根音的舌面化在北方方言中所占的区域比舌尖音舌面化所占的区域广，因此，很有可能在北京话乃至整个北方方言中，舌根音舌面化要比舌尖音舌面化出现得早，在其所总结的明清官话音系中，清代后期从见组细音中分立出了 tɕ 组声母，而精组细音分化出的 tɕ 组声母没有说明始于何时。[①] 王力先生又指出，值得注意的是，在同化作用还没有发生之前，细音韵母如果产生了变化，韵头或者全韵不再为细音，它们的声母就不具备变为舌面音的条件了。[②] 这一语音演变时效性原理在屯堡方言中可以得到印证，臻摄合口三等入声术韵和物韵见系字及部分精组字、通摄合口三等入声屋韵和烛韵的见系字在屯堡方言中韵母都不是细音，而是合口呼 u，因此，其声母也就不可能转化为舌面音。而周边的安顺城区方言和贵阳方言这些字的声母为 tɕ 组，是因为它们的韵母为齐齿呼 iu。例如：

例字	中古音	屯堡方言	安顺城区方言
焌	臻合三入术精	tʂʻu³³	tɕʻiu⁵⁵
恤	臻合三入术心	ʂu³³	ɕiu²¹
屈	臻合三入物溪	tʂʻu³³	tɕʻiu²¹
菊	通合三入屋见	tʂu³³	tɕiu²¹
畜	通合三入屋晓	ʂu²¹	ɕiu²¹
局	通合三入烛群	tʂu²¹	tɕiu²¹

---

① 参见王力：《汉语史稿·上册》，中华书局，1980，第 124 页；王力：《汉语语音史》，商务印书馆，2008，第 394 页。

② 参见王力：《汉语史稿·上册》，中华书局，1980，第 124 页。

第二节　屯堡方言韵母系统的共时历时比较

一、撮口呼韵母的有无

汉语的韵母中古是两呼四等，到现代汉语变成了四呼，大致的对应关系如下：

中古	现代
开口一等和二等	开口呼
开口三等和四等	齐齿呼
合口一等和二等	合口呼
合口三等和四等	撮口呼

合口的三等和四等演变为撮口呼发生在什么时候？音韵学界只笼统地说是元末明初。从概念上说，四呼最早见于明代梅膺祚的《字汇》，但这是一本字书，四呼概念从说明到使用都还比较混乱，直到清代潘末的《类音》，才对四呼作出了与现代意义一致的解释。[1] 从韵母类别上说，两呼二等演变为四呼，新产生的韵母类别是撮口呼，演变何时完成的其实只需确定撮口呼产生的时间即可。杨耐思《中原音韵音系》鱼模部拟音为u、iu两个韵母，从整个韵母表看也还没有撮口呼；[2] 但成书于正统七年（1442）的《韵略易通》呼模和居鱼两韵部对立，因而王力先生《汉语语音史》的明清韵部有了撮口呼。[3] 但汉语方言众多，各方言不可能一致，一些方言如昆明话、厦门话等至今没有撮口呼即为明证。屯堡方言的情况对明初的官话是否已有撮口呼或许有一点启示作用。

屯堡方言的韵母系统最明显的特征之一就是没有撮口呼韵母，这与贵州川黔方言黔中片的韵母特征是十分一致的。整个西南官话区，没有撮口呼的地区主要集中

---

[1]　参见唐作藩：《音韵学教程》，北京大学出版社，2002，第47页。

[2]　参见杨耐思：《中原音韵音系》，中国社会科学出版社，1981，第44页。

[3]　参见王力：《汉语语音史》，商务印书馆，2008，第395页。

在贵州省的中部和西南部及云南省的东部和中部，贵州省有：

贵阳市	安顺市	清镇市	平坝县	普定县	镇宁县	紫云县
关岭县	兴义市	兴仁县	晴隆县	普安县	贞丰县	安龙县
册亨县	望谟县	六枝特区	盘县特区	长顺县①		

云南省有：

昆明市	昭通市	曲靖市	玉溪市	楚雄市	个旧市	开远市
寻甸县	宁蒗县	新平县	峨山县	路南县	河口县	屏边县
澜沧县	西盟县	江城县	孟连县	沧源县	师宗县	鲁甸县
巧家县	宣威市	会泽县	富源县	罗平县	陆良县	马龙县
华坪县	永胜县	华宁县	通海县	江川县	易门县	澄江县
富民县	呈贡县	晋宁县	安宁县	嵩明县	宜良县	文山县
广南县	西畴县	马关县	丘北县	砚山县	富宁县	元谋县
武定县	禄丰县	南华县	牟定县	双柏县	弥勒县	元阳县
红河县	石屏县	泸西县	金平县	绿春县	建水县	景洪县
勐海县	麻栗坡县	勐腊县	思茅县	普洱县	镇沅县	景东县
景谷县	宁南县	腾冲县	陇川县	龙陵县	潞西县②	

　　云贵两省这些没有撮口呼的地区基本连片，绝大部分是西南地区开发较早且明代汉族移民较为密集的地区，其中安顺、平坝、清镇、关岭、晴隆、普安、富源、

---

① 参见贵州省地方志编纂委员会编《贵州省志·汉语方言志》，方志出版社，1998，第123—129页。此中地名均按原文献记载呈现。
② 参见云南省地方志编纂委员会编《云南省志·汉语方言志》，云南人民出版社，1989，第60—111页。此中地名均按原文献记载呈现。

曲靖、马龙、陆良、昆明等地还是明代重兵屯集驻扎的军事要地和重要的交通要道。由此，我们似乎可以说，这些地区没有撮口呼是有历史原因的，是明代方言的底层反映。也就是说，明代大规模集团移民时期，迁徙到这些地区的居民在口语发音中还没有撮口呼。与此相应，屯堡方言没有撮口呼并不是受周边方言的影响，而是其自早期屯堡方言形成之时就没有。因为从其周边的贵阳方言的新派已经逐渐出现撮口呼，而屯堡方言至今没有产生撮口呼的迹象，结合没有撮口呼地区的地理分布分析，它不可能是先有撮口呼然后再受周边方言影响而逐渐消失的。西南官话的大部分地区都是存在撮口呼的，只不过具体的情况有所不同，就拿贵州川黔方言区的黔北片来说，有的地区与普通话一致，y、yɛ、yan、yn 四个韵母都有，有的则只有 y、yan、yn 三个韵母而没有 yɛ，有的则只有 y、yn 两个韵母而没有 yɛ、yan。我们姑且把有四个撮口呼韵母的情况称为撮口呼齐全，只有三个及以下撮口呼韵母的情况称为撮口呼不全，撮口呼齐全、撮口呼不全和没有撮口呼三种情况并存，这正是语言发展不平衡的具体表现。

在北京话里念撮口呼的音节，在这些撮口呼不全或没有撮口呼的方言里表现不一样，没有撮口呼的方言大部分情况是都念为相应的齐齿呼，而撮口呼不全的方言基本上也是念成细音，下面我们列表 4.6 作简单比较，因本节讨论韵母，为节省篇幅，读音省略声调。

表 4.6　屯堡方言与其他方言比较（5）

普通话撮口呼字读音比较

方言点		雨	女	居	月	决	缺	元	云	均
无撮口呼地区	屯堡	i	li	tɕi	i	tɕi	tɕʻi	ian	in	tɕin
	安顺	i	li	tɕi	iɛ	tɕiɛ	tɕʻiɛ	ian	in	tɕin
	贵阳	i	ni	tɕi	iɛ	tɕiɛ	tɕʻiɛ	ian	in	tɕin
	兴义	i	ni	tɕi	iɛ	tɕiɛ	tɕʻiɛ	ian	in	tɕin
	昆明	i	li	tɕi	iɛ	tɕiɛ	tɕʻiɛ	iɛ	i	tɕi
	西昌	i	ni	tɕi	iɛ	tɕiɛ	tɕʻiɛ	ian	in	tɕin

续表

方言点		雨	女	居	月	决	缺	元	云	均
有撮口呼地区	遵义	y	ny	tɕy	ye	tɕye	tɕʻye	yan	yn	tɕyn
	都匀	i	ni	tɕy	vie	tɕye	tɕʻye	vie	vin	tɕyn
	镇远	y	ny	tɕy	ye	tɕye	tɕʻye	yan	yn	tɕyn
	成都	y	ȵi	tɕy	ye	tɕye	tɕʻye	yan	yn	tɕyn

　　至于在北京话里念撮口呼的臻、曾、梗、通四摄合口三等见系以及部分精组入声字在屯堡方言里念 u 韵母或者是 iəu 韵母（零声母音节），在贵州黔方言的黔中片大部分地区都念 iu 韵母，少数字（主要是精组）念 u 韵母这一问题我们下面还要涉及，这里暂不举例。

二、古入声字的韵母差异

　　屯堡方言与周边安顺城区方言和贵阳方言的韵母有比较大的一致性，但来自古入声的字与今天的韵母则有一定差异。贵阳方言和安顺城区方言中韵母为 iɛ、ɛ、uɛ、iu 的字大部分来自古入声，只有少量的字来自古舒声。[①] 因而，首先应该说明的是，我们下面的讨论着眼点是今韵母，虽然讨论的主体是古入声字，但也包括今韵母与之相同的非古入声字，标题定为"古入声字的韵母差异"只是就这些韵的主体部分说的。

　　1. 安顺城区方言和贵阳方言的 iɛ 韵母字

　　安顺城区方言和贵阳方言的 ie 韵字大部分来自古入声，来自古舒声的限于果摄戈韵三等见系字和假摄麻韵开口三等精组、知组、见系字、常用字只有"爹嗟姐借茄些写椰也野冶痴"等几个。不管来自古入声还是古舒声，这些字在屯堡方言中，全部并入了 i 韵，也就是说，在屯堡方言中没有 ie 这个韵母。就没有 ie 韵母这一点

---

① 参见龙异腾：《基础音韵学》，巴蜀书社，2003，第 158—159 页。

说，屯堡方言的情况与水城、毕节、金沙、息烽、修文、开阳、瓮安、思南、沿河、务川、松桃等地相似，但是由于这些地区是有撮口呼的，所以具体情况却不大一致，分别说明如下：

（1）安顺城区和贵阳方言里来自古山摄和咸摄开口三、四等入声的 ie 韵母字，在屯堡方言和水城、毕节、金沙等方言里韵母都念 i。

（2）安顺城区和贵阳方言里来自古假摄开口三等舒声的 iɛ 韵母字，在屯堡方言和水城、毕节、金沙等方言里也都念 i。

（3）安顺城区和贵阳方言里来自古果摄三等舒声和古山摄合口三、四等入声的 ie 韵母字，在屯堡方言里韵母念 i，在水城、毕节、金沙等方言里韵母念 y。

我们将上述三种情况用表 4.7 加以比较。

表 4.7　屯堡方言与其他方言比较（6）

贵阳话方言和安顺城区方言 ie 韵母字方言读音比较

方言点	揭	别	灭	泄	杰	铁	接	叶	怯	贴	碟
屯堡	tɕi	pi	mi	ɕi	tɕi	tʻi	tɕi	i	tɕʻi	tʻi	ti
安顺	tɕie	pie	mie	ɕie	tɕie	tʻie	tɕie	ie	tɕʻie	tʻie	tie
贵阳	tɕie	pie	mie	ɕie	tɕie	tʻie	tɕie	ie	tɕʻie	tʻie	tie
水城	tɕi	pi	mi	ɕi	tɕi	tʻi	tɕi	i	tɕʻi	tʻi	ti
毕节	tɕi	pi	mi	ɕi	tɕi	tʻi	tɕi	i	tɕʻi	tʻi	ti

方言点	姐	且	借	谢	邪	爹	些	写	爷	野	夜
屯堡	tɕi	tɕʻi	tɕi	ɕi	ɕi	ti	ɕi	ɕi	i	i	i
安顺	tɕie	tɕʻie	tɕie	ɕie	ɕie	tie	ɕie	ɕie	ie	ie	ɕie
贵阳	tɕie	tɕʻie	tɕie	ɕie	ɕie	tie	ɕie	ɕie	ie	ie	ɕie
水城	tɕi	tɕʻi	tɕi	ɕi	ɕi	ti	ɕi	ɕi	i	i	i
毕节	tɕi	tɕʻi	tɕi	ɕi	ɕi	ti	ɕi	ɕi	i	i	i

续表

方言点	茄	靴	瘸	月	蕨	越	绝	雪	阅	掘	决
屯堡	tɕ'i	ɕi	tɕ'i	i	tɕi	i	tɕi	ɕi	i	tɕi	tɕi
安顺	tɕiɛ	ɕiɛ	tɕiɛ	iɛ	tɕiɛ	iɛ	tɕiɛ	ɕiɛ	iɛ	tɕiɛ	tɕiɛ
贵阳	tɕiɛ	ɕiɛ	tɕiɛ	iɛ	tɕiɛ	iɛ	tɕiɛ	ɕiɛ	iɛ	tɕiɛ	tɕiɛ
水城	tɕ'y	ɕy	tɕ'y	y	tɕy	y	tɕy	ɕy	y	tɕy	tɕy
毕节	tɕ'y	ɕy	tɕ'y	y	tɕy	y	tɕy	ɕy	y	tɕy	tɕy

2. 贵阳方言的 ɛ 韵母字和 uɛ 韵母字

贵阳方言的 ɛ 韵母字绝大多数来自古入声，只有假摄开口三等麻韵章组的几个字来自古舒声，而 uɛ 韵母字则都来自古入声。屯堡方言没有这两个韵母，安顺方言无论城区还是郊区（非屯堡方言岛）都受屯堡方言影响也都没有这两个韵母，贵阳方言这两个韵母的字，无论其来自舒古声还是古入声，在屯堡方言里和安顺方言中都分别并入了 ei 韵母和 uei 韵母，并且也与贵阳方言是否有 u 韵头相对应，例如：

遮车蛇奢者扯射惹

涉涩哲舌热虱北德塞黑色百拆泽格射

国扩阔括老或获

上面第一、二两行的字贵阳方言都念 ɛ 韵母，第一行的字来自古舒声，第二行的字来自古入声，这两行的字屯堡方言和安顺方言都念 ei 韵母；第三行的字贵阳方言为 uɛ 韵母字，在屯堡方言和安顺方言中韵母都为 uei。

贵阳方言的 ɛ 韵母字来自古入声者来源比较广，主要有中古的咸、深、山、臻四摄开口三等的知庄章组字；曾摄开口一等的帮组、端系和见系字和开口三等的庄组字；梗摄开口二等字和开口三等章组字。据侯精一主编的《现代汉语方言概论》，这些古入声字在西南官话中大多数地区多数都读为同一韵母，只是具体读为哪一个韵母各地不一致，大致有七种不同的读音，分别是：e，成都、大理、保山、自贡、洱源、零陵、常德；æ，遵义；ə，昆明、钟祥；ɛ，西昌、黎平；ɣ，武汉、柳州；ai，汉源；ia，都匀。[①]屯堡方言、安顺方言与上述地区的读音并不一致，倒是与中原官话中的某些点有相似之处，这些字中原官话的蔡鲁、关中、秦陇、陇中、南疆及汾河片的绛州小片多数韵母念 ei 韵，信蚌片的信阳曾摄字韵母也多念 ei 韵。[②]

3. 贵阳方言的 iu 韵母

贵阳方言的 iu 韵母字主要来源是臻、曾、梗、通四摄入声合口三等的精组字和见系字。这些字在贵州川黔方言的黔中片的大部分地区读音较为一致。在屯堡方言中，这些字的韵母视其前面有无辅音声母而分化。前面有声母时，韵母 u；前面没有声母，即零声母音节时，读为 iəu。上一节我们曾经说过，这些字的声母虽来源于中古的精组和见组，但是由于韵母没有变为细音，因此，声母没有舌面化，而与知庄章组合流读成了 tʂ、tʂʻ、ʂ。屯堡方言这些字的特点与黔中片的兴仁、晴隆两个方言点比较相似，所不同的是，兴仁和晴隆方言的零声母音节与贵阳方言一致，读 iu。兴义方言的这些字也有分化，四摄的精组字韵母念 u，而见系字转化为细音，与贵阳方言一致，韵母念 iu。安顺城区方言有个别精组字受屯堡方言的影响韵母也念 u。现列表 4.8 比较如下。

表 4.8　屯堡方言与其他方言比较（7）

黔中片古臻、曾、梗、通入声合口三等精组和见系字读音对照

方言点	精组字						见系字						
	戌	族	速	肃	足	俗	桔	屈	菊	蓄	局	育	浴
屯堡	ʂu	tʂu	ʂu	ʂu	tʂu	ʂu	tʂu	tʂʻu	tʂu	ʂu	tʂu	iəu	iəu
兴仁	su	tsu	su	su	tsu	su	tsu	tsʻu	tsu	su	tsu	iu	iu

---

① 参见侯精一主编《现代汉语方言概论》，上海教育出版社，2002，第 35 页。
② 参见侯精一主编《现代汉语方言概论》，上海教育出版社，2002，第 28 页。

续表

方言点	精组字						见系字						
	戍	族	速	肃	足	俗	桔	屈	菊	蓄	局	育	浴
兴义	su	tsu	su	su	tsu	su	tɕiu	tɕ'iu	tɕiu	ɕiu	tɕiu	iu	iu
安顺	su	tɕ'iu	su	ɕiu	tsu	ɕiu	tɕiu	tɕ'iu	tɕiu	ɕiu	tɕiu	iu	iu
贵阳	ɕiu	tɕ'iu	ɕiu	ɕiu	tɕiu	ɕiu	tɕiu	tɕ'iu	tɕiu	ɕiu	tɕiu	iu	iu

中古臻、曾、梗、通四摄入声合口三等精组和见系字在贵州川黔方言黔中片的共时差异也从一个侧面证明了精组声母和见系声母舌面化的过程受韵母洪细转化的影响。如果韵母转化为细音，则声母便会逐渐舌面化；而如果韵母没有转化为细音，则声母不可能发生舌面化。这一读音差异似乎还可以证明，见系声母的舌面化早于精组声母，因为在黔中片方言中，屯堡方言和兴仁、晴隆方言见系声母字韵母没有细化，因而声母也没有舌面化，而其他方言见系声母字韵母是细化了的，因而声母也舌面化了，贵阳方言精组声母字亦随着韵母的细化声母也发生了改变，这似乎反映了两类声母的历史层次。

三、其他韵母的差异

前面我们曾经说过，中古的蟹、止、臻三摄合口韵在屯堡方言和北京话中的开、合分化有所不同：蟹止两摄合口的端组、精组字，臻摄合口的端组、泥、来母和精组字，在今北京话中为合口呼，在屯堡方言中 u 介音丢失从而成为开口呼。在周边的贵阳方言和安顺方言（包括除屯堡方言外的郊区方言）中，蟹止两摄的开合分化与北京话一致，而臻摄的开合分化与屯堡方言一致。臻摄的端组、泥组以及精组字在西南官话中丢失介音 u 而念为开口的情况十分普遍。北京话来自遇、山、曾、梗四摄的 uo 韵母字在西南官话中一律没有介音 u，但是来自蟹止两摄合口、山摄合口和宕江两摄开口知庄章三组的字北京话往往有 u 介音，而这些字音 u 丢失的情况在西南官话中则不尽相同。湖北省内的西南官话 u 介音脱落比较普遍，除了与一般西南官话相同的舌尖音后 uən 韵母 u 介音脱落读成 ən 外，北京 ei、uei 两个韵母的字，其大部分地区在舌尖音 t、t'、n 乃至 ts、ts'、s 后都混而全读成 ei，北京的 uan 韵母字，其大部分地区也大都读成 an。① 贵州的西南官话黔东南方言、黔南方言以及过渡区的施秉方言的 u 介音脱落现象都较贵州川黔方言突出，尤其是黔东南方言，处于榕锦片与镇台片交界地带的剑河方言脱落现象十分突出。一般来说，除了北京话里的 uo 韵字外，u 介音脱落现象均发生在今方言声母为舌尖中音 t、t'、n（或 l）和舌尖前音 ts、ts'、s 的音节中，而且，就舌尖中音和舌尖前音音节的比较而言，前者的 u 介音脱落现象更为普遍，基本上凡是舌尖前音音节发生 u 介音脱落现象的方言，舌尖中音音节也一定发生了 u 介音脱落现象；反过来的情况则是，凡是舌尖中音音节发生了 u 介音脱落现象的方言，尖前音音节则有的 u 介音脱落，有的 u 介音仍旧保留。屯堡方言由于有舌尖后音 tʂ、tʂ'、ʂ、ʐ 与舌尖前音 ts、ts'、s 的互补与对立，因而止、蟹、臻、山、宕、江各摄的知系声母字基本上没有发生 u 介音脱落现象，山摄的端系也没有发生 u 介音脱落现象。这似乎表现出 u 介音是否脱落与有无舌尖后音有关。

下面我们仅就屯堡方言与北京开合分化不同的蟹、止、臻三摄合口韵与西南官话各地的情况列表 4.9 加以对比。

表 4.9　屯堡方言与其他方言比较（8）

西南官话蟹、止、臻摄合口今读开口呼情况比较

方言点	蟹摄						止摄						臻摄
	端组、来母		精组		知章组		来母		精组		知章组		来母、精组
	堆	雷	罪	岁	缀	税	累	泪	嘴	翠	追	水	论	遵
屯堡	tei	lei	tsei	sei	tʂuei	ʂuei	lei	lei	tsei	ts'ei	tʂuei	ʂuei	lən	tsən
安顺	tuei	luei	tsuei	suei	tsuei	suei	luei	luei	tsuei	ts'uei	tsuei	suei	lən	tsən
遵义	tuei	luei	tsuei	suei	tsuei	suei	luei	luei	tsuei	ts'uei	tsuei	suei	lən	tsən

① 参见侯精一主编《现代汉语方言概论》，上海教育出版社，2002，第 34 页。

续表

方言点	蟹摄						止摄						臻摄	
	端组、来母		精组		知章组		来母		精组		知章组		来母、精组	
	堆	雷	罪	岁	缀	税	累	泪	嘴	翠	追	水	论	遵
镇远	tei	lei	tsuei	suei	tsuei	suei	lei	lei	tsuei	ts'uei	tsuei	suei	lən	tsən
剑河	tei	lei	tsei	sei	tsuei	suei	lei	lei	tsuei	ts'uei	tsuei	suei	lən	tsən
都匀	tei	lei	tsuei	suei	tsuei	suei	lei	lei	tsuei	ts'uei	tsuei	suei	lən	tsən
钟祥	tei	lei	tsuei	suei	tsuei	suei	lei	lei	tsuei	ts'uei	tsuei	suei	lən	tsən
武汉	tei	lei	tsei	sei	tsei	sei	lei	lei	tsei	ts'ei	tsei	sei	lən	tsən

通过表 4.9 可以看出，屯堡方言蟹、止、臻三摄合口韵的 u 介音脱落现象与黔东南方言、黔南方言以及湖北大部分地区方言的相似性较之其与周边方言的相似性强。屯堡周边方言所属的贵州川黔方言受四川方言的影响巨大，同时清代移民对其语音覆盖现象也较为显著，而贵州的黔东南方言、黔南方言受川方言影响以及清代汉移民的覆盖现象较之要微弱一些，所以，其语音的底层有可能变异性地保留一些明代汉移民的方音。屯堡方言虽然处于周边方言的重重包围中，但是由于其特定的历史文化原因，它也顽强地、有变异性地保留较多明代汉移民的语音特征。明代的汉族移民到云贵者较多来自湖北、湖南、江苏一带，因此，屯堡方言以及黔东南方言、黔南方言在此语音特征上与湖北大部分地区差异不大并不完全是巧合。

第三节　屯堡方言声调系统的共时历时比较

总体上说，西南官话的声调系统具有很高的一致性并基本上与北京话一致：首先表现在声调的个数上，一般是四个，只有少数方言点入声自成一调而有五个；其次是声调从中古至今的演变规律也是平分阴阳，浊上变去，去声不变，西南官话的声调系统无论是各方言点的差异还是与北京话的差异都主要体现在入声的归并以及声调的调型和调值上。

一、西南官话的入声归并及声调常见调值

黄雪贞曾经分析了西南官话声调的特点，认为西南官话的古入声字一般归入阳平，但是也有例外。据其统计，云贵川三省的西南官话中，有七十五个县市古入声字今读入声，有十三个县市古入声字今读去声，有八个县市古入声字今读阴平。黄雪贞还列了西南官话的六个代表点及其四声的调值：

调值	成都	重庆	昆明	贵阳	武汉	桂林
阴平	55	55	44	55	55	44
阳平	21	11	31	21	213	21
上声	53	42	53	53	42	53
去声	213	24	212	24	35	35

黄雪贞认为，六个代表点的四声调值就是西南官话四声的常见调值，并由此认为，古入声字今读入声、阴平、去声的方言，阴平、阳平、上声、去声的调值与西南官话的常见调值相近的，也是西南官话。[①]

黄先生在文章中其实说明了一个很重要的观点，就是在对方言的划分和归并上，调类固然十分重要，但是调值的重要性也不容忽视。我们从黄先生所举的六个代表点的四声调值以及文章中所涉及的云贵川三省九十六个方言点的声调调值来看，西南官话的常见调值，阴平是高平调55、44或中平调33；阳平是低降调21、中降调31或者先降后升的曲调213、212、214；上声是中降调42或者高降调53；去声是低升调12、24或者中升调35或者曲调212、213。从文章中，我们还看到入声自成

---

① 参见黄雪贞：《西南官话的分区（稿）》，《方言》1986年第4期。黄文所列贵阳方言四声的调值与实际情况有出入，贵阳方言上声和去声的实际调值分别为42和13。

一调的方言，入声韵尾已经消失，入声虽然没有归入其他舒声声调，但是其声调的调值在西南官话中也是常见的，多数是平调 33 或者 55，也有中降调 42 或者低升调 13，少数是曲调 213、313。

西南官话从形成到发展的重要时期是明清两代，这一时期汉民族的共同语已经发展得相当成熟，很多近代汉语的共同特征已经发展得比较完备，这就使得新近形成的西南官话内部一致性十分显著。虽然西南官话分布地域较广、使用人口最多，但也是内部一致性最高的一种官话方言。这种一致性不仅体现在古入声字的归并上，而且还体现在声调的调型和调值上。当然，这绝不意味着西南官话的入声归并和声调调值没有差异。事实上，从上面我们的分析就可以很明显地看到，在强烈的一致性里面也包含了诸多差异。我们知道，在声母、韵母、声调这三个要素中，实际上声调的稳固性是十分强的，因此，这些入声归并和声调调值的差异在很大程度上是可以从官话形成和发展的不同层次乃至移民迁徙的历史中追溯的。

二、屯堡方言声调系统的共时比较

屯堡方言声调是四个，阴平是中平调 33，阳平是低降调 21，上声是中降调 42，去声是中升调 35。从入声字的归并来说，中古全浊声母入声字一般也归阳平，但也有少部分归阴平；古次浊声母入声字除个别字归阳平外，其余归阴平；清声母入声字也归阴平。屯堡方言与周边贵州川黔方言的差异其实首先就体现在入声字的归并以及声调调值上。贵州川黔方言除了黔北片有的县市入声自成一调，个别县如仁怀县古入声字大部分归入去声外，绝大多数情况是古入声字基本上归入阳平。云南和四川的大部分西南官话区入声字也归阳平。贵州川黔方言的四声调值一般是：阴平是高平调 55，部分地区（主要集中在黔中片的黔西南州和盘县）是次高平调 44；阳平的调值为低降调 21，部分地区（主要是黔中片的黔西南州、盘县和黔北的铜仁、松桃等地）是高降调 53；上声为中降调 42；去声是低升调 12 或 13。

就贵州的西南官话而言，屯堡方言岛的四声调值与黔东南方言的一致性似乎更高一些。黔东南方言除了黎平方言外，各县也都是阴平、阳平、上声、去声四个声调，调值分别是 33、21、42、35，这与屯堡方言的四声调值完全吻合。过渡区方言的四声调值与屯堡方言也存在着一定的一致性。其中，施秉方言四声调值与屯堡方言也是完全一致的；黄平的四声调值除了阴平为次高平 44 调外，其余声调调值与贵阳话相近：贵定、长顺四声调值分别是 44、21、53、13，与川黔方言的黔西南方言、盘县方言基本一致；福泉、龙里、惠水、罗甸四县的四声调值为 44、21、55、13（惠水是 24），阴平、阳平的调值与屯堡方言有一定的相似性。黔南方言的声调调值似乎要复杂一些，主要是它有入声声调，但是通过比较发现，其阴平的调值与屯堡方言还是有一致性的。都匀、丹寨、独山、平塘、三都、荔波各县的阴平调值均为 33，与屯堡方言一致；麻江、凯里、雷山三县的阴平调值为 44，与屯堡方言相似。

通过贵州各地方言调值比较发现，屯堡方言与黔东南方言和过渡区的施秉方言四声调值一致性最强，与其他过渡区方言声调调值的一致性体现在阴平和阳平上，与黔南方言声调调值的相似性则只表现在阴平上。

《贵州省志·汉语方言志》在对贵州汉语方言进行语音分区的时候出示了一幅《贵州汉语方言分区及声调类型差别示意图》。这幅图在掌握大量语音材料的基础上，描绘了一条横亘于整个贵州汉语方言区东西向的声调线，声调线以北，阴平调是高平调 55，主要是贵州川黔方言的黔北片和黔中片的大部分地区，声调线以南，阴平调是中平调 33 或者次高平调 44，主要是黔东南方言、黔南方言、过渡区方言以及川黔方言的黔中片的一部分地区（黔西南州及六盘水市的盘县地区）。[①] 屯堡方言岛和安顺市的平坝县虽然处于这条声调线以北，但是其阴平调值与以南的地区更相似：屯堡为 33，平坝为 44。

明代由云南通达内地的通道称为普安入黔旧路，堪称咽喉要道，曾经是从北京至云南的最重要最常用的通道，这条路及其沿线也是明代广设屯堡、重兵驻扎的地段。明末清初，其中的贵州段由于局势动荡不安才时有梗阻之虞。这条路从湖南的晃州（治今湖南新晃东北）和沅州（治今湖南芷江）横跨今天整个贵州省的中部和南

---

① 参见贵州省地方志编纂委员会编《贵州省志·汉语方言志》，方志出版社，1998，第 4 页。

部一直到达今天云南省的曲靖、昆明一带，具体的路线为：沅州（治今湖南芷江）—便水驿—晃州（治今湖南新晃东北）—平溪卫（今贵州玉屏）—清浪卫（今贵州岑巩南）—镇远府—偏桥卫（今贵州施秉）—兴隆卫（今贵州黄平）—清平卫（今贵州凯里市炉山镇）—平越卫（今贵州福泉）—新添卫（今贵州贵定）—龙里卫—威清卫（今贵州清镇）—平坝卫—普定卫（今贵州安顺）—安庄卫—关岭—查城—安南卫（今贵州晴隆）—新兴驿—普安州（治今贵州盘县西北）—亦资孔驿—平夷卫（今云南富源）—白水—南宁（今云南曲靖）—马龙州—易龙驿—杨林所—板桥驿—昆明。这条路沿线一带的今贵州地区，除了贵阳、清镇、安顺城区、关岭几地以外，其声调的阴平调都是中平调 33 或者次高平调 44。也就是说，除了上述这些地区和屯堡地区以外，其余地区均处于声调线以南。前面所说的黔东南方言区以及过渡区全部处在这条路线的重要驿站上。进一步考察，还可以发现，处于这条路沿线的今云南各县市的方言的声调阴平调值也是中平调 33 或者次高平 44。据《云南省志·汉语方言志》，富源、曲靖、马龙、陆良、寻甸、云龙、昆明的阴平调调值分别为 33、33、33、44、44、33、44。云南省的西南官话大部分地区阴平调调值就为 33 或 44，这恐怕不应该是巧合。

如果考察四川省境内的西南官话，可以发现就阴平调值而言，一致性就更强，除了与云南省相隔较近的西昌、峨边、会理等地外，绝大部分地区阴平的调值都为高平调 55，[①]与贵州川黔方言的大部分地区是一致的。语音三要素中，声调的稳固性非常强，一致的声调特征显示其语音底层的许多一致性，也体现了语音历史层次的某些一致性。似乎可以说，阴平调值的不同其实在云贵川三省的西南官话中代表了语音的不同历史层次：云贵两省尤其是贵州川黔方言的黔中片、过渡区等聚集了更多的明代的汉族移民，而四川和贵州川黔方言的黔北片则更多聚集的是清代的移民。根据这一点似乎可以这样推测：阴平调值是中平调的历史层次是明代，或者说是明代汉移民的底层；而高平调历史层次则是清代，是清代汉移民语音叠置覆盖的结果；

---

① 参见黄雪贞：《西南官话的分区（稿）》，《方言》1986 年第 4 期。

次高平调则大多是中平调受到了高平调影响而出现的一种过渡状态。还有一点需要说明的是，屯堡方言周边的贵阳方言和安顺城区方言阴平调值为 55，是高平调，这或许也是受到清代汉移民语音覆盖叠置的结果。虽然这两地的明代汉移民也十分众多，但是由于其政治经济地位的重要性，是后来移民特别是商界人士的首选居所，所以清代移民也同样十分众多，在这种情况下，两地方言受到清代汉移民语音重叠覆盖也就是非常自然的事了。

三、屯堡方言及其周边方言的入声归并

入声以其与平上去并列而被认为是一个声调名称，但是音韵学上它除了与平上去并列外，还与阴阳并列被认为是一种韵母类别。由于平上去入自南北朝时期被当作声调名称固定下来，《切韵》系韵书，以声调为纲，而入声独立成卷，所以传统音韵学一直将入声作为声调之一看待和处理。20 世纪 20 年代，刘复先生提出了声调的声学本质在于音高的变化，[①] 此后这一观点成为学界共识，不少学者对此多有论述，如王力先生就明确指出："声音的四种要素（指音高、音强、音长和音质，引者注）中已经有三个被证明为与声调没有很大关系，那么归结到末了，我们可以知道最能形成声调的只是音高了。"[②] 一般来说，入声与非入声的差别应该包括两个方面——韵尾不同和音高不同，但是韵尾不同我们很容易讲清楚，音高不同则很难讲清楚，以至有的学者对入声的声调身份提出了质疑。[③] 其实古代入声的声高我们讲不清楚情有可原，因为我们同样难以讲清古代的平声或上声的音高，但现代汉语中还有保留着入声的方言，有些方言的入声还保留得原汁原味。如广州话中，三种塞音韵尾的入声可以与《广韵》一一对应，这些方言的音高我们完全可以如实记录下来，实际情况是我们虽然认识到了声调的本质因素是音高，却又不能摆脱入声的传统声调身份

---

① 参见刘复：《四声实验录》，中华书局，1951，第 49 页。
② 王力：《汉语音韵学》，中华书局，1982，第 25 页。
③ 参见岑麟祥：《入声非声说》，《图书月刊》1943 年第 7 期；宗邦福：《论入声的性质》，载中国音韵学研究会编《音韵学研究·第一辑》，中华书局，1984，第 455—470 页。

的束缚。在方言调查中往往把音高相同的入声和舒声分开作为不同的声调处理，例如讲广州话者认为其有九个声调，[①] 调名和调值如下：

阴平 53/55　阳平 21　阴上 35　阳上 13　阴去 33　　阳去 22

上阴入 55　　　　　　　　　　　　下阴入 33　阳入 22

很明显，三个入声调类的调值分别与阴平、阴去和阳去相同，这里对入声韵和舒声韵采用了不同的标准，因为按韵尾不同来分类则舒声还应该分出阴声和阳声，如果按同一标准，广州话的声调将不止九个。入声问题上我们陷入了一个两难的境地：承认入声是声调则有悖声调的本质属性，不承认入声是声调又解释不了有的方言入声自成一调的现象。

我们不想在此展开讨论入声的性质，但也应该明确，中古汉语中入声的音高对我们来说难以掌握，但其音质和音长却相对清楚，从音质上说它有塞音韵尾，从音长上说它比较短促，它至少是汉语从韵尾角度区分出来的一种音节类型。从韵尾角度说，入声与阳声有其相似性——都带辅音韵尾，因而《广韵》入声韵与阳声韵相配，从这个意义上说，入声与阳声互补。如果以 V 代表元音，用 C 代表辅音，中古汉语及其现代有入声韵尾的方言有这样几种音段组合类型：V、CV、VC 和 CVC。很明显，入声韵和阳声韵的音节都有可能采取 VC 和 CVC 这两种结构方式。这好像是阳声韵与入声韵构成一个大类与阴声韵相对，但实际上并非如此，阴声韵和阳声韵都可以各有自己的平上去三声，而入声韵则没有，它只能自成一类，我们姑且称之为自成一声，并不与平上去交叉。总之，在中古汉语以及具有入声韵尾的方言中，入声事实上并不是严格意义的声调，只有在那些入声字已经不再具有塞音韵尾以及短促的特征而代之以音高变化来区别意义的现代方言中，入声才可以真正地看成一种声调。

---

① 参见侯精一主编《现代汉语方言概论》，上海教育出版社，2002，第 177 页。

　　入声在汉语官话乃至其他方言中逐渐消亡的过程可以归结为汉语音节发展响音化和音节结构简化的总趋势。汉语语音发展的重要趋势和倾向就是舒声的 CV 型开音节越来越占优势，而 VC 型和 CVC 型音节则不断的弱化。中古汉语有 -p、-t、-k 三个塞音韵尾，而鼻辅音韵尾则有 -m、-n、-ŋ 三个。在普通话中，入声韵的辅音韵尾全部消失，阳声韵的鼻音韵尾也简化成了 -n、-ŋ 两个，鼻辅音韵尾 -m 已经随着深咸与臻山的合流而消失了。在官话方言中，不仅入声韵尾和 -m 韵尾消失，而且收 -n 尾的音节在很多地区已经不同程度地弱化为鼻化韵，也有很多地区出现了 en、eng 不分和 in、ing 不分的情况。

　　入声既然具有塞音韵尾和发音短促的特征，那么，入声的消亡事实上也是这两个特征的消失。至于这两个特征消失的时间孰先孰后，学界有不同看法，我们考虑两个特征的因果关系而赞成王力先生的意见："韵尾 -p、-t、-k 是和入声有连带关系的。应该说，先是韵尾 -p、-t、-k 消失了，然后入声也跟着消失了；因为入声以短促为其特征的，没有 -p、-t、-k 收尾，也就不能再成为短促。"王力先生同时还指出："其间可能经过一个收 [ʔ] 的阶段，就是 -p、-t、-k 一律变为 [ʔ]，像现代吴方言一样。"[①] 至于入声消失并入舒声发生在什么时候，学界看法也不尽相同。王力先生认为《中原音韵》中入声已经消失。[②] 杨耐思先生和叶宝奎先生认为《中原音韵》还有入声。[③] 即使认为《中原音系》还有入声者，亦承认其已经发生了变化，正如黎新第所言："我们至少可以说，早在'入派三声'之前，汉语北方音系中就已经潜藏着分派的种子，等待着萌发的时机。"[④] 渐变是语言发展演变的基本特点，入声的消失也不能例外，入声消失是一个漫长的过程。入声的塞音韵尾消失后，原来的入声就具备了可以不再短促的条件，不仅在韵母结构上变得与舒声（实际上是与阴声）相同，理

① 王力：《汉语史稿·上册》，中华书局，1980，第 134 页。

② 参见王力：《汉语史稿·上册》，中华书局，1980，第 134 页。

③ 参见杨耐思：《中原音韵音系》，中国社会科学出版社，1981，第 50 页；叶宝奎：《明清官话音系》，厦门大学出版社，2001，第 73—80 页。

④ 黎新第：《〈中原音韵〉"入派三声"析疑》，《重庆师范大学学报》（哲学社会科学版）1987 年第 4 期。

论上也可以变得与舒声长短相同，具备了音高上自成一调或并入其他声调的条件。

西南官话多数都不自成一调，而是并入其他声调，而并入的过程当然不可能整齐划一，当有的入声字归调稳固时，有的入声字在调值上还处于自由变读的阶段。一般认为，近代汉语官话入声的演变一般分为这样两个阶段：第一阶段为 14 世纪到 15 世纪初，从韵书上说，也就是从《中原音韵》到《等韵图经》的阶段。这一阶段，由于全浊声母渐趋消失，声母清浊对立消失，全浊入声字首先发生韵尾和声调特征的变化。紧接着次浊入声字也发生了变化，归入了舒声韵，但是清入字的入声特征依然保持不变。第二个阶段为 17 世纪到 19 世纪初，从韵书上说，也就是从《等韵图经》到《李氏音鉴》的阶段。这一阶段，清入字的读法由不稳定逐渐发展到固定，完全失去入声特征，与舒声调相类。周德清在《中原音韵》里安排"入派三声"时，"每一韵部中又把中古音系的全浊声母字派入平声阳，把次浊声母字和'影'母字派入去声，把清声母字派入上声"①。周氏的派法中全浊和次浊入声，这与今天的北京话基本吻合，清声母入声字则相去甚远，说明当时全浊和次浊声母的入声字调值已经接近阳平和去声，清声母入声字的调值自由度还较大，周氏掌握不了，亦说明清声母入声字并入其他声调的进程落在了后面。当然，由于近代汉语官话区方言的表现情况并不完全相同，入声演化的差别也就在所难免。这样看来，官话入声演变是依据声母的清浊不同而有一定的先后顺序，我们用箭头依序大致表示如下：

全浊入声→次浊入声→全清和次清入声

早期屯堡方言形成的关键时期是明朝初年至明朝的中叶，这正好是官话入声演变的第一阶段。在这一阶段，全浊声母渐趋消失，与北方官话大多数方言一致，屯堡方言的全浊声母古入声字舒声化后归入了阳平。其后，次浊声母和清声母（包括全清和次清）的古入声字声调归属还不稳定的屯堡方言在一个相对封闭的语言环境

---

① 杨耐思：《中原音韵音系》，中国社会科学出版社，1981，第 50 页。

中发展演变，这些声母的入声字最后的声调归类既不同于以北京话为代表的北方官话，也不同于紧紧包围屯堡方言的周边方言。在屯堡方言中中古次浊声母和清声母（不分全清和次清）的入声字都进入了阴平，这不能不说与屯堡方言相对封闭的环境有关。值得一提的是，屯堡方言平分阴阳的条件与普通话一致，也是清声母读阴平，浊声母读阳平，这就造成次浊声母字——明显认得出的是今声母读 l（与 n 是自由音位变体）、m 和 ʐ（z）的字——由于没有与之相应的清声母而造成阴平声缺失，只有极少的几个字如"奶妈猫"等读阴平，次浊声母入声字入阴平正好填补了这一缺失。屯堡方言有次浊声母的阴平阳平相对，如：

阴平	阳平
立粒笠栗力历沥逆	离璃梨犁藜黎尼泥
蜜密幂汨灭蔑篾	迷谜秘泌靡眉楣
鹿漉麓辘录绿碌陆禄	卢芦庐炉轳颅奴
入肉辱褥	如茹儒
乐洛烙络骆落	锣箩萝逻漯骡螺
麦脉墨默陌	枚玫煤媒梅莓酶霉

屯堡方言的周边方言甚至整个西南官话区，次浊声母和清声母入声字都归阳平，也就是古入声字基本归阳平，以至于许多研究者把入声字是否归阳平作为判断某一官话方言是否属于西南官话的主要标准。周边方言（主要指贵州川黔方言的黔中片）对屯堡方言进行包围和重叠覆盖的时期是清朝初至清中叶，这正好又是近代汉语官话入声演变的第二个阶段。在这个阶段，清声母（包括全清和次清）入声字完全失去了入声特征，并且从归调上也渐趋稳定。周边方言和屯堡方言在古入声字调类的归并上就显示出了不同的历史层次和不同的来源层次，主要体现在次浊入声字和清入字上。周边方言的次浊入声字和清入字一般都归阳平调，其原因可能是入声在逐渐舒化的过程中丢失塞音韵尾并延展音长。在这样的过程当中，入声似乎一直是一个整体，也即是说它可能原本是独立成调的，后来在逐渐的演变过程中，与舒声阳

平的调值越来越接近，最后作为一个整体全部归入了阳平。当然也还可能是全浊声母入声字首先归入阳平，继而次浊声母入声字以及清声母入声字受到全浊声母入声字归调的感染也就归入了阳平。

无论周边方言乃至西南官话区的大部分地区入声归阳平的原因以及语音条件怎样，屯堡方言入声字归调都表现得明显不同。我们知道，早期屯堡方言形成的关键时期在明朝初年，促使该方言形成的移民来自湖北、湖南、江西、安徽一带；而西南官话的体系在清代时期受到大规模移民的语言的覆盖，这些移民也主要来自湖北、湖南一带，但是这时的湖北、湖南方言与明代时期肯定有许多差别。屯堡方言也已经过了两三百年的风风雨雨而再也不是原始的屯堡方言，两者并不可同日而语，并且这次移民活动在语言上造成的最大影响就是使分别以昆明话、贵阳话、成都话和重庆话为中心的云贵川三省的西南官话乃至分别以江陵话、江夏（今武昌）话和桂林话为中心的湘鄂桂三省区的西南官话在各方面尤其是语音的声调和声母上更趋一致，这也是今天我们把这几个省区的西南官话看成是一种一致性相当高的方言的原因。我们基本可以这样判断：在屯堡方言中次浊声母入声字和清声母入声字归阴平，这属于明代移民及其后裔顽强地保留在语音中的底层成分，当然，这种底层成分极有可能在清代初叶也即是入声演化的第二阶段才完全形成；周边方言乃至西南官话中次浊声母和清声母入声字归阳平，这应该算作是清代移民语言对该方言进行重叠覆盖的结果。

结　语

　　屯堡方言是贵州汉语方言之一，它是明代朱元璋发动的"调北征南"战争以及明代卫所军事制度的直接产物。这个由军事移民运动形成的方言，分布在以安顺市西秀区为中心，辐射平坝、紫云、镇宁、普定等县部分乡镇的区域内，这个分布区域实际上就处于明代由内地通往西南边陲——云南的滇黔重要驿道的主干线上。屯堡方言在这条主干线上呈团状流线型分布，这一地区正是明代卫所最为密集、重兵驻防和屯田的地区。

　　屯堡人的祖先是云贵高原尤其是贵州一带最早的大规模汉族移民。早期屯堡方言对贵州汉语方言的形成和发展起到了不可磨灭的重要影响，是早期贵州汉语方言的代表。同时，由于清代移民的大规模流入，贵州各地汉语方言必然不同程度地受到移民语言的重叠覆盖，而屯堡社区由于最初移民的集团性和得到国家的强力支持而奠定了坚实的整体基础，一直保持着相对的封闭性，无论是后来的战乱，还是清代大规模移民进入贵州，屯堡社区都能保持以明代移民为主体的状态，在文化包括语言上没有受到根本性的影响。在周边方言的重重包围下，一方面，屯堡方言排斥了许多清代移民语言的影响，有变异性地保持了许多明代汉语的底层成分，从而与周边的汉语方言形成诸多差异；另一方面，在长期的历史发展中，屯堡方言也不可避免地受到新的移民语言、周边方言的影响。这样，屯堡方言与周边的贵州汉语方言就都叠置了不同历史层次的语言成分。

　　方言间的接触性影响，理论上应该是双向性的，因而我们在一些语言现象上很难论断是谁影响了谁。在屯堡方言形成之初，这些"骑着高头大马"来的屯堡先民，肩负国家使命，有皇权的强力支持，头顶征服者的光环，人口数量又占绝对优势，无疑他们的方言是强势方言。但当岁月推移，世事沧桑，曾经的军士成了普通百姓，皇权的强力支持不复存在，改朝换代带来了屯民政治经济地位的不断下降。安顺城虽然是屯堡先民入主黔中的大本营，但是随着世事的变化与屯民的关系日渐疏远，商业经济的不断发展，城市化进程的日益加快，安顺成了日益发达的都市，成为政治上层人物和商界成功人士的聚集地。强权势力代表的后移民无论从人口数量还是权势地位上，屯民都不能再与之比肩，于是，安顺城与屯民居住区域形成了城乡鸿沟。征南军人的后裔自然也有不少人本来就落户城里或是后来迁入，住在城里的老屯堡人虽自认是征南将士的后裔，但也慢慢被后移民所湮没。屯堡社区沦为边缘乡村之时，安顺城区方言和贵阳方言自然也就成了强势方言。清代的大规模移民过后，屯堡社区不仅仅与当地少数民族犬牙交错，而且还处于后移民的层层包围之中。但是屯堡人苦守着先祖"自江南同时来黔"的强烈认同感和作为黔中大地征服者、先驱者、开拓者的自豪感，遥想着祖上骑着高头大马、披坚执锐的赫赫威仪，自成一脉，自为一体，固守着先祖带来的中原文化，并在黔中大地不断发扬光大，培育出绚丽多彩的黔中屯堡文化。屯堡方言自然受到安顺城、贵阳及周边汉语方言的影响，但六百多年来一直坚持着自己的发展道路，至今仍然是有别于周边方言的独特方言。

附　　录

屯堡方言发音合作人情况

姓名	性别	出生年	出生地	文化程度	备注
刘继文	男	1931	九溪村	小学	未外出生活过，日常交际为屯堡方言
王厚福	男	1932	九溪村	小学	未外出生活过，日常交际为屯堡方言
袁继云	男	1936	七眼桥镇	小学	一直在九溪生活，日常交际为屯堡方言
朱正全	男	1942	九溪村	小学	未外出生活过，日常交际为屯堡方言
顾之冲	男	1943	九溪村	小学	1954年至1962年曾到贵阳打工，说屯堡岛方言，同时也会讲贵阳话和安顺话
宋生祥	男	1943	九溪村	初中	未外出生活过，日常交际为屯堡方言
郑锦贤	男	1943	天龙镇	高中	未外出生活过，日常交际为屯堡方言
张文顺	男	1954	九溪村	初中	未外出生活过，日常交际为屯堡方言
高国芹	女	1956	九溪村	小学二年	未外出生活过，日常交际为屯堡方言
宋文志	男	1970	九溪村	初中	农忙时在家务农，农闲时到安顺做生意，日常交际讲屯堡岛方言，会说安顺话
高红	女	1974	九溪村	大学	现为安顺市人民医院医生，在家讲屯堡岛方言，工作时讲安顺话
徐开顺	男	1990	大西桥镇石板房村	大学	2004年至2007年在安顺上高中，2007年9月到贵阳上大学，在家说屯堡方言，会说安顺话和贵阳话
邹超	女	1990	平坝县高寨村	大学	2004年至2007年在平坝县城上高中，2007年9月到贵阳上大学，在家说屯堡方言，会说贵阳话

参考文献

一、古籍方志类

[1] 司马迁.史记[M].北京：中华书局，2014.

[2] 班固.汉书[M].北京：中华书局，2013.

[3] 刘昫，等.旧唐书[M].北京：中华书局，1975.

[4] 欧阳修，宋祁.新唐书[M].北京：中华书局，1975.

[5] 宋濂，等.元史[M].北京：中华书局，1976.

[6] 陈子龙，徐孚远，宋征璧，等.明经世文编[M].北京：中华书局，1962.

[7] 谷应泰.明史纪事本末[M].北京：中华书局，1977.

[8] 申时行，等.大明会典[M].上海：上海古籍出版社，2006.

[9] 张廷玉，等.明史[M].北京：中华书局，2013.

[10] 赵尔巽，等.清史稿[M].北京：中华书局，1977.

[11] 常恩.安顺府志[M].安顺市地方志编纂委员会点校，贵阳：贵州人民出版社，2007.

[12] 咸丰安顺府志[M]//中国地方志集成·贵州府县志辑：第41册，成都：巴蜀书社，2006.

[13] 续修安顺府志·安顺志[M]//中国地方志集成·贵州府县志辑：第42册，成都：巴蜀书社，2006.

[14] 民国平坝县志[M]//中国地方志集成·贵州府县志辑：第45册，成都：巴蜀书社，2006.

[15] 道光贵阳府志校注 [M].贵阳市方志编纂委员会办公室校注，贵阳：贵州人民出版社，2005.

[16] 中国人民政治协商会议贵州务川自治县委员会文史资料研究委员会.嘉靖思南府志 [M].内部出版，1990.

[17] 黔南识略·黔南职方纪略 [M].杜文铎等点校，贵阳：贵州人民出版社，1992.

[18] 贵州省地方志编纂委员会.贵州省志·汉语方言志 [M].北京：方志出版社，1998.

[19] 黔书·续黔书·黔记·黔语 [M].罗书勤，贾肇华，翁仲康，杨汉辉点校，贵阳：贵州人民出版社，2002.

[20]《安顺市西秀区大西桥镇志》编委会.安顺市西秀区大西桥镇志 [M].贵阳：贵州人民出版社，2006.

[21] 谢肇淛.滇略 [M].文渊阁四库全书影印本，上海：商务印书馆，1986.

[22] 云南省地方志编纂委员会.云南省志·汉语方言志 [M].昆明：云南人民出版社，1989.

[23] 方国瑜.云南史料丛刊：第四卷 [M].昆明：云南大学出版社，1998.

[24] 宋修文.九溪村志，未刊.

[25] 吴羽，等.安顺屯堡史料类编，未刊.

二、论著类

[1] 刘复.四声实验录 [M].上海：中华书局，1951.

[2] 中国科学院语言研究所.方言调查字表 [M].北京：科学出版社，1964.

[3] 王毓铨.明代的军屯 [M].北京：中华书局，1965.

[4] 王充.论衡 [M].上海：上海人民出版社，1974.

[5] 赵元任.汉语口语语法 [M].吕叔湘译，北京：商务印书馆，1979.

[6] 陆宗达.训话简论 [M].北京：北京出版社，1980.

[7] 王力 . 汉语史稿 [M]. 北京：中华书局，1980.

[8] 杨耐思 . 中原音韵音系 [M]. 北京：中国社会科学出版社，1981.

[9] 邵荣芬 . 中原雅音研究 [M]. 济南：山东人民出版社，1981.

[10] 陈彭年，等 . 宋本广韵 [M]. 北京：中国书店，1982.

[11] 宗邦福 . 论入声的性质 [M]// 中国音韵学研究会 . 音韵学研究·第一辑，北京：中华书局，1984.

[12] 宁榘 . 古今歇后语选释 [M]. 武汉：湖北教育出版社，1985.

[13] 周振鹤，游汝杰 . 方言与中国文化 [M]. 上海：上海人民出版社，1986.

[14] 李新魁 . 汉语音韵学 [M]. 北京：北京出版社，1986.

[15] 孙治平，黄尔逸，蒋宝瑚，等 . 中国歇后语 [M]. 上海：上海文艺出版社，1988.

[16] 郝正治 . 汉族移民入滇史话：南京柳树湾高石坎 [M]. 昆明：云南大学出版社，1988.

[17] 睡虎地秦墓竹简整理小组 . 睡虎地秦墓竹简 [M]. 北京：文物出版社，1990.

[18] 邵荣芬 .《中原音韵》音系的几个问题 [M]// 高福生，等 .《中原音韵》新论，北京：北京大学出版社，1991.

[19] 黄伯荣 . 汉语方言语法类编 [M]. 青岛：青岛出版社，1996.

[20] 曹树基 . 中国移民史·第 6 卷：清 民国时期 [M]. 福州：福建人民出版社，1997.

[21] 刘学洙 . 贵州开发史话 [M]. 贵阳：贵州人民出版社，2001.

[22] 王晓娜 . 歇后语和汉文化 [M]. 北京：商务印书馆，2001.

[23] 叶宝奎 . 明清官话音系 [M]. 厦门：厦门大学出版社，2001.

[24] 詹伯慧，李如龙，黄家教 . 汉语方言及方言调查 [M]. 武汉：湖北教育出版社，2001.

[25] 翁家烈 . 夜郎故地上的古汉族群落：屯堡文化 [M]. 贵阳：贵州教育出版社，2002.

[26] 侯精一 . 现代汉语方言概论 [M]. 上海：上海教育出版社，2002.

[27] 唐作藩 . 音韵学教程 [M]. 北京：北京大学出版社，2002.

[28] 安顺市文化局 . 图像人类学视野中的贵州安顺屯堡 [M]. 贵阳：贵州人民出版社，2002.

[29] 龙异腾 . 基础音韵学 [M]. 成都：巴蜀书社，2003.

[30] 张显清，林金树 . 明代政治史 [M]. 桂林：广西师范大学出版社，2003.

[31] 孙兆霞，等 . 屯堡乡民社会 [M]. 北京：社会科学文献出版社，2005.

[32] 朱伟华，等 . 建构与生成：屯堡文化及地戏形态研究 [M]. 桂林：广西师范大学出版社，2008.

[33] 王力 . 汉语语音史 [M]. 北京：商务印书馆，2008.

[34] 王正贤 . 安顺屯堡建筑之我见：屯堡文化调查研究之一 [M]// 贵州省民族事务委员会，贵州省民族研究所 . 贵州"六山六水"民族调查资料选编·仡佬族、屯堡人卷，贵阳：贵州民族出版社，2008.

[35] 翁家烈 . 屯堡人调研报告：宁谷镇"堡子"调查 [M]// 贵州省民族事务委员会，贵州省民族研究所 . 贵州"六山六水"民族调查资料选编·仡佬族、屯堡人卷，贵阳：贵州民族出版社，2008.

[36] 王阳明 . 王阳明全集（新编本）[M]. 吴光，钱明，董平，姚延福编校，杭州：浙江古籍出版社，2010.

[37] 顾祖禹 . 读史方舆纪要 [M]. 北京：团结出版社，2022.

[38] 顾炎武 . 天下郡国利病书 [M]. 黄珅等校点，上海：上海古籍出版社，2022.

三、期刊类

[1] 岑麟祥 . 入声非声说 [J]. 图书月刊，1943（7）.

[2] 黄景欣 . 试论词汇学中的几个问题 [J]. 中国语文，1961（3）.

[3] 刘光亚 . 贵州省汉语方言的分区 [J]. 方言，1986（3）.

[4] 黄雪贞 . 西南官话的分区（稿）[J]. 方言，1986（4）.

[5] 黎新第 . 《中原音韵》"入派三声" 析疑 [J]. 重庆师范学院学报（哲学社会科学版），1987（4）.

[6] 张宁 . 云南十二兽地名初探 [J]. 云南民族学院学报，1989（4）.

[7] 黎新第 . 近代以来的北方方言中古庄章知组声母的历时变化 [J]. 语言研究，1991 年增刊 .

[8] 涂光禄 . 贵阳方言语气词初探 [J]. 贵州大学学报（社会科学版），1993（1）.

[9] 罗康隆 . 明清两代贵州汉族移民特点的对比研究 [J]. 贵州社会科学，1993（3）.

[10] 刘光亚 . 贵州汉语方言调查 [J]. 贵州文史丛刊，1994（6）.

[11] 黎新第 . 明清时期的南方系官话方言及其语音特点 [J]. 重庆师院学报（哲学社会科学版），1995（4）.

[12] 刘光亚，寸镇东 . 贵州汉语方言调查 [J]. 贵州文史丛刊，1995（5）.

[13] 黄笑山 . 利玛窦所记的明末官话声母系统 [J]. 新疆大学学报（哲学社会科学版），1996（3）.

[14] 宋宣 . 现代汉语称谓词初探 [J]. 贵州大学学报（社会科学版），1997（1）.

[15] 涂光禄 . 贵阳方言动词的体貌、情态、状态格式 [J]. 贵州大学学报（社会科学版），1997（4）.

[16] 涂光禄 . 贵阳方言的助词"啊" [J]. 中国人民大学学报，1997（4）.

[17] 赵小帆 . 试论贵州汉墓的几个问题 [J]. 贵州民族研究，1998（4）.

[18] 涂光禄 . 贵阳方言的重叠式 [J]. 方言，2000（4）.

[19] 中国社会科学院语言研究所方言研究室 . 汉语方言词语调查条目表 [J]. 方言，2003（1）.

[20] 陈训明 . 三论安顺屯堡人主体的由来问题 [J]. 贵州民族研究，2008（1）.

后 记

当书稿打上了最后一个句号，心情并没能完全轻松下来，因为这虽然意味着可以结题了，但所谓成果，实在不能令人满意，操作过程中我们遇到了一系列无法解决的难题，使得其中留下了不少我们自己就可以看得出来或是能够感受得到的遗憾。

原来计划要写屯堡方言的形成和发展，操作起来却发现，由于缺乏文献记载，原始的屯堡方言是什么样子根本无法找到任何线索。如今明代官话方面有不少成果可作参考，我们最后推断屯堡方言是在明代官话的基础上形成的，但无论如何也不能妄断原始的屯堡方言就是明代官话。在不能了解原始屯堡方言概貌的情况下"发展"也就成了奢谈，此其一。原计划要探讨一下屯堡方言与周边方言特别是安顺话之间的相互渗透和影响，操作起来也并不简单，其原因，一是周边各汉语方言特别是安顺话也是移民形成的，其移民来源、移民数量、移民时间都没有清楚的记载，哪些方言特征是受什么影响形成的不好断定；二是几者间即使有相互影响，谁影响谁的问题也很难说。因而相互影响的问题只能在有一定把握的前提下非常谨慎地有所论及，此其二。原来还计划要将屯堡方言与其源方言进行对比研究，但过程中我们发现明代集体移民的来源地太过宽泛，这既与军队人员来源地庞杂的特点相吻合，也与当时一次性整体移民的数量过大有关。在如此辽阔的移民来源地上分布着多种方言，难以断定哪一种方言是明代移民的主流源方言，故只能阙如，此其三。于前两点，我们在"时空比较"一章中尽量进行了弥补，但也只是弥补而已，从系统性角度来说并不理想。

另外，所谓特色词汇，即读音和意义都与普通话有较明显差异的词汇要不要写，语法要不要详写，都使我们感到有点纠结。从系统完整性角度说，无疑要写，但我们将资料搜集完毕要动手写时，又明显感到特色不足，反复斟酌，还是认为屯堡方言整体上属西南官话范围，语法上与西南官话大体一致，详写下来与已有成果并无二致。而所谓特色词汇，屯堡所独有者甚少，与普通话相比固然有特色，但与西南官话本身相比则谈不上特色，且这些词语在语音部分已有所谈及，如详写，不仅与已有成果有较大的重复性，与本书的语音部分也会造成一些重复。因而最后我们对屯堡方言的语法只进行了简单描述，对特色词汇只详论了封闭性较强的亲属称谓词和地域性较强的"言子话"及地名词。

书稿能最后完成，得到了屯堡区域方方面面的关心和支持。安顺市委宣传部的李晓部长向我们赠送了整理完毕但尚未正式出版的《安顺府志》和大批的屯堡资料，安顺市委组织部的姜开林部长和天龙镇政法委向红政书记都亲自陪同我们下到屯堡村寨搜集资料，大西桥镇张顾镇长赠以刚出版的《大西桥镇镇志》并为我们安排资料搜集工作，九溪村的张文顺支书多次帮助我们安排方言调查的合作人，地戏专家顾之炎老人在生病的情况下为我们召集发音人，西秀区和大西桥镇及九溪村的工作人员徐荣、严彬、朱发猛陪同我们走村串户。我们每次接触到的各位屯堡人，无论是方言调查还是查看家谱或讲述屯堡文化，处处都显透出他们固有的淳朴和热情，一次又一次地配合着我们完成各项工作，可以说，没有屯堡地区方方面面的支持，我们不可能完成这个任务。在书稿完成之际，我们向安顺市及屯堡的各级领导，向淳朴热情的屯堡人民表达真诚的感谢之情。

本书还得到多位专家学者的指点，又蒙本师赵振铎先生拨冗赐序，以及贵州师范大学和文学院领导的大力支持和帮助，文学院教师蔡鸿、李海龙、曾传禄也参加了相关工作，这里一并表示感谢。

龙异腾

2011 年 10 月 25 日于贵阳山水黔城

修订版后记

本书是国家项目《方言间的互相渗透和影响——黔中屯堡方言的形成和演变》的成果。项目结题并成书出版已经过去了十多年，本人也已退休多年，学术活动早已渐行渐远。阅读虽会偶涉专业，但倾向于娱乐性。休闲为主的生活使得本书在我自己的印象中早已成为淡淡的历史，基本上不进入记忆，也不会对人提及。

2023 年 10 月，贵州省确定了四个重大文化工程，屯堡文化等历史文化研究推广名列其中，出版或修订再版关于屯堡文化的专著自然就成了这一工程的应有之义。今年初，负责出版《屯堡文丛·专题研究书系》的贵州大学出版社与我联系，有意将本书修订再版。虽然我认为本书不以学术质量见长，但称为关于屯堡文化的专书倒也名副其实，更何况几位作者都是贵州人，为家乡文化的建设和发扬光大做一点贡献也是义不容辞，因而将拙作奉上。

虽然宣称修订再版，但原来的遗憾或称为不足依然存在。原来的遗憾在原版的后记中有所交代，消除不足委实力有不逮。所谓修订，主要是脚注、参考文献、表格等的规范化处理，基本上由贵州大学出版社编辑完成。特别应提出的是，任苗苗女士以历史学专业担任语言学专著责任编辑，付出的艰辛可想而知。修订再版之际，谨向贵州大学出版社及任苗苗女士深表谢意。

龙异腾

2024 年 2 月 28 日于贵阳山水黔城